ANTÓNIO LOBO ANTUNES: A CRÍTICA NA IMPRENSA

1980-2010

Cada um voa como quer

ANTÓNIO LOBO ANTUNES: A CRÍTICA NA IMPRENSA

1980-2010

Cada um voa como quer

Edição
Ana Paula Arnaut

ANTÓNIO LOBO ANTUNES: A CRÍTICA NA IMPRENSA
1980-2010
Cada um voa como quer

EDIÇÃO
Ana Paula Arnaut

REVISÃO
Ana Paula Duarte

EDITOR
EDIÇÕES ALMEDINA. SA
Rua Fernandes Tomás, nºs 76, 78, 80
3000-167 Coimbra
Tel.: 239 851 904 · Fax: 239 851 901

www.almedina.net · editora@almedina.net

DESIGN DE CAPA
FBA.

PRÉ-IMPRESSÃO | IMPRESSÃO | ACABAMENTO
G.C. – GRÁFICA DE COIMBRA, LDA.
Palheira – Assafarge
3001-453 Coimbra
producao@graficadecoimbra.pt

Julho, 2011

DEPÓSITO LEGAL
330974/11

Os dados e as opiniões inseridos na presente publicação
são da exclusiva responsabilidade do(s) seu(s) autor(es).

Toda a reprodução desta obra, por fotocópia ou outro qualquer
processo, sem prévia autorização escrita do Editor, é ilícita
e passível de procedimento judicial contra o infractor.

A Almedina e Ana Paula Arnaut procuraram obter autorização para publicação dos artigos junto dos autores e/ou respectivos representantes. Nos raros
casos em que tal não foi possível, os editores estão disponíveis para eventuais
esclarecimentos.

Biblioteca Nacional de Portugal – Catalogação na Publicação

António Lobo Antunes : a crítica na Imprensa
1980-2010: cada um voa como quer / ed. Ana Paula Arnaut

ISBN 978-972-40-4209-1

ARNAUT, Ana Paula, 1964-

CDU 821.134.3-31Antunes, António Lobo.09

ÍNDICE

CARLOS REIS
Prefácio   v

ANA PAULA ARNAUT
Introdução: *Voos picados, planados, livres*   vii

AGRADECIMENTOS   xxxv

JÚLIO CONRADO
"Da fala da gente que come" [*Memória de Elefante*]
Diário Popular/Suplemento Letras-Artes, 6 de Março, 1980.   1

ISABEL MARGARIDA DUARTE
"«Memória de Elefante» e «Os Cus de Judas» – o sucesso de
Lobo Antunes"
Jornal de Notícias, 15 de Julho, 1980.   5

DUARTE FARIA
"A viagem aos lugares obscuros" [*Conhecimento do Inferno*]
Jornal de Letras, Artes e Ideias, 14 de Abril, 1981.   11

MARGARIDA BARAHONA
"A fragmentação e o modelo perdido"[*Explicação dos Pássaros*]
Jornal de Letras, Artes e Ideias, 20 de Julho, 1982.   15

CLARA FERREIRA ALVES
"Fado Alexandrino"
Expresso/ Cartaz 19 de Novembro, 1983.   19

DINIS MACHADO
"Doze notas para *Fado Alexandrino*"
Jornal de Letras, Artes e Ideias, 22 de Novembro, 1983   23

vi | ANTÓNIO LOBO ANTUNES: A CRÍTICA NA IMPRENSA

PAULO CASTILHO
"As ruínas da guerra colonial" [*Os Cus de Judas*]
Diário de Notícias/Revista de Livros, 18 de Março, 1984   27

LUIZ FRANCISCO REBELLO
"*Fado Alexandrino* – Uma história, várias histórias"
Jornal de Letras, Artes e Ideias, 20 de Março, 1984   35

CLARA FERREIRA ALVES
"Lobo Antunes e os sete pecados mortais" [*Auto dos Danados*]
Expresso/Revista, 23 de Novembro, 1985   39

"Grande Prémio do Romance e Novela da Associação Portuguesa
de Escritores (1985)" [*Auto dos Danados*]
Jornal de Letras, Artes e Ideias, 14 de Abril, 1986   45

Comentários de Álvaro Salema, Carlos Reis, Maria da Glória
Padrão, Manuel Gusmão, Paula Morão; depoimentos de José
Cardoso Pires e Nelson de Matos   47

JÚLIO CONRADO
"O rei dos prémios" [*Auto dos Danados*]
Diário Popular/Cultura, 8 de Maio, 1986   57

RENATO CORREIA
"'Os Cus de Judas' editado na Alemanha"
Jornal de Letras, Artes e Ideias, 13 de Julho, 1987   61

FRANCISCO JOSÉ VIEGAS
"O regresso das caravelas e da tristeza" [*As Naus*]
Mais Semanário, 31 de Março, 1988   75

"Lobo Antunes apresenta «As Naus»"
A Capital, 8 de Abril, 1988   81

LUÍS ALMEIDA MARTINS
"Uma bela e alegre declaração de amor a um país" [*As Naus*]
Jornal de Letras, Artes e Ideias, 12 de Abril, 1988   83

PEDRO ALVIM
"As naus (regressadas) de António Lobo Antunes – protoplasma
e futuro"
Diário de Lisboa/Suplemento, 21 de Abril, 1988.................. 87

MARIA LÚCIA LEPECKI
"Os vivos velam os mortos[,] os mortos velam os vivos" [*As Naus*]
Diário de Notícias, 24 de Julho, 1988 91

MARIA LÚCIA LEPECKI
"Psicopatologia, ecologia e caricatura" [*As Naus*]
Diário de Notícias, 31 de Julho, 1988 95

MARIA LÚCIA LEPECKI
"A cabeça do homem e as dissociações" [*As Naus*]
Diário de Notícias, 7 de Agosto, 1988 99

EUNICE CABRAL
"Romance realista votado ao sucesso" [*Memória de Elefante*]
Diário de Notícias, 3 de Dezembro, 1989 103

PEDRO ALVIM
"«Tratado das Paixões da Alma» de António Lobo Antunes. Festa
com infância e morte"
Diário de Lisboa, 21 de Novembro, 1990 107

JOSÉ CARDOSO PIRES
"Saber fintar o real" [*Tratado das Paixões da Alma*]
Jornal de Letras, Artes e Ideias, 27 de Novembro, 1990............ 111

AGUSTINA BESSA-LUÍS
"O incorrigível" [*Tratado das Paixões da Alma*]
Jornal de Letras, Artes e Ideias, 27 de Novembro, 1990............ 115

ANTÓNIO GUERREIRO
"Crítica da faculdade de enjoar" [*Tratado das Paixões da Alma*]
Expresso/Revista, 1 de Dezembro, 1990 117

viii | ANTÓNIO LOBO ANTUNES: A CRÍTICA NA IMPRENSA

ERNESTO RODRIGUES
"Lobo Antunes cartesiano" [*Tratado das Paixões da Alma*]
Jornal de Letras, Artes e Ideias, 4 de Dezembro, 1990 121

ALEXANDRE PASTOR
"Lobo Antunes sugerido para o Nobel. Suécia: «Período de ouro»
para a literatura portuguesa"
Jornal de Letras Artes e Ideias, 19 de Novembro, 1991 125

ANA SOUSA DIAS
"«A Ordem Natural das Coisas», de Lobo Antunes, nas livrarias.
Silencioso e tímido"
Público, 30 de Outubro, 1992................................. 129

PATRÍCIA CABRAL
"O psicodrama de Lobo Antunes" [*A Ordem Natural das Coisas*]
Diário de Notícias/Livros-Cultura, 21 de Janeiro, 1993 131

SARAH ADAMOPOULOS
"Leituras com Lobo"
O Independente, 14 de Janeiro, 1994 135

ANTÓNIO GUERREIRO
"Crónica da vida vulgar" [*A Morte de Carlos Gardel*]
Expresso/Cartaz, 16 de Abril, 1994 141

MARCELLO DUARTE MATHIAS
"As crónicas de Lobo Antunes. Ferocidade e ternura"
[*Livro de Crónicas*]
Jornal de Letras, Artes e Ideias, 24 de Maio, 1995 145

"Prémio Nobel da Tortura"
O Independente/Vida, 18 de Outubro, 1996.................... 147

ANTÓNIO GUERREIRO
"Matéria de romance" [*O Manual dos Inquisidores*]
Expresso/Cartaz, 26 de Outubro, 1996........................ 149

EDUARDO PRADO COELHO
"O mistério das janelas acesas" [*O Manual dos Inquisidores*]
Público/Leituras, 2 de Novembro, 1996 155

MARIA ALZIRA SEIXO
"As várias vozes da escrita. [*O Manual dos Inquisidores*]"
Jornal de Letras, Artes e Ideias, 6 de Novembro, 1996 159

LUIZ PACHECO
"Longa jornada para a noite"
Já, 21 de Novembro, 1996 165

CARLOS REIS
"«O Manual dos Inquisidores». O romance como catarse"
Jornal de Letras, Artes e Ideias, 12 de Março, 1997 169

FERNANDO VENÂNCIO
"O jovem príncipe"
Jornal de Letras, Artes e Ideias, 10 de Setembro, 1997 175

"Sucesso português em Frankfurt"
A Capital, 21 de Outubro, 1997 181

CARLOS REIS
"Um romance repetitivo" [*O Esplendor de Portugal*]
Jornal de Letras, Artes e Ideias, 22 de Outubro, 1997 183

LINDA SANTOS COSTA
"O romance como crime perfeito" [*O Esplendor de Portugal*]
Público, 25 de Outubro, 1997 189

FÁTIMA MALDONADO
"'Meu remorso de todos nós'" [*O Esplendor de Portugal*]
Expresso/Cartaz, 12 de Dezembro, 1997 193

ANTÓNIO CARVALHO
"O exílio de Lobo Antunes"
Diário de Notícias, 22 de Março, 1998 199

x | ANTÓNIO LOBO ANTUNES: A CRÍTICA NA IMPRENSA

CARLOS REIS
"A arte da crónica" [*Livro de Crónicas*]
Jornal de Letras, Artes e Ideias, 10 de Março, 1999 203

INÊS PEDROSA
"O esplendor do Portugal dos pequeninos" [*Livro de Crónicas*]
Expresso/Cartaz, 22 de Maio, 1999 209

TERESA ALMEIDA
"Descida aos infernos" [*Exortação aos Crocodilos*]
Expresso/Cartaz, 30 de Novembro, 1999 213

PAULO MOURA
"Ninguém escreve como ele"
Público/Pública, 30 de Janeiro, 2000 217

MARIA ALZIRA SEIXO
"As fragilidades do Mal" [*Exortação aos Crocodilos*]
Jornal de Letras, Artes e Ideias, 22 de Março, 2000 219

CELESTE PEREIRA
"Júri de Poetas elegeu Lobo Antunes"
Público/Cultura, 25 de Setembro, 2000 225

MANUEL HALPERN
"Personagem de romance"
Jornal de Letras, Artes e Ideias, 4 de Outubro de 2000 227

NUNO JÚDICE
"Um livro de excepção" [*Exortação aos Crocodilos*]
Jornal de Letras, Artes e Ideias, 4 de Outubro, 2000 235

MARIA ALZIRA SEIXO
"O livro da criação" [*Não Entres Tão Depressa Nessa Noite Escura*]
Jornal de Letras, Artes e Ideias, 4 de Outubro, 2000 239

ANTÓNIO GUERREIRO
"O nome do pai" [*Que Farei Quando Tudo Arde?*]
Expresso/Cartaz, 1 de Dezembro, 2001........................ 247

MARIA ALZIRA SEIXO
"Na ficção de António Lobo Antunes. Escrever a experiência ou experienciar a escrita?"
Jornal de Letras, Artes e Ideias, 10 de Julho, 2002 251

ALEXANDRA LUCAS COELHO
"Eduardo Lourenço e António Lobo Antunes. O labirinto a dois"
Público/Cultura, 17 de Novembro, 2002 257

AGRIPINA CARRIÇO VIEIRA
"A escrita é feita de nadas" [*Segundo Livro de Crónicas*]
Jornal de Letras, Artes e Ideias, 11 de Dezembro, 2002 263

JORGE PEREIRINHA PIRES
"António Lobo Antunes. *Que Farei Quando Tudo Arde?*"
Ler. Revista do Círculo de Leitores, n.º 53, Inverno de 2002 269

AGRIPINA CARRIÇO VIEIRA
"Angola, o regresso" [*Boa Tarde Às Coisas Aqui Em Baixo*]
Jornal de Letras, Artes e Ideias, 15 de Outubro, 2003 271

NUNO JÚDICE
"Uma obra imensa"
Jornal de Letras, Artes e Ideias, 15 de Outubro, 2003 277

DANIEL SAMPAIO
"Falar o inconsciente"
Jornal de Letras, Artes e Ideias, 15 de Outubro, 2003 279

MARIA ALZIRA SEIXO
"*Boa Tarde às Coisas Aqui em Baixo*. A matéria dos sonhos"
Os meus livros, n.º 15, Outubro, 2003 281

EDUARDO LOURENÇO
"Sob o signo de Deucalião"
Público/Livros, 15 de Novembro, 2003 289

ANTÓNIO GUERREIRO
"Quase um cântico" [*Boa Tarde Às Coisas Aqui Em Baixo*]
Expresso/Actual, 29 de Novembro, 2003 291

MARIA ALZIRA SEIXO
"Como a onda na areia" [*Memória de Elefante*]
Visão, 5 de Agosto, 2004 295

EDUARDO LOURENÇO
"A morte do pai"
Visão, 23 de Setembro, 2004 297

GRAÇA ABREU
"Ondas coloridas" [*Eu Hei-de Amar Uma Pedra*]
Jornal de Letras, Artes e Ideias, 27 de Outubro, 2004. 301

JOÃO PAULO COTRIM
"«Um fulano que não conheço..." [*Eu Hei-de Amar Uma Pedra*]
Expresso/Actual, 4 de Dezembro, 2004 309

MARIA ALZIRA SEIXO
"O Médico e o Monstro" [*Conhecimento do Inferno*]
Visão, 7 de Julho, 2005 311

ISABEL LUCAS
"O romance da revolução"
Diário de Notícias/Nacional, 3 de Agosto, 2005 313

SARA BELO LUÍS
"Romance em aerogramas" [*D'Este Viver Aqui Neste Papel Descripto*]
Jornal de Letras, Artes e Ideias, 9 de Novembro, 2005 319

AGRIPINA CARRIÇO VIEIRA
"Memórias de guerra" [*D'Este Viver Aqui Neste Papel Descripto*]
Jornal de Letras, Artes e Ideias, 9 de Novembro, 2005 323

SARA BELO LUÍS
"Amor em tempo de guerra" [*D'Este Viver Aqui Neste Papel Descripto*]
Visão, 10 de Novembro, 2005 327

ANA MARQUES GASTÃO
"Uma aprendizagem do inferno em mais de 300 cartas de amor"
[*D'Este Viver Aqui Neste Papel Descripto*]
Diário de Notícias/Artes, 18 de Novembro, 2005 333

MÁRIO SANTOS
"As 'Cartas d[a] guerra' de António Lobo Antunes: '... para que
tudo valesse a pena'" [*D'Este Viver Aqui Neste Papel Descripto*]
Público/Livros, 10 de Dezembro, 2005......................... 339

ISABEL LUCAS
"Cabeças que não dormem" [*Ontem Não Te Vi Em Babilónia*]
Diário de Notícias/6ª, 20 de Outubro, 2006 343

EUNICE CABRAL
"Terrenos baldios" [*Ontem Não Te Vi Em Babilónia*]
Jornal de Letras, Artes e Ideias, 25 de Outubro, 2006 345

ADELINO GOMES
"Lobo Antunes diz que em Portugal 'não há trabalho de edição
de livros'" [*Ontem Não Te Vi Em Babilónia*]
Público/Cultura, 27 de Outubro, 2006......................... 353

ANTÓNIO GUERREIRO
"Como um organismo vivo" [*Ontem Não Te Vi Em Babilónia*]
Expresso/Actual, 28 de Outubro, 2006 357

MARIA ALZIRA SEIXO
"O nada branco de Deus" [*Ontem Não Te Vi Em Babilónia*]
Visão, 2 de Novembro, 2006 361

ALEXANDRA LUCAS COELHO
"Lobo Antunes contra Lobo Antunes" [*Ontem Não Te Vi Em
Babilónia*]
Público/Livros, 3 de Novembro, 2006 363

JORGE MARMELO
"Lobo Antunes, autor 'lúcido e crítico', vence Prémio Camões"
Público, 15 de Março, 2007................................ 369

xiv | CARLOS REIS

ALEXANDRA LUCAS COELHO
"Um escritor para três gerações de leitores. 'Um imenso poeta no domínio da prosa'"
Público, 15 de Março, 2007 375

MARIA ALZIRA SEIXO
"O esplendor da obra"
Jornal de Letras, Artes e Ideias, 28 de Março, 2007 377

AGRIPINA CARRIÇO VIEIRA
"Uma voz que diz... o mal" [*O Meu Nome É Legião*]
Jornal de Letras, Artes e Ideias, 26 de Setembro, 2007 381

"Maria Alzira Seixo: o romance e a obra" [Entrevista sobre *O Meu Nome É Legião*]
Jornal de Letras, Artes e Ideias, 26 de Setembro, 2007 387

ANA CRISTINA LEONARDO
"O maestro sacode a batuta" [*O Meu Nome É Legião*]
Expresso/Actual, 5 de Outubro, 2007 391

PEDRO MEXIA
"As vozes. *O Meu Nome É Legião*"
Público/Ípsilon, 19 de Outubro, 2007 395

RUI CARDOSO MARTINS
"Que farás, América, quando arder tudo?"
Público/P2, 29 de Setembro, 2008 399

MARIA ALZIRA SEIXO
"António Lobo Antunes: 'Isto não é um livro, é um sonho'" [*O Arquipélago da Insónia*]
Jornal de Letras, Artes e Ideias, 8 de Outubro, 2008 413

JOÃO CÉU E SILVA
"A insónia criativa de Lobo Antunes em livro novo" [*O Arquipélago da Insónia*]
Diário de Notícias, 9 de Outubro, 2008 419

PREFÁCIO | xv

MÁRIO SANTOS
"Uma espécie de música" [*O Arquipélago da Insónia*]
Público /Ípsilon, 10 de Outubro, 2008 423

ANA CRISTINA LEONARDO
"Cercados pelo vento" [*O Arquipélago da Insónia*]
Expresso/Actual, 11 de Outubro, 2008 425

MARIA ALZIRA SEIXO
"As flores do inferno"
Jornal de Letras, Artes e Ideias, 28 de Janeiro, 2009 427

ISABEL COUTINHO
"Histórias de família dos Lobos e dos Antunes"
Público/P2, 6 de Julho, 2009 433

Que Cavalos São Aqueles Que Fazem Sombra No Mar?. Novo romance
de Lobo Antunes.
Jornal de Letras, Artes e Ideias, 23 de Setembro, 2009 439

JOÃO CÉU E SILVA
"Que livro é este que faz sombra ao autor?" [*Que Cavalos São
Aqueles Que Fazem Sombra No Mar?*]
Diário de Notícias, 7 de Outubro, 2009 441

"Um romance a contar para o Nobel" [*Que Cavalos São Aqueles
Que Fazem Sombra No Mar?*]
Diário de Notícias, 7 de Outubro, 2009 445

ANA CRISTINA LEONARDO
"O que faz o livro" [*Que Cavalos São Aqueles Que Fazem Sombra
No Mar?*]
Expresso/Actual, 9 de Outubro, 2009 447

HELENA VASCONCELOS
"Estocada final" [*Que Cavalos São Aqueles Que Fazem Sombra
No Mar?*]
Público/Ípsilon, 23 de Outubro, 2009 451

xvi | ANTÓNIO LOBO ANTUNES: A CRÍTICA NA IMPRENSA

FILIPA MELO
"Arena de fantasmas" [*Que Cavalos São Aqueles Que Fazem Sombra No Mar?*]
   Ler. Revista do Círculo de Leitores, Outubro de 2009 455

CRISTINA ROBALO CORDEIRO
"António Lobo Antunes. Os paradoxos da criação" [*Que Cavalos São Aqueles Que Fazem Sombra No Mar?*]
   Jornal de Letras, Artes e Ideias, 1 de Dezembro, 2009 459

MARIA ALZIRA SEIXO
"Os rios de Lobo Antunes" [*Sôbolos Rios Que Vão*]
   Jornal de Letras, Artes e Ideias, 6 de Outubro, 2010 467

RUI CATALÃO
   "Fantasia de morte" [*Sôbolos Rios Que Vão*]
   Público/Ípsilon, 15 de Outubro, 2010 471

JOSÉ MÁRIO SILVA
"O novo romance é "uma celebração da vida"
[*Sôbolos Rios Que Vão*]
   Expresso/Única, 16 de Outubro, 2010 475
JOSÉ MÁRIO SILVA
"Deste sonho imaginado" [*Sôbolos Rios Que Vão*]
   Expresso/Atual, 23 de Outubro, 2010 477

ISABEL COUTINHO
"António Lobo Antunes apresentou ontem o seu novo romance enquanto negoceia já o próximo 'com a morte'"
[*Sôbolos Rios Que Vão*]
   Público, 29 de Outubro, 2010 479

ANDRÉ RITO
"Quem tem medo de Lobo Antunes" [*Sôbolos Rios Que Vão*]
   I, 5 de Novembro, 2010 481

ANEXOS

ELISABETE FRANÇA – Entrevista a António Lobo Antunes
"Portugal nunca tratou bem escritores e personalidades"
Diário de Notícias/Caderno-2, 1 de Maio, 1988   487

"A edição *Ne Varietur*" – Entrevista a Maria Alzira Seixo
Jornal de Letras, Artes e Ideias, 15 de Outubro, 2003   497

"As palavras do escritor"
Jornal de Letras, Artes e Ideias, 27 de Outubro, 2004   501

ÍNDICE DE OBRAS   505

PREFÁCIO

Desde há alguns anos que venho dirigindo uma *História Crítica da Literatura Portuguesa*, projeto de trabalho que assume como referencial a *História y Crítica de la Literatura Española* (sob coordenação de Francisco Rico), embora com alterações significativas quanto aos componentes que naquela minha empresa são convocados. Na dita *História Crítica da Literatura Portuguesa* (com oito volumes já publicados, de um total de nove), tem sido possível rastrear a relevância da crítica literária como fator de configuração de uma memória cultural que a história literária procura reter e estruturar, com as diferenças metodológicas e com as oscilações exegéticas que o seu já longo percurso evidencia: por isso ela é uma *história crítica*. O discurso crítico pode, então, ser entendido, com a singularidade e, às vezes, com a transitória precariedade que o caracterizam, como um elemento a ter em conta no processo de constituição de um certo imaginário literário e das figuras e textos que o povoam.

Com maioria de razão acentuamos no discurso crítico aquela precariedade, quando estão em causa escritores do nosso tempo. E assim a relação de contemporaneidade que com eles vivemos envolve dificuldades e limitações conhecidas. Ou porque não estão ainda definidos, com a nitidez (mas também, não raro, com a rigidez) que a distância temporal favorece, os traços dominantes de uma produção literária já "historicizada"; ou porque nos juízos críticos que formulamos acerca dos contemporâneos é forte a presença de pressupostos exógenos a essa produção literária *in fieri*, sejam de natureza psicológica, ideológica ou de outra qualquer feição; ou porque a leitura de um escritor ainda com obra em curso inviabiliza a tentação de juízos globais e "fechados", por qualquer destas ou por outras razões ainda, a verdade é que o discurso crítico acerca dos contemporâneos implica dificuldades, riscos e também desafios próprios.

Este livro de Ana Paula Arnaut torna evidente muito do que fica dito e, na sequência de uma outra coletânea sobre António Lobo Antunes – o volume *Entrevistas com António Lobo Antunes (1979-2007. Confissões do Trapeiro)*, também publicado pela Almedina, em 2008 –, vem facultar-nos importantes contributos para o estudo do autor d'*As Naus*. Com a comodidade que uma recolha deste tipo sempre xx | CARLOS REIS

revela, este *António Lobo Antunes: a Crítica na Imprensa* permite-nos abordar e avaliar os termos em que começou a formar-se a fortuna crítica deste que é já um dos nossos maiores escritores. Essa fortuna crítica condiciona e condicionará a posteridade de António Lobo Antunes e o lugar que ele vier a ocupar na nossa história literária, mesmo sabendo-se que esta já não se faz à luz dos mesmos procedimentos operatórios e dos mesmos pressupostos epistemológicos que no passado conheceu, fossem eles de índole positivista, de filiação lansoniana ou de matriz marxista. Ao mesmo tempo, encontram-se aqui algumas das razões que explicam o facto de, por entre controvérsias e dissonâncias judicativas, António Lobo Antunes ser já hoje um nome importante na economia institucional de uma literatura em que começa a ser entendido como figura canónica: um outro livro de Ana Paula Arnaut (*António Lobo Antunes,* de 2009, publicado por Edições 70, numa coleção que dirijo) é disso mesmo um testemunho claro, sendo certo que a dimensão canónica é indissociável da dinâmica de fixação institucional em que a crítica literária intervém decisivamente.

Conforme se sabe, António Lobo Antunes é muito crítico em relação à crítica (passe a redundância) e também em relação à universidade em que por vezes ela "está pendurada", tal como o diz a engenhosa expressão do escritor. Nisso não é ele original, diga-se de passagem, pois que não são poucos os seus confrades – Eça de Queirós e Miguel Torga são outros casos bem conhecidos – que manifestaram semelhantes reservas, para dizer o mínimo. É coisa que nunca me impressionou (e que aparentemente também não impressiona a universitária que compôs este livro), não só pelo reducionismo às vezes ressentido que transparece naquelas reações, mas também porque as entendo como um saboroso desafio para reafirmar o que penso a este propósito: faça cada um aquilo que sabe e deve, faça-o bem e todos faremos o melhor. Nada mais limitado do que os juízos críticos que um escritor aventa, mormente quando eles são condicionados pela sua própria obra; do mesmo modo, sempre desconfiei da bondade de trabalhos académicos elaborados em reverencial proximidade para como o escritor que os motiva. O que, evidentemente, não impede que alguns escritores sejam críticos estimáveis e até, de vez em quando, professores universitários de mérito.

Encontram-se nesta prestimosa recolha empreendida por Ana Paula Arnaut muitos críticos e muitos e diferentes modos de fazer crítica.

E também textos escritos ao longo de um arco temporal alargado, incidindo sobre uma produção romanesca e cronística abundante e inevitavelmente desigual, do ponto de vista qualitativo. O que convida a relativizar juízos críticos que o tempo ajudará a reajustar ou mesmo a rever. Noutros termos: tal como o escritor, também o crítico tem dias melhores e dias piores e outros até em que, como dizia um teórico que muito admiro, melhor fora que tivesse ido à pesca. É o preço que é pago por quem tem que escrever depressa e sem a comodidade do distanciamento e do apoio de instrumentos heurísticos que o tempo vai facultando, exigidos quando estão em causa abordagens de mais vasto fôlego. Nunca pude confirmar se era verdadeira a *boutade* atribuída (quero crer que por um escritor queixoso) a um importante crítico já desaparecido; segundo consta, o tal crítico dissera um dia, em tom de desabafo, que tinha tanto que escrever que não tinha tempo para ler. A expressão diz muito, quer a sua autoria seja verdadeira, quer seja uma invenção malévola; e diz muito quer quanto aos termos em que não raro a crítica é feita, padecendo de uma espécie de "síndrome da ligeireza", quer ainda no que respeita às insalubres relações que às vezes afetam o diálogo entre escritores e críticos.

Por isso mesmo, frequentemente a crítica literária é o caminho que leva, em linha reta ou em trajeto sinuoso, à polémica literária. Sentiram-no bem Antero de Quental e o "patriarca" Castilho, Eça e o severíssimo Pinheiro Chagas, o marxista ortodoxo António José Saraiva e João José Cochofel, Vergílio Ferreira e o mordaz Alexandre Pinheiro Torres. E sabemos também, para nosso governo e benefício, que das polémicas literárias podem resultar testemunhos doutrinários e programáticos que, descontadas as circunstâncias conflituosas e os "vaidades irritadas", muito ajudam a entender os movimentos, as derivas e as evoluções do fenómeno literário.

Por aquilo que deixo dito e pelo muito que aqui não cabe, este livro de Ana Paula Arnaut – hoje em dia uma reconhecida especialista na obra de Lobo Antunes – é também um elogio às potencialidades exegéticas e à bondade sociocultural da crítica literária. E isto mesmo sabendo-se que, por mudarem os tempos e as vontades, a crítica literária já não se faz hoje como antes se fazia: a página ou o suplemento literário do jornal deram lugar a secções em que os livros literários dividem um espaço muitas vezes escasso com o cinema, com o teatro, com a música, com a televisão, com a dança, com as artes plásticas, etc. Em publicações como o *Expresso* ou o *Público*, a crítica literária aparece em revistas anexas e "de especialidade cultural", como que num lugar simbólico à margem do destaque conferido à política, à economia, à sociedade e até ao desporto, temas a que é reservado o chamado caderno principal. Neste aspeto, a *Colóquio/Letras*, agora recuperada para a sua vocação fundadora (que tem muito que ver com o exercício da crítica em revistas literárias), ocupa um lugar à parte e já praticamente isolado entre nós, a par do *Jornal de Letras, Artes e Ideias*, este a espaços cultivando um registo próximo do magazine. E se alguma coisa resta da tertúlia e do desenvolto debate que, a partir dela, alimentava a crítica literária, tal como ela se fez até aos anos 60 do século XX, essa alguma coisa circula hoje pelo ciberespaço em múltiplos, diversificados e mesmo fugazes blogues. Da fugacidade, da irremediável fluidez e também, por vezes, da irresponsabilidade que o ambiente do virtual em si acolhe conclui-se, pelo menos por agora e no que à formulação de juízos literários e culturais diz respeito, que essa é uma cena bem distinta daquela em que se enunciava (e em casos cada vez mais esporádicos ainda se enuncia) o discurso crítico, tal como a minha geração o conheceu.

Seja como for, este livro permite perceber também que é certamente excessivo o juízo negativo em tempos formulado por Lobo Antunes acerca da crítica literária e dos críticos, apenas com ressalva (deduzida de contida generosidade...) dos nomes de Óscar Lopes, Jacinto do Prado Coelho e Eduardo Lourenço. Aquele excesso judicativo não espanta, até por não ser ele raro nos grandes escritores. Isso não impede, antes justifica que se diga o seguinte: a leitura ou releitura que aqui podemos fazer de textos da autoria de Eduardo Prado Coelho, de António Guerreiro, de Clara Ferreira Alves ou de Maria Alzira Seixo, entre outros, mostra bem que a crítica literária, quando exercida com inteligência, com finura e com argúcia interpretativa, pode ser um contributo fundamental para melhor entendermos e mais apreciarmos os nossos grandes escritores. Por isso mesmo, num tempo em que mesmo a colocação de um romance no escaparate de um livraria é objeto de negociação, este livro de Ana Paula Arnaut é uma iniciativa que merece não apenas leitura atenta, mas também apreço, elogio e franco louvor.

CARLOS REIS

INTRODUÇÃO

Voos picados, planados, livres

> Do público não tenho a mínima razão de queixa.
> Quanto aos críticos, em Portugal a crítica é inexistente.
> António Lobo Antunes
> (entrevista a Clara Ferreira Alves, 1983)

> Eu, desde 79, que ando a ensinar os meus críticos a ler.
> António Lobo Antunes
> (entrevistas a Rodrigues da Silva e a António Tavares Teles, 1996)

Se as entrevistas que recolhemos e publicámos em 2008[1] oferecem a possibilidade de avaliarmos, em primeira pessoa e a *viva voz*, parte do percurso de vida literária de António Lobo Antunes (relação com a escrita e com outros escritores, por exemplo), o conjunto de textos críticos que agora reunimos faculta o conhecimento da outra face da moeda: a da crítica literária, mais precisamente a da crítica literária que, em Portugal, se tem publicado sobre a obra do autor. Esta, de acordo com o próprio, entre tantos comentários igualmente depreciativos, "está pendurada na Universidade", "muda as suas tonalidades à medida que as traduções (...) se vão multiplicando", "não existe", "raramente" entende "o nosso trabalho", "arrasa[] tudo com (...) facilidade, e tantas vezes por questões pessoais..."[2]. Por

---

[1] *Entrevistas com António Lobo Antunes. 1979-2007. Confissões do Trapeiro*. Coimbra: Almedina.

[2] Ver, "Lobo Antunes: «Fui bem comportado durante tempo de mais!»" [1983], "A vingança de Lobo Antunes" [1986], "António Lobo Antunes, de paixão à prova" [1990], "António Lobo Antunes: «Tornei-me mais humilde...»" [1986], entrevistas de Clara Ferreira Alves, José Jorge Letria e Inês Pedrosa, in *idem*, pp. 58 (dois primeiros comentários) e 78, 131, 94, respectivamente. Em relação aos críticos, António Lobo Antunes abre uma excepção para Óscar Lopes, Jacinto do Prado Coelho e Eduardo Lourenço (p. 78).

xxiv | ANA PAULA ARNAUT

isso, diz, quase nunca lê as críticas; por isso, quando o faz, não lhes responde; por isso, também, ameaçou, em (vários) tempos, deixar de publicar em Portugal[3].

A leitura de *António Lobo Antunes: a crítica na Imprensa. 1980-2010. Cada um voa como quer*[4], ao mesmo tempo que conduz à compreensão das reservas assim verbalizadas, permite verificar o progressivo sucesso – e a reconhecida evolução – da obra antuniana.

Não se estranha, por conseguinte, que alguma da crítica respeitante aos romances do início da carreira do escritor seja de mais escura tonalidade do que aquela que versa sobre os livros publicados mais recentemente, apesar de, também aqui, ser ainda notória uma certa resistência ao modo como se põem em prática as coordenadas estéticas da criação literária. Quase em concomitância com a exaltação do fenómeno de vendas que foram os autobiográficos *Memória de Elefante* e *Os Cus de Judas* (ambos de 1979), encontramos outras indicações que, quase em tudo, se lhe opõem. Deste modo, alguns dos argumentos que servem a Isabel Margarida Duarte para explicar o sucesso editorial dos primeiros romances de António Lobo Antunes são os mesmos a que Maria da Glória Padrão recorre para os deixar de lado, relegando-os para um brevíssimo comentário em nota de rodapé (respectivamente, "«Memória de Elefante» e «Os Cus de Judas» – o sucesso de Lobo Antunes", 1980, e "Ficção 79", 1980).

A avidez com que o público procura obras verosímeis, a novidade dos esquemas narrativos adoptados ou as sistemáticas referências a nomes da cultura, da pintura e da música não reúnem, de facto,

---

[3] Ver, por exemplo, "A vingança de Lobo Antunes" [1986], "António Lobo Antunes: 'Não merecemos o Nobel'" [1996], "«Nunca li um livro meu»" [1997], "'Se for preciso deixarei de publicar em Portugal'" [2007], entrevistas de Clara Ferreira Alves, Francisco José Viegas, Luís Almeida Martins e João Céu e Silva, in *idem*, pp. 83, 301, 251 e 590 respectivamente.

[4] Textos publicados na imprensa nacional e aqui apresentados por ordem cronológica. Procurámos respeitar as opções formais dos autores. As alterações feitas respeitam à correcção de gralhas, aparecendo a nossa sugestão em parênteses rectos. Estes, quando utilizados nos documentos originais, foram substituídos por parênteses curvos. Actualizámos a indicação do n.º de página, de acordo com a edição *ne varietur*, sempre que a referência é feita no corpo do texto. Para o subtítulo, tomámos de empréstimo parcial uma frase de Domingos Oliveira, personagem de *A Ordem Natural das Coisas*.

INTRODUÇÃO: VOOS PICADOS, PLANADOS, LIVRES | xxv

consenso. Ou, no limite, não reúnem consenso em Portugal, já que da leitura do interessante texto sobre a tradução alemã de *Os Cus de Judas*, da autoria de Renato Correia ("'Os Cus de Judas' editado na Alemanha", 1987), sobressai a recepção muito positiva do romance além fronteiras.

Da mesma forma, não reúne consenso a maneira como se estrutura a narrativa (que sofrerá progressivas complexificações, pelo menos até *O Meu Nome É Legião*, 2007). A linguagem utilizada, isto é, o modo como o autor constrói as suas metáforas e comparações não fica, também, isenta de reparo. Clara Ferreira Alves, em 1985, e a propósito de *Auto dos Danados* ("Lobo Antunes e os sete pecados mortais"), chama a atenção para o que vê como a "imperfeita inter-ligação da acção e digressão" e para "a acumulação de comparações" de "mau gosto" – três pecados mortais que, aliando-se a mais quatro, caracterizam a obra publicada até então. O romance em causa, eufori-camente visto por José Cardoso Pires como "Uma pessoalíssima maneira de contar" (1986), foi, aliás, motivo de polémica, como facilmente se constata da leitura dos depoimentos dos membros do júri do Grande Prémio de Romance e Novela da Associação Portuguesa de Escritores/1985 (1986).

Mas as questões relativas à linguagem são também uma preocupação de António Lobo Antunes. Em entrevistas dadas a partir da década de 90, o próprio escritor sublinha a necessidade de despir a sua prosa ficcional de tudo o que é acessório, de tudo o que classifica como "banha" ou "gordura"[5], na tentativa de alcançar a obra perfeita, a obra em que o silêncio (a ausência de ruído linguístico) seja completo[6]. Não por acaso, pois, verbaliza, ainda, uma constante insatisfação com a escrita, a sua escrita, constantemente redimen-sionando as fronteiras temporais do momento ideal em que deveria ter começado a publicar, assim variando de opinião sobre aquele que considera ser o seu melhor livro.

---

[5] "A confissão exuberante" [1994] e "Um quarto de século depois de *Os Cus de Judas*. 'Acho que já podia morrer'" [2004], entrevistas de Rodrigues da Silva e de Adelino Gomes, in Ana Paula Arnaut (ed.), op. cit., pp. 215 e 436, respectivamente.
[6] Ver, por exemplo, "Mais perto de Deus" [1999] e "Um quarto de século depois de *Os Cus de Judas...*" [2004], entrevistas de Rodrigues da Silva e de Adelino Gomes, in *idem*, pp. 307 e 435, respectivamente.

xxvi | ANA PAULA ARNAUT

Em 1997, em entrevista a Francisco José Viegas, o autor assume que, se tivesse a oportunidade de voltar a atrás, "teria começado a publicar com *Explicação dos Pássaros*" (1981). A afirmação é feita depois de apreciar *Memória de Elefante* como "um livro de aprendiz", *Os Cus de Judas* como "um livro binário, com aquele jogo mulher-guerra", e *Conhecimento do Inferno* como "provavelmente o mais fraco de todos", ainda que nele encontre o espaço "onde começam a aparecer, ainda que timidamente, todos os processos que depois" desenvolve melhor nos livros a seguir[7]. Em 2000, a preferência recai sobre *Fado Alexandrino* (1983), substituído, em 2004, por *O Manual dos Inquisidores* (1996)[8]. Este, dá lugar, em 2006, a *O Esplendor de Portugal* (1997)[9]. Além disso, nove anos decorridos sobre a confissão de que nunca há-de "escrever o livro que gostaria de escrever"[10], afirma-se "muito contente" com *Que Cavalos São Aqueles Que Fazem Sombra No Mar?*, romance que, ainda segundo o autor, "marca um grande progresso em relação aos anteriores"[11].

Seja como for, apesar do auto-reconhecimento evolutivo para que estas considerações apontam (num estreito paralelo com a corrente divisão, em ciclos, da obra antuniana[12]), a verdade é que, em Portugal, não se pode falar ainda em consenso relativamente aos romances dados à estampa. Leiam-se, por exemplo, os textos críticos sobre *Tratado das Paixões da Alma* (1990).

Calorosamente recebido por Agustina Bessa-Luís ("O incorrigível", 1990), por José Cardoso Pires ("Saber fintar o real", 1990), ou por

---

[7] "Nunca li um livro meu", entrevista de Francisco José Viegas, in *idem*, p. 282.

[8] "Exortação ao Lobo", "Um quarto de século depois de *Os Cus de Judas*. 'Acho que já podia morrer'", entrevistas de Catarina Pires/Isabel Stilwell e Adelino Gomes, in *idem*, pp. 355 e 438, respectivamente.

[9] "'Tenho a sensação de que ando a negociar a morte'", entrevista de Alexandra Lucas Coelho, in *idem*, p. 540.

[10] "Génesis de um romance", entrevista de Rodrigues da Silva, in *Jornal de Letras, Artes e Ideias*, 4 de Outubro, 2000, p. 8. Os textos da autoria de Rodrigues da Silva não foram incluídos neste volume por falta de autorização da representante dos herdeiros do jornalista.

[11] "«Daqui a dois anos acaba tudo e não publico mais»", entrevista de João Céu e Silva, in *Diário de Notícias*, 16 de Fevereiro, 2009, p. 28.

[12] Ver, a propósito, Ana Paula Arnaut, "*O Arquipélago da Insónia*: litanias do silêncio", in *Plural Pluriel, Revue des cultures de langue portugaise*, nº 2 automne-hiver, 2008 (http://www.pluralpluriel.org); *António Lobo Antunes*. Lisboa: Edições 70, 2009 ("Apresentação") e "A escrita insatisfeita e inquieta(nte) de António Lobo Antunes", in Felipe Cammaert (org.), "*António Lobo Antunes: a arte do romance*. Lisboa: Texto, no prelo.

Ernesto Rodrigues ("Lobo Antunes cartesiano, 1990), o livro é, contudo, menos afavelmente recebido por António Guerreiro ("Crítica da faculdade de enjoar", 1990). Dos comentários de Agustina Bessa-Luís e de José Cardoso Pires destacamos, respectivamente, "a sagacidade científica perante o corpo da sociedade" e a "ordenação pessoalíssima de dados e de acontecimentos implacavelmente objectivos". Por oposição, o jornalista do *Expresso* salienta "o tédio e monotonia" provocados pela leitura do romance. Com a clareza e a expressividade que sempre caracterizam os seus textos, António Guerreiro comenta, também, a não compreensão de "verdades elementares", ou o desvio à representação do real, decorrente, segundo escreve, do excessivo efeito caricatural dos signos do mundo sórdido que é recriado.

A sordidez e, essencialmente, a morbidez e a superficialidade das imagens usadas no romance que se segue a *Tratado das Paixões da Alma*, *A Ordem Natural das Coisas*, servem também de mote ao artigo de Patrícia Cabral, "O psicodrama de Lobo Antunes", publicado no início de 1993:

> Pides e putas, cobardes e doentes, «odores fúnebres», «relentos de cócó», «relentos de chichi», amor nos caixotes do lixo, António Lobo Antunes retoma, de forma caricata, as imagens mais superficiais de uma literatura que acabou com Céline e adiciona--lhe a psicanálise. Ao longo de imagens mórbidas, Antunes exprime-se por litanias melífluas («Iolanda meu amor, meu amor Iolanda, domingo da minha vida ouve, deixa-me morrer de amor por ti, eu pago»). O sentimentalismo nasce no seio dos destroços afectivos, sai da boca de canalhas e de desgraçados.

O que parece estar em causa, neste como em outros textos críticos, nomeadamente na já referida reflexão da autoria de Clara Ferreira Alves, é o culto de uma estética não-aristotélica. Uma estética que, seguramente, como sublinhou o heterónimo pessoano Álvaro de Campos, não entende que o fim da arte seja a beleza, "ou, dizendo melhor, a produção nos outros da mesma impressão que a que nasce da contemplação ou sensação das coisas belas"[13]. Deslocando, portanto,

---

[13] Álvaro de Campos, "Apontamentos para uma estética não-aristotélica", in Fernando Pessoa, *Páginas de doutrina estética*. 2ª ed. Selecção, prefácio e notas de Jorge de Sena. Lisboa: Editorial Inquérito, s./d., p. 116.

a ideia do tradicional conceito do belo, António Lobo Antunes cultiva, ao invés, uma estética predominantemente baseada no grotesco, enraizada num "Belo horrível" e numa "ferocidade, feita de ódio e de ressentimento" que, de acordo com Linda Santos Costa, "surpreendemos [por exemplo] em «O Esplendor de Portugal»" ("O romance como crime perfeito", 1997). Nesta obra se assinala, ainda, a novidade do domínio extraordinário

> dos processos narrativos e da linguagem (longe a compulsão metafórica que fazia dos seus romances verdadeiros mananciais de imagens de gosto duvidoso e redundantes), que transforma o crime de lesa-pátria que é este romance (atenção a todos os nacionalistas!) num dos mais belos romances da literatura portuguesa.

De outros *crimes* será ainda acusado António Lobo Antunes, principalmente em Portugal. O contraste entre a forma como os seus romances são recebidos pela crítica portuguesa e pela crítica estrangeira já havia sido sublinhado por Ana Sousa Dias, a propósito da sessão de lançamento do romance de 1992, considerado pelo editor Nelson de Matos "o melhor romance de António Lobo Antunes" ("«A Ordem Natural das Coisas», de Lobo Antunes, nas livrarias. Silencioso e tímido", 1992).

Apesar de alguns dos livros posteriores continuarem a ser alvo de apreciações, pontual ou maioritariamente, de tonalidades ainda cinzentas, a leitura dos textos críticos saídos na Imprensa a partir da publicação de *O Manual dos Inquisidores* (1996) começa a apontar, finalmente, para um maior consenso sobre a indubitável qualidade (e novidade) da ficção antuniana. A mesma impressão decorre da leitura das entrevistas dadas a partir desta altura[14]. Não se pense,

---

[14] "«Acabou todo o romantismo que havia à volta do futebol»" [1996]; "«Nunca li um livro meu»" [1997]; "Mais perto de Deus" [1999], "Exortação ao Lobo" [2000], "Que diz Lobo Antunes Quando Tudo Arde?" [2001], "Um quarto de século depois de *Os Cus de Judas*. 'Acho que já podia morrer'" [2004], entrevistas de António Tavares Teles, Francisco José Viegas, Rodrigues da Silva, Catarina Pires e Isabel Stilwell, Sara Belo Luís e Adelino Gomes, in Ana Paula Arnaut (ed.), *Entrevistas com António Lobo Antunes. 1979-2007. Confissões do Trapeiro*. Ed. cit., pp. 263, 295, 311, 353, 367, 442, respectivamente.

contudo, que a unanimidade progressivamente reconhecida e comentada naqueles textos se traduz, de facto, num conceito absoluto. É certo que se calaram ou mudaram de tom algumas vozes inicialmente discordantes, ou tão-somente cautelosas, mas relembremos que António Lobo Antunes é/foi o primeiro a penalizar-se, pelas menções aos sucessivos adiamentos em relação ao momento em que deveria ter começado a publicar.

Talvez não devamos estranhar, por consequência, que a sua constante insatisfação com a escrita continue a encontrar ecos, ainda que mais pontuais, no modo como são recebidos os seus romances mais recentes. Assim sucede, exemplarmente, com *Ontem Não Te Vi Em Babilónia* (2006), romance "dos mais perfeitos que escreveu", para Maria Alzira Seixo ("O nada branco de Deus", 2006), e, por contraste, escrita exasperada, difícil e excessiva, que não tem "nada de produtivo", para António Guerreiro ("Como um organismo vivo", 2006).

Seja como for, aprecie-se ou não se aprecie, não há como negar a inflexão da crítica. Curiosamente, o alargamento da mudança de cor nas análises levadas a cabo coincide com uma maior e mais regular participação de ensaístas pertencentes à comunidade académica: Eduardo Prado Coelho, Carlos Reis, Maria Alzira Seixo ou Eduardo Lourenço, entre outros.

Sobre *O Manual dos Inquisidores*, Eduardo Prado Coelho afirma, por exemplo, tratar-se "não apenas [de] um dos grandes livros sobre o fascismo português, como [de] um dos melhores romances portugueses contemporâneos" ("O mistério das janelas acesas", 1996). Maria Alzira Seixo, por seu turno, vê-o como "um livro impressionante", definitivamente provocador de "uma leitura activa" ("As várias vozes da escrita", 1996). Quanto a Carlos Reis, se, por um lado, se revela cauteloso em relação a *O Esplendor de Portugal* (1997), visto como "Um romance repetitivo" (1997), por outro lado, nele vê "um romance que retoma e reafirma o que de melhor se conhecia na obra do autor"; "um romance a reter, porque nele se equacionam, no plano da linguagem narrativa, temas, problemas e valores que o fim de século português e pós-revolucionário bem conhece" ("O romance como catarse", 1997).

Numa nota que se impõe registar, a progressiva mudança da tendência da crítica coincide, também, com o facto de a prosa xxx | ANA PAULA ARNAUT

antuniana apresentar uma extraordinária apetência para conjugar a vertente grotesca – que não parece abandonar nunca a sua ficção – com uma dimensão e uma sensibilidade poéticas que, de modo progressivo, percorrem as páginas que escreve, seja em notações breves, seja em momentos de maior extensão, como esse que podemos ler nas páginas 22-23 de *O Arquipélago da Insónia* (2008):

> o relógio sobressaltou-se um instante e continuou a mover os ponteiros numa ausência de números de modo que o tempo cessara também, meia noite, setenta e seis da manhã, quarenta e oito da tarde, o que importam as horas, em qualquer uma delas as folhas das oliveiras paradas e nenhum arrepio no milho, uma chávena num pires a tremer e eu a tremer com ela, pode ser que o meu pai desejando que eu trouxesse a caçadeira ou o sacho e o ajudasse a acabar, escutei o cavalo que tentava libertar-se da argola e um sapo do tamanho do homem que eu nunca serei a ferver na lagoa
>
> (o meu avô?)
>
> a bomba do poço em que uma dificuldade de ferrugem corrigia a direcção do silêncio, não o silêncio da ausência de ruído, uma mudez feita das vibrações que se anulavam umas às outras de muita gente a falar e apenas reparamos nas bocas que não têm e nos vapores da terra de que nasciam insectos, desci as escadas para me afastar do meu pai
>
> (o que sinto por si?)
>
> evitando a sala onde a chávena a explicar o quê, a comunicar o quê, a prevenir o quê, um velho surgiu no alpendre
>
> – Cuidado

Ou como este que encontramos na página 133 de *Ontem Não Te Vi Em Babilónia* (2006):

> Isto porque no outono ninguém consegue dormir, vamo-nos tornando amarelos da cor do mundo que principia em Setembro debaixo do mundo vermelho, o silêncio deixa de afirmar, escuta, demora-se nos objectos insignificantes, não em arcas ou armários, em bibelots, cofrezinhos, não somos a gente a ouvi-lo, é ele a ouvir-nos a nós, esconde-se na nossa mão que se fecha, numa dobra de tecido, nas gavetas onde nada cabe salvo alfinetes, botões, pensamos

INTRODUÇÃO: VOOS PICADOS, PLANADOS, LIVRES | xxxi

– Vou tirar o silêncio dali
e ao abrir as gavetas o Outono no lugar do silêncio e o amarelo
a tingir-nos, as janelas soltas da fachada vão tombar e não
tombam, deslizam um centímetro ou dois e permanecem, na
rua os gestos distraídos da noite transformam-se num fragmento
de muralha ou na doente que faleceu hoje no hospital abraçada
à irmã de chapelinho de pena quebrada na cabeça (...).

Sem qualquer desmérito para a crítica jornalística, a verdade,
porém, é que parece ser a intervenção sistemática da crítica académica
a grande responsável pela validação canónica da obra antuniana.
Uma obra que, hoje, não é apenas parte integrante de Programas
de Literatura Portuguesa no Ensino Superior, como também objecto
de estudo de diversas teses de mestrado e de doutoramento[15].

Não deixa de ser digno de registo, além do mais, que alguns dos
"pecados" inicialmente atribuídos à escrita de António Lobo Antunes
começam, de forma gradativa, mas não consensual, a ser encarados
como uma das suas maiores seduções, tanto para os leitores quanto
para a crítica. Pelo menos para alguns daqueles que, na leitura do
livro, procuram mais do que encontrar uma linear história, seguir
uma linha narrativa que conduz as personagens do princípio ao fim.
Referimo-nos, por conseguinte, aos leitores que empreendem a leitura
não apenas "na expectativa de que o autor lhe 'conte' algo de
interessante da zona da sua experiência", mas, acima de tudo,
pretendem participar activamente na construção dos sentidos da obra,
não se limitando ao papel de meros e passivos receptores[16].

Numa linha que, variadamente, ainda se prolongará nos anos de
2006 ou de 2007, em textos "Como um organismo vivo", de António
Guerreiro, ou "As vozes. *O Meu Nome É Legião*", de Pedro Mexia, a
"imperfeita interligação da acção e digressão", apontada por Clara

---

[15] Sobre a fortuna crítica da obra de António Lobo Antunes, veja-se, de Maria Alzira
Seixo, "Bibliografia e bibliologia. Para uma bibliografia passiva de António Lobo Antunes",
in *Diana*, revista do Departamento de Linguística e Literaturas da Universidade de
Évora, nº 5-6, 2003-2004, pp. 87-133. Ver, ainda, a secção "Bibliografia" (pp. 86-99),
incluída no volume II de *Dicionário da obra de António Lobo Antunes*, dirigido pela
mesma autora e publicado pela Imprensa Nacional-Casa da Moeda, em 2008, e
"Bibliografia", in Ana Paula Arnaut, *António Lobo Antunes*. Ed. cit.

[16] Ver, a propósito, Carlos Reis, *Construção da leitura*. Lisboa: INIC, 1982, p. 5.

Ferreira Alves como um dos "pecados" de *Auto dos Danados*, transforma-se, assim, por exemplo, numa das mais fascinantes características (num notável desafio, também) dos romances de António Lobo Antunes.

Decorrente da proliferação de vozes que engordam o tempo ao invés de o esticar, isto é, de o fazer avançar, a sensação de interligação imperfeita, de caos, de *nonsense*, que uma primeira leitura eventualmente provoca, exige, apenas, um maior empenho e uma maior paciência dos leitores. Por outras palavras, os desvios da história relativamente a um canónico (re)conto, pela imposição de múltiplas e variadas micro-linhas narrativas no lugar da tradicional narratividade, exigem, tão-somente, um reajustamento, um redimensionamento das expectativas em relação ao género romance.

Como escreve Maria Lúcia Lepecki, a propósito de *As Naus*, sem dúvida num comentário suficientemente abrangente da obra a vir,

> A desadequação entre o mesmo jeito de dizer e as diferentes personalidades que vão dizendo colocam-nos numa perplexidade que pode roçar a alucinação. Mas que voz é esta agora? Para o saber, não raro é preciso voltar atrás – e a opção narrativa do texto todo obriga à *atenção voluntária e disciplinada*, o que quer dizer que nos obriga a não nos deixarmos alucinar e confundir. Resultante: somos compelidos à percepção crítica ("A cabeça do homem e as dissociações", 1988).

Mas nem só de louvores ou de "impulsos libidinosamente antiliterários" ("Prémio Nobel da Tortura", 1996) damos conta neste volume. Por considerarmos úteis a todos os que se interessam pelo estudo da obra antuniana, nomeadamente pela forma como se tem processado a sua recepção num outro nível institucional, optámos por transcrever alguns artigos onde se regista quer a atribuição de variados prémios, quer a expectativa em relação a um novo Prémio Nobel da Literatura. Assim acontece com os textos de Júlio Conrado ("O rei dos prémios", 1986), de Celeste Pereira ("Júri de Poetas elegeu Lobo Antunes", 2000), de Jorge Marmelo ("Lobo Antunes, autor 'lúcido e crítico', vence Prémio Camões", 2007), ou de Alexandre Pastor ("Lobo Antunes sugerido para o Nobel. Suécia: «Período de ouro» para a literatura portuguesa", 1991).

O mesmo objectivo presidiu à inclusão de notícias respeitantes ao sucesso do autor em feiras literárias, como a de Frankfurt ("Sucesso português em Frankfurt", 1997), ou em digressões, como as que recentemente fez aos Estados Unidos (extensamente comentada por Rui Cardoso Martins em "Que farás, América, quando arder tudo?", 2008), ou ao Brasil (apreciada por Isabel Coutinho em "Histórias de família dos Lobos e dos Antunes", 2009).

Em outros artigos, ficamos a conhecer pormenores relacionados com a apresentação de alguns dos romances ("Lobo Antunes apresenta *As Naus*", 1988; "«Tratado das Paixões da Alma» de António Lobo Antunes. Festa com infância e morte", de Pedro Alvim, 1990) ou com participações em encontros científicos, como o Colóquio realizado na Universidade de Évora (Alexandra Lucas Coelho, "Eduardo Lourenço e António Lobo Antunes. O labirinto a dois", 2002).

Além disso, tendo em conta a importância dos relatos e das confissões feitas em *D'Este Viver Aqui Neste Papel Descripto*, fundamentais para completar o entendimento de algumas obsessões que percorrem a obra romanesca e cronística do escritor, incluímos, também, entre outros, os artigos "Romance em aerogramas", de Sara Belo Luís, 2005, ou "Memórias de guerra", de Agripina Vieira, 2005.

Outros *voos* reportam-se ao relevo que as crónicas ocupam na produção literária de António Lobo Antunes. Contrariando a opinião muitas vezes expressa pelo autor – sobre o facto de estes *apontamentos* não passarem de "prosa alimentar"[17], numa designação sujeita a variantes –, Carlos Reis e Agripina Vieira sublinham a estreita relação (temática e formal) que estes quase contos mantêm com os romances (respectivamente, "A arte da crónica", 1999, e "A escrita é feita de nadas", 2002).

---

[17] "A confissão exuberante" [1994], "Mais perto de Deus" [1999], entrevistas de Rodrigues da Silva; "«Nunca li um livro meu»" [1997]; "Caçador de infâncias" [2006], entrevistas de Francisco José Viegas e de Ana Marques Gastão; "'Tento pôr a vida em cada livro'" [2006], "'Estou aqui diante de vós, nu e desfigurado'" [2007], entrevistas de Sara Belo Luís, in Ana Paula Arnaut (ed.), *Entrevistas com António Lobo Antunes. 1979-2007. Confissões do Trapeiro*. Ed. cit., pp. 212, 309, 299, 486, 498, 567, respectivamente.

Embora conscientes da impossibilidade de, no espaço desta Introdução, remetermos para as dezenas de textos que seleccionámos, não podemos, todavia, deixar de registar que muitos deles se apresentam como mais do que explícitos juízos de valor sobre a obra de António Lobo Antunes. Referimo-nos, por exemplo, à vertente pedagógica (ou ao carácter de guia de leitura e de apresentação de propostas de linhas de descodificação dos complexos universos (re)construídos), presente em textos como: "*Boa Tarde às Coisas Aqui em Baixo*. A matéria dos sonhos" e "António Lobo Antunes: 'Isto não é um livro, é um sonho'" (Maria Alzira Seixo, 2003 e 2008), "Ondas coloridas" (Graça Abreu, 2004), "Terrenos baldios" (Eunice Cabral, 2006), ou "Uma voz que diz... o mal" (Agripina Vieira, 2007).

Seja como for, texto crítico, comentário-guia literário, ou nota sobre sessão de apresentação, o que julgamos resultar da leitura de *António Lobo Antunes: a crítica na Imprensa. 1980-2010. Cada um voa como quer* é a constatação de que, como já se leu no *Le Monde*, "Há os que se irritam com Lobo Antunes e os que o admiram. Mas não há dúvida de que é um verdadeiro escritor".

AGRADECIMENTOS

Um livro desta natureza requer, em primeiro lugar, um voto de reconhecimento aos jornalistas e académicos cujos trabalhos recolhemos. Em segundo lugar, cumpre agradecer à direcção dos jornais e revistas aqui mencionados a autorização para publicar estes textos que, em diferentes tons, permitem traçar a fortuna crítica da obra antuniana.

JÚLIO CONRADO

"Da fala da gente que come"[1]

Diário Popular/Suplemento Letras-Artes, 6 de Março, 1980, p. V.

Os mecanismos de adesão e de rejeição que regulam o percurso da obra literária nos segmentos de mercado para ela previstos pelos editores revelam, por vezes, comportamentos bem estranhos que, não cabendo ao crítico aprofundar, não deixam de produzir certa perturbação e de suscitar algumas considerações.

No caso de *Memória de Elefante* (Vega), de António Lobo Antunes, terá ocorrido um fenómeno espontaneísta de adesão do público, inclassificável à luz duma estratégia planificada de *marketing*: o livro começou a vender-se antes de a crítica se ter pronunciado a seu respeito; a longa entrevista (aliás suculenta) de Rodrigues da Silva com o A., publicada neste suplemento[2], apareceu quando a *corrida* à *Memória* já estava em curso; o aparelho da glória teve de funcionar a contragosto, que foi, de surpresa.

O público *pega* num autor sem *passado*, à revelia da crítica, da publicidade e das regras de como subir na vida através da Literatura, e faz dele uma vedeta em menos de três meses.

São provavelmente complexas as motivações do público ledor para assim agir. Lembramos a «febre» da procura de livros sobre ovnilogia[,]

---

[1] Texto posteriormente publicado em *Olhar a escrita*. Lisboa: Vega, 1986, pp. 103--105.

[2] "António Lobo Antunes sobre a «Memória de Elefante». Uma história de amor entre o desespero e a resignação", in *Diário Popular*/Suplemento Letras-Artes, 18 de Outubro, 1979, pp. I, VI, VII. A segunda parte desta entrevista é publicada no mesmo jornal, a 25 de Outubro, pp. V-VI, IX: "António Lobo Antunes («Memória de Elefante») citando Blaise Cendrars: «Todos os livros do mundo não valem uma noite de amor»" (in Ana Paula Arnaut (ed.), *Entrevistas com António Lobo Antunes. 1979 – 2007. Confissões do Trapeiro*. Coimbra: Almedina, 2008, pp. 1-13 e 15-28.

em 1977[,] ou a «ressurreição» do romance depois da ascensão e queda do livro «político». Em todo o caso, um velho sociólogo da literatura disse, um dia, que «o desenvolvimento do sucesso – em especial do sucesso do *best-seller* – continua a ser um fenómeno imprevisível e inexplicável», apesar de levantar uma ponta do véu ao acrescentar que «o livro de sucesso exprime o que o grupo esperava, que revela o grupo a si próprio». É uma pista ainda aceitável. Segundo Escarpit[3] «a amplitude do sucesso de um escritor, no interior do seu grupo, é função da sua aptidão para ser o «eco sonoro» de que fala Victor Hugo, e que, por outro lado, a extensão numérica e a duração do sucesso dependem das dimensões do seu público médio». Talvez possamos desenvolver a nossa análise a partir daqui.

O narrador/protagonista de *Memória de Elefante* reúne excepcionais condições para entrar na galeria dos *heróis* romanescos pela porta larga: profissão de prestígio, passado guerreiro, drama passional, condição e consciência de burguês em crise que contesta o sistema não para o pôr em causa mas sim para o sanear. Com um bocado de magia, Antunes teria sido capaz de construir um romance virtuoso; mas ao inverter o cariz exemplar dos seus trunfos, cristalizou[,] aparentemente[,] na fala do *anti-herói*[,] a crise dos valores não só da classe a que pertence mas de grande parte da sociedade. Produto de uma década que assistiu ao estoiro de todos os mitos, *Memória de Elefante* não podia deixar de ilustrar uma estreita relação com a imensa plêi[]ade de heróis escaqueirados.

Todavia, o psiquiatra abre caminho à perfídia da viagem confessional sem esbarrar com a hostilidade do «grupo» – que detecta no «discurso do outro» [] os ecos do seu mal estar civilizacional. O discurso do protagonista ratifica a realidade de uma burguesia *anti-heróica*, à deriva entre os fragmentos da sua antiga unidade espiritual: Deus, Pátria, Família. Burguesia náufraga que deixou de fazer avançar, perante um livro como este, o seu corpo policial de defesa dos bons costumes para se reconhecer nele, livro, o aplaudir, o comprar. Não se trata, a nosso ver, de *decadência* ou de *morte* da mentalidade burguesa, mas da sua reconversão. O processo afigura-se-nos semelhante ao de uma

---

[3] Nota do autor: «Sociologia da Literatura», de Robert Escarpit (Ed. Arcádia).

empresa falida que, submetida a peritagem, tenha revelado viabilidade económica com *mudança* de gestão ou de ramo.

E assim Lobo Antunes, «assumindo» a confusão generalizada a toda a classe no momento em que a desvalorização dela atinge níveis de credibilidade extremamente baixos, vai mais longe do que aquilo a que o marxismo vulgar chamaria [] «retrato do mundo decadente». O A. surpreende o movimento deslizante do seu estrato social para a feliz agonia da perda de identidade – suspensa, de resto, *in extremis*: «Amanhã recomeçarei a vida pelo princípio, serei o adulto que a minha mãe deseja e a minha família aguarda, chegarei a tempo [] à enfermaria, pentearei o cabelo para tranquilizar os pacientes, mondarei o meu vocabulário de obscenidades pontiagudas. Talvez mesmo, meu amor, que compre uma tapeçaria de tigres como a do sr. Ferreira: podes achar idiota mas preciso de qualquer coisa que me ajude a existir.» Depois da viagem acidentada do protagonista ao «fundo dos fundos», o «grupo» respira fundo à chegada do último parágrafo. A Esperança, tão neo-realista, coitada, durante tantos anos («Não tenho a Fé, mas tenho tanto a Esperança», diz a mãe de Blondin) está agora nas mãos do «grupo», cansado de vestir mal para passar por aquilo que não é. O Amanhã será daqueles que comprarem a tapeçaria de tigres[,] porque «afinal o que importa não é haver gente com fome, porque[,] assim como assim[,] ainda há muita gente que come» e de gente que passa mal está a literatura portuguesa cheia.

Memória de Elefante, como lição de autenticidade e de coragem, tem o mérito de chamar à pedra uma burguesia que se envergonha de parecer que o é e que só estava à espera da palavra de ordem convincente para deixar cair a máscara. Com algo de sado-masoquista mas também de libertador, a mensagem deste livro é essa palavra de ordem. No espelho da sua própria torpeza[,] o «grupo» vislumbra, em fundo, a «tapeçaria de tigres» – signo alentador, caramba!

ISABEL MARGARIDA DUARTE

"«Memória de Elefante» e «Os Cus de Judas» – o sucesso de Lobo Antunes"

Jornal de Notícias, 15 de Julho, 1980, p. 8.

Há um ano atrás[] ainda se não ouvia falar de António Lobo Antunes e eis que[] dois romances seus saídos em 79[] vão já, ambos, na 3.ª edição! Para lá de discutirmos o valor das narrativas publicadas – **Memória de Elefante** e **Os Cus de Judas** –, o facto é que seria puro snobismo passar ao lado de um fenómeno editorial como este, sem lhe procurar compreender as causas, sem tentar perceber porque é que tanta gente leu os livros de Lobo Antunes, arvorando os nossos critérios estéticos sempre discutíveis em argumento irrefutável contra uma prosa que, queiramos ou não, gostemos ou não dela, foi lida com avidez. Como lidos foram **O que Diz Molero**, ou **Walt**, embora, pessoalmente, não tenhamos recebido com particular entusiasmo nenhuma das obras.

Sem desejarmos fazer aproximações abusivas, pensamos, contudo, que entre estas narrativas existe algo comum, e que, justamente, agrada ao público leitor, porque pertence ao seu horizonte de expectativas estéticas, vivenciais até. É, primeiro e antes de mais, a assumpção do oral (não como Garrett fizera, pioneiramente, nas **Viagens**), com todas as riquezas e particularidades quotidianas do linguajar despreten[s]ioso que as gentes utilizam, dia-a-dia, à mesa do café. Este ver-se dito, enquanto linguagem, totalmente, num livro que se lê, atrai, destrói uma certa sacralidade inibidora da linguagem literária e redu-la à poeticidade diária da comunicação nua e crua. Buscar as raízes deste fenómeno é outra tarefa – interessante mas que não nos ocupa agora.

6 | ISABEL MARGARIDA DUARTE

Procurávamos as razões de um sucesso: devemos vê-las também nos temas de que se fala, nos assuntos tratados ao longo dos livros (e restringimo-nos mais, aqui, aos romances de Lobo Antunes e ao de Assis Pacheco): neles se lê uma realidade histórica mais ou menos recente (recente, pelo menos, na memória dos que não querem – ou podem – esquecer) que a todos nos toca porque a todos nos determinou as ânsias e os percursos – fala-se de uma terra que é a nossa[,] de um tempo a que também pertencemos: a guerra colonial[,] o Portugal de hoje.

Mas, no caso de Lobo Antunes, que exclusivamente gostaríamos de focar, há outras questões que importa levantar, e que se podem estender, sem que seja, neste momento, nosso propósito fazê-lo, aos outros «coloquiais». Ambos os seus livros têm um tom desesperadamente confessional, despidamente autobiográfico, e o público, ávido sempre de verosimilhança, sente-se tocado, comovido, até admirado favoravelmente. Depois, a personagem-narrador (que, no primeiro romance, oscila entre um discurso de 1.ª e 3.ª pessoa[s], no segundo, assume-se autodiegeticamente, em 1.ª pessoa) é o protótipo do herói dos nossos tempos: lúcido mas pouco corajoso, terno mas vivendo à margem dos «bons sentimentos», revoltado mas comodista. Divorciado – não falta mesmo nada para que um certo público (o que esgotou duas edições do livro em tão pouco tempo) se sinta projectar catarticamente nesse médico de idade madura, em crise afectiva, de valores, e não só. E este narrador que a si mesmo se vai dizendo, procurando, em sucessivas viagens, na memória ou no mais fundo de si, as razões do seu «fracasso», é, quanto a nós, a principal causa de tão grande aceitação dos romances.

Uma outra consistirá, em nossa opinião, na referência constante, excessiva, sintomática, como já foi dito nesta página, há umas semanas[4],

---

[4] Referência ao segundo dos artigos de Maria da Glória Padrão sobre "Ficção 79", in *Jornal de Notícias*, 11 de Março, 1980, p. 11 (o primeiro é publicado a 4 de Março). Depois de fazer o balanço das publicações do ano, a ensaísta, em *Post Scriptum*, escreve o seguinte: "O caso do ano 79, a julgar pelas edições, foi Lobo Antunes: não li «Os cus de Judas»; li «Memória de elefante». E se aqui não há referências a esse texto, é porque sinto o afrontamento de um novo-riquismo de escrita que invoca – em nome próprio ou em transcrição textual – cerca de 200 nomes da cultura em 149 páginas de texto sem descontar as iniciais e as folhas em branco".

de um certo novo-riquismo cultural, a nomes que fazem parte do património cultural da nossa contemporaneidade: referências permanentes a pintores (Chagall, Miró, Picasso, Modigliani, Cézanne – folheando à sorte **Os Cus de Judas**...), aos homens da música (Coltrane, Bob Dylan, Armstrong), da literatura (Pessoa, F[]itzgerald, Beckett, Pessanha)[,] do cinema (Hitchcock, Fellini, Visconti, Humphrey Bogart), sem faltar, para o quadro ser tranquilizador e deixar ao leitor a certeza alegre de que é culto e está na onda, a obrigatória referência à Arte Nova, ao «patchuli» e a outros dos nossos rituais de desiludidos de revoluções falhadas.

Tranquilizadoras são estas referências, bem como os próprios esquemas narrativos adoptados. Não demasiado lineares – não estamos no século XIX, que diabo! – mas suficientemente simples para que o leitor não tenha que fazer grandes esforços. Em **Memória de Elefante**, a intriga é sustentada pela narração de um dia na vida de um psiquiatra[,] desde o trabalho no hospital, passando pelo almoço e a sessão de análise, ao casino, e, mais à noite, a travessia com uma companhia de acaso. O que sobra são regressos à «tio Proust», em busca dos momentos passados que, sem que o soubesse então, lhe traçariam para sempre o futuro. No segundo livro, o relato da experiência do narrador na guerra colonial é feito para uma (muda) interlocutora de quem aquele se vai progressivamente aproximando, à medida que a noite decorre; e o romance acaba, numa coincidência um tanto artificial, com a chegada do médico, vindo de Angola, a Lisboa, e o romper da manhã que coloca um ponto final nas relações entre o contador e a sua ouvinte. Ora, segundo declarou Lobo Antunes numa entrevista concedida ao jornal «Voz do Povo»[,] de 7/2/80: «(...) eu tive a sensação que, se escrevesse um livro só sobre guerra, se tornaria muito cansativo para as pessoas. Gramar uma pastilha de duzentas páginas de guerra seria possivelmente um bocado chato. Então decidi introduzir um contra-ponto e tentar demonstrar como uma relação entre um homem e uma mulher também pode ser uma guerra e juntar aquelas duas guerras numa só, de maneira a tornar o livro menos «pesado». Se tivesse tratado só do problema da guerra colonial isso poderia eventualmente afastar leitores e a mim interessava-me que o livro fosse lido».

A consciência de que há que escrever de modo a que o público compre (a editora pede mais...) está, parece-nos, bem patente nesta citação.

O que menos nos agrada, na escrita de Lobo Antunes, é um certo barroquismo: o excesso de [] comparações e metáforas (nem sempre muito sugestivas) e, sobretudo, a sobrecarga de modificadores, a acompanhar, obstinadamente, todos os nomes. A seguir a, ou antes de qualquer nome, acumulam-se os adjectivos, apinham-se complementos do nome. Veja-se, na primeira página d'**Os Cus de Judas**: «(...) vozes tão **de gaze como** as que nos aeroportos anunciam a partida dos aviões, sílabas **de algodão** que se dissolvem nos ouvidos **à maneira de fins de rebuçados** na concha **da língua**» (sublinhados nossos). A citação não é ingénua. É que esta imagem das vozes de gaze das meninas dos aeroportos aparece nos dois romances[5] como, aliás, muitas outras, q[u]e o autor deve ter achado particularmente bem apanhadas e, portanto, se não importou de transportar do primeiro para o segundo livro...

Outros processos há que nos parecem gratuitos: a divisão de **Os Cus de Judas** em capítulos, por exemplo. Porquê utilizar uma letra do abecedário para cada capítulo, senão por um voluntário querer [] mostrar que se é moderno, se reflecte sobre a linguagem e as palavras se viram, metalinguisticamente, para si mesmas?

Resta dizer-nos que, apesar dos pesares, consideramos **Memória de Elefante** – obviamente! – mais conseguido e original do que o segundo romance, que nos faz lembrar, muito sinceramente, a célebre crítica de Garrett aos estereótipos românticos:

«Todo o drama e todo o romance precisa de:
Uma ou duas damas, mais ou menos ingénuas,
Um pai, nobre ou ignóbil,
Dois ou três filhos de dezanove a trinta anos,
Um criado velho
Um monstro encarregado de fazer as maldades,

---

[5] Em *Memória de Elefante* refere a "beleza impalpável comum aos hálitos de gaze que anunciam nos aeroportos a partida dos aviões", p. 16, edição *ne varietur*.

Vários tratantes, e algumas pessoas capazes para intermédios e centros»[6].

Os tempos mudaram, os gostos são outros. A aplicação de receitas é que continua.

Esperamos, no entanto, que a nossa crítica se não possa confundir com as que, até à data, se têm feito aos romances de Lobo Antunes:

* nem com o entusiasmo incondicional (fica explicado porquê...);

* nem com o repúdio boçal de que o autor é alvo porque utiliza, nos livros, «palavrões», desagrada a sagrada língua-mãe e destrói os mais elevados valores da nossa pátria (e foi o que a direita disse[,] escandalizadíssima...);

* nem com o desprezo snob e preten[s]ioso do intelectual universitário que só [se] digna voltar o olhar para produtos com o carimbo de «Qualidade» (de preferência, previamente colocado por um qualquer crítico parisiense...).

Com grandes cedências à facilidade e concessões à boa consciência cultural dos leitores, o que é certo é que Lobo Antunes[, que] lhes caçou os tiques, se lê e muito. Daí o termos-lhe dedicado este espaço.

---

[6] Almeida Garrett, *Viagens na minha terra*, capítulo V.

DUARTE FARIA

"A viagem aos lugares obscuros"
(Conhecimento do Inferno)

Jornal de Letras, Artes e Ideias, 14 de Abril, 1981, p. 32.

António Lobo Antunes surgiu na Literatura Portuguesa de modo impetuoso e perturbante[,] conseguindo manter em três sucessivos romances a mesma força de origem. Esta última verificação é tanto mais de admirar quanto se tem assistido entre nós ao lançamento de obras de ficção[,] com mais ou menos impacto[,] mas cheias de vitalidade literária[,] sem que haja uma prossecução no mesmo ritmo e na mesma energia inicia[is]. Relembremos alguns exemplos, como casos representativos.

Em 1974[,] Mário Cláudio publicava **Um Verão assim**, breve narrativa de enorme intensidade onírica e mítica, uma prática da libertação vocabular e sintáctica. João Alves da Costa[,] em 1975[,] causava alguma sensação com **Diabruras do menino Hamlet**, romance que combinava agora o elemento onírico com o humor e mesmo a paródia, entrando numa via do que se pode chamar a crítica cultural através da ordem lúdica. Com muito maior apagamento editorial mas com maior densidade lírica e dramática no próprio texto, publicará Rui Nunes[,] em 1976[,] **Sauromaquia**, uma narrativa onde a poeticidade e o sentido do colectivo se envolvem num conflito sinuoso e intenso. Dinis Machado representará a grande sensação de 1977[,] com o ainda famoso **O que diz Molero**[,]conseguindo realizar o binómio onirismo-humor com maior controlo e intensidade que João Alves da Costa, dentro ainda de uma certa crítica cultural sob o signo do lúdico. Numa direcção diferente do sentido do colectivo surgirão os dois volumes de Cristóvão de Aguiar[,] com o título comum de **Raiz**

Comovida, em 1978 e 1979, onde a palavra é tomada ao mesmo tempo no fascínio da sua fonte regional e na criatividade do encadeamento lírico de acontecimentos. Como se vê, há nestas obra tendências que se interceptam, podendo assim resumir: o sentido do colectivo que será predominantemente lírico, crítico ou dramático, o onirismo que emancipa a palavra da estereotipia tradicional para lhe reconhecer um estatuto livre de fascínio, e, finalmente, um poder em maior ou menor grau de poeticidade que confere às narrativas uma elevação do acontecimento que a racionalidade das histórias construídas segundo a lógica folhetinesca costuma restringir. Ora, neste conjunto, onde era possível acrescentar outros nomes, integra-se e, ao mesmo tempo, destaca-se, António Lobo Antunes. É que[,] de 1979 até hoje[,] nos apresentou já três densos e desenvolvidos romances, **Memória de elefante**, **Os cus de Judas** e **Conhecimento do inferno**, sem ter diminuído ainda o ímpeto criador nem so[ç]obrado na repetição.

Vejamos, então, mais concretamente, como funciona a escrita deste último romance [] que[,] apesar de não ser repetitivo, traz a marca de uma personalidade que se apropriou de um território romanesco, o delimitou e o aprofundou. Trata-se de uma viagem, à superfície, do Algarve até Lisboa, como [l]inha axial de referenciações, mas, no fundo, a viagem de uma memória através de lugares outros, os lugares problemáticos ou obsessivos. Partir de férias em direcção ao trabalho, ao Hospital psiquiátrico, sendo este lugar a atingir o foco de irradiação retroactiva: à sua volta gira alucinatoriamente o espaço citadino em relação de contiguidade, como o espaço do quartel e da guerra colonial giram também alucinatoriamente, agora porém em relação metafórica. O que une tudo não é apenas o viver no exercício do risco de morte nem apenas a condição de morrer mas a trágica conjuntura de matar. Aqui a escrita de uma crítica da classe médica, e, em particular, da classe psiquiátrica, que se dilata ondulatoriamente à própria cultura subsistindo na eminência abissal. Deste modo, o trajecto geográfico, linear e progressivo, é constantemente interceptado pelo trajecto fragmentado da memória[,] com o retorno intermitente e reiterado a lugares de ferida[,] correspondendo-se oniricamente com significados incidentes.

Na realidade, o processo narrativo prevalecente na constituição da história é o que se pode chamar um processo circunvolutivo: a partir de um motivo-base desenvolvem-se irradiações sucessivas que vão jogando em fluxo e refluxo sobre os lugares problemáticos da fixação. Esse motivo pode ser a mesa de um restaurante, a figura/fantasma do psicanalista, uma palavra ou expressão como: «O senhor Valentim vai recitar um poema da sua autoria», etc. A ambiência, natural ou artificial, do trajecto geográfico primeiro ou dos percursos da memória, entra em íntima solidariedade com a exaltação ou a raiva ou o desencanto do próprio corpo. Assim[,] a tradicional descrição perde o carácter decorativo[,] surgindo integrativamente como significante humano. Aliás, é fácil verificar que o trajecto do romance se pode formular ainda de outra maneira: a partida do mar, lugar de fascínio, de permeabilidade, de imersão, de luz magnificente, para percorrer, terra dentro, lugares cada vez mais obscuros, sujeitos à delimitação, à resistência, ao pulular de outros seres, numa aproximação angustiante do lugar que os condensa e figura a todos na frieza sólida do enclausuramento, o Hospital. Poder-se-ia dizer, pois, que o conhecimento neste romance é, como nos mitos, uma descida aos infernos.

A visão inicial onde homens e objectos se apresentam como seres de plástico é proposta primeira de um mundo de máscara social. Conhecer é desejar o rosto, ultrapassar os limites, desafiar as aparências suportáveis. Procede-se, então, à explosão da linearidade, através de uma certa incandescência vocabular e imagética, com a voracidade de atingir a «vertiginosa fundura de um poço». Por isso se agitam tantas questões neste livro, quer a nível de escrita romanesca, quer a nível de cultura ou mundo quotidiano de relação. E isso, talvez, a partir de qualquer coisa tão simples como esta: «Agora regressava a Lisboa sem nunca ter saído do Hospital.» O mar e a simplicidade são um passado excessivamente remoto para quem já mergulhou nos fundos sombrios da existência social.

MARGARIDA BARAHONA

"A fragmentação e o modelo perdido"
[*Explicação dos Pássaros*]

Jornal de Letras, Artes e Ideias, 20 de Julho, 1982, pp. 26-27.

É sob o signo de uma fragmentação que se constrói grande parte do romance (e da literatura) contemporâneo, fragmentação que é, em última análise, a do próprio sentido romanesco, mas que, ao longo do nosso século, encontra múltiplas actualizações nos textos que assinalam o percurso de desconstrução dos códigos do género. Movimento esse frequentemente acompanhado por marcas de uma nostalgia da unidade, da totalidade, que o perdido modelo arquetípico do romance pode representar, simultaneamente enquanto realidade textual e enquanto espaço ficcional de representação de um mundo.

É na tensão estabelecida entre uma visão pulverizadora, por um lado, e um modelo de totalidade, por outro (e que materializa, ao nível estritamente romanesco, uma situação geral da nossa cultura, largamente reconhecida como de perda de referências, de crise dos grandes sistemas de síntese), que se constrói a personagem central de **Explicação dos pássaros** (paralelamente ao que sucedia nos anteriores romances do autor), Rui S., que, ao longo dos quatro dias que preenchem o presente da ficção (5.ª feira a domingo), aparece associado a várias representações da ruptura (ruptura com a família, ruptura de duas relações amorosas, ruptura com as várias linguagens sociais que surgem no texto), face à qual se tenta definir um espaço uno, de coesão da própria personagem.

Assim[,] a viagem (de Lisboa a Aveiro), que surge logo no início do romance, é para Rui S. uma viagem de aprendizagem, ligando-se ao sentido codificado da viagem iniciática (o lugar privilegiado em que o protagonista toma consciência de si, se assume como sujeito)[,] mas marca simultaneamente um processo de desagregação do mundo que o rodeia e dos códigos que o representam, tornando-se inevitavelmente viagem para a morte – o suicídio torna-se a consequência necessária duma aprendizagem que não conduz à totalidade mas à sua destruição.

A metáfora da viagem

A importância deste percurso iniciático, de que a viagem (já elemento fundamental na organização de um anterior romance do autor, **Conhecimento do inferno**) é transparente metáfora, materializa-se ainda na presença quase constante nos títulos das obras de António Lobo Antunes de vocábulos relacionados com a zona do conhecimento – **Memória** (de elefante), **Conhecimento** (do inferno), **Explicação** (dos pássaros) – cuja sequência (cronológica) assinala[,] aliás[,] a progressão no processo de constituição do sujeito no romance. É a memória que desencadeia o conhecimento que Rui S. vai construindo de si próprio; daí que o seu discurso (e o da narração) funcione sempre em dois planos constantemente entrecruzados, o do passado (a infância, a família, o casamento com Tucha – os códigos da coerência burguesa) e o do presente (a esquerda, a cultura e os seus textos emblemáticos, o casamento com Marília – os códigos de uma outra totalidade tão coerente como a primeira). Conhecimento portanto de dois mundos, de dois sistemas totalizantes de significação, que surgem todavia duplamente fragmentados no texto: pelas marcas que os apontam (objectos, gestos, nomes) e que têm um funcionamento essencialmente metonímico (metonímia que, sendo figura dominante no plano da ficção, se contrapõe à obsessão metafórica do discurso da narração); pelo cruzamento dessas marcas na linearidade do texto romanesco (perguntas que determinam uma resposta num outro tempo, permanente sobreposição de imagens do passado e do presente). E conhecimento que estabelece uma distância irredutível entre o sentido de Rui S. e o de todas as outras personagens, distância cuja explicação só se pode encontrar na totalidade da morte. Assim, no final do romance (o domingo do suicídio), o discurso do protagonista transforma-se num puro monólogo, onde ecoam as vozes das outras personagens que, superando a sua inserção em códigos culturais e sociais até aí diferenciados, vão construindo um sentido comum na imagem unívoca que criam de Rui S., imagem que contém afinal a sua sentença de morte.

A morte, corolário inevitável do processo de desagregação que constitui a ficção, e[,] aliás[,] fortemente indiciada no texto (imagens da mãe e de animais mortos), torna-se assim o lugar possível de um outro sentido, o da metáfora sempre adiada, a explicação dos pássaros (metáfora em cuja formação talvez estejam presentes **Os Pássaros** de Hitchcock), sentido que permanece totalmente estranho ao sentido dos outros. O que é acentuado pela introdução no romance de uma série de fragmentos localizados num tempo posterior ao presente da história (testemunhos dos empregados da estalagem de Aveiro, falas da família, de Tucha e de Marília), que, na opacidade que continuam a atribuir a Rui S., acabam por justificar mais plenamente ainda a dimensão de absurdo que todo o espaço alheio ao protagonista ganha ao longo do texto.

A metáfora do circo

É ela que vai determinar a expansão da sua mais importante zona metafórica, o circo (e as suas variantes), onde se vão inserindo todas as personagens emblemáticas dos vários códigos, desde a figura tutelar do pai, no início, até ao número final em que representam conjuntamente Tucha e Marília, e cujo clímax acaba por ser o próprio suicídio de Rui S. [.] Circo que metaforiza o espaço social e em que o espectáculo e o seu termo marcam o ponto de chegada de uma história feita de rupturas, mas principalmente de um percurso de perda de todos os significados sociais (de família, de classe, de grupo).

O suicídio transforma-se assim na representação simbólica do modelo (im)possível e parece levar até ao limite um sentido já presente em todos os anteriores romances de António Lobo Antunes, em que a presença das marcas de morte no interior do espaço social não correspondia ainda à sua utilização como tema central e organizador da ficção. Essa transformação qualitativa do significado do processo de aprendizagem comum aos quatro romances do autor parece querer assinalar com **Explicação dos pássaros** o fim de um ciclo e simultaneamente a sua clarificação – o que é ainda uma forma d[e o] projecto do(s) romance(s) se assumir como totalidade e superar a fragmentação do seu espaço ficcional, tornar-se ele próprio o outro sentido nunca atingido pelas personagens.

CLARA FERREIRA ALVES

"Fado Alexandrino"

Expresso/ Cartaz 19 de Novembro, 1983, p. 6.

O último romance de António Lobo Antunes chega-nos às mãos envolvido numa tarjeta intimidante que o dá como **"o mais importante acontecimento literário do ano"**, frase que vem acompanhada de uma outra do escritor Jorge Amado: **"António Lobo Antunes é um grande, um extraordinário escritor"**.

Mas não é só a tarjeta que é intimidante (ou deveríamos dizer convidativa?), visto que **Fado Alexandrino** é um volume de nada--mais-nada-menos-que-seiscentas-e-noventa-e-quatro páginas de uma prosa visivelmente densa, em que cada palavra tem um peso específico, ainda que esta densidade seja suavizada pelo ritmo da frase e a vivacidade de uma linguagem construída como uma acção. Leia-se este curto parágrafo:

"O velho que dormitava no seu canto deu uma dentada distraída no rissol, e recaiu num coma digno de executivo, babando migalhas no colete. O alferes empurrou a porta da cubata (cheirava a mandioca seca, ao odor pobre, incómodo, enjoativo, da mandioca seca nas esteiras, aroma de cadáver das raízes de giz, semelhantes a fémures torcidos, nos telhados) e encontrou a miúda numa imensa decrépita cama de casal, de pernas substituídas por cunhas e pedaços de tijolo, com uma boneca de pau ao colo, fitando-o com os eternos olhos enigmáticos, estranhamente adultos, enquanto por trás da Inês a rama dos pinheiros balouçava, e na escama horizontal do mar tremiam frisos brancos de espuma".

Fado Alexandrino poderia ser um projecto ambicioso, na sua pretensão de nos contar dez anos de um país partido a meio por uma revolução; de uma década que assistiu ao regresso dos guerreiros (Lobo Antunes não deve acreditar em heróis), à partida dos indesejados e às confusões típicas que moldam as transições inesperadas. Não é por acaso que o autor faz preceder o livro de um excerto da canção de Paul Simon, "The Boxer", retalho poético onde se conclui que **"After changes upon changes / We are more or less the same / After changes we are more or less the same"**. Como não é por acaso que dizemos que o romance **poderia ser** um projecto ambicioso. Não o é apenas pela relação muito especial do escritor Lobo Antunes com a sua escrita e as suas personagens. É uma relação complexa, que se desenvolve à custa de secretas engrenagens afectivas, de reforçadas doses de ironia e de um originalíssimo poder de comunicação e identificação. Pode não se gostar, mas nunca se fica indiferente perante a magia de uma história contada com raça, às vezes com crueldade, outras com egoísmo, mas acima de tudo, com uma ternura anti-ingénua que funciona como sal nas feridas nacionais. Arde, mas ajuda a curar. O psiquiatra farto da psiquiatria – ou o médico farto da medicina – não resiste demasiado à vocação do diagnóstico social, ao mesmo tempo que impede que uma tão nefasta vocação se transforme na ra[i]z ou no fruto das suas histórias. E, atenção! Nada de terapêuticas. Nada de efabulações ou moralizações. Fora com os bálsamos e as mezinhas e vivam as palavras fortes, as paixões extremas, a febre no sangue, a sordidez do que é sórdido e a maldição do que é maldito. Embrulhe-se tudo num humor subtil e contagiante e obter-se-á a maturidade que é a essência deste livro.

Como chamar, pois, a um tal projecto – ou trajecto – ambicioso? A maturidade é ela mesmo um resíduo raro do pouco que o autor aposta em cada obra sua e um registo precioso do muito que ele investe. E quem investe pelo prazer de se investir, totalmente, no propósito puro de escrever **por** escrever, de anular falsas distâncias entre o que se atira para o papel e o que se atira para as montras literárias, não pode cometer o pecado mortal da ambição. Seria uma imperdoável incoerência.

Lobo Antunes não escreve em obediência à musa, não exibe tiques da moda (mas exibe tiques pessoais), não inventa nostalgias, não espelha desesperos inúteis[.] Em suma **"não gasta nos supermercados do costume"**.

Nutrindo o absoluto desprezo das fórmulas e dos esquemas convencionais, perseguidor corajoso do pormenor hiperrealista (o mais possível fora de moda!), a sua escrita firme corre o risco de se deixar engrossar como um rio na época das chuvas. Há um nítido excesso de percepções da vida. Fosse esta acumulação de imagens, de metáforas, de adjectivos, de substantivos, mais opaca, mais desleixada e menos perversa e perder-se-ia o fio à meada. Teríamos um rio fora do leito, a inundar a margem de imaginação que um escritor deve reservar para o leitor.

A contenção desta tendência para o incomensurável é manipulada em **Fado Alexandrino**, acompanhando o espaço e o tempo de uma história feita de histórias que se desdobram no antes, no durante e no depois da Revolução, mas não é suficientemente manipulada para nos poupar a um certo enervamento, como quem tenta correr ao lado de um campeão da maratona (da palavra), e já lhe começa a faltar o ar...

DINIS MACHADO

"Doze notas para *Fado Alexandrino*"

Jornal de Letras, Artes e Ideias, 22 de Novembro, 1983, p. 4[7].

1. A evolução de António Lobo Antunes desde «Memória de Elefante» até «Explicação dos Pássaros» é feita de alargamentos sucessivos e metódicos. O que particularmente interessa agora, deixando para trás as quatro etapas deste percurso, é o registo, neste quinto livro – «Fado Alexandrino» –[,] de um processo de escrita ainda e sempre barroco, mas no apogeu da segurança e da flexibilidade. (O escritor reescreve-se e reestiliza-se de livro para livro, afina progressivamente os materiais da escrita, repetindo-se e renovando-se num vai-vem estimulante. Quase todo o escritor).

2. A área dos cinco livros, numa visão ampla e a que podemos chamar heterogénea, abastece-se de influências privilegiadas. Podemos falar, ao correr da pena, de Faulkner, de Céline, de Dos Passos, de Sábato. E de outros. E, já num plano diferente, mais generalizado, da música, da pintura, do cinema. É a correlação dos ofícios. São as janelas abertas, é a transmigração das artes.

Absorvedor e irradiador de conhecimentos, perdendo-se e achando-se em ramificações múltiplas, «Fado Alexandrino» – que é dele que estávamos a tratar – constrói-se[,] pois[,] numa difusão de coordenadas muito variada. É[,] também ele, repositório final de obsessões num entrelaçado contínuo: repetições monótonas e absurdas, delírios mentais, deformidades físicas, acentos caricaturais, cães, gaivotas,

---

[7] Este número do *JL* inclui ainda a entrevista de Clara Ferreira Alves, "Lobo Antunes: «Fui bem comportado durante tempo de mais!»", pp. 3-4 (entrevista também publicada em Ana Paula Arnaut (ed.). *Entrevistas com António Lobo Antunes. 1979-2007. Confissões do Trapeiro.* Ed. cit., pp. 57-64).

excrementos, poluições – tudo envolvido numa teia cancerosa da qual nada escapa: personagens, paisagens, cenários, objectos, memórias, projectos, ilusões.

3. Um painel de situações deterioradas, armazém de matérias putrefactas, de sonhos gastos e de gestos perdidos, flutua, à deriva, no caudal do texto, que se vai revelando a pouco e pouco como pauta musical, com a descoberta de sonoridades e a execução de andamentos. Por outro lado, acumula-se uma espécie de arsenal Felliniano, com a aparente desorganização visual e a função movediça de uma escrita que se não limita a encorporar o real mas, também, a desmesurá-lo.

O texto manobra agilmente por entre excessos, carências, falhas e sobras. E faz-se disso, numa tarefa de arrasto. Daí a sua permanente oscilação, a sua vocação cataclísmica.

4. Se há um texto destinado a representar o lado «photomaton» da nossa modernidade, é este livro. O acento grotesco é a tónica. O olhar sulfuroso do médico (Lobo Antunes é médico), para o qual não há terapêutica possível senão a condenação de continuar a escrever, envenena sistematicamente as estruturas do romance. A moeda de troca é esta: esconjuro-me naquilo que retenho, medico-me naquilo que escrevo.

5. Livro antiépico, situa-se cronologicamente «antes, durante e depois da revolução». Os três tempos possuem a mesma carga corrosiva. Instala-se a dimensão apocalíptica ou, se se prefere menor exuberância, a encenação falhada.

São as pessoas, falíveis porque pessoas, que falham essa encenação. Mas, não esquecer: a avaliação que delas faz o analista e produtor do texto contamina-as e dilacera-as.

6. Esta fábrica de detritos, este horizonte de destroços, manejam--se numa técnica textual que desloca um pouco (em relação aos livros anteriores) da metáfora, da imagem e da comparação, mas servindo--se ainda delas a propósito como pontos de apoio, de código de comunicação, de auto-esclarecimento e de prazer da escrita. As súbitas alterações de tempos e de falas, os movimentos descontínuos em que se elaboram resultam, paradoxalmente, da necessidade e do desejo de «fixar».

"DOZE NOTAS PARA *FADO ALEXANDRINO*" | 25

Daí o retrato sem concessões. O «photomaton».

7. Nas frequentes mudanças de direcção da palavra, o discurso está sempre à beira de se desagregar. Mas é no exercício desse mesmo risco que se vai organizando internamente. O seu trajecto, de ponta a ponta, é de equilíbrio bastante precário e exige, por isso mesmo, virtuosismo.

8. No enquadramento que se propõe[,] o romance, de alternadas aproximações e recuos, é a altura de revermos, aqui na memória feita livro, como espectros acotovelados e insones, a mágoa que todos mais ou menos transportamos: a de uma revolução que falhou algures. Talvez num pouco de todos nós, lá onde o ideal e a generosidade falecem perante o peso das circunstâncias.

9. Não se trata de um livro moralista, nem utópico, nem apologético. Trata-se sim, de um livro esclarecedor. Esclarecedor daquilo que cerca a realidade do escritor, paralelamente, daquilo que o escritor é perante essa realidade. A unidade formal obtém-se através desse tipo de correspondência muito particular.
A deslocação do que «lá está» é a deslocação do olhar.

10. Ainda em relação aos livros anteriores: neste, a planificação é mais ambiciosa, o cruzamento de ideias e de sensações mais calculadamente espontâneo, o vazio das existências mais definitivo, o balanço romanesco mais implacável. E o fôlego: quase setecentas páginas tumultuosas, mescladas de aprendizagens e de pesquisas, de alucinações e de pânicos, de complexo relato de acontecimentos – e da imaginação, febrilmente, trabalhando neles.
E a obstinada procura, nisto tudo, como som longínquo, tarefa complementar e subterrânea, de «la petite musique» do escritor. É onde também o texto se me afigura ter atingido, agora, num reduto de arquitectura mais pessoal, a escala da harmonia.

11. «Fado Alexandrino» esgota-se em si próprio, como esgota (ao mesmo tempo que ilumina) os quatro livros anteriores. De certo modo, estas coisas operam-se por fases. Este livro que é um espaço de respiração frásica naturalmente articulado, é-o também de confluência e de apuro de todo o trabalho já feito. E agora?

Agora o escritor tacteia outros graus de escrita. Ele mesmo mo disse.

Trata-se, naturalmente, de uma inevitabilidade.

12. A décima segunda nota é dedicada à total liberdade do leitor: que leia o livro à sua maneira e o faça seu.

PAULO CASTILHO

"As ruínas da guerra colonial"
[*Os Cus de Judas*]

Diário de Notícias/Revista de Livros, 18 de Março, 1984, p. III.

> Com a tradução inglesa de *Os Cus de Judas*, de António Lobo Antunes, muitos jornais e revistas dedicaram uma boa parte dos seus comentários ao estilo do autor, que classificaram de «brilhante» a *overwritten*[.]

Os Cus de Judas, de António Lobo Antunes, foi recentemente traduzido para inglês por Elisabeth Lowe e publicado em Inglaterra com o título de *South of Nowhere*. A tarefa de transpor para outro idioma a prosa densa e sobrepovoada de imagens que frequentemente nascem da língua em que foram concebidas foi levada a cabo com algum sucesso. Elisabeth Lowe tentou conservar o essencial do estilo do autor e transpor para uma língua seca, prática e económica aquilo que pôde do brilho e do excesso que caracterizam a prosa de Lobo Antunes. Mas alguns sacrifícios foram feitos: passos da narrativa estão pura e simplesmente ausentes da tradução; perante certas frases, referências culturais, ou imagens mais prolixas, Elisabeth Lowe desistiu e passou à frente; a pontuação foi alterada, sem grande cerimónia, para ir ao encontro do ritmo próprio da língua inglesa e da comodidade dos leitores britânicos e americanos, habituados a dietas linguísticas bem menos barrocas. O resultado final é, por vezes, mais uma adaptação livre do que uma tradução.

Muitos dos principais jornais diários e dos semanários e revistas que incluem nas suas colunas rubricas de crítica literária referiram-se ao livro. Todos eles dedicaram uma boa parte dos seus comentários ao estilo do autor – que classificaram de «brilhante» a *overwritten*.

28 | PAULO CASTILHO

Todos igualmente, como seria natural, se debruçaram sobre aquilo que [n']*Os Cus de Judas* se refere à experiência colonial e à sua influência na geração ou gerações que participaram na guerra. Alguns encontraram ainda afinidades entre o livro de Lobo Antunes e *La Chute*, de Camus, *Heart of Darkness*, de Conrad, o «novo jornalismo» americano e até o filme (e série de televisão) *M.A.S.H.*

De uma maneira geral, os críticos, como seria provavelmente inevitável, acabaram quase sempre por tentar enquadrar *Os Cus de Judas* dentro das referências e estruturas culturais em que estão habituados a mover-se. E, ao fazê-lo, «passaram ao largo» daquilo que são porventura os aspectos mais interessantes do livro: a sua pulsação e truculência[,] genuinamente portuguesas[,] apoiadas num exibicionismo verbal que está nos antípodas da concepção deliberada e do pudor cultivado pela maior parte dos escritores britânicos.

Deste contraste resultou um hiato de comunicação que transcende o problema da língua e que não poderia ser ultrapassado nem pela mais brilhante tradução. Nas notas que se seguem procurarei referir, entre outros, alguns dos aspectos deste livro de Lobo Antunes que me parece relevarem de uma sensibilidade tão profundamente portuguesa que dificilmente poderiam ser transplantados para outros climas.

Uma cor pouco local

Comecemos pela própria guerra, que constitui o pano de fundo contra o qual se projecta a narrativa: as experiências e os pesadelos descritos por Lobo Antunes são-nos revelados apenas após uma intensa e pesada filtragem pelo ponto de vista do narrador, que não funciona, nem pretende funcionar, como um observador neutro ou objectivo, nem tão-pouco como um olhar analítico que vê e descreve antes de nos transmitir o seu comentário. O ponto de vista irredutivelmente subjectivo é, pelo contrário, o único ponto de vista. A vivência angolana é, portanto, menos africana do que portuguesa – uma espécie de fotografia retocada até à saturação, em que é virtualmente impossível reconhecer os contornos originais. Este aspecto foi, aliás, notado pelo crítico do *Times Literary Suplement* ao afirmar que no livro a cor não é de forma alguma local.

Decorre do ponto de vista assumido pelo autor que nos é proposta uma versão ou uma visão de Angola e da guerra que nunca é independente ou distanciada dos preconceitos e obsessões do próprio narrador. Entre, por exemplo, a descrição (ou antes, recriação) do Jardim Zoológico de Lisboa e das paisagens africanas há, na visão de Lobo Antunes, mais afinidades do que diferenças. Em momento algum deixa o livro de colocar em primeiro plano a revelação da sensibilidade e da emoção do narrador uniformemente traduzida numa linguagem envolvente, quase t[o]talitária, claustrofóbica de imagens e metáforas que, pela sua densidade e força expressiva, ultrapassam amplamente a função ilustrativa que têm na linguagem corrente. Mas regressaremos a este ponto mais adiante.

Antes, importa referir que o subjectivismo extremo nos revela a guerra como experiência individual, como um pesadelo persistente que tem o narrador no seu centro. Os vários protagonistas da tragédia que é a guerra, para além dos seus sofrimentos próprios, ou talvez por causa deles, parece[m] ser[] invocados (quase se diria existir) com o propósito específico de povoarem o inferno pessoal do narrador.

Há nesta forma de descrever a guerra e a violência que lhe está associada uma curiosa duplicidade: por um lado, a violação, se não física, pelo menos moral, do protagonista; mas, por outro, um pouco à maneira dos heróis da mitologia, a sugestão implícita de que as provações colocam o protagonista numa posição privilegiada a partir da qual se torna capaz de conhecer a verdadeira natureza dos homens e do mundo por eles criado. Nesse sentido, poderia mesmo dizer-se que, ironicamente, a profecia da família se cumpriu: a tropa fez dele um homem. Não, evidentemente, o homem ideal e inexistente que a família e a ditadura desejariam, mas o homem possível nas circunstâncias concretas de Portugal.

Mas a duplicidade implícita n['Os] Cus de Judas é mais complexa e vai certamente mais longe. Manifesta-se em cada passo da narrativa na própria linguagem, na utilização sistemática de imagens e metáforas, num intercâmbio incessante entre a crueza da realidade e o fascínio das palavras utilizadas para a revelar, ou para tentar dominá-la e domesticá-la. O resultado desta operação[] é a criação de um universo fechado e circular, numa contemplação narcisista que tem o narrador como ponto de partida, de referência constante e, finalmente, de chegada.

Narcisismo e sedução

Manifestando-se nessa contemplação obsessiva de um universo absoluto e irredutível, o narcisismo traz, no entanto, consigo uma outra exigência: a necessidade, o desejo, a ânsia de converter o leitor à visão que lhe é apresentada. A técnica narrativa adoptada está, aliás, inteiramente virada para essa tentativa de sedução do leitor: é, por um lado, extremamente expressiva porque cria a cada passo suportes visuais de percepção imediata; mas, ao mesmo tempo, é limitadora, na medida em que força o leitor a seguir, sem tempo ou espaço para se distanciar, um caminho estreito e preciso que lhe foi previamente traçado como uma estrada num mapa.

Fundamentalmente, Lobo Antunes retira ao leitor a possibilidade de qualquer acesso directo à realidade subjacente. Coloca entre ambos o filtro espesso da sua linguagem: como no cinema clássico americano, em que é impossível separar a personagem do actor que a encarna, tão intenso é o impacto da sua voz, da sua presença e das conotações que traz consigo.

Nada há, no entanto, de discricionário ou de gratuito neste modo de narrar, neste «conduzir pela mão» o leitor. Em momento algum pretende o livro ser mais do que o recital de um itinerário individual, ou universalizar a experiência do protagonista. Se, não obstante, o consegue, e em que medida, é outra questão, que será abordada mais adiante.

O que o livro pretende é ser um diálogo por interposta pessoa (a mulher que o narrador encontra num bar) com cada um dos seus leitores. E, uma vez mais, com recurso a uma certa ambiguidade: o narrador apresenta-se como um ser perdido para convívio humano «normal»; mas, por trás dessa máscara algo transparente, acaba por revelar-se a sua face autêntica, a sua fragilidade, a sua sensibilidade estilhaçada. O homem moralmente destruído e desumanizado pela absurda experiência da guerra não pede a nossa compaixão; mas não podemos deixar de suspeitar que, mesmo sem o admitir, a desejaria – tão intensos são os seus esforços para se recusar qualquer auto--simpatia.

Lobo Antunes vibra sobre a sua personagem golpes sucessivos e impiedosos, até deixar de pé apenas as ruínas da personagem. Aquilo que nela[] a guerra não destruiu directamente é depois, durante o diálogo com a mulher a quem conta a história, meticulosamente destruído. Este processo funciona no livro como uma espécie de remédio preventivo, de recuo táctico para uma zona obscura onde já nada pode atingir o narrador, o que deixa a mulher com quem fala, e consequentemente o leitor, na situação de nada lhe poder recriminar, porque já tudo foi anteriormente admitido. Resta apenas, à mulher e ao leitor, a alternativa de lhe dispensar alguma simpatia, porventura algum amor.

Algum amor

Mas apenas algum, porque mais do que isso poderia implicar o seu reassomar a uma área de convivência humana em que novamente se tornasse vulnerável. Há nesta atitude um jogo emocional, um inconfessado deleite no sofrimento que é muito português. Lobo Antunes procura, não obstante, proteger esse flanco de vulnerabilidade da sua personagem, colorindo o seu universo de um negativismo metódico em cuja lógica não cabe a simpatia. Mas sem êxito, porque a tumultuosa escuridão em que o narrador se mergulha, sendo sincera, tem também o seu lado de fingimento, de pose, de atitude; nessa medida, corresponde mais a um grito de socorro do que a uma renúncia de desinteresse.

Existe no livro um envolvimento emocional muito intenso em relação a todas as peças da narrativa, a todas as vivências do protagonista. Mas esse envolvimento é frequentemente sublimado e transferido das pessoas ou coisas em que quereria incidir para o arsenal de imagens com que o livro as adorna em função do papel que desempenham no percurso do narrador. Por esse motivo, o constante recurso às metáforas serve também para criar a distância, para construir um mundo paralelo de objectos e imagens com vida e lógica próprias, a que o narrador assiste como uma criança simultaneamente fascinada [e] aterrorizada num passeio pelo comboio fantasma.

É ainda muito portuguesa a atitude de nostalgia implícita em relação a alguns dos marcos da vida passada do narrador. Nada, ou quase nada, no presente ou no tempo que constitui o cerne do livro é agradável, positivo, ou digno sequer de ser conservado e defendido, a não ser talvez a suave inércia do desespero. Um olhar nostálgico, quase receoso, é, no entanto, lançado sobre alguns oásis no passado distante, miragens dissolvidas já na imprecisão de uma memória asfixiada pelo traumatismo da guerra. Só como objectos inacessíveis é que algumas coisas se tornam desejáveis, ou dignas pelo menos de recordação pacífica.

Trata-se, em primeiro lugar, daquilo que no livro nos é apresentado se não como uma infância feliz, pelo menos como um período em que a existência do narrador estava protegida e resguardada das dúvidas e dos traumas da vida. O olhar que Lobo Antunes lança à infância da sua personagem e à família obcecada com a segurança dos Sheffields, é evidentemente um olhar destituído já da inocência original. Mas não há qualquer sugestão de que, antes da ruptura que se deu no percurso do protagonista, a sua existência se não processasse sem angústias, numa beatitude passiva, dentro das coordenadas do conformismo colocadas pela família. Para além da ironia amarga, mas retrospectiva, implícita naquele olhar, a infância do narrador acaba por revelar-se como um dos poucos portos de abrigo seguro a que alguma vez teve acesso.

Nesta zona de paz, que nos é intermitentemente revelada, encontram-se também as referências fragmentárias ao casamento do narrador e às suas filhas. São igu[a]lmente portos de abrigo ou referências de felicidade que se situam ainda na sua pré-história. Estão, contudo, numa área de transição e, por isso, não seria adequado colori-las de ironia. A felicidade desses momentos é apresentada não tanto como passada, mas como perdida. Não há, portanto, no livro, uma descrição dessa felicidade que não contenha já a sua própria destruição. Poderia quase dizer-se que, ao contrário de *Charles Foster Kane* de Orson Welles, o protagonista de Lobo Antunes é um homem que nunca teve nada e acabou, mesmo assim, por perder tudo.

A guerra colonial

A linha divisória que separa estes dois tempos é evidentemente a experiência do narrador na guerra em Angola. Dessa experiência resultará não apenas a sua atitude em relação ao mundo e aos homens, mas sobretudo a percepção que o narrador tem de si próprio. A transformação que nele se opera é reflectida de uma maneira que poderia dizer-se simbólica, na função que o sexo desempenha ao longo da narrativa: dos relances breves sobre o amor puro e totalmente idealizado que associa às relações passadas com a mulher, passando pela prostituição, masturbação e impotência ocasional durante o período africano, até à assimilação quase explícita do sexo, ao mero instinto, à desumanização e à indiferença, no encontro com a destinatária imediata da sua história. No fim do livro, a actividade sexual assume o aspecto de um crepúsculo sórdido que nada tem a ver com o amor. Nem tão pouco com a vida; é, antes, mais uma forma de exprimir o desespero, um convívio antecipado com a morte.

Creio que ao entregar-nos a narrativa do seu perturbado herói, Lobo Antunes teve sobretudo por objectivo transmitir, e eventualmente exorcizar, o universo povoado de fantasmas e obsessões de que é portador, como de uma doença, o narrador. Olhando para a obra com alguma distância e procurando apreendê-la no seu conjunto, parece-me difícil deixar de constatar que há no itinerário individual descrito n['*Os*] *Cus de Judas* um curioso paralelo com uma visão possível do itinerário colectivo de Portugal como nação.

A paz podre do Estado Novo encontra o seu reflexo na infância do narrador e na família confortavelmente instalada numa pequena prosperidade burguesa. A derrocada do regime é anunciada no impasse militar africano e sobretudo na descrença e na resistência passiva que o Governo não consegue já inverter, mesm[o] com a ajuda da PIDE e do Movimento Nacional Feminino. As dificuldades do regime democrático e da construção de uma nova ordem política, social e moral sobre os escombros da ditadura e do império são alegoricamente reproduzidas na inadaptação do narrador, que não pode sacudir ou esquecer o passado. Sem pretender levar este tipo de comparações demasiado longe, diria apenas que o livro reflecte fundamentalmente a transição da revolta (neste caso contida e interiorizada) para o mal--estar[,] derrotado e desaparecido o objecto da revolta, mas permanecendo a memória dele e sobretudo a memória de nós nele.

LUIZ FRANCISCO REBELLO

"Fado Alexandrino – Uma história, várias histórias"

Jornal de Letras, Artes e Ideias, 20 de Março, 1984, p. 5.

Aviso prévio (por certo desnecessário, caso o leitor assíduo deste jornal se dê ao trabalho de ler-me até ao fim[])[:] não sou, nem pretendo ser, crítico literário, o que não só me evita algumas inimizades (mas isso ainda seria o menos, elas acabam sempre por aparecer noutro lado…) como sobretudo me permite falar só de livros de que gosto e se me apetece. E esta é a razão principal por que acedi (me atrevi) a falar, nestas colunas onde tão conspicuamente se usa falar de literatura, do «Fado Alexandrino» de António Lobo Antunes.

Inútil acrescentar que também nada tenho contra os críticos literários: alguns até me divertem, com as suas ingénuas pretensões a um cientismo cujas ilusões Jacinto do Prado Coelho já lucidamente aqui desfez, os malabarismos a que se entregam para impor obras possivelmente geniais, seguramente chatíssimas. Eu não sei se este romance de Lobo Antunes é genial, mas o que de certeza sei é que ele é tudo menos chato. E conseguir a proeza de escrever seiscentas e noventa páginas que dá vontade de ler de um só fôlego (como se tem a impressão que foram escritas), maldizendo as exigências do quotidiano que nos obrigam a interromper a sua leitura… não é dado a qualquer um. Não basta o saber de ofício, já apuradíssimo neste livro em relação aos precedentes do autor, o sentido perfeito da arquitectura romanesca, a desenvoltura da escrita, a consciência dos limites até aos quais se pode ir longe de mais, para atingir esse espectacular resultado: é preciso, além de tudo isso, a parte de combinar a percepção do real, qualquer que seja o prisma através do qual se refracte, com a sua reinvenção literária, sem nunca obliterar a sua intrínseca humanidade, trágica ou grotesca, e geralmente ambas as coisas. E, mesmo assim, quantas vezes se falha o alvo!

Acontece que Lobo Antunes acertou em cheio. Ao longo de quase setecentas páginas ofegantes, perpassam, como num caleidoscópio, os últimos vinte anos da vida portuguesa. Misturando tempos, sobrepondo lugares, cruzando histórias, multiplicando os planos, as imagens compõem-se e decompõem-se, refazem-se e voltam a desfazer-se, as peças do «puzzle» juntam-se e separam-se para voltarem a reunir-se mais adiante, e a estrutura do romance, o próprio discurso narrativo, a própria linguagem, acompanham esse movimento incessante, que nunca desfalece, através do qual a realidade de um país, de um povo, de uma época, aos poucos se vai apossando de nós, aspirando-nos para o seu interior, mostrando-nos por dentro o que conhecíamos, ou julgamos conhecer, por fora. Com um humor contundente, que tem numa secreta ternura o seu reverso e, mais do que isso, o seu complemento, quando não é dela a máscara transparente e por vezes enraivecida, a História e as estórias desenrolam diante de nós o largo ciclorama onde se projectam personagens das mais diversas camadas sociais, surpreendidas no seu quotidiano tragicómico, na sua risível e pungente humanidade, na erosão dos dias e dos acontecimentos, da inércia e do tumulto, igualmente vãos.

Romance de uma geração

Romance (como os outros do autor, mas com que mais dilatado fôlego!) de uma geração que fez a guerra colonial, que dela regressou com o terrível sentimento de «se ter tramado em vão, de se ter gasto sem motivo», que atravessou uma revolução traída e transviada e se reencontrou «na estagnada, serena, cadavérica, imutável tranquilidade de outrora» que o manhoso oportunismo de uns quantos (os «vorazes micróbios cancerosos que da revolução se alimentavam e em torno dela se moviam») fez suceder às ondas da esperança de uns e do pânico de outros, «Fado Alexandrino» é o retrato em corpo inteiro, e ao mesmo tempo a radiografia, da sociedade portuguesa em tempo de mudança. E não sei que mais admirar nele: se a exactidão implacável do retrato, a sua rigorosa fidelidade ao modelo ainda quando lhe deforma os traços, se a lúcida ironia de análise dos comportamentos e das situações (como só em Eça e poucos mais se nos deparam), se a fluência torrencial da narrativa, se a portentosa imaginação verbal, se...

Também não sei se este é o melhor romance do ano. Nem isso me preocupa: porque me recuso a equiparar os prémios literários ao campeonato da 1.ª Divisão, porque um ano passa depressa, porque a história da nossa literatura já conta umas boas centenas deles. E nessa longa história, esta história entretecida de várias estórias, cada uma das quais daria, só por si, matéria para um grande romance, ocupa, desde já, um lugar definitivo e inconfundível.

CLARA FERREIRA ALVES

"Lobo Antunes e os sete pecados mortais"
[*Auto dos Danados*]

Expresso/Revista, 23 de Novembro, 1985, p. 58.

> É um candidato (natural) ao Grande Prémio da APE e é
> também o novo romance de António Lobo Antunes, após
> um silêncio de dois anos. É uma história de mortos-vivos,
> de personagens arrastadas pela História começada em
> Abril de 74...

Cumpridos dois anos de silêncio, António Lobo Antunes publica
Auto dos Danados, um romance de 324 páginas por onde as palavras
escorrem em rio tumultuoso, a espumar de raiva. Um livro que se lê
com incomodidade, porque o que nele se encerra já não é, como nos
romances anteriores, a cristalização de uma experiência pessoal do
autor mas sim um projecto ambicioso: a narração, presa dentro de
um tempo e de um espaço bem definidos, de uma saga familiar
redutível e uma maldição punida pela História (leia-se a Revolução
de Abril). Este é um romance de mortos-vivos, de personagens
medonhas trabalhadas pela memória dos vários narradores convocados
para o relato dos acontecimentos. Pedaços de vida a entroncarem
noutros pedaços de vida, em torno de um facto que só funciona
como demarcação temporal das errâncias e recordações: a morte do
avô, o patriarca alentejano. A morte ocorre no Alentejo, em Monsaraz,
e a data é Setembro de 1975, no rescaldo do Verão Quente.

A construção de uma história onde várias vozes se cruzam e
descruzam, oscilantes entre o presente e o passado e sem perderem
de vista o fio do enredo ou nele se embaraçarem, é um desafio considerável, tanto mais que as vozes não são meros portadores de lem-

branças mas «dramatis personae» que se encontram num túnel do tempo, medido a partir de uma festa. A acção pode começar na antevéspera da festa, e terminar, simbolicamente, no terceiro dia da festa, o dia da morte do patriarca deste Outono. Compreendo que o autor tenha suado para fabricar o seu **Auto dos Danados**, o que não compreendo é por que estragou a escrita no exercício.

Não pertenço ao número dos que arrastam Lobo Antunes com adjectivos terríveis, e tão pouco me incluo nos que o aceitam sem reservas. Como escritor, Lobo Antunes possuía uma inteligência viva, uma fina observação dos factos, uma ironia trespassada de amargura que, às vezes, só às vezes, cala muito fundo, tocando zonas de sensibilidade, o que não é confundível com simples fenómenos de identificação. Um estilo atravancado de imagens, uma excessiva verbalização de situações, uns períodos alinhados como um ajuste de contas com fantasmas, um azedume perceptível até na pontuação, contribuíam para o desequilíbrio da sua escrita. Uma ideia entrava em queda livre e morria numa vulgaridade imerecida. O tempo costuma polir as arestas de tais vícios e, ao cabo de bom número de livros, o autor evidenciava certa superação do mau-gosto com prejuízo de uma candura presente, por exemplo, em **Memória de Elefante**. E era uma candura agradável, quase atraente.

Em **Auto dos Danados** damos de caras com um escritor amadurecido, sem dúvida, mas não isento de pecados mortais dos quais não parece, já, disposto a penitenciar-se ou emendar-se. São sete.

As comparações

O primeiro pecado mortal é a acumulação de comparações a torto e a direito, várias num único parágrafo, a cavalgarem num verbo ou num substantivo que, com o peso, coxeiam e acabam por perder a corrida (e a corrida não é uma forma de dizer, porque o ritmo alucinante da narrativa é o de corrida, sem fôlego e sem parança) ou tropeçar junto aos obstáculos que o autor, pérfido, vai largando no percurso. Nas páginas 88 e 89[8] lê-se «**as roldanas jogavam-nos para o vestíbulo como quem afoga gatos pequenos num tanque**»; «**pingando chantilly e molho vermelho do casaco e das calças, como um par de feridos**

---

[8] P. 75, edição *ne varietur*.

da guerra ou de albatrozes errados»; «A voz da Gisela despenhava-
-se pelas escadas como um berlinde»; «[c]errei cuidadosamente a
porta atrás de mim como um bombista que acaba de incendiar o
quarteirão». Estas comparações explícitas, a que se juntam as implícitas
(«O Francisco, de saco ao ombro, franzia-se[,] em caretas de coruja»),
quase não têm espaço para coexistirem, apertadas em página e meia,
e surgem entrelaçadas umas nas outras, invadindo a prosa com uma
insistência redundante. No romance todo, as comparações são
incontáveis, sempre a desviarem o leitor da narração, a fazerem perder
o tempo e a paciência[][.] Lobo Antunes, que já provou imaginação,
tem uma necessidade absoluta de exibir a sua capacidade de engenho,
reduzindo-a a inutilidades palavrosas. O Porto é «uma cidade maior
do que Évora[] mas sem sol, castanha e preta como um dente
estragado» (pág. 233[9]). Eis uma frase que serve para carregar o estilo
e não acrescenta qualquer substância literária.

O segundo pecado mortal é uma consequência do primeiro, embora
não sejam coincidentes. É o da imperfeita interligação da acção e
digressão, trave-mestra do edifício ficcional. As personagens pensam
e agem, dão corpo à história, transportam-na consigo. Quando a
narração é feita na primeira pessoa, os riscos aumentam porque o
que cada personagem nos conta não pode ser contado da mesma
maneira pelas outras, sob pena de termos uma narração seguida de
ecos, sem mais. Tudo indicava que o autor privilegiaria a acção como
o motor dos acontecimentos, intercalada aqui e ali por digressões
que se destinassem a temperar a originalidade de cada uma das
vozes. Em **Auto dos Danados** acontece o oposto. Todos os narradores
actuam, pensam e falam em coro, e todos possuem uma tendência
fatal para se perderem nos atalhos do puro exercício verbal, descritivo
ou comparativo. A surpresa não aparece com a deslocação do eixo
narrativo, porque a surpresa só tem oportunidade de aparecer quando
o autor se esquece de que já esgotou vinte linhas e ainda não desbaratou
o seu inesgotável reportório de imagens. O que podia ser um sopro
de imaginação, bem doseado, torna-se um cansaço, um castigo para
quem lê. Logo ao princípio, quando Nuno e Mafalda se encontram
na taberna do Lumiar, nota-se que o autor dá mais atenção ao cenário
onde eles se encontram – descrevendo minuciosamente cada elemento

---

[9] P. 185, edição *ne varietur*.

desse cenário – do que ao diálogo das duas personagens, através do qual a acção é introduzida. Do discurso directo passa ao indirecto, que abandona ao fim de muitas aventuras e desventuras, sem transição. O que não passa de um divertículo transforma-se numa bolsa onde cabem considerações múltiplas, sujeitos e objectos desinteressantes desenhados com precisão maníaca. Interpondo-se entre Nuno e Mafalda há um larguito, uma mercearia, um minimercado, um cabeleireiro com cortininhas púdicas. E há fumo de comida a devorar a clientela de operários e mecânicos, um coxo amparado no balcão, cegonhas de fato-macaco, bancos altos, bagaços, um buraco de azulejos, um cotovelo de mulher, travessas e sopas... depois o autor regressa às personagens – quando já as perdemos naquele emaranhado – mas não resiste a que elas sejam obnubiladas por milhares de pequenos episódios que se desenrolam no mesmo lugar ao mesmo tempo. O principal não consegue desprender-se do acessório, e toda a intriga se pulveriza em subintrigas, reminiscências, opiniões, numa abominável confusão de divagações.

Um pecado antigo

O terceiro pecado mortal são as imagens, e este é um pecado antigo. No passado havia **«as minhas filhas, maçãzinhas douradas do meu esperma»**[10], seguramente uma das piores imagens de toda a literatura portuguesa. Em **Auto dos Danados**, escolho uma semelhante: **«A minha irmã enterrava cigarros no cinzeiro onde as suas beatas, avermelhadas de baton, se aparentavam a cilindrozinhos de Tampax tingidos de sangue desbotado»**. É o cúmulo do mau gosto, e o mau gosto é, exactamente, o quarto pecado mortal. Às vezes, atinge a náusea. Na taberna a que me referi, um criado entra em cena como **«um tipo de avental, que surge planando, fosco na claridade fosca»** e que **«defecou na mesa o livro da ementa»**[11]. Na página 168[12],

---

[10] Ver *Memória de Elefante*, p. 39, edição *ne varietur* ("o nascimento da filha mais velha silabado pelo rádio para o destacamento onde se achava, primeira maçãzinha de oiro dos seu esperma"), e *Os Cus de Judas*, p. 74, edição *ne varietur* ("E agora a dez mil quilómetros de mim, a minha filha, maçã do meu esperma (...) irrompe de súbito no cubículo das transmissões").
[11] Pp. 145 e 36, respectivamente (edição *ne varietur*, onde se lê: "Um tipo de avental surgiu planando, fosco na claridade fosca").
[12] P. 134, edição *ne varietur*.

«lâmpadas [que] cavavam piorreias monstruosas nas fachadas». Sem comentários.

O quinto pecado mortal é o da técnica de narração. Quando uma história é montada através de memórias confluentes, os movimentos espaciotemporais dependem de rigorosa marcação, como no teatro ou no cinema. De cada vez que o narrador muda, e não interessa agora a divisão formal do romance em capítulos ou em títulos, em pedaços de um dia, em lados, ou por referência a um acontecimento (a festa), o leitor não pode passar minutos à espera de decifrar quem narra o quê, quando. É preciso que, desde o princípio, um sinal, uma revelação, um acto, um facto, um nome, dêem a posição. Em **Auto dos Danados** perdi várias vezes o norte, e era eu que me lançava à procura da estrela polar, porque Lobo Antunes esconde a bússola bem escondida. No antepenúltimo capítulo, a sobreposição de vozes é tal que não consegui encontrar o narrador senão ao cabo de muito porfiar. É um erro escrever tão à solta e nem as datas são devidamente sinalizadas. Entre o passado e o presente, o discurso directo e o indirecto, a indisciplina da pontuação e o mar de ideias, navega-se sem lastro, à deriva. Lobo Antunes utiliza a técnica do «flash-back» e depois deixa-nos às escuras: foi há sete anos? É agora? Este é o pai ou o tio? Quem é irmão de quem?

O sexto pecado mortal é o excesso. Excesso a todos os níveis. Para abreviar, reporto-me ao mais grave: o da definição intrínseca das personagens. O autor brutaliza-se, não as poupa a nenhuma crueldade, carrega-as das tintas negras de um ódio que[,] de tão excessivo, galga o hiper-realismo. Como se houvesse entre o ficcionista e a sua ficção um combate saldado pela crueldade e aberração dos monstros inventados no papel. Este é o lado mais estranho de Lobo Antunes em **Auto dos Danados**: nenhuma complacência é permitida. Incesto, depravação, degenerescência, maldade, crime, concupiscência. Drogas, homossexualidade, miséria. Mães com vocação de meretrizes; um parente que dorme com uma mongolóide e com a filha da mongolóide, que é também filha dele; um patriarca mau como as cobras; um atrasado mental que, em adulto, brinca com comboios eléctricos e se julga fardado de imaginário chefe de estação; uma amante abjecta e entupida de comprimidos; um médico velhaco e imoral; uma criança apalermada; um pai efeminado que pinta os lábios; etc. O vilão principal (o tal da mongolóide) dorme com todas as mulheres da família e mostra garras de ave de rapina. A caricatura é triste, demasiado rocambolesca. Cai no pólo oposto, e cai no ridículo. Parecem as personagens de **Soap** em alto contraste, um grupo de tarados sugando-se uns aos outros como vampiros, morrendo afogados no sangue. Um horror onde não brilha um raiozinho de luz. São fascistas, dementes, possessos, vis. Escusavam de ser tão fascistas, tão dementes, tão possessos e tão vis. Só um Dostoievski conseguiria tratar esta gente com dignidade literária e Lobo Antunes não tem muito jeito para explorar os corredores da culpa e do inconsciente. Sente-se a ausência de ternura como uma lacuna importante.

Chegamos ao último pecado mortal: a referência cinematográfica. Nuno, o dentista (o médico velhaco) vê-se de Gene Kelly, durante segundos, e de Edward Robinson, durante horas. Nem o Gene Kelly nem o Robinson voltam a aparecer, e mais valia que não tivessem aparecido nunca. É banal, é um truque de principiante que viu filmes americanos. Lobo Antunes não precisa de Kelly e de Robinson para nada. Pesos mortos a juntarem-se aos outros pesos[]mortos de **Auto dos Danados**.

Conclusões? Pode ser que[,] como diz Baptista-Bastos (e eu concordo), um dia Lobo Antunes escreva um romance surpreendentemente belo[13]. **Auto dos Danados** é um romance surpreendentemente arrepiante. Uma (con)fluência de ódios, com a fluência que todos lhe conhecemos. A decantação tornaria o livro encantador, quem sabe?

---

[13] Ver "Lobo Antunes a Baptista-Bastos: 'Escrever não me dá prazer'" [1985], in Ana Paula Arnaut (ed.), *Entrevistas com António Lobo Antunes. 1979-2007. Confissões do Trapeiro*. Ed. cit., p. 66.

"Grande Prémio d[e] Romance e Novela da Associação Portuguesa de Escritores (1985)" [*Auto dos Danados*]

Jornal de Letras, Artes e Ideias, 14 de Abril, 1986, pp. 4-5[14].

A polémica do prémio

A atribuição do Grande Prémio d[e] Romance e Novela da Associação Portuguesa de Escritores[,] de 1985[,] a «Auto dos Danados», de Lobo Antunes, editado pelas Publicações D[om] Quixote, tornada pública na passada sexta-feira, dominou as atenções dos círculos literários nas últimas semanas e mostrou-se bastante polémica.

O prémio, o maior e mais vultoso do nosso país, no valor de mil contos, tornou-se uma «instituição» que alguns entendem estar a «descer» de prestígio: começou na **maior**, em 83, atribuído por unanimidade (a única vez que o foi) a José Cardoso Pires, pelo seu romance «[] [B]alada da praia dos cães», e referente a um ano (82) em que fora publicado outro grande romance, que em qualquer das edições seguintes decerto seria galardoado – «Memorial do Convento», de José Saramago. Mas, após esta 1.ª edição, o Grande Prémio da APE – atribuído sucessivamente a Agustina Bessa Luís e a Mário Cláudio – passaria a suscitar mais controvérsias.

Desta feita, tudo começou logo por os organizadores – de que é principal «dinamizador» Carlos Eurico da Costa – não terem conseguido, ao contrário dos anos anteriores, manter o secretismo sobre a composição do júri e o nome do vencedor, revelados ambos pelo «Expresso». Depois, outros jornais publicaram notícias, nem todas exactas[,] sobre a polémica no interior do júri. O «Diário de

---

[14] Este número do *JL* inclui ainda a entrevista de Inês Pedrosa, "António Lobo Antunes: «Tornei-me mais humilde...»", pp. 2-3 (entrevista também publicada em Ana Paula Arnaut (ed.), *Entrevistas com António Lobo Antunes. 1979-2007. Confissões do Trapeiro*. Ed. cit., pp. 93-99).

Notícias»[,] falando do afastamento de Augusto Abelaira e Mário Ventura, afirmava que os livros destes, «O único animal que?» e «Vida e morte dos Santiagos», é que estavam a «disputar mais de perto» o prémio e que o «Auto dos Danados» «teria sido formalmente excluído pelo júri, que acabou depois por se lembrar dele quando se verificaram divergências internas em relação (**àqueles**) dois candidatos».

Segundo informações colhidas pelo «JL», e que as declarações de voto em grande parte confirmam, as coisas não teriam sido exactamente assim. De acordo com as nossas fontes, que temos por absolutamente fidedignas, na primeira reunião do júri em que os seus membros manifestaram alguma preferência, Álvaro Salema inclinou-se nitidamente para a atribuição do prémio a Mário Ventura, enquanto Paula Morão e Manuel Gusmão demonstravam a sua admiração pelo livro de Maria Gabriela Llansol, Carlos Reis apontava em várias direcções, incluindo Lobo Antunes, e Maria da Glória Padrão entendia que não se justificava atribuir o prémio.

Opiniões divergentes

Entretanto, em nova reunião, o livro de Maria Gabriela Llansol era afastado por não se considerar abrangido no género romance ou novela (a autora chama-lhe «diário»), o que não deixou também de suscitar polémica, e ficou também assente que, e nos termos d[o] regulamento, o prémio não podia deixar de ser atribuído, tendo assim que tomar posições diferentes três dos membros do júri.

Face a estes parâmetros[,] Paula Morão e Manuel Gusmão passaram a oscilar, designadamente entre «O único animal que?», de Abelaira e «[][A]uto dos danados» de Lobo Antunes, a favor do qual se inclinou Carlos Reis.

Em nova reunião, da qual esteve ausente Maria da Glória Padrão, também Salema, para que fosse mais fácil encontrar uma saída, teria abandonado a hipótese Mário Ventura, admitindo a de Lobo Antunes. Muito mais reticências terão levantado Gusmão e Paula Morão e apenas para se obter o consenso indispensável (não basta haver maioria para a atribuição do prémio, são indispensáveis quatro votos a favor) terão admitido votar em Lobo Antunes, não obstante um deles parecer preferir Abelaira.

Na última reunião decisória, e face à obrigação de se ter de pronunciar, Maria da Glória Padrão criticou fortemente «Auto dos

Danados» e, não se podendo abster, defendeu a atribuição do prémio a Abelaira, o que parece terá merecido a hipótese de alguns outros apoios. Porém, Carlos Reis sustentou que já havia uma decisão da reunião anterior, afirmando mesmo que se demitiria do júri se ela fosse de novo discutida ou posta em causa.

Enfim, o Grande Prémio da APE ia para Lobo Antunes, com as restrições que as declarações de voto dos membros do júri[,] que o **JL** publica na íntegra, bem atestam. Assim, Salema fala em «difícil maioria» e diz que o romance «não é o da sua preferência», Carlos Reis refere a sua «vacilação» e «preferência localizada», Paula Morão diz que «aceitou o consenso da maioria», Manuel Gusmão votou para «facilitar o consenso» e porque o prémio não é para o conjunto da obra e Glória Padrão, já por ter de votar, fê-lo em Abelaira...

ÁLVARO SALEMA: "Não tive relutância"

Não foi missão fácil a do júri que assumiu a responsabilidade da atribuição do Grande Prémio de Romance e Novela da Associação Portuguesa de Escritores [à] obra publicada em 1985. Entre algumas dezenas de livros do género, ou dele tendendo a aproximar-se, os poucos que foram seleccionados motivaram, em todos os casos, objecções de vária ordem, não só quanto à qualidade intrinsecamente literária como à caracterização legítima de conformidade com a designação do Prémio. A escolha final de **Auto dos Danados**, de António Lobo Antunes, foi conseguida em debatido consenso, numa difícil maioria, entre outras obras a que se reconheceu nível justificativo de primazia.

Embora não sendo o livro de Lobo Antunes o da minha maior preferência (entre hesitantes preferências), não tive relutância intransponível em acompanhar com o meu voto o da maioria finalmente manifestada, reconhecendo em **Auto dos Danados** originalidade de construção da estrutura narrativa, imaginação verbal a imprimir força de criatividade à sequência do narrado, vivacidade imagética, especulação vigorosa do burlesco a ressaltar das personagens e até do ambiente natural em que se movem – reconstituição conseguida, nas páginas mais expressivas, da degradação e dos contrastes de condição humana numa família de latifundiários. De aspectos menos positivos a considerar na obra premiada pareceu-

-me que não seria curial fazer menção, aqui e agora, dado que aceitei a opção mantida pela maioria do júri e, consequentemente, dei a minha anuência à atribuição do Prémio.

Maria da Glória Padrão: "Ninguém ou Abelaira"

Considerando, acima de tudo, a cultura portuguesa e os escritores portugueses e perante o panorama da ficção/85 entendo que desta vez não deve ser atribuído o «Grande Prémio de Romance e Novela» da Associação Portuguesa de Escritores.

A atribuição deste prémio, apesar da sua curta história, impôs-se já como notável acontecimento cultural. A importância e a dignidade do prémio t[ê]m justamente merecido atenção e expectativa e não pode admitir-se nenhuma espécie de descrédito da cultura, dos trabalhadores da língua portuguesa e da Associação Portuguesa de Escritores perante o público, as entidades culturais do País e o todo nacional.

Esse prémio é instituído pela APE e a ela cabe[,] em primeiro lugar[,] manter a sua própria responsabilidade e a dignidade dos resultados a que o tempo nos habituou. Subsidiado fundamentalmente pelas mais importantes estruturas institucionais de cultura, à APE e a[o]s júris que escolhe cabe também responder pela responsabilização indirecta dessas mesmas estruturas.

Subsidiado e mantido em tempo de inflação de prémios destinados a valorizar objectos de literatura escrita, a um júri compete também exercer um certo ofício pedagógico como indicador idóneo de qualidade junto da opinião pública, sempre incompatível com a teoria incómoda e fácil de «do mal o menos».

Carlos Reis: "Reflexão sobre o nosso tempo histórico"

A votação conducente à atribuição do Grande Prémio de Romance e Novela da Associação Portuguesa de Escritores não pode alhear-se de certos condicionamentos que necessariamente interferem na escolha que agora se anuncia. Antes de mais, trata-se de tomar em consideração a produção literária de um ano apenas, lapso de tempo em que a quantidade do que se publica nem sempre corresponde à qualidade que se deseja; e se essa qualidade, no ano de 1985, permite ainda assim sem se atraiçoar o espírito e a intenção que presidem ao Prémio, concretizar uma opção, é forçoso reconhecer que o elenco das obras submetidas a ponderação não parece apresentar, em média, a qualidade que em anos anteriores foi evidente. Não se trata agora de procurar uma explicação para o que se afirma, mas tão-só de invocar um dos factores de perturbação relativa que marcaram a minha reflexão no decurso (e já antes) das reuniões do júri; e trata-se também de reconhecer que nenhum juízo crítico se exerce à margem da memória activa de quem aprecia e em função de uma inevitável confrontação com outros títulos e com outros nomes, fundada nesse trabalho da memória. Além do mais, prescrevendo o Regulamento que a atribuição do Prémio deve incidir apenas sobre determinados géneros (concretamente o romance e a novela), mais restrito ainda se torna o campo de selecção – e mais relativizados os juízos que se enunciam.

Ainda assim, depois de uma reflexão balizada pelos condicionamentos evocados e na sequência dos debates que tiveram lugar ao longo das reuniões do Júri, acabei por atribuir o meu voto a **Auto dos Danados** de António Lobo Antunes. Não foi, no entanto, sem vacilação que aqui cheguei; uma vacilação em que entrou, naturalmente, a consideração de obras que cumpre mencionar e cujo mérito deve ser sublinhado: entre outros, os romances **Vida e morte dos Santiagos** de Mário Ventura, **Ciclone de Setembro** de Cristóvão de Aguiar, **Os nós e os laços** de António Alçada Baptista e **O único animal que?** de Augusto Abelaira. Para além do sentido de uma menção inteiramente justa, a evocação destes títulos tem também aqui uma função revitalizante: ela significa que o voto final não traduz necessariamente um juízo definitivo e irreversível, mas antes e apenas uma preferência localizada, susceptível de ser revista e posta em causa, quando e se o aconselharem as circunstâncias de tempo e de espaço, e tudo o mais que nelas se encontra implicado.

Se finalmente me inclinei para **Auto dos Danados** foi por pensar que, sem se tratar de uma obra excepcional ou flagrantemente inovadora, o presente romance de Lobo Antunes é bem representativo de temas e estratégias literárias dotadas de inequívoca actualidade – representatividade a que não falta, aliás, uma marca de «excesso», também ela significativa, tanto na estrutura interna da narrativa, como na sua relação com o macrotexto cultural que a envolve. Inscrita com toda a nitidez na nossa história recente, a história relatada suscita um jogo de referências ficcionais capazes de cativarem a atenção do leitor. Essas referências ficcionais historicamente enquadradas não se enunciam, no entanto, em registo factualista nem são manipuladas pelo narrador, entidade que consideravelmente se dilui ao longo do relato, escapando a tentações de dirigismo ideológico; elas são apropriadas e interiorizadas por personagens mergulhadas numa acção turbulenta e tentacular: é pelo registo pessoal das personagens, pelo crivo das suas vivências, traumas e desequilíbrios emocionais, que aparecem filtradas as acções e o seu devir. A pluralidade de vozes que assim se enunciam, os seus encontros e desencontros, os seus conflitos e tensões, representam, num tom estilístico sintonizado com a violência latente ou manifesta que atravessa o romance, um microcosmos a que a experiência histórica do leitor não fica certamente indiferente. Na cena desse diálogo com o leitor que toda a obra literária propõe, **Auto dos Danados** enuncia um desafio que é uma proposta de reflexão sobre o nosso tempo histórico, mas também sobre temas (o tempo, a morte, a decadência) que o transcendem. Pode responder-se afirmativa ou negativamente a esse desafio; pode reagir-se a ele de boa ou de má fé; mas não parece possível ignorá-lo.

MANUEL GUSMÃO: "Apoiar o consenso maioritário"

Na ficção em prosa de 1985 há para mim um livro que distintamente sobressai: **Um Falcão no Punho** de Maria Gabriela Llansol; momento do que me parece ser uma das experiências-limite da ficção portuguesa contemporânea. Fui levado contudo a admitir que este livro não corresponde, em termos de **género**[,] ao que, clara e talvez demasiado estritamente, o regulamento do prémio aponta, embora tenha para mim que nem a indicação subtitular «Diário 1» lhe retira o carácter de ficção. E, arriscarei mesmo, de ficção narrativa. Insisto, pois, que é uma admirável, fascinante e comovedora fala mínima, uma pequena música de câmara, sobre terra da criação.

Entretanto, continuei a pensar que o prémio devia ser atribuído. Porque não vejo bem a crítica a magnificá-lo e a olhar de tão alto a produção dos autores. Na circunstância, prefiro outros erros. Passei então por vários livros, por uma ou outra razão estimáveis. Detive-me em três deles:

Vida e Morte dos Santiagos é um romance coerentemente tradicional que joga num modelo narrativo já, aliás, provado na nossa, e não só, literatura contemporânea. Insistindo na «saga familiar», aposta na produtividade efabulativa, em detrimento da encenação do tempo histórico. A aposta não se contesta, mas acontece que demasiado se repetem os mecanismos da construção fabular, o que enfraquece a parada. Sente-se mais, então, um certo cinzento da escrita, a neutralização do estatuto do narrador e algo como uma falta de paixão histórica.

Oscilei finalmente muito entre o livro de Abelaira e o de Lobo Antunes. **O Único Animal Que?** é um curioso romance que, talvez inesperadamente, se liga à tradição do romance filosófico do séc. XVIII. É um livro evidentemente inteligente e mesmo divertido, e a questão que visa encenar é certamente uma questão central: a levantada pela hipótese de Sapir-W[h]orf sobre o estatuto da linguagem. Não tenho qualquer preconceito contra a vontade filosófica animando a ficção literária, até porque penso que toda ela, mais ou menos fortemente, produz efeitos gnosiológicos e antropológicos. Contudo penso que, neste livro, os mecanismos especificamente ficcionais funcionam demasiado como um anteparo da fome da teoria, essa sim sentida como fundamental, como um movimento apenas táctico de uma vontade sobretudo ensaística.

O regulamento do prémio destina-o a um livro e exclui que o seja sobretudo ao conjunto de uma obra. Por isso, e também para facilitar o consenso maioritário, acabei por apoiar a atribuição do prémio a **Auto dos Danados**. Mas não só. O livro começou por me pôr a costumada dúvida: trata-se tão-só de um laborioso esforço, corroído, na acumulação, perfil e teor das comparações e outras imagens, por um irresgatável mau gosto estilístico, ou trata-se de uma outra coisa, de um violento delírio, sustentado e controlado, combinando-se com a acção de construir o som e a fúria da desagregação de universos individuais num quadro familiar, social e histórico? Acabei, claro, por me inclinar para esta hipótese e fui sensível, no livro, ao arriscado da sua construção dos discursos de que se faz, e ao que me parece ser uma inegável **força**, que um aterrorizado apelo por ternura vem, em certo momento, confirmar como força **grotesca**, e não como simples produto de um furor doentio e inconveniente para certas convenções do bom-gosto.

PAULA MORÃO: "Uma aposta arriscada e em parte conseguida"

Tomando como referência a qualidade dos livros consagrados em anteriores edições do Grande Prémio da APE (quer a dos que obtiveram o prémio quer a de outros que estiveram em discussão), um olhar sobre a produção de romance e novela no ano de 1985 terá de confrontar-se com uma sensação global de mediania, na ausência de obras de uma excepcionalidade evidente.

Abro no entanto uma excepção, pois um livro há que se me afigura de uma luminosidade irradiante, de um saber tão estranho que é de difícil nomeação; refiro-me a **Um falcão no punho**, de Maria Gabriela Llansol. Entendeu-se, porém, que a menção expressa de «diário» excluía este volume do âmbito do prémio; considero que este livro tem inegável estatuto ficcional, e por isso não partilho esta opinião, mas aceitei o consenso da maioria, limitando-me por isso a registar que este seria, para mim, o livro a distinguir com o presente galardão.

De entre os restantes livros a concurso, quero mencionar os que mais atraíram a minha atenção. Assim, saliento: o quadro sensível, entre o terno e o desencantado, que da sua geração traçou António Alçada Baptista em **Os nós e os laços;** o prometedor, divertido e inteligente **O heliventilador de Resende**, de António Mega Ferreira; o pouco referido e talvez injustamente pouco lido **Todo o alfabeto dessa alegria**, de José Amaro Dionísio; a tentativa em parte falhada, mas interessante, de mergulhar no universo de faz-de-conta da infância de Maria Isabel Barreno, em **Célia e Celina**.

Quero ainda fazer menção especial a **O único animal que?**, de Augusto Abelaira, lúcida e perspicaz meditação sobre o homem, num estilo marcado por um humor finíssimo; mas é um livro em que a vertente reflexiva acaba por abafar a efabulação, que parece avançar mais por golpes artificiosos que vão mantendo a intriga do que por um projecto romanesco suficientemente coeso (o que talvez se explique pela técnica do folhetim que o livro começou por ser).

Finalmente, ponderado o conjunto das obras concorrentes, decidi atribuir o meu voto a **Auto dos Danados**, de António Lobo Antunes. Apesar de algumas reservas, que dizem respeito sobretudo ao gosto para mim duvidoso de alguma da imagética do autor, reconheço neste livro uma aposta arriscada, e em boa parte conseguida, em termos de técnica de narração. De facto, à história da degradação de uma família corresponde um progressivo estilhaçar da própria coerência dos tempos e das vozes que contam as várias versões da história; chega-se, nos últimos capítulos, a uma considerável desenvoltura na mescla dos vários discursos; o que, sendo um sinal da fusão entre a narrativa e o mundo à beira do grotesco que é narrado, se revela um estímulo à inteligência do leitor. O subtítulo da última jornada do livro, «A máquina de influenciar na génese da esquizofrenia», pode tomar-se como um indicador do que move essas personagens, estes «danados» sempre suspensos entre a demência e o ritual inútil dos seus dias, mantendo-se vivos ao longo de gerações por uma raiva surda e fantasmizada – à imagem, afinal, de um certo Portugal que os tornou possíveis.

Este **Auto dos Danados** é um livro com força, mesmo a de incomodar a tranquilidade das consciências, e que vale a pena ler, ultrapassando resistências criadas à obra anterior de António Lobo Antunes. Pessoalmente, mantendo embora as reservas que já referi, não vejo razões que me impeçam de lhe atribuir o meu voto para o Grande Prémio da APE de 1985.

Depoimentos:

JOSÉ CARDOSO PIRES: "Uma pessoalíssima maneira de contar"

O que eu penso do livro de Lobo Antunes? Bem, em primeiro lugar, acho que o **Auto dos Danados** é o melhor dos seus romances, aquele onde a sua pessoalíssima maneira de contar vai mais a fundo e com maior concentração. Tem outra coisa ainda, uma impiedade verdadeiramente devastadora. Exacto: isso, que é um dos aliciantes incómodos de Lobo Antunes, alcança neste livro proporções de escárnio e de grotesco, eu diria mesmo que todo o romance se desenvolve como um Cântico da Ira e como um Cântico de Escárnio e Maldizer sobre uma sociedade nossa, entregue ao pânico e à voracidade. Só um fôlego, e uma impetuosidade, e uma truculência como a de Lobo Antunes poderiam, acho eu, levar-nos em vendaval através dum mundo de danados até à gargalhada final.

Porque, nem queira saber, no meio do pavor e da ira que percorrem todo este livro a dor vai até ao seu ridículo mais feroz e desdobra-se em ecos de gargalhada.

NELSON DE MATOS: "Persistir no esforço de difusão da nova ficção portuguesa"

Pensamos que é muito importante que se sublinhe que o prémio de novelística da Associação Portuguesa de Escritores é, antes de mais, um prémio atribuído ao autor da obra escolhida, e não ao seu editor. O que se premeia é a qualidade de um texto e quem o escreveu, não a tarefa (decerto empolgante) de o publicar e divulgar.

E contudo, como editores, não podemos deixar de nos sentir estimulados pelo facto de um dos autores da casa ter visto o seu trabalho premiado. Essa circunstância dá-nos alento para prosseguir o nosso trabalho e vontade de persistir no esforço de difusão da nova ficção portuguesa. Só neste sentido – mas que constitui, evidentemente, para nós um aspecto não despiciendo – é que a atribuição do presente prémio (prestigiado e importante como é, pese isso embora às vozes discordantes que o pretendem desvalorizar) também constitui um modo de «premiar» o nosso trabalho. O resto são os motivos de alegria naturais em quem, como nós, tanto aprecia António Lobo Antunes e este seu «Auto dos Danados».

Permita-se-nos entretanto a imodéstia de realçar quão pouco fácil é o desenvolvimento de um trabalho editorial continuado, em prol da ficção portuguesa. Daí que poucos se dêem a semelhante «luxo», normalmente passado a segundo plano nas preocupações de quem decide em matéria de programação literária, e subalternizado por critérios que, da mais fácil previsibilidade do êxito comercial à distância geográfica com a qual se garante que os escritores não interfiram nas decisões dos editores, sempre concluem pela preferência dada à literatura estrangeira, tanto mais compensadora e prática, de resto, quanto mais exótico for o texto e mais longe viver o respectivo autor.

Esse hábito de generalizada facilidade que, em Portugal, tem transformado a edição num domínio de desenfreada chatinagem, não o queremos nós para modelo e está longe de constituir o nosso estilo. Do estrangeiro, pretendemos publicar os livros que mais nos agradarem e continuar a fazê-lo o melhor que soubermos. Mas recusamo-nos a esquecer, por causa disso, que há um domínio nacional que, na literatura, na história, na antropologia e na etnografia, ou na análise de realidade política contemporânea, não pode, sob pena de a todos nos irmos empobrecendo, ser desatendido.

GRANDE PRÉMIO DE ROMANCE E NOVELA | 55

Enfim, desejamos prestar público testemunho do apreço que, como editores, nos merece António Lobo Antunes, não só por se tratar de um grande escritor como por, de facto, ser um escritor profissional. Ao longo de estes já vários anos de trabalho em conjunto, as nossas relações estreitaram-se até ao limiar da amizade. Que esse facto não nos impeça de reconhecer, como de justiça, que até isso só foi possível pela impecabilidade e pelo profissionalismo que António Lobo Antunes sempre imprimiu aos seus contactos com as Publicações Dom Quixote.

JÚLIO CONRADO

"O rei dos prémios" [*Auto dos Danados*]

Diário Popular/Cultura, 8 de Maio, 1986, p. 25.

Parece lícito prognosticar que o Regulamento do Grande Prémio de Romance e Novela será profundamente reestruturado, caso se pretenda assegurar-lhe a eficácia que este ano demonstrou não ter. Regulamento que discrimina autores portugueses, ao excluir obras publicadas fora dos circuitos convencionais (leia-se comerciais), como se o Prémio fosse instituído por uma espécie de Associação-de-Editores--do-Circuito-Comercial e não por uma Associação de Escritores, tem na regra, dos «quatro quintos»[,] a barreira normativa que facilitou esta unanimidade fabulosa: nenhum dos membros do júri pôde promover a escolha do seu livro preferido. Lobo Antunes foi, de facto, um premiado de recurso: por muito bom proveito que lhe façam o[s] mil contos[,] tem de gramar essa amêndoa amarga.

Ressalta da leitura do veredicto dos jurados[15] (Álvaro Salema: «… dos aspectos menos positivos a considerar na obra premiada pareceu-me que não seria curial fazer menção»; Carlos Reis: «… sem se tratar de uma obra excepcional ou flagrantemente inovadora», etc.; Manuel Gusmão: «… a costumada dúvida: esforço corroído por um inesgotável mau gosto estético – ou um violento delírio?», etc[.]; Paula Morão: «… apesar de algumas reservas», etc[.]; Maria da Glória Padrão: não há nada para ninguém) que *Auto dos Danados* foi mesmo condenado a ganhar, indo em socorro de um Regulamento que forçou um júri – bastante idóneo, diga-se de passagem – a fazer figuras tristes – e com as habituais «fugas de informação» a serem já exploradas

---

[15] Ver *supra*, "Grande Prémio d[e] Romance e Novela da Associação Portuguesa de Escritores (1985)", pp. 45-53.

pelos órgãos de Comunicação Social num coro algo gozado. Isto é: os membros do júri viram-se impossibilitados de votar no que queriam, embora maioritariamente achassem – e, quanto a nós, muito bem – que pôr mil contos a arejar nas mãos de um escritor mal-amado seria preferível a deixá-los em cofre até ao ano que vem. É tempo de os júris se compenetrarem de uma vez por todas de que o montante do Grande Prémio de Romance e Novela é de apenas dez por cento do Prémio Cervantes e que mal dá para comprar um carro desses mais em conta. Vamos lá, também nesta matéria, a ganhar um pouco de perspectiva...

De *Auto dos Danados* (D[om] Quixote) se dirá que, na linha de uma atitude coerente com a representada em outros romances de Lobo Antunes, o texto ressuma a perversidade *standard* própria de um narrar machão (anormalmente macho quando o narrador é uma mulher), traidor do seu mundo, que sobre a própria memória do autor constantemente reelabora o discurso do mal. Um discurso do mal relativamente pacífico, valha a verdade. Que o anjo tutelar de A. L. A. – o francês C[é]line – a «referência obrigatória» lançada ao vento da pacóvia ignorância lusíada, tenha sido conhecido por predicados muito pouco «literários» – não virá hoje grande mal ao mundo. Afinal, do racista Louis-Ferdinand C[é]line, António Lobo Antunes apenas tenta copiar a truculência literária – não as maldades político--ideológicas. C[é]line, com efeito, ma[u]-grado a irreverência conteudística e a qualidade estilística dos seus escritos, é, decerto, razoavelmente desconhecido entre nós, o que terá permitido a escritores progressistas, como Diniz Machado, invocarem preferências que qualquer humanista que se preze deve resguardar com uma enorme margem de prudência. Não se pode dizer – disse-o, claro está, António Lobo Antunes – que os psiquiatras portugueses são uns «Hitler de bolso» e[,] simultaneamente[,] fazer-se o elogio de C[éline], um homem que esteve na primeira linha dos incitamentos à perseguição dos judeus que culminou na genuinamente «solução final»[,] [] sem se cair numa aterradora contradição. Livros como *Bagatelles Pour Un Massacre* e *École de Cadavres* dão bem a medida da responsabilidade moral de C[é]line na matança dos judeus, pelos nazis, explicando, outrossim, a partida deste autor para o exílio em... 1944. Mas C[é]line foi um expoente literário cuja arte não pode ser ignorada? Admitamos que sim. Tenha, porém, o decoro de dissociar o racismo criminoso de C[é]line da arte literária de C[é]line quem não quiser ver o seu nome ligado afectivamente a uma das mais tenebrosas personalidades da literatura europeia dos anos trinta.

Mais concretamente sobre *Auto dos Danados*, Lobo Antunes prossegue na senda de «danar» a alta burguesia que lhe compra os livros (Portugal, como se sabe, é «um país sem leitores que detém o recorde de analfabetismo na Europa»[,] pelo que não é crível serem os pobrezinhos a contribuir para tamanha prosperidade editorial) e essa é, digamos assim, a razão maior do seu combate. A maneira como orienta a luta leva, porém, a supor que reinar no seu mundo é, para António Lobo Antunes, bem mais importante do que destruí-lo.

RENATO CORREIA

"'*Os Cus de Judas*' editado na Alemanha"

Jornal de Letras, Artes e Ideias, 13 de Julho, 1987, pp. 14-15.

> Traduzido por Ray-Güde Mertin sob o título «Der Judaskuss»
> ([O] Beijo de Judas), conforme o JL oportunamente noticiou,
> eis uma primeira leitura crítica do romance de António Lobo
> Antunes.

«27 meses de sangrenta escravatura na guerra de Angola, travada pelos portugueses sob Salazar: uma viagem aos confins do medo (...). O inferno de A a Z, um monólogo tenebroso, obsessivo, com tantos capítulos quantas as letras do alfabeto. O autor: um digno conterrâneo de Pessoa.»

Estas palavras, citadas do **Libération**, acompanham o volume acabado de lançar pela editora Carl Hanser e destinam-se a apresentar ao leitor alemão o romance, publicado pela primeira vez em 1979, com que Lobo Antunes alcançou notoriedade no meio literário português. Aproveitando [] uma iniciativa editorial bem preparada em termos de **marketing** (anunciava-se, por exemplo, a presença do autor e da tradutora[,] no passado dia 6 de Maio[,] na Autoren-buchhandlung, de Munique), esta obra parece preencher todas as condições para vir a representar um êxito – também em termos comerciais – no importante mercado livreiro de língua alemã, à semelhança do que aconteceu ainda não há muito tempo com o **Livro do Desassossego**, na versão de Georg Rudolf Lind, que ocupou[,] durante várias semanas[,] o primeiro lugar na lista dos títulos mais vendidos. Na **Süddeutsche Zeitung** de 6/5/87, o conhecido publicista Jörg Drews escrevia que parece ter soado na Alemanha a hora da literatura portuguesa; depois de Pessoa, Saramago (com o **Memorial do Convento**) e, agora, Lobo Antunes, Drews propõe-se mesmo ganhar fôlego para uma leitura de **Os Lusíadas**: «Pois se a literatura portuguesa é assim tão interessante!»

Também o semanário **Der Spiegel** incluía na sua edição de 27 de Abril uma recensão assinada pelo escritor Uwe Timm, onde avulta o interesse documental, nos planos político e sociológico, de um romance que tematiza os mecanismos da (des)colonização e que, por esse facto, aparece relacionado com a obra do sociólogo tunisino Albert Memmi. Se esse interesse documental parece poder vir a determinar[,] em larga medida[,] a recepção de Lobo Antunes na **RFA**, não deverá, por outro lado, ignorar-se que o texto de Jörg Drews[,] atrás referido[,] avança algumas pistas bem sugestivas para uma leitura especificamente alemã de **Os cus de Judas** enquanto artefacto literário. A elas voltaremos mais adiante. Por ora, em obediência ao objectivo principal deste artigo, interessa-nos acima de tudo sublinhar as consideráveis dificuldades da tarefa a que a tradutora aceitou submeter-se, atendendo às características do texto de partida. De facto, quer pela profusão de referências ou alusões a elementos específicos do contexto português e afro-português, cobrindo uma escala que vai da citação literário--cultural à evocação do quotidiano mais comezinho, quer, no plano estilístico, pela hiperadjectivação ou pelo recurso a uma imagética desbordante, quer ainda pela sintaxe própria da tirada obsessiva, a tradução de **Os cus de Judas** impunha a adopção de estratégias bem definidas e consistentes. De forma genérica, e independentemente de casos pontuais que nos merecem objecção ou mesmo total discordância, podemos adiantar que o nosso juízo de valor global sobre a versão de Ray-Güde Mertin é amplamente positivo, pois a tradutora soube, em nossa opinião, resolver de modo satisfatório a maioria dos problemas que encontrou, no propósito – não expresso, mas dedutível do método adoptado – de divulgar junto do público alemão o romance de Lobo Antunes[,] sem obliterar a distância cultural que separa a RFA dos anos oitenta de um Portugal ainda apoquentado pelo trauma africano. Mas passemos a uma análise mais pormenorizada das dificuldades que atrás enunciámos.

O geral e o particular

Numa obra clássica sobre a tradução literária, J. Levý faz depender a tradutibilidade de um texto da dialéctica, que lhe é inerente, entre o geral e o particular. Para este teorizador checo, apenas são verdadeiramente traduzíveis os elementos de carácter geral, isto é, aqueles que articulam um significado puramente conceptual e nos quais se não torna reconhecível uma dependência directa do sistema da língua ou do contexto histórico imediato. Só em tais casos, que o próprio Levý admite serem muito pouco frequentes, se poderá em rigor falar de tradução **stricto sensu**[16]. Coloquemos entre parêntesis as nossas reservas a uma teoria da tradutibilidade que se nos afigura demasiado restritiva – ainda que porventura nos termos da sua formulação – e aceitemos provisoriamente esta definição abstracta de um caso[]limite, para passar à consideração do seu contrário, que oferece um interesse indubitavelmente maior para o texto que aqui nos ocupa. Escreve o mesmo autor que[,] no domínio do particular[,] o tradutor se vê em princípio obrigado a recorrer a processos de «substituição» ou de «transcrição»: quando os elementos específicos a transferir para o texto de chegada comportam também um significado de carácter geral, o tradutor tenderá a substituí-los por elementos autóctones, explorando uma relação de analogia[;] quando, pelo contrário, são destituídos de significado genérico, reduzindo-se a uma dimensão de total especificidade, não lhe restará senão transcrevê--los na sua forma original. Neste último caso, para que o destinatário da tradução possa descodificar esses elementos estranhos, terá o tradutor que lhe fornecer alguma informação suplementar, quer sob a forma da famigerada «N. do T.», quer recorrendo à «explicação interna», através da qual a nota se integra no próprio texto, evitando a quebra no ritmo de leitura que uma descida ao pé de página sempre ocasiona.

Comecemos por salientar que Ray-Güde Mertin entendeu, e bem, banir por completo o aparato «académico» das notas de rodapé, arrumando as explicações julgadas indispensáveis sob a forma de glossário, com um total de 76 entradas, a que dá o título geral de

---

[16] Nota do autor: J. Levý, **Die literarische übersetzung. Theorie einer Kunstgattung**, Frankfurt a. M. / Bonn, 1969, p. 88.

64 | RENATO CORREIA

«Notas da tradutora». Aí se encontram reunidas, facilmente acessíveis ao leitor interessado, os antropónimos (de Antero a Vieira da Silva), os topónimos portugueses e afro-portugueses (de várias artérias lisboetas aos musseques de Luanda), as siglas de organizações ou instituições (da PIDE ao MPLA, passando pela OPVDCA), os títulos de publicações periódicas portuguesas (do **Novidades** ao **Expresso**) ou outros elementos específicos que vão ocorrendo ao longo do texto. O cuidado posto na elaboração dessas notas reflecte-se no facto de contemplarem mesmo alguns elementos estranhos à realidade portuguesa mas importantes para uma compreensão geral do texto, como é o caso da citação de Silvio Rodriguez ou da referência a Camilo Torres. Sucede, porém, que o critério de organização de um glossário raramente ou nunca é indiscutível, e deste se poderá dizer que também não escapa à regra. Assim, será legítimo perguntar por que razão se encontra incluída a Sãozinha (a da «pagela virtuosa»), mas não o Padre Cruz, dada a similaridade que ambos ocupam no imaginário devocional pequeno-burguês dos anos 60; ou no capítulo dos topónimos, por que razão se inclui Alenquer, mas não Arraiolos. Estas questões afiguram-se, no entanto, de somenos importância, se atendermos a que, na sua globalidade, o glossário preenche com desenvoltura a função que lhe é destinada.

Passemos de seguida a uma breve análise do modo como a tradutora recorre aos processos transcritivos e substitutivos, que a especificidade do texto de partida torna indispensáveis. Pode afirmar-se genericamente que Ray-Güde Mertin faz um uso extensivo e diversificado desses processos, com relevo para a substituição, complementando-os normalmente pela explicação interna. Vejamos alguns exemplos, que se relevam de várias possibilidades combinatórias: quando o narrador evoca o sonho infantil «de vir a ser um dia o Águas da literatura»[17], escreve a tradutora que ele gostaria de ser o «Águas, o avançado-centro da literatura»[18]; quando o protagonista

---

[17] Nota do autor: António Lobo Antunes, **Os cus de Judas**, Lisboa, Editorial Vega (2), 1979, p. 47 [p. 49, edição *ne varietur*]. A seguir indicado apenas pelo número de página.

[18] Nota do autor: António Lobo Antunes, **Der Judaskuss**. Aus dem Portugiesischen von Ray-Güde Mertin, Carl Hanser Verlag, München/Wien, 1987, p. 56. A seguir indicado apenas pelo número de página.

menciona o «retrato assinado de D. Manuel II[»] (116[19]), que ocupava lugar de honra em casa das tias, o texto alemão explicita tratar-se de «D. Manuel II, o último rei de Portugal» (150), complemento imprescindível para que o leitor possa ajuizar da atmosfera de saudosismo monárquico que aí se respirava e que desempenha uma importante função caracterizadora. Se estas práticas, a um tempo transcritivas e explicitantes, se impõem como relativamente óbvias, já o método substitutivo pressupõe uma maior dose de inventividade, a par de um conhecimento sólido do contexto de partida, pois apenas raramente é possível efectuar uma substituição simples, termo a termo, como acontece com certas marcas comerciais ou com referências comuns a ambas as culturas envolvidas: o dentífrico Binaca (27[20]) substituído por Blendamed (29), o Cerelac (139[21]) pela papa Alete, as **Modas e Bordados** (112-113[22]) ou **Mãos de Fada** (144), enquanto símbolo do ideal de felicidade doméstica, a cederem o lugar à bem mais poderosa **Burda** (145, 187), ou a canção infantil do «Papagaio Loiro» (21[23]) a transformar-se, por uma feliz associação ornitológica, em «Kommt ein Vogel geflogen» (21). Na maioria dos casos, impõe--se uma dilucidação do termo específico, que é substituído por uma perífrase, tornando-se então decisivo o sentido da justa medida demonstrado pela tradutora[,] no sentido de não sobrecarregar o texto com informações supérfluas nem, por outro lado, [de] privar o leitor de elementos fundamentais para a compreensão do mesmo, atingindo assim o «grau de diferenciação necessário»[24] à finalidade comunicativa no plano intercultural.

Podemos afirmar que, nesse domínio, a tradução de Ray-Güde Mertin se caracteriza, de um modo geral, pelo sentido de equilíbrio das soluções propostas. Vejamos alguns exemplos: o «Máximo Gorki da Editorial Minerva» (12[25]), aparece-nos como «Máximo Gorki em edição popular» (9), a «Conferência de São Vicente de Paulo»

---

[19] P. 117, edição *ne varietur*.
[20] P. 29, edição *ne varietur*.
[21] P. 139, edição *ne varietur*.
[22] P. 114 e p. 144 para a citação seguinte, edição *ne varietur*.
[23] P. 23, edição *ne varietur*.
[24] Nota do autor: Hans G. Hönig/Paul Kussmaul, **Strategie der Übersetzung. Ein Lehrund Arbeitsbuch**, Tübingen (2), 1984, p. 63.
[25] P. 14, edição *ne varietur*.

66 | RENATO CORREIA

(15-16[26]) como organização caritativa das senhoras de sociedade (14), as «fachadas dos prédios Valmor» (101[27]) como as «fachadas **kitsch** premiadas em concurso» (129). No entanto, são também detectáveis casos em que uma deficiente apreensão do texto de partida torna a respectiva tradução problemática ou manifestamente inadequada: convenhamos que será difícil encontrar um equivalente satisfatório para o aposto «Reboleira dos Descobrimentos» (143[28]), utilizado pelo narrador em relação aos Jerónimos, mas traduzi-lo por «símbolo de grandes descobertas» (184) implica uma total obliteração das conotações derisórias inerentes ao original; do mesmo modo, não será fácil encontrar uma tradução cabal para o «tédio à António Nobre» (37[29]), mas a solução encontrada – «comprazimento no pessimismo lusitano de um António Nobre» – não é certamente a mais recomendável. Dentro ainda do mesmo âmbito, é difícil aceitar que aos «retratos das **fotomatons**» (100[30]) possam corresponder os «retratos dum álbum de fotografias» (127), ou que a «ironia horrivelmente provinciana do Eça» (164) possa, **malgré tout**, traduzir--se pela «ironia terrível e provinciana de um ministro» (215).

Porque à crítica cabe definir, tanto quanto possível, as características genéricas de uma tradução, importa acentuar mais uma vez[,] no final deste primeiro complexo[,] que as falhas incidentais – de que acabamos de dar alguns exemplos – são a nosso ver equilibradas pela qualidade geral do trabalho realizado por Ray-Güde Mertin.

As imagens

Se a rarefacção das imagens é geralmente considerada um efeito secundário inerente à tradução em si mesma, poderemos supor que esse efeito assumirá tanto maiores proporções quanto mais elevada for a densidade imagética do texto de partida. Mas também, argumentarão outros, é justamente onde há um maior número de imagens que algumas delas se tornam facilmente dispensáveis, sem

---

[26] P. 17, edição *ne varietur* ("Conferência de São Vicente de Paula", na 6.ª edição da Vega e na edição *ne varietur*).
[27] P. 103, edição *ne varietur*.
[28] P. 142, edição *ne varietur*.
[29] P. 38, edição *ne varietur*.
[30] P. 102, p. 164 para a citação seguinte, edição *ne varietur*.

prejuízo de monta para o conjunto do texto. Outros ainda, mais maldosos, insinuarão que[,] nos casos em que as imagens atingem uma frequência bastante próxima do ponto de absoluta saturação, como sucede na prosa de Lobo Antunes, o desbaste involuntário que a tradução acarreta só pode resultar em benefício do original.

Não sendo nosso intuito enveredar por esse terreno, limitar-nos-emos a assinalar que[,] na tradução em causa[,] a rarefacção imagética é detectável a dois níveis: o da elisão pura e simples e o do abrandamento, por exemplo, de metáforas e comparações. No primeiro grupo contam--se sobretudo aquelas metáforas de cunho surrealista que a tradutora renunciou a transportar para o alemão, talvez por temer que resultassem demasiado ousadas e estranháveis, como a «solidão de esparguete da girafa» (9[31]), as «gengivas desmobiladas» (11) ou os «sonhos lavrados pelo ancinho dos seus dedos apaziguadores» (21). Mas também no que toca às hipálages, algumas de sabor bem queiroziano, se registam por vezes neutralizações, que, a par dos casos em que tais imagens são conservadas, não permitem descortinar um critério uniforme. Assim, se nas «facas atentas dos cúmplices» (178[32]) a hipálage é cuidadosamente mantida (cf. 235), já nos dois exemplos seguintes ela se apresenta desmontada: «Se eu fosse girafa amá-la-ia em silêncio, (...) mastigando o **chiclets** de uma folha pensativa» (32[33]) – «mastigando pensativamente» (35); «subirem (...) à altura trémula e sequiosa dos meus beijos» (159) – «dos meus beijos trémulos e sequiosos» (207). No segundo grupo incluem-se, por seu turno, exemplos da desmontagem de metáforas, transformadas em comparações, como sucede no excerto «os morcegos vinham rodopiar, por sobre as nossas camas, espirais cambaleantes de guarda-chuvas rasgados» (68[34]) – «os morcegos entravam e, como guarda-chuvas rasgados, descreviam sobre as nossas camas espirais cambaleantes» (85).

Menos evidente se nos afigura, porém, a neutralização nos casos em que a própria tradição literária alemã sancionaria[,] sem qualquer

---

[31] P. 11, pp. 13 e 23 para as citações seguintes, edição *ne varietur*.
[32] Mesma página na edição *ne varietur*.
[33] P. 34, p. 160 para a citação seguinte, edição *ne varietur*.
[34] Pp. 70-71, edição *ne varietur*.

espécie de reservas[,] o uso de uma metáfora mais especiosa. Aí, um maior grau de «adequação» ao original de modo algum poria em causa a «aceitabilidade» do texto de chegada[35]. Atente-se, por exemplo, na sequência «Gatos vadios escondiam-se nos ramos d[a] figueira do quintal como frutos furtivos, cujos olhos pingavam o leite verde de uma desconfiança rápida» (46[36]), que é traduzida mais ou menos do seguinte modo: «Gatos vadios escondiam-se nos ramos da figueira do quintal como frutos móveis, em cujos olhos dardejava uma desconfiança verde» (56). Temos boas razões para supor que pelo menos desde o «leite negro da madrugada», de Celan, nada haveria a opor, em alemão, ao «leite verde de uma desconfiança rápida».

Outras vezes a perda da imagem resulta duma incompreensão do mecanismo gramatical, mobilizado para a construir, por exemplo a aposição, como pode ver-se pelo excerto seguinte: «pontão da Cruz Quebrada (…) onde os esgotos morrem estendidos aos pés da cidade, cães idosos que bolsam no capacho vómitos de lixo» (23-24[37]); a isto corresponde, na versão alemã: «pontão da Cruz Quebrada (…) onde os esgotos se escoam aos pés da cidade e cães idosos bolsam no capacho vómitos de lixo» (24). Outras vezes ainda, essa perda fica a dever-se a uma confusão resultante da similitude gráfica e fónica entre duas palavras: «atrás da caspa bolorenta dos plátanos» (18), lido (e traduzido) como «atrás da casca bolorenta dos plátanos» (17), ou «as expressões vazias que nenhum **cognac** mobila» (40[38]) como se fossem» as expressões vazias que já nenhum **cognac** põe em movimento» (46).

Se os prejuízos resultantes destas neutralizações são, num cômputo geral, de pouca monta para a economia do texto de chegada, alguns casos isolados introduzem quebras desnecessárias em isotopias imagéticas que a tradutora procura aliás, no seu conjunto, manter. Assim, numa das ocasiões em que o narrador interrompe o relato da experiência africana para interpelar directamente a sua ouvinte, dirige-

---

[35] Nota do autor: Cf. Gideon Toury, «The Nature and Role of Norms in Literary Translation[»], in: James S. Holmes et al. (eds.), **Literature and Translation. New Perspectives in Literary Studies**, Lovaina, 1978, pp. 83-100.

[36] P. 48, edição *ne varietur*.

[37] P. 26, edição *ne varietur*.

[38] P. 42, edição *ne varietur*.

"'OS CUS DE JUDAS' EDITADO NA ALEMANHA" | 69

-se-lhe nos seguintes termos: «Já nesta altura que certamente você acostara neste bar» (43[39]). O verbo, cujo valor metafórico não é reconhecido, por confusão entre «acostar» e «encostar-se» (51), remete aqui para uma elaborada cadeia imagética da esfera da navegação, que se organiza em torno de uma figura central implícita, desenvolvida em múltiplas metáforas secundárias: a passagem por África e o regresso a Lisboa como naufrágio existencial, desencadeado pela experiência directa de uma guerra absurda que transformou o protagonista num ser à deriva, para quem «o bar é um **Titanic** que naufraga», onde «as bocas caladas entoam hinos sem som, abrindo-se e fechando-se à laia dos beiços tumefactos dos peixes» (71[40]).

Importa contudo salientar que, a despeito dos exemplos atrás citados, a tónica geral é dada, não pela supressão ou abrandamento das imagens, mas sim pela sua manutenção no texto de chegada, sendo de destacar, a este propósito, o tratamento diferenciado a que a tradutora submete as metáforas. Assim, as metáforas construídas no português recorrendo à forma gramatical da determinação são transpostas para alemão por três métodos distintos: quando possível, são traduzidas «literalmente», sob a forma de metáforas genitivas, como, por exemplo, «a violeta de um beijo» (155[41]) – «das Veilchen eines Kusses» (201), a «praia branca da almofada» (186) – «weisse(r) Strand des Kissens» (247), ou «as complicadas escrivaninhas da alma» (193) – «die komplizierten Schreibtische dert Seele» (257); noutros casos, são exploradas as possibilidades, particularmente desenvolvidas no alemão, de composição de palavras, como sucede, por exemplo, com «a pedra-pomes da lua» (62, 65[42] – «den Bimssteinmond» (78, 81), «os cogumelos de febre» (155) – « die Fieberpilze» (201), ou «o espaço sem cor, de útero, do céu» (194) – «den fablosen Gebärmutterraum des Himmels» (259); noutros casos ainda, quando qualquer dos métodos anteriores se revela inviável, recorre-se à aposição, como acontece nos exemplos seguintes: «você (…), pássaro de pálpebras pintadas pousado no ramo do banco» (43[43]) – «você (…), pássaro de pálpebras pintadas pousado no banco,

---

[39] P. 45, edição *ne varietur*, onde se lê: "Já nessa altura certamente você acostara neste bar".

[40] P. 73, edição *ne varietur*.

[41] P. 154, pp. 186, 193 para as citações seguintes, edição *ne varietur*.

[42] Pp. 64 e 66, pp. 154 e 194 para as citações seguintes, edição *ne varietur*.

[43] P. 45, p. 46 para a citação seguinte, edição *ne varietur*.

70 | RENATO CORREIA

no ramo» (51); «O capelão, contrito, descia as pálpebras virgens sobre o breviário da sopa.» (44) – «O capelão, contrito, baixava os olhos virgens para a sopa, o seu breviário.» (52).

Para encerrar este capítulo, refira-se ainda que a tradutora parece por vezes pretender equilibrar a perda ou lenificação de certas imagens através de procedimentos compensatórios, introduzindo, na circunstância, metáforas em passos onde elas, embora não contidas no original, são por este imediatamente sugeridas. Cite-se, como exemplo, o excerto «os seios da Isabel em forma de focinho de gazela debaixo da camisa de homem» (185[44]), traduzido como «os seios da Isabel, focinho de gazela debaixo da camisa de homem» (246).

Um traço comum a muitas traduções, quando o texto de partida apresenta marcas de oralidade evidentes, é a tendência para a logicização do discurso, a explicitação do implícito, a eliminação de anacolutos, a erradicação de solecismos, em suma, para uma «grama-ticalização» do original, que muitas vezes determina alterações signi-ficativas no plano da sintaxe. Admitindo que essa tendência hiper-correctiva se manifeste, em princípio, com tanto mais intensidade quanto maior for o desvio exibido pelo original em relação às normas gramaticais vigentes para a respectiva língua, um dos principais méritos da versão de Ray-Güde Mertin consistirá justamente na capacidade que a tradutora demonstra para resistir à tentação de normalizar um discurso emotivo, perturbado, que, em imparável fluxo, logorreico, se aproxima por vezes do enunciado totalmente caótico. Não apenas o modelo hipotáctico é mantido na versão alemã, como também o nexo associativo conserva o seu papel de princípio estruturante, o que, a par dos alogismos sinalizadores de tensão entre a recordação traumática e a necessidade absoluta de a verbalizar, contribui para assegurar ao longo monólogo do protagonista as suas qualidades de exercício terapêutico.

Particularmente elucidativa do método translatório adoptado é a leitura paralela do capítulo N, onde se utiliza uma técnica de colagem, com recurso a fragmentos do discurso oficial, cuja função propagandística é denunciada através da manipulação gráfica – «Angolénossa senhor presidente e vi[vá]pátria» (105[45]). Tais artifícios

---

[44] P. 185, edição *ne varietur*.
[45] P. 107, edição *ne varietur*.

gráficos são consistentemente observados, bem como a prática, relevante do ponto de vista sintáctico, de sinalizar o fim de um período com vírgula, seguida de maiúscula inicial, criando assim um dinamismo narrativo **sui generis**.

O único aspecto que, neste âmbito concreto, haverá a assinalar como representativo de uma nova organização do texto introduzida pela tradutora diz respeito à distribuição em capítulos, aqui encarada na sua qualidade de estrutura macrossintáctica do romance. Como é sabido, no texto original os vários capítulos são assinalados, não de forma numérica, como é habitual, mas sim pelas letras do alfabeto, numa sequência completa de A a Z. Uma vez que o leitor alemão por certo estranharia a falta das letras K, W e Y, Ray-Güde Mertin optou por uma redistribuição dos capítulos, aumentando o seu número de 23 para 26, de modo a fazê-lo corresponder ao total de caracteres do alfabeto alemão. Devido a falha tipográfica, no exemplar que utilizámos ocorre duas vezes a letra G, faltando, por seu turno, a letra J.

Poderemos pois dizer, em resumo, que do ponto de vista da estrutura frástica a tradução se orienta preferencialmente pelo texto de partida, fazendo prevalecer um critério «retrospectivo»; por outro lado, do ponto de vista da macrossintaxe da obra parece levar a melhor uma orientação «prospectiva», voltada em primeira linha para o receptor potencial.

O título

Reservámos para o final algumas considerações sobre um aspecto que é dos mais interessantes no conjunto do trabalho realizado pela tradutora: trata-se da modificação introduzida a nível do título, que, pela sua importante função sinalizadora, é de molde a condicionar (está já a condicionar, como veremos) a recepção do romance no seu novo contexto. Admitindo que essa alteração se deva não apenas à necessidade de satisfazer conveniências editoriais, aliás plenamente legítimas, mas também a uma opção translatória fundamentada, procuremos reconstituir o critério que lhe estará subjacente, o mesmo é dizer, falemos de «traição»

Sublinhe-se que o facto de recorrermos a um termo que, por coincidência, representa talvez o mais estafado **topos** do discurso sobre a tradução[,] de modo algum significa que o usemos na sua qualidade de metáfora gasta, atavicamente utilizada para definir as relações entre o texto de chegada e o respectivo original. Se encararmos a tradução como uma acto de recepção produtiva ou, talvez melhor, de «produção receptiva»[46], não poderemos ignorar que, enquanto tal, ela reivindica para si uma margem de individualidade e singularidade disputada palmo a palmo ao texto de partida; nesse sentido, será lícito afirmar, parafraseando Vasco Graça Moura[47], a quem se devem algumas das mais sugestivas reflexões que em português se escreveram sobre a matéria, que também o original pode «atraiçoar» a tradução, tanto quanto esta «atraiçoa» o original?

O que está em causa não é, pois, o velho problema da «(in»)fidelidade do tradutor, mas sim a «traição» enquanto ingrediente temático do romance de Lobo Antunes, onde pode ser repetidamente detectado. Assim, o narrador não se cansa de denunciar veementemente, em nome de toda uma geração «atraiçoada» nas suas expectativas de vida e na sua dignidade cívica, os detentores de um poder oligárquico e corrupto que não hesitavam em impor uma guerra para defesa de interesses próprios, «os que nos mentiam e nos oprimiam, nos humilhavam e nos matavam em Angola, os senhores sérios e dignos que de Lisboa nos apunhalavam em Angola, os políticos, os magistrados, os polícias, os bufos, os bispos, os que ao som de hinos e discursos nos enxotavam para os navios de guerra e nos mandavam para África, nos mandavam morrer em África» (152-153[48]), «os senhores de Lisboa que disparavam sobre nós as balas envenenadas dos seus discursos patrióticos» (167). Nesta perspectiva, o idiomatismo que constitui o título original do romance – **Os cus de Judas** – sinaliza, em primeira instância, o afastamento geográfico (e, por extensão interpretativa, o divórcio de interesses) entre o teatro de operações e a segurança dos gabinetes de comando, quer estes se encontrassem instalados em Lisboa ou em Luanda; no entanto, a evocação do traidor por antonomásia, que constitui uma referência cultural inequívoca, legitima uma leitura desse paratexto, secundariamente, como alusão a uma linha temática de considerável peso a nível do conteúdo narrativo.

---

[46] Nota do autor: Cf. Katharina Reiss / H. J. Vermeer, **Grundlegung einer allgemeinen Translationstheorie**, Tübingen, 1984, p. 74.

[47] Nota do autor: **50 Sonetos de Shakespeare**. Tradução, introdução e notas de Vasco Graça Moura. Edição bilingue, Lisboa (2), 1987, p. 46.

[48] P. 152, p. 166 para a citação seguinte, edição *ne varietur*.

Uma vez que o primeiro significado do título – distância geográfica – se encontra suficientemente assegurado ao longo do romance sob a forma de uma repetição leitmotívica (42, 44, 47, **passim**[49]), surgindo em todas essas ocorrências traduzido, de forma mais «literal», pelo idiomatismo alemão correspondente, isto é, «no cu do mundo» (49, 52, 56, **passim**), o título da versão alemã – **Der Judaskuss** – não «atraiçoa» de modo nenhum o original, a que se encontra, aliás, ligado por uma curiosa similaridade fónica: o que ele faz é deslocar para primeiro plano o tema da traição e pôr assim em evidência um aspecto que poderia resultar menos nítido num contexto diferente do português.

É significativo que, na já citada crítica, Jörg Drews proponha uma interpretação do título da versão alemã em tudo compatível com uma leitura atenta do original, relacionando-o nomeadamente com os passos em que o narrador descreve o ambiente social e familiar que determinou a sua infância e juventude, ambiente esse onde ocupa lugar de destaque a casa das tias. Aí, o processo de crescimento era fiscalizado a intervalos regulares perante «fotografias de generais furibundos, falecidos antes do meu nascimento», concluindo-se esse ritual com uma «profecia vigorosa, transmitida ao longo da infância e da adolescência por dentaduras postiças de indesmentível autoridade»:

«– Felizmente que a tropa há-de torná-lo um homem» (15[50]). Esse tipo de «afeição», que mostra bem como a ideologia oficial penetrou nos alicerces da família, constitui, segundo Drews, o «beijo de Judas», gesto simbólico que atira o protagonista para uma «aprendizagem em Angola», de A a Z como nas páginas de uma qualquer cartilha, a «dolorosa aprendizagem da agonia». Como se pode ver, é-nos assim sugerida uma leitura de **Os cus de Judas**, ou melhor, de **O beijo de Judas** como romance de aprendizagem às avessas, proposta a que não será alheia a posição de destaque ocupada pelo subgénero romanesco **Bildungsroman** – tanto na versão clássica como na sua modalidade crítica – na tradição literária alemã, bem como na metalinguagem da respectiva literatura. A alteração do título terá pois, a par de outros factores, induzido uma leitura bem alemã da

---

[49] Pp. 44, 45, 49, *passim*, edição *ne varietur*.
[50] P. 16, edição *ne varietur*.

obra de Lobo Antunes, o que constitui um factor de inegável interesse para uma pesquisa recepcional.

Que o destino de um texto, no seu trânsito intercultural, pode ser largamente determinado pelas traduções que dele se fazem, constitui um lugar-comum explorado à saciedade, mas do qual só muito raramente se tiram as necessárias ilações, em termos de análises concretas, teoricamente fundamentadas e metodologicamente coerentes. O caso de exportação literária que aqui nos ocupou vem, pela sua exemplaridade, mostrar mais uma vez a conveniência em desenvolver de forma sistemática e conjugada a subdisciplina da tradutologia que é a crítica da tradução, inclusive a nível dos **curricula** das Faculdades de Letras, reconhecida que está a inevitabilidade de uma diversificação dos mesmos. Bem vistas as coisas, e agora na perspectiva da importação, quantos recensores das literaturas estrangeiras traduzidas para português não estarão afinal a oferecer--nos, em lugar de crítica literária propriamente dita, uma crítica da tradução amputada, porque involuntária ou irreflectida?

FRANCISCO JOSÉ VIEGAS

"O regresso das caravelas e da tristeza" [*As Naus*]

Mais Semanário, 31 de Março, 1988, p. 14[51].

A história dos regressos, qualquer que seja o regresso, é sempre uma história difícil de contar: passam por ela, como forasteiros, os sinais mais agudos da alma, os signos mais difíceis de suportar no seu infinito peso. Comecemos assim para falar no novo romance de António Lobo Antunes, *As Naus* (em torno do qual se desenrolou uma das mais caricatas peripécias de propriedade da obra literária, na qual a lei se colocou ao lado do prevaricador).

Com a publicação de *As Naus* celebramos também um novo ciclo na escrita romanesca de um dos mais polémicos autores da ficção portuguesa contemporânea. Polémico pelo que ele trouxe para a ficção e polémico pelas posições, quase sempre injustas, que o autor tomou fora do círculo mais ou menos restrito da escrita ela[]mesma. *As Naus*, de facto, constitui, como construção romanesca, como trajecto e aglomeração de efeitos literários, como temática, uma nova direcção no conjunto de livros que até agora, e desde *Memória de Elefante* (1979), António Lobo Antunes publicou.

«Um dia destes dou à praia aqui, devorado pelos peixes como uma baleia morta», assim começa aquele que pode ser considerado, sob

---

[51] O caderno principal do jornal (pp. 20-21) inclui uma entrevista de Miguel Sousa Tavares – "António Lobo Antunes: «Bolas, isto é um país que se leva a sério!»" (também publicada em Ana Paula Arnaut (ed.), *Entrevistas com António Lobo Antunes. 1979-2007. Confissões do Trapeiro*. Ed. cit., pp. 101-106; a entrevista de Elisabete França, também sobre *As Naus*, "Portugal nunca tratou bem escritores e personalidades", não foi, contudo, aqui incluída e, por isso, a transcrevemos no final deste livro – ver ANEXOS).

vários pontos de vista, o seu mais completo livro até agora, *Explicação dos Pássaros* (1981). É com este cenário que se poderia iniciar a aventura narrativa que *As Naus* constitui: uma aventura centrada na ideia de um país desfeito, fragmentado em nomes e personagens que vão dando às praias de onde um dia se partiu, ignorado pelos que o habitam, odiado profundamente. É um país que nenhum sentido pode habitar, nenhuma glória, nada de superior, e ao qual regressam bons e maus filhos vindos de África. Trata-se somente da temática dos retornados? Seria falsear a questão: porque[,] por detrás da massa anónima e esmagada dos retornados[,] se vislumbra sempre a imagem marcante de uma forma de regressar a um país que não existe. É como se se regressasse a um lugar que não pode receber ninguém, tal a sua míngua de alma, a sua miséria. É um país representado por uma Lisboa (Lixboa) agonizante e malcheirosa, um país de subúrbios e de maldades, sonâmbulo na sua degradação omnipresente, na sua decadência permanente, marcada com rigor pelos habitantes dos bairros suburbanos, pelas pensões de mau nome, pelas discotecas onde se bebe vodka falsificada. Um país que lentamente mistura o mau gosto ao mau parecer e onde o único destino é o desaparecimento dos sinais mais claros de vida, de futuro e de alegria.

Se as cores são excessivamente sombrias e se a luz é permanentemente marcada pela noite e pela penumbra, os personagens, esses[,] são longas metáforas sem transacção, referentes de uma História sem explicação: o padre António Vieira discursa numa discoteca e Jerónimo Baía, um tal poeta da «fábrica de sonetos gongóricos», descreve esses sinais de perdição e de fim de tudo. Afonso de Albuquerque, Diogo Cão, Vasco da Gama, Garrett, Fuas Roupinho, António José da Silva, entre outros, além do especial personagem presente que é Pedro Álvares Cabral e do especial ausente que é Dom Sebastião, habitam por aí – nas sombras de uma pátria em desagregação de que a residencial/pensão Apóstolo das Índias é a imagem e a representação quase fiel.

Longa e sólida metáfora, *As Naus* tenta inventar uma ordem nacional a partir do drama do fim da África portuguesa, das pequenas tragédias que se sucedem com o regresso à metrópole, da conjugação de personagens que, vindas da História, não lançam avisos, não fazem apelos, não invocam um sentido ou um destino – apenas sofrem desse mal congénito que é a imensa solidão que povoa o *reyno*, as imagens de Loanda com os seus cabarés, riscos no céu à altura dos pássaros, fios do horizonte trazidos de Goa, onde as ondas rebentam sempre, permanentemente, a lembrar, só lembrar. É uma doença sem cura que só se alivia na auto-observação dos seus próprios efeitos. E, provavelmente, em muita autoflagelação do narrador.

«Era uma vez um homem de nome Luís a quem faltava a vista esquerda, que permaneceu no cais de Alcântara três ou quatro semanas pelo menos, sentado em cima do caixão do pai, à espera que o resto da bagagem aportasse no navio seguinte», conta-se a propósito desse bem retratado personagem que é Luís de Camões, que transportava o caixão «de pegas lavradas e crucifixo no tampo, arrastado tombadilho fora perante o pasmo do comandante que se esqueceu do nónio» e convivia com «um maneta espanhol que vendia cautelas em Moçambique chamado Dom Miguel de Cervantes Saavedra.»

Os retratos são às vezes bem conseguidos, em *As Naus*. São alicerces de um edifício de micronarrativas muitas vezes surpreendentes pela sua desenvoltura e imaginação. São retratos muitas vezes de um lirismo impressionante que, em certa medida, constitui o nervo medular deste novo Lobo Antunes: um lirismo triste, já não magoado e irritante, repetitivo, cabotino, repleto de ajustes de contas e de balanços. É um lirismo autêntico, por vezes, um lirismo construído com a única coisa que pode construir o lirismo – a lembrança no regresso.

É aqui que o novo livro de António Lobo Antunes encarna, de forma visivelmente contida, um impulso que oscila ora entre a violência apaixonada de uma ideia central ora entre a tranquila recordação das lagunas da Guiné, das muralhas de Goa, das baías de Moçambique, dos aromas de Luanda. E tudo isto sem retirar à sua escrita o peso de uma obsessão literária que continuamente evoca lugares de profunda consternação e de risível escatologia, onde são permanentes os recursos a um delírio sem gratuitidade mas de alguma leviandade. As escunas chegam com as velas enfunadas pelos leques das aias, Francisco Xavier (o homem da residencial Apóstolo das Índias), Fernão Mendes Pinto, Sepúlveda, D. João de Castro, Martinho Lutero, Gil Vicente, Fernão [de] Magalhães, são habitantes concretos e por vezes bem transpostos para o universo temático que domina todo o romance, o delírio toma posse do leitor, que imagina uma tremenda confusão que se vai organizando ao longo da narrativa até constituir um corpo quase coerente, quase credível. E quase sempre incentivante.

Demanda de uma ideia de Portugal ou das razões de Portugal estar assim, *As Naus* nem por isso é um texto iterativo, minimal: D. Sebastião, ou o menino loiro que por ele transporta a ideia de impossibilidade de realizar Portugal de outra forma nunca haveria de chegar. Em seu lugar, «[E]sperámos, a tiritar no ventinho da manhã, o céu de vidro das primeiras horas de luz, o nevoeiro cor de sarja do equinócio, os frisos de espuma que haveriam de trazer-nos, de mistura com os restos de feira acabada[] das vagas e os guinchos de borrego da água no sifão das rochas, um adolescente loiro, de coroa na cabeça []e beiços amuados, vindo de Alcácer-Quibir com pulseiras de cobre trabalhado dos ciganos de Carcavelos e colares baratos de Tânger ao pescoço, e tudo o que pudemos observar, enquanto apertávamos os termómetros nos sovacos (…) foi o oceano vazio até à linha do horizonte coberta a espaços de uma crosta de vinagreiras, famílias de veraneantes tardios acampados na praia, e os mestres de pesca, de calças enroladas, que olhavam sem entender o nosso bando de gaivotas em roupão, empoleiradas a tossir nos lemes e nas hélices, aguardando, ao som de uma flauta que as vísceras do mar emudeciam, os relinchos de um cavalo impossível».

Tudo o que poderia ser dito a propósito deste *As Naus* cabe na sua natureza de uma imensa e estranha forma de *praticar a tristeza*, na delirante construção romanesca, na contida expressão narrativa, na quase melancólica e sempre triste (no entanto) tonalidade desta escrita.

Lobo Antunes[,] com *As Naus*, reinventa o seu próprio trajecto literário. E, para além de tudo, criou um texto, sem dúvida, inquietante.

Com *As Naus*, Lobo Antunes retoma o que sempre se recusou a dizer na sua ficção anterior, dominada pelas imagens de si próprio, com muita pena de si próprio, com muitas e declaradas obsessões que o tempo pode curar e o romance também – se for tratado como uma prática de terapia Ao abandonar essa versão do romance como terapia (de que o *Fado Alexandrino*, por exemplo, representa um caso especial de memória do mal de si próprio), Lobo Antunes entra, felizmente, em flagrante contradição com aquilo que tem vindo a afirmar fora da escrita literária: a sua verdadeira prática romanesca não é aquela que até agora nos tem dado a ler nos três últimos livros nem aquela que tem declarado como sua em entrevistas e declarações diversas, com bastante esforço da nossa paciência e do nosso bom senso.

Enganou-nos, até agora? Provavelmente Lobo Antunes estava, também ele, enganado. *As Naus* pode ser a ultrapassagem desse tratamento e dessa terapia ao recuperar as imagens de Portugal vindo de África e de um lirismo apreensivo.

Este livro deixa-nos comprometidos, é certo.

"Lobo Antunes apresenta «*As Naus*»"

A Capital, 8 de Abril, 1988, p. 34.

«Se eu pudesse resumir este livro em três minutos não precisava de ter gasto três anos a escrevê-lo», dizia, ontem, António Lobo Antunes a «A Capital», no jantar de lançamento do seu novo livro «As Naus», onde optou, mais uma vez, por preferir a conversa em privado a qualquer discurso.

Para Lobo Antunes, o livro agora lançado à estampa, numa iniciativa de uma editora tradicional, Publicações Dom Quixote, e de um clube do livro[,] Círculo de Leitores – caso inédito em Portugal –[,] é o melhor que escreveu, «tanto do ponto de vista técnico como formal». Neste livro, o personagem central tenta ser novamente Portugal, que o autor «procura contar sempre de uma forma diferente».

Desta vez, Lobo Antunes pegou no que considera ser a sua obsessão (sempre a mesma) – do seu País, «do País em que vivemos» – por uma faceta diferente: «A História de Portugal contada através do regresso das caravelas que trazem de volta os portugueses como retornados do 25 de Abril», despojados de tudo o que julgavam ter conquistado.

«As Naus» transmite esta Lisboa da partida (do século XVI) e da chegada (1975) que, afinal, é a mesma para estes retornados que foram também os descobridores/emigrantes da ida e agora volta.

Nesse sentido, «As Naus» desmistificam, até certo ponto[,] os Descobrimentos portugueses, sendo também «um livro muito Lisboa» que recorre continuamente à imagem, típica do autor, de uma Lisboa tétrica, suja, que cheira...

Com «As Naus» Lobo Antunes publica o seu sétimo livro, depois d[os] êxitos de «Memória de Elefante» (1979), «Os Cus de Judas» (197[9]), «Conhecimento do Inferno» (1980), «Explicação dos Pássaros (1981), «Fado Alexandrino» (1983) e «Auto dos Danados» (1985).

Tão autobiográfico como os outros

Segundo o autor, este livro tem uma certa continuidade em relação aos anteriores, na medida em que é impossível libertar-se das suas obsessões, «acabando o desejo de ruptura com que sonhamos em cada livro por ser utópico». Nessa medida, para Lobo Antunes «este livro é tão autobiográfico com[o] os outros, já que fala daquilo que tenho dentro de mim».

Por sua vez, Francisco José Viegas, da revista «Ler», a quem coube a apresentação de «As Naus», considerou que o livro se integra na actual tendência da literatura portuguesa, «no sentido de um interesse fixo em relação à problemática de Portugal».

Ao pegar numa geração desolada para reinventar uma peregrinação pelos lugares do drama de Portugal, Lobo Antunes operou uma ruptura no seu percurso algo derrotista, conseguindo um lirismo pioneiro, na opinião do crítico literário.

Por ocasião do lançamento do livro[,] no jantar em que estiveram presentes outros escritores como José Cardoso Pires, Fernando Dacosta e João [de] Melo, o editor da Dom Quixote, Manuel Alberto Valente, considerou que o inédito acordo de lançamento da obra, quase em simultâneo pela editora do Círculo de Leitores «visa uma dinamização do mercado, que certamente terá agora mais hipóteses».

Manuel Alberto Valente revelou, ainda[,] várias iniciativas editoriais: o lançamento do próximo romance de Maria Velho da Costa[,] para Junho, um livro de Casimiro de Brito, em Setembro, o romance de João de Melo para o fim do ano, e mais um livro de Fernando Dacosta para o início de 1989.

Além disso, a Dom Quixote irá lançar[,] no final deste mês[,] uma biblioteca básica da História de Portugal, coordenada pela historiadora Cecília Barreira. Em Maio, começará a publicação da Colecção Letras de Espanha, com a edição de «A Cidade dos Prodígios», do autor catalão Eduardo Mendonza. A «Mensagem», de Fernando Pessoa, com ilustrações de Jorge Martins, é outra iniciativa da editora, em colaboração com o Círculo de Leitores, prevista para o mês de Julho.

LUÍS ALMEIDA MARTINS

"Uma bela e alegre declaração de amor a um país" [*As Naus*]

Jornal de Letras, Artes e Ideias, 12 de Abril, 1988, p. 7.

> Retábulo do templo profano da nossa identidade, «As Naus», o sétimo romance de António Lobo Antunes, publicado na semana passada, aproxima de nós e humaniza alguns mitos referenciais, e constitui por isso uma bela e alegre declaração de amor a um país[.]

A pergunta não é «Quem vai lançar a primeira pedra?»; algumas foram já arremessadas, prematuramente – ainda que não passassem de seixos. Creio que deve antes pôr-se esta questão: porquê o triste fatalismo de estarmos condenados **ad aeternum** à velha polémica do bom senso e do bom gosto?

Vindo esta nada original filosofice a propósito do sétimo romance de António Lobo Antunes, «As Naus», posto à venda na passada semana, o mínimo que se pode adiantar é que ele constitui, como adiante veremos, um óptimo retrato deste país dual[,] condenado a esgotar a sua vitalidade no chatíssimo e poeirento torneio entre castiços e nefelibatas. Os primeiros (a ordem é arbitrária) sustentam que os valores tradicionais devem ser respeitados de forma austeríssima, como se da prática de um culto se tratasse; os segundos têm a nítida percepção de que o amor é algo demasiado alegre e feliz para caber em esquemas predeterminados recebidos por herança de um avoengo terrível – e isto tanto é aplicável a um país como a uma ideia ou, evidentemente, a uma pessoa ou uma simples situação. Aquela tragicomédia de que ainda não há muito tempo foi protagonista involuntário o actor João Grosso (que não conheço pessoalmente nem nunca vi representar) concedeu-nos, pelo menos, o privilégio da posse da certeza de que podemos dormir tranquilos, pois nada mudou no reyno de Portugal, nem na sua capital, Lixboa.

Mas já era tempo, convenhamos... Se é certo que esta dicotomia nos ajuda preguiçosamente a arrumar as ideias (pois mesmo sem darmos conta disso estamos logo a catalogar as posições distintas como de direita e de esquerda, e fica tudo dito), ela diagnostica, por outro lado, uma doença que em breve, e ainda por gosto da comodidade, rotularemos de congénita. Escrevo isto e penso: não o será de facto?...

O messianismo não apareceu no fim do século XVI nem se deve a um sapateiro de Trancoso o registo da patente, algumas décadas depois; ele é tão antigo como o próprio povo **histórico** desta larga bainha peninsular. Mais do que a permanente espera da vinda de um Messias assumida como atitude perante a vida, corolário de uma ascendência semita durante mais de dois milénios ocultada, ele representa uma forma de estar fatalista que nos remete para os mais nebulosos arquétipos. Daí o receio – e já nem sei se de receio se trata – de que nada mude, e nos percamos ou encontremos para sempre numas vãs e sisíficas tentativas de regeneração: para uns de uma maneira, para outros da outra, sempre ao encontro militante do figurino próprio.

Uma tristeza alegre

Claro que não pode haver coisa mais triste, e António Lobo Antunes vê-o muito bem. Também ele é triste como um naipe de violinos desafinados – e com todo o humor que a situação contém. Queriam--no alegre, brejeiro, cheio de certezas luminosas e de glórias apolíneas? Queriam-no escandido, alexandrino, rigoroso como um Virgílio austero e vagamente ulcerado? Queriam-no a cantar um passado repleto de glórias, um presente linearmente cubista e um futuro cheio de amanhãs que cantam? Queriam? Pois não o têm – mas resta-lhes por onde escolher: há António Ferro, Júlio Dantas, Campos Júnior, algum Pessoa...

António Lobo Antunes é, dos escritores portugueses contemporâneos, talvez aquele cujo sentimento mais se identifica, porventura involuntariamente[,] com os contornos objectivos deste país tomado

"UMA BELA E ALEGRE DECLARAÇÃO DE AMOR A UM PAÍS" [*AS NAUS*] | 85

como um todo. Não se trata na sua obra, com efeito, da análise de casos particulares (ou quando esta surge é com uma intenção exemplar) nem de dissecações psicológicas praticadas na inocente rã da condição humana; o seu tema sempre foi, e é agora mais do que nunca, Portugal.

Alguns, por condição etária, descobriram esta palavra há pouco tempo e resolveram desde logo incensá-la ao som de um certo rock; outros, ao escutá-la[,] paramentam-se por dentro e têm pensamentos recolhidamente cavernosos; **in medio** os que têm a **virtude** (mas não pelo aforismo) de a saber amar tal como ela é e pelo que ela representa, com as fascinantes grandezas e as ternas misérias que ela encerra. Lobo Antunes está, evidentemente, no último caso.

«As Naus» é uma bela e alegre declaração de amor a um país. Afastado o plano inicial de escrever o romance dos retornados **tout court**, ele optou por continuar «Os Lusíadas», redigindo em prosa, (até porque não é poeta, e tem pena) a natural sequência do Canto X, que se redunda em anti-epopeia não é por culpa do vate, mas das próprias circunstâncias históricas. A grandeza de uma comunidade e do espaço geográfico que a delimita, essa continua, porém, intacta, ou não se tratasse da continuação da epopeia por outros meios. Os tons sombrios da obra, sejam esses puramente materiais como as nuvens de cinza, os braseiros da Inquisição ou a estreiteza das ruelas empinadas sobre o Tejo, ou psicológicos como os destinos sombrios dos heróis retornados a Lisboa para aqui «refazerem a vida» em moldes condenáveis pela hipocrisia bem-pensante, esses claros-escuros barrocos e afinal distintamente expressionistas são não apenas o símbolo e a própria coloração de uma maneira portuguesa de estar no mundo mas, e acima de tudo, a construção semiológica erguida pelo autor para nos fazer compartilhar da sua vibração e, mais do que isso, cumplicidade com uma estética que é em si mesma o princípio e o fim daquilo que, com maior ou menor dose de messianismo e de espírito de iniciativa, poderemos designar por **ultima ratio**, ou razão de viver.

Os heróis amigos

Assim, longe de «desrespeitados», o Vasco da Gama jogador de cartas (e não teve ele o trunfo?), o Camões amador da bebida (e não se transforma o amador...?, o Fernão Mendes Pinto proxeneta (e não pôs ele a render o seu capital de experiência?) surgem mais próximos de nós do que em qualquer compêndio ou texto desumanamente empolado, tal como foram ou deveriam ter sido para que nós melhor os amássemos e sentíssemos – humanos, frágeis, carentes (como diriam na Novelândia), gente enfim.

A prosa de Lobo Antunes, longamente elaborada (nenhum génio é inato, por mais que queiram vender-nos Amadeus de pacotilha) resulta em pleno, como sempre tem até agora sucedido; no que à construção romanesca diz respeito[,] optou o autor, também de acordo com o figurino da epopeia, por desenvolver histórias relativamente independentes (quer paralelas, quer consecutivas) unidas contudo pelo fio da razão que as congregou no texto – e que é o de mostrar um quadro, ilustrar uma ideia, defender uma tese.

E por que não? Não se defendem teses de cada vez que se fala ou escreve? Esta, de Lobo Antunes, é, como todas, passível de uma antítese. Mas não fiquemos à espera que a síntese advenha nos anos mais chegados: estamos situados em Portugal, e é esta dinâmica da incerteza que nos reparte que nos dá, afinal e ao que parece, a estranha força, ou fraqueza que, ao repartir-nos, nos confere a ilusão de um corpo homogéneo em movimento.

E será ilusão? – pergunta a incerteza.

PEDRO ALVIM

"*As naus* (regressadas) de António Lobo Antunes – protoplasma e futuro"

Diário de Lisboa/Suplemento, 21 de Abril, 1988, p. 1.

António Lobo Antunes apropriou-se do tempo, desse fluir implacável que três partes compreende (presente, passado e futuro) para nos oferecer o acto histórico que vai da Era das Descobertas até ao retornado sem bússola, um dia pelas ruas de Lisboa, buscando um sentido para a vida. É uma narrativa plena de sons, ampla de imagens propositadamente desencontradas, um **puzzle** cujas peças a atenção v[ai] montando uma a uma, um ventre grávido de filhos, filhotes e abortos – e também uma flauta que entoa o transitório de tudo e modela, em agudos e graves, as mudanças de que o mundo é feito.

Estamos face a uma narrativa que, à semelhança dos mares que outrora cruzámos, nos provoca enjoo, deslumbramentos promíscuos, integrações e desintegrações em ambientes que nunca foram os nossos (ó Coruche dos nossos primeiros passos!), aventura sempre constante, mortos queridos (simbolizados no pai) trazidos para a Pátria como quem prende sob o braço recordações que urge[] ser[em] carinhosamente salvaguardadas. O retrato, enfim, do retornado depois da queda total do império... Narrativa-crónica que desfruta as crónicas dos nossos antepassados que à escrita da expansão se deram, dizendo das paisagens, gentes e costumes das sete partidas do mundo, o texto de Lobo Antunes entrega-se com denodo à **redução** de tudo quanto ultrapassa o esforço humano permitido pelos deuses. Ou por outros dizeres: é uma crónica anticrónica da nossa coragem e desorientação, da nossa grandeza e pequenez, do que fizemos desfazendo. Como diriam os gregos: **Panta rei**, isto é, **tudo flui** – tudo flui dando sempre origem a novas coisas, a um outro ordenamento, a uma outra harmonia. Mas que coisas novas se irão recortar no espaço...?

Esta pergunta, que bem poderá ser a do retornado, vivendo um presente difícil, uma não integração em tudo quanto veio a resultar do que foi sucedendo durante o século, omite obviamente o **Valeu a pena?** pessoano. Um homem com fome, sem casa, sem emprego, sem amores fixos, sem Coruche mais para recordar, encontra-se sempre incapacitado para avaliar dos eventos grandiosos do passado, do rendilhado dos Jerónimos, da elegância diáfana da Torre de Belém. Não, não é o menosprezo pelos nossos avós: é, pura e simplesmente, **a fome de tudo.**

Mesclando épocas, trazendo à descolonização, como homens desorientados e de todos os expedientes, os egrégios nomes da nossa História (Pedro Álvares Cabral, Luís de Camões, Diogo Cão, Francisco Xavier, Vasco da Gama, Manoel Sousa de Sepúlveda, Fernão Mendes Pinto, Garcia da Orta, D. Sebastião, etc., etc.), trocando-lhes os misteres e missões, «desmistificando-os» através dos perfis actuantes de chulos, jogadores, traficantes, marginais, etc., Lobo Antunes, assim agindo, consegue o «milagre» de fazer com que todos eles sofram a sorte de **retornados** numa Lisboa sem ouro, sem especiarias, sem marfins artísticos... É o passado glorioso num presente problemático, onde, para maior dor de todos eles, se erguem, como património inalienável, os Jerónimos, a Torre de Belém, outros monumentos. Eles, que foram senhores, que tiveram os seus cronistas, mourejam agora como homens sem uma alta missão a cumprir. Através da **ironia** de Lobo Antunes, todos eles vivem (uma vez que os tempos se interpenetram na crónica-narrativa) uma nova (e que dolorosa!) **História Trágico-Marítima**...

Fechado o livro, o leitor (o leitor que somos) é assaltado pela noção de um ruído, de algo que faz «glup-glup» (passe agora também a nossa ironia), de alguma coisa a levedar, a caminho de novas formas e novos caminhos. Ora, como designar essa coisa...? Por uma única palavra: **protoplasma**. Um protoplasma que se passeia pelas ruas da cidade de Lisboa, por outros pontos do País, que habita casas superlotadas, que passa pelos campos, que se estende pelas praias, que paira na atmosfera. Um protoplasma que também é «o som de uma flauta que as vísceras do mar emudec[ia]m» – e tudo e todos à espera (lembrança de D. Sebastião que não mais surge) dos «relinchos de um cavalo impossível». Porque outros são os tempos – e outros terão de ser os feitos. Um escrito notável, sem dúvida, na melhor tradição do pícaro, e uma ruptura também na temática a que o autor tem dado até hoje todas as potencialidades do grande escritor que é.

MARIA LÚCIA LEPECKI

"Os vivos velam os mortos[,] os mortos velam os vivos" [*As Naus*]

Diário de Notícias, 24 de Julho, 1988, p. 10.

Em pelo menos uma etnia indígena brasileira executa-se ritual funerário em dois tempos, quando da morte do Morubixaba, o chefe. Ele é primeiro enterrado provisoriamente em cova rasa, no perímetro da aldeia. Ali o corpo fica até terminar a decomposição. Chega, então, a hora do segundo enterro. Exumam-se os ossos, que são lavados, e procede-se à inumação definitiva, em urna de barro.

Está agora o chefe *realmente morto*. Tomou a distância necessária em relação ao mundo dos vivos, entrou no espaço que pertence de direito aos mortos, dentro da lembrança e da tradição da tribo. O que equivale a ter entrado em *outro tipo de vida*.

Só depois do enterro definitivo poderíamos dizer «o Morubixaba descansa em paz». E Mircea Eliade, o autor de *O Sagrado e o Profano*, comentaria: «É verdade, pois só agora foi enterrado segundo o costume.» Ficou a comunidade consciente do fim de um ciclo de sua vida, apta a iniciar outro ciclo, com outro chefe. O enterro definitivo marca, assim, a sucessão dos tempos históricos, dentro do necessário diálogo entre vida e morte, entre actualidade e tradição. Pois ao Morubixaba fisicamente morto se preserva uma função, religiosa e por consequência social, exercida a partir do «mundo dos espíritos». Que vem a ser o mundo da memória colectiva.

Habituar-se

Se a função da inumação definitiva é separar os tempos dos tempos, ajudando à percepção do percurso histórico, também o enterro provisório responde a uma necessidade. Enterrado no perímetro da aldeia, se não me falha a memória mesmo no centro dela, tanto o Morubixaba quanto o seu povo vivem um compasso de espera. De certa forma, o chefe está preparando o seu povo – e o povo está-se preparando a si mesmo – para definitiva separação. Por isso, coabitam transitoriamente no espaço do quotidiano.

Este coabitar implica tanto em aproximação quanto em afastamento, pela evidente razão de que o Morubixaba se diferencia na morte. Entre ele e a comunidade há um diálogo diferido em natureza. A natureza da vida e das pessoas vivas tem como interlocutor a natureza da morte e das pessoas mortas.

O convívio não é macabro – não se sente como horrível ou repulsivo. Ao contrário, é tranquilizante no[]plano individual e colectivo, pois prepara para uma definitiva ausência no *mundo de cá*.

Da primeira para a segunda inumação decorre assim um tempo intermédio, de valor iniciático. Nele se compreende e aceita a morte, o que é indispensável à boa compreensão e adequado entendimento da vida. No tempo limiar, iniciático, diferenciam-se dois espaços e duas dimensões. E ao Morubixaba morto não se nega, antes se vai preservando, o lugar que lhe cabe na tradição.

Infelizmente não sei dizer ao meu leitor em quantas etnias indígenas se procede a duplos enterramentos. Sei que li sobre uma tribo específica, e se não erro a informação me veio na obra do antropólogo Darcy Ribeiro. Não podendo garantir a fonte, posso, pelo menos, assegurar que não inventei a história.

O nosso lado

Desconheço, na nossa tradição, rituais de duplo enterramento, pelo menos como norma. Podem existir, e eu apenas estarei na ignorância deles. Mas temos um outro ritual, também ele preparatório da ro[]tura definitiva. É o velório.

Durante o velório, o corpo do morto está suficientemente próximo para ainda ser uma *presença* que as homenagens *vitalizam*, mas está suficientemente distante, por diferente, para ser o anúncio da sua próxima e definitiva desaparição.

Velando alguém, todos nos iniciamos no tempo outro, no mundo modificado que há-de continuar a existir depois da desaparição de uma pessoa. Velando e depois enterrando segundo o costume,

"OS VIVOS VELAM OS MORTOS[,] OS MORTOS VELAM OS VIVOS" [*AS NAUS*] | 93

preservamos o equilíbrio mental, afectivo e social de todos e de cada um.

Vem tudo isso, em jeito de exórdio, para introduzir uma leitura de *As Naus*, de Lobo Antunes.

Se bem entendi esse romance cruel e corajoso, esse clamor *de profundis*, se bem o entendi, ele faz a denúncia de um enterramento truncado. E pede que se proceda à segunda parte do ritual fúnebre. Que se inumem definitivamente os [] mortos, para eles poderem viver a vida que lhes cabe, na memória colectiva e individual, na tradição de que nenhum homem, nem nenhuma comunidade, pode prescindir.

Pedindo que se dê descanso e tranquilidade aos mortos, que os deixem partir, viagem necessária, para o espaço que é deles, *As Naus* denunciam uma visão alucinada do mundo, uma vivência alucinada e alucinante da História. Do fundo do texto, Lobo Antunes reivindica o direito dos mortos à morte, quase uma eutanásia metafísica.

Explique-se: o romance não quer a aniquilação de quem morreu, nem o assassínio da memória. Quer o término de uma agonia interminável, luta sem tréguas e sem fim, onde nenhum dos lados da barricada conhece repouso. Uns, porque nunca acabam de morrer. Outros, porque nunca mais deixam de ser visitados por fantasmas. Uma vivência desassossegada, alucinada, enrola os tempos nos tempos. Nó górdio que *As Naus* deseja cortar, servindo-se de violência extrema em escrita marcada por sistemática abjecção.

Mútuo velório

Se formos ler *As Naus* dentro dos nossos costumes fúnebres, talvez os possamos entender como velório indefinidamente prolongado, cerimonial que não conhece fim – e o velório passa a ser, de facto, um outro tipo de agonia.

Nessa perspectiva, e no caso de ela fazer sentido, teríamos a seguinte situação: quem vela indefinidamente os mortos, no romance de Lobo Antunes, é um certo imaginário português. Como executa a acção de velar, este mesmo imaginário não apenas tem valor de personagem, mas *é a personagem principal* de *As Naus*. Uma outra personagem será Lisboa – e agora já se trata de personagem-metáfora. Para a capital do País se *traslada* o sentido de um *modelo de cabeça*, de mentalidade, de fantasmagórica vivência.

Diga-se que o velório descrito por Lobo Antunes tem dupla direcção. É esse o primeiro e mais radical modo como o romance trabalha sobre os valores alucinados e alucinógenos.

Com efeito, tanto os vivos velam os mortos, como os mortos velam os vivos. A situação lembra o Vergílio Ferreira de *Até ao Fim*, onde pai e filho mutuamente se velam numa capela à beira-mar.

A anormalidade de um velório de dupla direcção [] é óbvia, já que não se sabe quem é exactamente o vivo nem quem é, de certeza, o morto. Suponho, então, ser lícito entender-se que todos, em *As Naus*, são mortos-vivos. De onde se deverá também entender que todos são fantasmas para todos.

É de novo o nó górdio que só a violência pode seccionar, repondo cada tipo de corpo no lugar que lhe compete.

Mortos-vivos e vivos-mortos as personagens de Lobo Antunes no seu último livro. Indecisa entre morta e viva fica a cidade que recebe os «retornados dos Descobrimentos». Experiência agónica de que se tem de sair – e o romance diz que sair é possível.

Dissocia-se cada ser em dois estados, duas naturezas, dois tempos. Na perspectiva de Lobo Antunes, é caso para dizer-se que a dissociação está em plena forma, a crise no auge. Entre vida e morte: agonia, dilaceramento, dissociação.

Sobre processos dissociativos trabalhará, e é lógico, a escrita de *As Naus*. E vai fazê-lo desde o nível do discurso até aos ínfimos pormenores da diegese, da história contada.

A esse ponto irei, numa estratégia de volteios.

MARIA LÚCIA LEPECKI

"Psicopatologia, ecologia e caricatura" [*As Naus*]

Diário de Notícias, 31 de Julho, 1988, p. 8.

Terminei o meu primeiro artigo sobre *As Naus* propondo que a dissociação seria ali um tema, presente tanto na diegese quanto no discurso. Isto é, na fala que nos vai contando a história.

As numerosíssimas situações onde se separa o que devia estar unido, as contrárias situações onde se liga o que deveria ser separado conduzem a uma outra linha temática. A da prisão.

Os quadros

Assinale-se, para começar, que *As Naus* distribuem as dissociações por dois grandes quadros. Em ambos, pormenores cada vez mais pequenos, e sempre dissociativos (ou anormalmente associativos), vão criando espacialidade espelhada, um pouco à moda da pintura flamenga.

A primeira tela onde se pinta a dissociação tem o nome de Memória. E aqui é preciso parar um pouco.

Qualquer rememoração implica em duas condições prévias e perfeitamente óbvias. A primeira é apercebermo-nos de que o tempo passa – o que significa que as coisas, realidades, se diferenciam. A segunda condição é reconhecermos que no tempo diferente há necessidade de preservar a recordação do que já passou. Só pode lembrar-se, em plena consciência do valor e do funcionamento da memória, quem aceite ser o tempo feito de mudanças, aceitando também que as mudanças constroem um fio lógico. Ou um fio cuja lógica nós construímos – o que no caso vem a dar no mesmo.

A memória é assim contrastiva, por diferenciadora e diferenciada. Mas é também associativa, porque justapõe tempos diversos. Quando faz tábua rasa da complementaridade entre contrastivo e associativo, a lembrança passa a ter outro nome. Chama-se alucinação, que é a incapacidade de distinguir a que campo de realidade um objecto pertence.

De certa forma, toda a memória guarda um traço alucinado. Ele nos permite dizer que recordar é viver. Mas se a componente alucinada ultrapassa certo limite, cai-se no psicopatológico – ou pelo menos no que a nossa cultura assim considera.

A memória[,] tal como a consideramos normal[,] é um processo de dissociação reversível. Distinguimos o agora do passado e depois ligamos um ao outro, sabendo que a ligação se faz no respeito do que se mudou e do que se mantém.

O que se mudou e o que se mantém num eu ou ele ao longo do tempo constitui um percurso biográfico. Quando o tempo lembrado diz respeito ao *percurso biográfico* de uma comunidade, dá-se ao discurso da memória o nome de História. Este é o tipo de rememoração que interessa o Lobo Antunes no seu último romance.

Espelhamento flamengo?

Sempre que um grupo social discerne com clareza o seu passado do seu presente, e estabelece os equilibrados laços entre um e outro, diz-se que esse grupo tem sentido histórico. Quando passado e presente tendem à mútua invasão de territórios, será caso para dizermos que o grupo está assombrado pela própria História.

O primeiro quadro traçado em *As Naus* representa uma colectividade sobre um fundo de lembrança. Quadros outros, miniaturas, vão aparecendo dentro do primeiro, e cada recôndito da narrativa retoma obsessivamente a prisão das personagens dentro das grades de uma alucinada visão do tempo.

Cada miniquadro – e pode havê-los extremamente reduzidos, levíssimo toque de pincel – vai Lobo Antunes compô-lo privilegiando um corpo, uma forma, uma disposição espacial, isto é, um sistema de relações. Alguns dos corpos são objectos. Outros são eus, são pessoas.

Corpos, formas, eus e pessoas – mais o sistema de relações que constrói o tempo – já os conhece o leitor, se leu o livro e se não o leu.

São os heróis dos Descobrimentos. E é a Lisboa do tempo das navegações, amalgamada com outra Lisboa, a do período da descolonização.

Aos heróis dos descobrimentos (mas também a Gomes Leal e a Fernando Pessoa) negou-se o enterro segundo o costume. Ninguém descansa em paz, no terreno da História vitalizante e do mito necessário. Situação claramente posta na figura de Camões, transportando de um lado para o outro o caixão com o corpo do pai.

Para todos e para um se prolonga a agonia. O que, sendo sem dúvida trágico, não menos será grotesco e burlesco: duas notas de que Lobo Antunes se não esquece.

Bosch ou Dali

Universo boschiano ou mundo de Salvador Dali: o alucinado/alucinante transita da história para o jeito do discurso, e torna a voltar. Como se também lhe tivessem negado o descanso. Numa voz de insuperável crueldade, de violenta abjecção, Lobo Antunes desenha, no ponto de fuga de *As Naus*, um gesto de muito amor.

Se bem vou entendendo *As Naus* e se vou interpretando com a desejável sensatez, direi então que ali se descreve uma situação colectiva onde os processos dissociativos não sofrem adequada reversão. Quer isso dizer que as associações – de tempos passados com tempos presentes –, que também existem, são associações anormais. Alucinadas. E derrapam para o espaço da esquizoidia.

Um quadro – agora clínico – de psicopatologia, a que Lobo Antunes aplica tratamento de choque. E aqui é preciso pôr dois ou três pontos. Primeiro, que a representação do psicopatológico é também representação do ecológico. O quadro clínico esquizóide desenvolve-se num *nicho* de que Lisboa é apenas a metáfora, o lado mais imediatamente tangível.

Segundo ponto, a representação do psicopatológico e do ecológico não dispensa a caricatura. Antes pelo contrário, cultiva-a. E nesse ponto também lembra a pintura flamenga.

Posta a caricatura, o engrossar dos traços, a hiperbolização dos contornos de situações, temos o romance transformado em alerta, ele que já era um pedido. Se entendo o romance como alertagem, é óbvio que também o entendo como marcado pelo sinal da esperança. Ninguém avisa ao outro do que já se não pode remediar.

O último dos três pontos que vou considerar relaciona-se com o conceito de psicopatológico.

A este respeito remeto o leitor para um fascinante artigo, chamado «Os Eus», que está em *A Medusa e o Caracol*, de Lewis Thomas. Ali, no jeito entre sério, irónico e jocoso como a tradição anglo-saxónica sabe tratar os mais complexos assuntos, o Autor discute o conceito de normalidade e de anormalidade precisamente no quadro mental da esquizofrenia ou de situações limítrofes. E mostra como é problemático separar o «saudável» do que não o é.

O romance de Lobo Antunes vai tocar no mesmo ponto, pois também ele problematiza os limites da normalidade e o conceito de normal. Fá-lo de maneira mais implícita que o texto de Lewis Thomas, por razões óbvias. Mas no cômputo final da leitura de *As Naus* um[a] coisa fica muito clara. É a seguinte: a presença da História, a lembrança do passado têm e devem ter valor positivo, podem harmonizar cada um consigo e com a sua comunidade. *As Naus* não propõe, de modo algum, que lembrar seja em si patológico. O que pode deslizar para esse lado é o desequilíbrio da memória.

Como diz Lewis Thomas, às vezes um *eu* nosso morre, e o outro ainda não teve tempo de nascer. Lobo Antunes põe a questão um pouco ao contrário. *Eus* foram aparecendo ao longo da História de Portugal, e descuraram enterrar, segundo o costume no estrito respeito das necessidades dos sobreviventes, *eus* que os tinham precedido. A partir daí, num mundo superpovoado, acotovelam-se, perplexos, passado e presente.

O nicho se degenera e um biólogo talvez dissesse que, no caso, a adaptação seria fatal à espécie. À adaptação autodestrutiva querem *As Naus* obstar.

E cheguei agora ao ponto de dizer como.

MARIA LÚCIA LEPECKI

"A cabeça do homem e as dissociações"
[*As Naus*]

Diário de Notícias, 7 de Agosto, 1988, p. 12.

A presença fantasmática da História em *As Naus* parece conduzir à impossibilidade do ser. Porque se o ser não existe fora do tempo, também não será verdade que ele não poderá existir numa espécie de pancronia. A cada ser seu tempo, a cada tempo seus seres, propõe o romance de Lobo Antunes. O desiderato não se realiza para as personagens que, vivendo num amálgama de tempos, nunca podem ser elas mesmas.

Personagens, e com elas a cidade a que regressam, perfilam-se diante do leitor, sobre limiar inultrapassável, metamorfose que não supera-recupera, dentro dos parâmetros que temos como normais, as formas anteriores. Essa situação tanto resulta dos processos dissociativos quanto, retroflectindo, os vem provocar. É o que chamei, no artigo anterior, *nicho degenerado*.

O eu e o outro

Talvez seja mais simples começar a análise da dissociação pelo lado da palavra narrativa. Exceptuando as figuras que, por referidas muito ao de leve, nos chegam em estatuto de ultra-sinté[]ticas proposições simbólicas, todas as personagens de *As Naus* são autonarradoras. E algumas vezes se denominam *eu*, outras vezes preferem tratar-se na terceira pessoal: ele. Dissociação como esta é, em princípio, positiva; propicia a auto-perspectivação eventualmente irónica, imprescindível ao auto-conhecimento. Mas no caso de *As Naus* o princípio se nega, por necessidade da escrita da tese. E a dissociação assume valor negativo. O mesmo aliás, acontece às associações – que também as há. Resulta que todo o quadro mental é sempre negativo.

No meu entender, a oscilação *eu/ele* tal como se coloca em *As Naus* é o primeiro e mais evidente sinal de percepção alucinada. Detectamos o teor alucinado de comportamento que poderia ser perfeitamente normal a partir de um *indício*: o ritmo do trânsito dos eus para os eles e vice-versa, ritmo como que descompassado, se de tal é possível falar-se. No descompasso geral, ninguém tem tempo suficiente para se ver, ao perto ou de longe.

Atribuir autonomia narrativa às personagens põe um certo número de questões interessantes. Uma delas concerne à voz narrativa de base que também existe e cuja função parece ser arbitrar sobre o momento de dar a deixa a outras vozes. Nessa tarefa, a voz de base é coadjuvada pela instância autorial. Os dois, juntos, parecem responsabilizar-se pelos sinais de caricatura, de sarcasmo e de abjecção. Três traços que só podem provir de quem olha em distanciamento crítico dois espaços: o do texto e o do contexto onde se quis escrever um romance.

As ligações

O jogo entre narrador de base e narradores internos parece pôr claramente dois temas, para ajudar à escrita da tese. Primeiro, e é óbvio, o da perspectiva, trabalhada em termos de variação. Depois de variarem os narradores, ou enquanto eles variam, variam também os olhos. Isto é, as mentalidades e as idiossincrasias, dentro de um[] quadro geral – histórico – que também tem a sua mentalidade de fundo, o seu olhar das coisas.

Na esteira da perspectiva, surgiu então o olhar. Quando o narrador de base olha «fisicamente», a visão resolve-se em termos descritivos. Quando olha *mentalmente*, resultam ironia, sarcasmo, burlesco. Dando--se o caso de nunca o narrador de base olhar só com os «olhos do corpo» duas consequências há a considerar. Primeiro, o sarcasmo, a ironia, a iconoclastia são *omnipresentes*. Segundo, não há descrições puras. Qualquer segmento descritivo em *As Naus* integra informações narrativas, e a recíproca não podia deixar de ser verdadeira.

Olhar e perspectivar são modos do *ligar*. Liga-se a personagem a si mesma, transitando de *eu* para *ele*, e como trânsito não tem repouso, tempo de paragem, muda-se a ligação no seu contrário. E temos que o que deveria unir, dissocia. A mudança de *eu* em *ele*[,] tal como em *As Naus* se faz, e mais a *ligação* que *desliga* ajudam a construir uma retórica da ironia. Que, sendo fulcral no romance, tem muitas faces e não menos numerosas máscaras. Ficamos em dúvida, por exemplo, se é mais irónico o *eu* que se faz *ele*, ou se é o contrário. E podemos também pensar, deve ser o mais correto, que a ironia reside toda na instância autorial que inventou aquele funcionamento para as personagens.

Na dúvida sobre o lugar onde está a fonte da ironia, prefiro não decidir. Isso me permite considerar que *As Naus* reforçam a componente ambígua de toda a ironia.

Ligadas as personagens a si mesmas, qualquer que seja a distância a que se contêm, e ligadas a elas a instância autorial por força do traço caricatural e da abjecção, liga-se também cada personagem a todas as outras. E aqui é importante, mesmo muito, a partilha do mesmo jeito de narrar.

O reiterar de uma opção narrativa reformula, espelha, o tema da prisão. Como se todos os «escritores» estivessem inapelavelmente amarrados a uma *opção de escola*. Que, como se sabe, procura sempre representar do melhor modo uma dada visão ou um dado sentimento do mundo.

O reespelhamento do tema da prisão é necessariamente um reespelhar da alucinação, o verdadeiro cárcere onde as personagens vivem. Mas, desta vez, pode o reespelhamento ter a sua função mais importante junto do leitor, pois parece que não apenas assistimos às alucinações de outros, mas também passamos por experiências do mesmo tipo.

Os sofrimentos

De uma certa forma, e em termos de escrita, não distinguimos os narradores uns dos outros – e será de louvar-se a obediência aos princípios da «escola». Mas ao mesmo tempo, qualquer coisa nos diz – e é na área dos acontecimentos – que as vozes pertencem a corpos diferentes. A desadequação entre o mesmo jeito de dizer e as diferentes personalidades que vão dizendo colocam-nos numa perplexidade que pode roçar a alucinação. Mas que voz é esta agora? Para o saber, não raro é preciso voltar atrás – e a opção narrativa do texto todo obriga à *atenção voluntária e disciplinada*, o que quer dizer que nos obriga a não nos deixarmos alucinar e confundir. Resultante: somos compelidos à percepção crítica. Curiosamente não lhe falta uma comunicação empática, pois sem dúvida sentimos a tragédia dos mortos--vivos. Entre o crítico e o empático se imiscui, definitivamente, o teor catár[]tico.

Um segundo grande modo de se porem as dissociações relaciona--se com a área conflitual. E quero referir agora apenas os conflitos fora do campo do autonarrar-se, que sem dúvida também é conflituoso.

Em termos de eventos, a dissociação nasce do modo de viver o tempo, e aí tem peso grande o adiamento da morte. Valem como dissociativos os tempos indevidamente associados, amalgamados por uma lógica outra, não a que consideramos normal. Numa *transcronia* que vai desaguar em *acronia*, as personagens tocam os limites mais remotos do absurdo.

Philippe Ariès diria que a morte atingiu, em *As Naus*[,] o grau máximo de selvajaria; pois nem sequer chega ao espaço do homem.

Dilacerados entre o tempo que foi delas e o tempo que não as deixa morrer, as personagens executam ritual rememorativo, nele talvez buscando o entendimento e a reconciliação do ser consigo. Contudo, esse discurso de lembrança não tem qualquer valia fora da alucinogenia. Misturam-se as lembranças de Lisboa dos Descobrimentos com as de África e Ásia entre o século XVI e o nosso. Por cima disso, ou no meio, mais recentes lembranças tanto de Lisboa quanto de África na época da descolonização.

Uma tal vivência do tempo propicia desadequações comportamentais superiormente dramáticas. Os estímulos não levam às respostas acertadas, as atitudes destoam do ambiente ou do estatuto social e da função sociológica da personagem.

Tempos e vivências alucinados imaginizam-se em Lisboa, também ela dissociada. Nas suas ruas cabem liteiras e autocarros e no Tejo as caravelas lançam âncora ao lado de barcos modernos. Enquanto isso, turistas japoneses, máquinas fotográficas em punho, documentam.

Para a imagem talvez metafórica de um estado de espírito, Lobo Antunes escolheu a capital do País. Fez bem, no meu entender. Porque como já terá dito muito antropólogo e sem dúvida o disse Samora Machel, «a cidade é a cabeça do homem».

EUNICE CABRAL

"Romance realista votado ao sucesso"
[*Memória de Elefante*]

Diário de Notícias, 3 de Dezembro, 1989, p. 9.

Memória de Elefante, de António Lobo Antunes, apareceu, em publicação original, em 1979. Foi uma pedrada no charco da ficção portuguesa de então, que navegava serenamente nas águas vanguardistas (já diluídas) da ausência cansativa de referente. A primeira vez que alguém me referiu o romance foi como o livro de um psiquiatra com uma prosa forte a interessante, definição confirmada posteriormente por uma leitura do romance de um dia para o outro. Depois, vi o livro na mão de pessoas que não costumavam frequentar a literatura, o que fez de *Memória de Elefante* um dos primeiros casos de *best-seller* com qualidade pós-25 de Abril. Entretanto, António Lobo Antunes ia emergindo do comum anonima[to] por aparições simpáticas em que afirmava as suas convicções normalmente refrescantes, pois vinha de outro lado – uma vez que não tinha crescido entre literatos[,] para sua e nossa felicidade – e em que se notava por vezes o espanto pessoal com uma fama não prevista nem sonhada.

Dez anos depois, este primeiro romance surge em edição de bolso numa das mais prestigiadas editoras do país, comemorando desse modo o 10.º aniversário da publicação original. O autor já tem uma carreira literária consagrada, mas, como todo aquele que vem de fora (não cresceu em meios literários, como ele próprio afirmou), julga-se excluído da comunidade dos escritores nacionais. Supõe-se que tal complexo (que não é de forma nenhuma de inferioridade) foi desvanecido pelo Prémio de Ficção atribuído pela APE[,] em 1986. Habitaríamos o melhor dos mundos, um em que os barões da Literatura Portuguesa acabam por acolher filhos pródigos com talento e admirar neles secretamente coragens que nunca ousaram, se este autor não acabasse por dar algumas razões aos que[,] ao princípio[,] o aceitaram com relutância. Porque, se António Lobo Antunes, quando solicitado, se multiplicou[,] no início da sua carreira literária[,] em depoimentos, entrevistas sempre, ultimamente (aliás, num percurso em crescendo) as suas intervenções, na imprensa nacional, encontram-se eivadas de um convencimento pessoal arrogante e distraído que pouco ou nada deve à subtileza[,] a uma informação geral sobre o mundo e à sensação inconformista [de] que parecia portador nos começos. Agora que, pelos vistos, viaja pelo mundo com mais disponibilidade, que com certeza lhe oferecem livros de todos os quadrantes da Terra, parece ter-se fechado num autismo por vezes delirante, cujos objectivos se julga ser a defesa dele, dos seus livros e dos seus amigos. Aliás, parece ser a triste condenação de muitos que ascendem ao pódio da literatura portuguesa.

No entanto, *Memória de Elefante* mantém-se soberanamente intacto acima das simplicações afirmadas publicamente pelo seu autor. E, pelo que ficou atrás dito, convinha perceber as razões do seu imediato sucesso. É proveniente, pensamos, da representação literária do confessionalismo de um sujeito. Este confessionalismo, como todos, possui a força vital de se referir, sem subterfúgios, à realidade circundante. Mas a realidade circundante é sempre o tudo e o nada, como sabemos. A aludida constantemente neste romance diz respeito à dissolução da família tradicional e à guerra colonial em África.

Convém ainda especificar qual o ponto de vista sobre estas duas realidades portuguesas do pós-25 de Abril, pois, sobre o mesmo assunto, poder-se-ia escrever um romance totalmente diferente (como, aliás, existem). Ora, o ponto de vista em *Memória de Elefante*, essa insignificância aparente, é que produz a diferença essencial do romance: o confessionalismo intimista é atribuído a um protagonista (que se exprime na primeira pessoa narrativa), um psiquiatra solitário e em crise, que vai afirmando, ao longo do texto do romance, um percurso de deriva individual sem nenhum eixo ou referência onde possa ancorar a vida. Por conseguinte, se é óbvio que as estruturas clássicas sociais se desfizeram sem dar lugar a outras, igualmente sólidas, que as substituam, também é claro que esta voz narrativa não aponta a nostalgia de um tempo em que tudo parecia estar no seu lugar (o

"ROMANCE REALISTA VOTADO AO SUCESSO" [*MEMÓRIA DE ELEFANTE*] | 105

regime totalitário português) ou qualquer tipo de estrutura social ou política definidamente alternativa. Colocando-se no lugar difícil da constatação quotidiana de uma vida caótica e triste, a do protagonista, nem por essa razão propõe soluções ou escreve metáforas passadistas. Parece-me ser esta a realização ficcional mais conseguida, que, por sua vez, coincide exactamente com a percepção da vida urbana portuguesa por uma extensa classe média culta e profissional, que se revê neste livro. Esteticamente[,] corresponde à visão do mundo suficientemente urbana, cosmopolita, culta e inteligente desses sectores sociais em Portugal. E, nesta constatação, não existe sentido pejorativo, pois o realismo literário (*Memória de Elefante* pode ser considerado um romance realista), ao aludir a uma realidade que existe antes da obra, estabelece inevitavelmente relações directas com o real vigente.

Não é de espantar que o protagonista desta história de uma travessia do deserto seja um psiquiatra com mais dúvidas do que certezas. De facto, de certo modo as limitações da voz narrativa de *Memória de Elefante* coincidem com o percurso ocidental da própria psicanálise. Psicanalisados gostaríamos provavelmente de ser todos nós se tivéssemos energia, entusiasmo e dinheiro para isso. No entanto, convém sempre ouvir as vozes discordantes mesmo sobre o que amamos. Uma delas é a de Michel Foucault, que afirmou que a querida confissão de cada um de nós mais não é do que a nossa sujeição a uma constituição do sujeito, como o poder ocidental deseja e exige, pela uniformização de seres que se regem por uma verdade, a confessional, que dorme inconsciente no fundo de cada um.

Certamente que a constituição do sujeito não é empresa fácil e *Memória de Elefante* é, sem dúvida, o melhor exemplo da dificuldade, porque o protagonista, que, para onde quer que se volte, só vê o seu eu ferido, nem sequer consegue formar um sujeito para si estável e harmonioso. No entanto, sente-se que, tal como a psicanálise, se encontra voltado à tarefa infinita de se encontrar a si próprio, mesmo entre escombros. É certo que alguém tinha que o ter feito, essa ficcionalização de um mundo que, quase de um dia para o outro, perde as referências estabelecidas (ainda que as odiasse), relembra amargamente uma guerra injusta e quase injustificável, acorda para uma cidade pobre e desorganizada sem encontrar nela nenhum refúgio, nenhum conforto.

Falemos então do que *Memória de Elefante* não é: a sua voz narrativa não parece conhecer o desenraizamento estrutural que muita ficção europeia atravessou na década de 70. Basta ler, com alguma atenção, a narrativa perturbante de Botho Strauss, recentemente publicada em português, *A Teoria da Ameaça* (1975), em que o sujeito pessoal[,] enquanto tal[,] se diluiu completamente. Ou alguma ficção da mesma década de Peter Handke. Alguns pensarão prontamente que se trata de livros desagradáveis, impossíveis de digerir, mal conseguidos. A verdade é que tiveram e têm algum sucesso nos países de origem. Efectivamente, o mundo não se reduz aos acidentes de percurso de um sujeito que se habituou demasiado a uma sociedade envelhecidamente estável[,] como foi a portuguesa até 74. Há muito que a Europa dormitava[,] inerte[,] entregue a uma crise crónica de que falam os livros de Botho Strauss, de Peter Handke, de Marguerite Duras e de outros escritores.

Por outro lado, *Memória de Elefante*, quando comparado com alguma ficção portuguesa da década de 60, autêntica contracultura numa prosa narrativamente aberta e informal, é um romance simplesmente realista, votado a um sucesso inevitável. Referimos apenas *O Delfim* (1968), de José Cardoso Pires ou o poético *Os Passos em Volta* (1963) de Herberto Hélder em que, sem alardes, se assiste a uma dissolução da intriga convencional, fragmentada no esplendor da diversidade civilizacional desse tempo ou ainda a uma prática de um «estilo» (título de um conto de Herberto Hélder) que consiste nos processos de esvaziamento das palavras.

PEDRO ALVIM

"«*Tratado das Paixões da Alma*» de António Lobo Antunes. Festa com infância e morte"

Diário de Lisboa, 21 de Novembro, 1990, p. 16.

Num dos mais elegantes hotéis de Lisboa, por um fim de Novembro agora húmido (agora, que nos dias anteriores houvera sol...), foi apresentado, ora com autógrafos, ora sem autógrafos, o recentíssimo romance de António Lobo Antunes, de título «Tratado das Paixões da Alma», editado simultaneamente por Publicações Dom Quixote e pelo Círculo de Leitores.

Foi, pode dizer-se, uma festa de gala – e quem primeiro nos dirigiu a palavra, brilhante de uma felicidade interior só dela conhecida, foi Lídia Jorge, essa romancista da palavra mágica de «A Costa dos Murmúrios»:

– Então – disse-nos ela –, há muito tempo que o não via! Como vai a vida...?

Tocados de tristeza (que só nós sabíamos qual) dissemos de modo reticente:

– Mais ou menos...

E ela:

– Quer-me parecer que acentuou mais a palavra menos. Ou não...?

Sentámo-nos, depois, lado a lado – e, mudando de conversa, fomos trocando algumas impressões sobre alguns amigos comuns.

Estávamos assim, palavra atrás de palavra, quando apareceu António Lobo Antunes, que logo a Lídia Jorge se dirigiu, dizendo que se encontrava muito magoado. E explicou:

– Morreu-me um amigo querido. Soube-o agora mesmo. Mal daqui saia, vou até ao hospital onde ele se finou...

Aguardando José Cardoso Pires, encarregado de apresentar o novo romance do autor de «Memória de Elefante», e dando uns passos pela sala (flores, bebidas, tapeçarias) em que a sessão decorreria, fomos trocando saudações (umas formais, outras não) com António Alçada Baptista, Maria Velho da Costa, João de Melo, José Carlos de Vasconcelos, Maria Teresa Horta, Fernando Dacosta, etc.

Presentes, os representantes das duas editoras – e Cecília Andrade, da Dom Quixote, em conversa amistosa, depois de nos ter oferecido o «Tratado das Paixões da Alma», foi-nos dizendo do que o romance tratava:

– Dois amigos de infância encontram-se num gabinete da Polícia Judiciária...

– Não nos conte tudo...

– Direi só que são o neto do patrão e o filho do caseiro, o primeiro terrorista preso, o segundo juiz de instrução. Bem – voltam a partilhar a memória dos cigarros clandestinos de miúdos, o voo das cegonhas, o espreitar das criadas no banho. Depois...

– Chega, obrigado – dissemos. – O resto fica para a leitura que o romance, sem dúvida!, merece.

Foi mesmo a tempo a interrupção: chegava José Cardoso Pires, que logo se sumiu no meio dos outros escritores, não tardando muito que fizesse o elogio do novo romance de Lobo Antunes.

Disse, por exemplo, que, enquanto o lia, tinha a sensação do rosto de Antunes sobre o seu ombro, tal a [id]entidade entre o escritor e o seu escrito. Hiper-realista, hiper-realismo...? «Certamente que sim!» Mas o que impressionara Cardoso Pires, como cartas (dizemos nós) lançadas num pano verde (e o verde é sempre uma recordação da infância), haviam sido «as fronteiras entre precisamente a infância e a morte (...), os dois [']irmãos['] estudando-se mutuamente.» E não só isso o prendera: «É que a história despontava do estilo», tomava a atmosfera de qualquer atenção, era, enfim, António Lobo Antunes em toda a sua pujança de escritor, de criador, de estilista... Palmas, muit[as] palmas!

Levemente tocado de emoção, a voz baixa, Lobo Antunes agradeceu as palavras de José Cardoso Pires, em sílabas muito breves, certamente se recordando do amigo (não disse o nome) que tinha morrido.

Depois... Bem, depois foram os passos para os autógrafos, pousavam-
-se os últimos copos, a festa terminava, as conversas cruzavam-se em
todos os sentidos da sala – e as pessoas, ou sós ou em grupo, foram-
-se dando à rua, com, sob o braço, o «Tratado das Paixões da Alma»,
sob um céu sombrio, anunciando chuva e aconselhando casa, convívio,
companhia, ora aqui, ora mais além...

– Táxi! – chamou, acenando, alguém.

JOSÉ CARDOSO PIRES

"Saber fintar o real"
[*Tratado das Paixões da Alma*]

Jornal de Letras, Artes e Ideias, 27 de Novembro, 1990, p. 9.

Às vezes, enquanto lia este romance, era como se sentisse o autor olhar-me por detrás das frases, o rosto apenas, parado e vigilante e com aquela brancura silenciosa com que Lobo Antunes nos escuta no dia-a-dia.

Seria como que um rosto impresso a água no papel, digo eu agora, um medalhão esfumado, uma marca de contraste, e por cima dessa imagem corria a escrita em vendaval. Páginas e páginas de averbações e de conten[ç]ão, o sorriso que dói, a imprecação, a aventura de narrar em sacrilégio e em risco aberto, a descrição *ad libitum* em caudal e em gume ardente – tudo, ah sim, tudo o que torna única e blasfema a voz de um romancista assim, coroada por polissemias perturbadoras, António, Antunes, gritam, um para outro, dois personagens a meio dum capítulo deste Tratado das Paixões mas, atenção, nada de juízos precipitados, António e Antunes são apenas personagens de António Lobo Antunes, nada mais, tratou-se apenas de um desvio calculado, e o autor continua no seu medalhão ausente, arguto e vigilante por detrás da escrita, do registo em caudal. Porque importa que se saiba que neste livro de Paixão e Morte o Eu nunca é primeira pessoa mas uma das múltiplas faces do jogo das cumplicidades e, porra, como diria uma das figuras do romance, a cumplicidade aqui, feitas as contas, não é mais do que o compromisso testado pela morte ou o ácido dos lençóis do amor possível – o ácido, imagine-se – o fermento das convertidas solitárias que habitam esta história, passeando-se por desiludidas pastelarias de bairro a arejar a celulite, e que, ao dobrar do equinócio, acabam por transferir as carências

112 | JOSÉ CARDOSO PIRES

afectivas pela contestação revolucionária, coisa que, afinal, é mezinha em que até caem as mais sabidas, *capisce*?

Raro ou talvez nenhum romance português se jogou com tão extrema violência na destruição das relações objectivas como o **Tratado das Paixões da Alma**. Passado e História recente confrontam-se em conflitos-limite; atravessam o sonho da liberdade em pesadelo assassino e o real assume-se fantástico, não através da poesia e do suporte fabular[,] como se fez depois da lição de Gabriel García Márquez, mas através duma ordenação pessoalíssima de dados e de aconte-cimentos implacavelmente objectivos. Hiper-realismo? Sim, talvez lhe possa chamar assim pela caracterização, minuciosa até à abjecção, da humanidade que descreve. Na realidade, estou em crer que o que em primeira mão seduzirá (ou retrairá) os leitores do romance é o terrível grotesco, a paixão alucinada, o carnaval felinesco, digamos assim, em que se movimentam estes desesperados.

Fellini, pois, não me levem a mal. Os monstros da infância, a presença onírica e outros acentos tónicos de Fellini podem certamente ser evocados em paralelo divergente na leitura deste Tratado. Mas aqui a humanidade em foco tem uma outra violência visual, uma outra densidade dramática e o discurso, ferozmente inconformado quer literária, quer factualmente, cobre o concreto e o real com vários ecos simultâneos de memória e de delírio, de renúncia e de humor.

Humor, disse eu. O humor é uma constante muito pessoal de Lobo Antunes; institui-se como sublinhado dos títulos dos seus romances. Mas neste, essa carga afirma-se particularmente corrosiva, quer-me parecer, porque nele a Paixão da Alma é de facto o manto enganador que envolve a cumplicidade em capítulo de morte. Cumplicidade, insisto. Entre o preso e o juiz de instrução há a comunhão da infância a condená-los, entre os revolucionários dela[]tores há o passado recusado como incitação ao combate e depois à resignação, entre os amantes guerrilheiros há a cumplicidade da morte.

Morte e infância, as fronteiras são essas – é entre esses dois limites que dois adversários-irmãos se estudam e se perseguem. O medo está presente, sim, o medo é já um respirar natural mas anula-se em vertigem à medida que a derrota final se aproxima. E a coragem? A coragem não será agora a maldição cega do desespero e o amor a pausa enganadora do destino irrecusável dos condenados?

"SABER FINTAR O REAL" [*TRATADO DAS PAIXÕES DA ALMA*] | 113

Claro que toda esta multiplicidade de relações e de sentidos decorre da admirável ousadia com que Lobo Antunes articula a narrativa numa conjugação conflituosa de tempo, espaço e de vozes plurais. E neste livro em termos ainda mais surpreendentes do que nunca, penso eu. Sim, aqui a história como que desponta do estilo, apetece dizer. A gente lê-a e percebe que, afinal, o sortilégio desta maneira de contar está no saber fintar, em frase cega, sábia e desenvolta, o real que se nos apresenta como verdade ou evidência.

Só isso? Não sei. O que sei é que, com Lobo Antunes, descobrimos que a beleza, por pudor, se reveste muitas vezes de maldição. Pomos o toque na ferida e abre-se uma rosa, e onde está cegonha lemos anjo.

AGUSTINA BESSA-LUÍS

"O incorrigível"
[*Tratado das Paixões da Alma*]

Jornal de Letras, Artes e Ideias, 27 de Novembro, 1990, p. 9.

Se me dissessem, há um tempo atrás, que eu haveria de fazer a apresentação dum livro de Lobo Antunes, e um livro chamado **Tratado das Paixões da Alma**, eu não teria levado a sério. Tomava isso como uma graça, das poucas que me interessa ajustar às realidades. Porque as coisas não iam ficar assim; eu ia pensar no assunto e acabava por me vergar à soma incerta das probabilidades.

Dizia o conselheiro jurídico de Balzac: «As pessoas que se parecem comigo são verdadeiramente incorrigíveis». Em que nos parecemos, Agustina e Lobo Antunes? Nisso mesmo: somos ambos incorrigíveis.

Das leituras que fiz de Lobo Antunes percebi algo de fundamental: que não se tratava dum carreirista das letras nem jovem zangado, como foi moda apelidar os *snobs* inteligentes. Tratava-se muito simplesmente dum homem em más relações com a justiça dos homens. E até com a injustiça deles. Parecia-me dotado duma paciência que é o signo do sonhador. Mas uma paciência que toma aspectos irados e que é o timbre às vezes dos homens malditos.

A memória prodigiosa descrevia por si só aquele que leva, para além da moldura doméstica, a sua bagagem de coisas e emoções para as converter no fio mais resistente das ideias.

Lembro-me duma frase que li um dia: «O homem domesticado torna-se cruel.» Nessa frase alinham os mais dotados escritores. Não é uma regra; é uma expiação.

Cada época tem os seus imprecadores. Eles velam para que a sociedade morna e adocicada não se condene à sombra da sua falsa sensibilidade.

Portugal é, e foi sempre, quer-me parecer, particularmente inclinado ao acatamento das possibilidades, o que contraria o acatamento da lei. A noção de possibilidade não admite o fim da possibilidade. A possibilidade é a sombra da realidade. Isto é o que nos define: a sombra da realidade. Fernando Pessoa à sombra da realidade, os seus heterónimos são possibilidades que se desenham na sombra da realidade.

Mas Lobo Antunes é uma excepção. É como alguém que ao subir e descer uma escada, rotineiramente, não deixa de avaliar a profundidade a que está sujeito. O abismo está ali, não como espaço vazio, mas como realidade.

O que encontramos neste romance de Lobo Antunes é a sagacidade científica perante o corpo da sociedade; um corpo velho, que não oferece nenhum enigma, por mais que os poetas se arrepelem. É o que é, não há enigma. É o que pensamos dela, e mais nada.

A ciência triste do amor não é corruptível. Importa saber isto, para perceber que os escritores sentem o mundo como algo que é limitado. A corrupção pertence ao erro de que o mundo pode ser ilimitado.

Não vou aludir aqui à história narrada por Lobo Antunes. Eu seria talvez mal recebida nessa história; que nos é soprada ao ouvido como um vendaval em que tudo é arrastado – árvores gigantes, cisco de paixões, uma espécie de incertezas e de fuga perante o desejo de viver. A gestão das paixões cristaliza nesse hospital de velhos onde se encenou a busca dum culpado e onde, depois de muitos ensaios, parece que se chega [a]o fim duma perseguição e dum processo. Mas não. A forma da sociedade é inacabada, o tumulto das suas contradições cobre o caos em que as paixões tentam destacar-se e só as multiplicam cada vez mais. Paixões de glória e de prestígio que se vão definhando, como as mãos em garra de pequenas aves desses velhos do hospital de velhos. Em vez delas, paixões quebradiças, ligeiras, enfáticas, duma cupidez receosa, duma impotência febril. As paixões possíveis são incontáveis, a sociedade industrial canaliza-se e elas saem pelas torneiras dos apartamentos como um líquido espirrado, de certa maneira marcializado, como tudo, hoje.

Aqui têm o **Tratado das Paixões da Alma**. As novas regras de vida não são uma antiga forma de experiência. As letras não têm sempre o mesmo preceito e o mesmo caudal, ainda que a mesma fonte as alimente: os homens de contradição.

É com esse espírito que devem ser lidos os incorrigíveis.

ANTÓNIO GUERREIRO

"Crítica da faculdade de enjoar"
[*Tratado das Paixões da Alma*]

Expresso/Revista, 1 de Dezembro, 1990, p. 84.

> O último romance de António Lobo Antunes tem um título muito cartesiano; para preservar a dignidade filosófica talvez seja útil responder-lhe com alguns princípios da estética kantiana. Para mais facilmente compreendermos alguns grandes equívocos que habitam este **Tratado da Paixão das Almas**.

A aversão [le dégout] é uma espécie de tristeza que vem da mesma causa que a satisfação; porque nós somos de tal modo compostos, que a maior parte das coisas que nos dão prazer só são boas para nós durante algum tempo, e tornam-se depois incómodas: o que é o caso do beber e do comer, que só são úteis enquanto temos apetite, e são nocivos quando já não temos; e porque deixam então de ser agradáveis ao gosto, chamamos a esta paixão aversão.
(**Descartes**, *Les Passions de l'âme*)

Muito objectivamente, Descartes tem motivos para se sentir honrado pelo título do romance de Lobo Antunes; a Kant é que não agradaria certamente o título deste artigo, mais não seja porque ele parece ser uma paráfrase jocosa e sem dignidade da célebre **Crítica da Faculdade de Julgar**. No entanto, a referência a Kant não deve ser aqui entendida como uma provocação. Porque a estética kantiana ajuda-nos a colocar algumas questões fundamentais relativamente à escrita de Lobo Antunes.

Precisamente na **Crítica da Faculdade de Julgar**, Kant diz que não há territórios que estejam vedados à arte: tudo é passível de ser

118 | ANTÓNIO GUERREIRO

matéria de transposição artística, independentemente da sua moralidade e do sentimento que promova. Sabemos como este princípio permitiu abrir a arte a outras categorias que não apenas o belo, até chegarmos àquelas experiências extremas das vanguardas deste século, baseadas na mitologia subversiva de que a arte deveria ser uma resposta provocatória aos cânones da beleza clássica.

Kant atribuía no entanto à arte um pequeno limite, apenas uma restrição: há um sentimento que uma obra de arte não pode promover sem que se dê a quebra do efeito estético. Esse sentimento é o **asco**.

Repare-se: não é que o asco (poderíamos acrescentar, para nos aproximarmos do universo de Lobo Antunes: o sórdido, o nauseabundo, o abjecto) não possa ser objecto de representação artística; o que ele não pode ser é um **efeito** da arte. A arte tem todo o direito de situar-se do lado do «real» e da «natureza», reinventar o direito de representar o imoral e o abjecto, uma vez que eles existem, mas o que ela sempre acabará por fazer é uma gestão **simbólica**, ficcional, dessa matéria. Neste aspecto, poucos autores terão ido tão longe como Bataille, mas lemos **Madame Edwarda** e é a beleza do texto que triunfa sobre a fealdade e imoralidade dos comportamentos sexuais desta personagem feminina. O mesmo se passa em relação a um autor como Céline: neste caso, talvez já não possamos falar de uma semelhante «beleza» do texto, mas talvez de um poderoso efeito de estilo, exibindo muito manifestamente os protocolos da ficção. Devemos então concluir que a arte, enquanto tal, encontra um dos seus limites na incapacidade de provocar o nojo, o enjoo, tudo aquilo em relação ao qual sentimos uma aversão instintiva, muito embora os possa convocar. A propósito de Sade, afirmava Barthes: «**Escrever a merda não cheira mal; Sade pode inundar com ela os seus parceiros, que a nós não nos chega nenhum eflúvio, só o signo abstracto de um desagrado**».

Deste modo, quanto maior for a capacidade de denegar o aspecto ficcional da arte que a subtrai à possibilidade de provocar o «dégout», isto é, quanto maior for a ilusão representativa a que estamos sujeitos, maior é (para o leitor, para o espectador de um filme...) a sensação de presença do referente figurado. Por isso, um filme erótico provocará sempre uma excitação maior num espectador ingénuo, pouco habituado aos protocolos de representação fílmica, do que a um cinéfilo. O segundo está preservado do efeito de ilusão representativa a que o primeiro facilmente sucumbe.

Na sua escrita, Lobo Antunes parece ainda não ter compreendido estas verdades elementares. Na intenção de ser excessivo e violento, dissemina ao longo do seu romance as imagens do sórdido, do nauseabundo, do abjecto, em suma, de tudo aquilo que provoca a repulsa. Em conformidade, as personagens são feias e miseráveis, exacerbando constantemente a sua própria morfologia corporal: os homens têm uma virilidade viscosa e as mulheres uma feminilidade despudorada, uns e outros incapazes jamais de transcender a baixeza da condição corporal. Daí a abundância, a completa hegemonia das metáforas e outras figuras que compreendem o elemento sórdido e nauseabundo ou que, pelo menos, sugerem que tudo pode ser nivelado ao nível mais baixo das rejeições corporais. E aí temos então a referência constante às nádegas e ao acto de urinar, defecar e vomitar; as estranhas protuberâncias que crescem incessantemente no corpo das personagens: varizes, verrugas, obesidades sem nome; a matéria putrefacta que invade a paisagem; o mau cheiro generalizado. Leia-se uma passagem, um pouco ao acaso: «**Agora vomitavam os dois, lado a lado, na orla de relva, tombando nas flores, sujando-se de terra, amparando-se a um tronco de cedro para aluírem de novo mirando com as órbitas cegas os buxos que vinham e iam (...). Se a minha mãe me chama para a ajudar com o milho nem sequer sou capaz de responder-lhe, pensou o Juiz de Instrução, apavorado, com a testa no ombro do Homem, fico para aqui a esvair-me como a cachorra do meu pai até nos descobrirem amanhã de manhã num charco de tripas, cobertos de escaravelhos e formigas, no meio dos agapantos em pedaços**».

Aparentemente, poderíamos pensar que este incansável desfile de desgraça, miserabilismo, fealdade e abjecção responde apenas a uma vontade de realismo, já que a acção decorre entre bombistas nas zonas mais fétidas dos arredores de Lisboa. Seria no entanto esquecermos a já citada asserção barthesiana de que «**escrever a merda não cheira mal**». Lobo Antunes não parece convencido disso e julga (como o ingénuo espectador de um filme) que basta a continuada referência ao sórdido para que a sordidez apareça a saturar a significação do texto; julga, em suma, que descrevendo o excesso dos referentes, do mundo e dos objectos representados, obtém imediatamente uma ficção excessiva, esquecendo que na impossibilidade de transfer directamente esse excesso para o texto, pela simples nomeação literal, não basta um vocabulário: é necessário também uma sintaxe que crie uma determinada «performance» de linguagem. Caso contrário, o único excesso conseguido é o do tédio e monotonia que provoca a leitura deste romance. Deste modo, os signos desse mundo sórdido e violento que é representado neste romance acabam por se tornar quase indiferentes: nem referenciais (porque, [à] força de se repetirem se tornam demasiado caricaturais e já não reenviam para a verdade), nem mesmo conotativos ou simbólicos (o seu valor primeiro, denotativo, torna-se demasiado «massivo» para ser[] desviado[] pelo jogo ficcional), eles esvaziam-se de todo o sentido e passam a funcionar como elementos de um arsenal caótico e sem regras.

À semelhança de todos aqueles estere[ó]tipos da beleza e da sentimentalidade romântica, este romance apropriou-se também, em larga medida, dos estere[ó]tipos da abjecção, do impudor e da desgraça: com o seu vocabulário previsível e codificado. E aqui começa o reino do kitsch que põe a ênfase no belo e o torna uma espécie de mentira que cobre todas as coisas, mas um kitsch que adere igualmente à realidade, falsificando-a pelo lado do seu aspecto feio, tomando os signos da fealdade pela própria fealdade, tal como o kitsch «canónico» toma os signos da beleza pela própria beleza. Em nome de um certo tipo de realismo acaba por se impor à realidade uma convenção absolutamente irreal (bem patente, por exemplo, na exuberância de fealdade na descrição das acções das personagens e dos lugares que elas habitam e frequentam: Damaia, Bobadela ou Pontinha acabam por ser objecto de uma representação tão [k]itsch como os bairros residenciais das telenovelas; só que de sinal contrário.

Podemos no entanto pensar na hipótese de que se trata de um kitsch em segundo grau, que funciona como uma estratégia irónica ou subversiva e que portanto deixa de o ser. O problema é que a partir do momento em que o segundo grau se generaliza ele deixa imediatamente de existir: perde-se a possibilidade de ambiguidade.

ERNESTO RODRIGUES

"Lobo Antunes cartesiano"
[*Tratado das Paixões da Alma*]

Jornal de Letras, Artes e Ideias, 4 de Dezembro, 1990, p. 12.

«Tratado das Paixões da Alma», o recente romance do autor de «Fado Alexandrino» (com quem publicámos uma entrevista na última edição[52]), revela-nos um **Lobo Antunes cartesiano**.

Tratado das Paixões da Alma, de um Lobo Antunes na sua plenitude, traduz o ensaio cartesiano de 1649, inclusive na tese, aqui poderosamente romanceada, de que «as paixões relevam de uma repercussão na alma de fenómenos corporais». Por outras palavras, a exploração psicológica operada no longo tecido de oposições – Estado e margens terroristas, amizade e ódio, presente e passado, etc. – funda-se numa «física» científica das paixões, sendo fácil reconhecer, por exemplo, as regras de um discurso do método romanesco, em que a quarta (a da enumeração) pode constituir o essencial da poética do autor. A sua preocupação em dar, por encaixe ou alternância, a multiplicidade dos pontos de vista, desde que as vozes, ainda que secundárias, iluminem o processo em curso que é assinalar a alma afinal colectiva, cabe naquele propósito do filósofo francês de «faire partout des dénombrements si entiers et des revues si générales que je fusse assuré de ne rien omettre».

---

[52] Referência à entrevista de José Jorge Letria, "António Lobo Antunes, de paixão à prova", in *Jornal de Letras, Artes e Ideias*, 27 de Novembro, 1991, pp. 7-8 (entrevista também publicada em Ana Paula Arnaut (ed.), *Entrevistas com António Lobo Antunes. 1979-2007. Confissões do Trapeiro*. Ed. cit., pp. 129-136).

O argumento, que aguarda uma fita, é muito simples e tem semelhanças em passado recente da vida nacional. O país vive, mal acordado,
uma onda de atentados bombistas, e o governo inquieta-se. Abrimos
com secretário de estado convocando juiz de Instrução e, claro, começa
desde logo a vincar-se a ideia de que o segredo de justiça não passa
de uma «patetice» (p. 262[53]), como quer o cavalheiro da Brigada
Especial, que injecta arrependidos e polícias na organização terrorista
e que, sobretudo, joga com os sentimentos do magistrado e do preso
a interrogar...

Com efeito, o Mer[i]tíssimo e um escorregadio António Antunes
(nome quase de acaso a residir em Benfica) conhecem-se desde a
infância. Os pais daquele são caseiros dos avós deste. Assim sendo,
não é só o processo do presente que se nos antolha e que um
dactilógrafo faculta a cavalheiro tipo Molero. (Há homenagens
evidentes: a Nuno Bragança e até a Cardoso Pires.) A razão e a
vontade, enquanto forças espirituais, têm outros embates no drama
da memória feita de corpos e imaginários adolescentes que transcorre
pelas décadas até às instalações da Gomes Freire.

Promete-se um final feliz, mas impõe-se o cinismo de Estado.

Reino de inadaptados

É um reino de inadaptados com motivações nem sempre claras e
sem uma evidente formulação ideológica. Na óptica do cavalheiro,
são «comunas» o Artista (o que mais protesta, aliás), o Bancário, o
Estudante, o Sacerdote, o Homem e até a Dona da Casa de Repouso.
São o outro lado: episodicamente úteis, mas não menos marionetas
que a própria Justiça. A configuração romanesca deste estado de
coisas é de molde a aterrar o cidadão. A capacidade de infiltração da
polícia (que controla os corpos contíguos ao nosso e, se quiser, torna
os atentados brincadeiras de crianças) faz com que possa administrar
velhas relações. Aparentemente, a saúde encontra-se na «moradia do
violino», que um pai povoa de loucura. É a criação mais subtil deste
livro: sequestrado pelos seus, é sedução e refúgio. Os outros são
violência e ingenuidade[,] terroristas; prisões ao passado humilhante
de um magistrado cinzento; encenações.

---

[53] P. 293, edição *ne varietur*.

"LOBO ANTUNES CARTESIANO" [*TRATADO DAS PAIXÕES DA ALMA*] | 123

Lobo Antunes, que dá muito bem os humores do corpo e o cheiro das coisas, só no «relatório obeso» (adjectivo que reitera na mesma posição: pp. 11, 143[54]...) ou no «homem vasto e contente» baixou a extrema vigilância de escrita. Também aqui é um tratado. Acho, porém, excessivo o espaço (que não justificava a quinta parte) atribuído ao sargento Eleutério, nunca antes referenciado, e, assim, lateral à história. E, francamente, procuro recordar-me se, em Mirandela, há «janelas de guilhotina» (145[55])... A revisão do texto distraiu-se meia dúzia de vezes, mais outras tantas – essas, sim, graves – nos tão aborrecidos «por que motivo, por que razão», etc. Pois é como se escreve.

Vai uma salva de palmas.

---

[54] Pp. 13, 164, edição *ne varietur*.
[65] P. 166, edição *ne varietur*.

ALEXANDRE PASTOR

"Lobo Antunes sugerido para o Nobel.
Suécia: «Período de ouro»
para a literatura portuguesa"

Jornal de Letras Artes e Ideias, 19 de Novembro, 1991, p. 6.

Cada vez que um livro de língua portuguesa é traduzido na Suécia não posso deixar de recordar a história daquele mandarim que, no início do período de regência que tinha diante de si, quis ouvir primeiro o que o sábio do seu conselheiro teria a dizer-lhe. A recomendação daquele foi a seguinte: «Se faz planos para um ano, semeie uma seara; se os faz para um decénio, plante uma floresta; se planeia para o futuro, eduque o povo.»

Ocorre-me esta história e uma data também: 1961, ano em que o falecido prof. Bertil Maler (ao tempo já uma autoridade como espanista e lusitanista) me revela a sua determinação: a de lançar as sementes da Língua e Cultura Portuguesa[s] neste país. Com o seu olhar pícaro que contrastava com a seriedade das suas palavras, pronunciou-se assim: «Uma semente destas só poderá dar boa colheita».

Mas o interesse deste judeu, de pouco mais de metro e meio de altura, por temas e obras da nossa literatura, já começara muito antes. Com a bagagem clássica que abarcava, trabalhou dez anos numa edição crítica do **Orto do Esposo**, obra em quatro volumes e publicada em 1956 pelo Instituto Nacional do Livro do Brasil. Portanto um anteprojecto de respeito para atingir desígnios ainda mais vastos. Como seu assistente, e já na elaboração dos currículos e da biblioteca necessária, fui testemunha da paixão que este sueco sentia pelo português. Nessa altura, ele estava a braços com **A Bíblia na Consolaçam de Samuel Usque** (obra que só veio a lume em 1974), e para que os alunos que frequentavam os cursos não perdessem pitada da riqueza do nosso vocabulário, à cautela, fez uma tradução textual de cinquenta estâncias d['«Os] Lusíadas», pois segundo ele, Maler, a versão rimada oculta muito da magnificência ali existente[.]

Decorridos três decénios sobre as proezas deste erudito lusitanista (que faleceu sentado a uma mesa da Biblioteca Real enquanto trabalhava numa obra de António José da Silva), podemos afirmar que a «colheita» já é digna de apreço. Sobretudo no que respeita a traduções e atendendo à tendência, aqui, de politizar a cultura. Parafraseando os espanhóis, 1991 completa um «triénio de ouro» das literaturas portuguesa e brasileiras.

Resumidamente, a evolução desses trabalhos foi a seguinte: durante os anos de 60 e 70 prevaleceram logicamente as antologias de contistas portugueses e brasileiros, sendo as mais extensivas assinadas por um exímio tradutor e poeta também – Arne Lundgren, o qual, depois de apresentar Carlos Drum[m]ond de Andrade em duas antologias, revelou Pessoa não à Suécia mas ao Norte, em geral. É desta época o aparecimento do primeiro dicionário sueco-português e vice-versa; de bolso, é certo, mas com 348 páginas.

Um certo oportunismo caracteriza uma série de traduções de obras como, por exemplo, a de Henrique Galvão sobre o sequestro do Santa Maria, **Terra Morta** de Castro Soromenho, **Lu[u]anda** de Luandino Vieira, e **Quando os Lobos Uivam** de Aquilino. **Novas Cartas Portuguesas**, das três Marias, revela a existência de uma literatura feminina portuguesa, cuja única amostra estava nas **Cartas de Amor de Soror Mariana**. Estas duas obras, a primeira em tradução de Kristina Fernandes, a segunda, publicação bilingue do infatigável Arne Lundgren, mereceram as melhores recensões críticas. Arne Lundgren é, aliás, um bom exemplo do que a paixão de um tradutor por um determinado autor pode conseguir. Além de três antologias poéticas de Carlos Drum[m]ond de Andrade, este sueco apresentou, em 1987, uma selecção de crónicas e novelas breves do poeta brasileiro.

Escolha despolitizada

O decénio de 80 foi rico sob vários aspectos, pois a escolha dos autores ficou despolitizada, e traduziram-se não só autores clássicos como contemporâneos. Do Brasil publicou-se Clarice Lispector com **Laços de Família**, António Olinto (**O Rei do Keto**), José J. Veiga (**A Hora dos Ruminantes**), Herberto Sales (**O Fruto do Vosso Ventre**), e Josué Montelo (**Noites de Alcântara**[,] romance este que foi também gravado como literatura para os invisuais[)].

Da nossa literatura saíram dois livros de Almeida Faria, obras menores, pois nenhum deles foi o melhor que escreveu: «A Paixão». Saramago teve o seu **Memorial** recentemente publicado em edição de bolso, tipo de livro que não sendo nenhuma barateza nesta terra, multiplica o número dos seus leitores.

É[,] contudo, com a tradução de **Os Cus de Judas** e **Explicação dos Pássaros** que a crítica sueca, por via de regra comedida e parcimoniosa em adjectivos, se rende inteiramente à capacidade demonstrada por um autor de língua portuguesa – a de Lobo Antunes.

Já apresentado anteriormente pelo signatário num artigo em que se incluíam os escritores João de Melo e Américo Guerreiro de Sousa, Lobo Antunes[,] com o seu **Fado Alexandrino** publicado este ano em sueco, foi alvo dos maiores louvores por parte da crítica. De Mats Gallerfelt, crítico literário do matutino Svenska Dagbladet, sabedor e exigente como poucos, cito as últimas palavras da sua recensão: «Deve--se ser muito restritivo quanto ao uso da palavra obra-prima. Mas não me resta qualquer dúvida de que este romance não é outra coisa senão isso. Leiam-no! Adquiram-no e leiam-no!» Já no início da recensão, Gallerfelt é do parecer que Lobo Antunes representa o cume do modernismo europeu, e, ainda, segundo o mesmo crítico, sendo já altura de dar um Nobel a um português, Lobo Antunes é bem merecedor dele.

Após a publicação (mais que tardia) de dois clássicos, Machado de Assis com **Helena** e Eça com **O Primo Basílio**, obras estas apresentadas em críticas detalhadas e esclarecedoras pelo erudito membro da Academia Sueca, o prof. Kmut Ahnlund (em que os tradutores mereceram tantos elogios como os autores), o número de obras traduzidas do português tem tido um incremento notável. E a qualidade acompanha a quantidade.

Num breve espaço de tempo saiu uma colectânea de poetas portugueses (ao todo 27) com o belo título «Um sabor a Oceanos», em tradução de Marianne Sandels, **Contos da Montanha** de Torga, em tradução de Arne Lungren, Márcio de Souza tem **Amazonas em Chamas** traduzido por Margareta Ahlberg, a qual traduziu também **Horas Mortas** de Lygia Fagundes Telles, Jorge de Sena saiu do anonimato nórdico com a interpretação cuidada de Marianne Sandels, e em 1991 este «período de ouro» culmina com mais quatro obras de peso: [u]m extensivo dicionário português-sueco com 367 páginas, do signatário; Arne Lundgren ofereceu uma recolha dos **Diários** de Torga, abrangendo 400 páginas com o título «Liberdade Interior», João Ubaldo Ribeiro vê também as suas 680 páginas de **Brasil, Brasil** traduzidas e, finalmente, para nosso sossego, a pequena editora Pontes publica [o] **Livro do Desassossego**, numa paciente e esmerada interpretação de Margareta Malin e Lars Axelsson, com um intróito do conceituado crítico Bengt Holmqvist, de origem finlandesa.

Por último, e já que de traduções falámos: [n]o «JL» n.º 485 e com o falaz título «O verdadeiro método de traduzir», José Jorge Letria fala-nos do Colégio Europeu de Tradutores, em Straelen. Fala de computadores, cursos, arquivos, bate-papos, etc. Desculpe, meu caro Letria, mas não pude deixar de sorrir. É que eu – e como eu tantos outros profissionais – sempre julguei que o segredo do verdadeiro método de traduzir (bem), se resume a isto: conhecer perfeitamente a língua materna e amar perdidamente a que se traduz. O caso da Suécia confirma isso. Para não falar, é claro, na profecia de Maler: «Uma semente destas só pode dar boa colheita».

ANA SOUSA DIAS

"«*A Ordem Natural das Coisas*», de Lobo Antunes, nas livrarias. Silencioso e tímido"

Público, 30 de Outubro, 1992, p. 32.

Sem discursos nem aparatos, a editora Dom Quixote lançou anteontem formalmente, na Livraria Barata, em Lisboa, o último livro de António Lobo Antunes, "A Ordem Natural das Coisas", com uma edição de 20 mil exemplares.

Silencioso e tímido, Lobo Antunes autografou dezenas de livros e recebeu abraços de amigos entre os quais José Cardoso Pires e Daniel Sampaio, numa sala onde se viam também os escritores Lídia Jorge, João de Melo, os novíssimos José Riço Direitinho e Miguel Viqueira, a fadista Mísia, o cantor Vitorino e ainda Richard Zenith, o tradutor americano do autor.

O editor Nelson de Matos comentou para o PÚBLICO que considera este o melhor livro de António Lobo Antunes: "Distingue-se de toda a produção anterior, é mais consistente, menos adjectivado, custa-me a acreditar que possa haver críticas negativas".

Enquanto se esperam as primeiras opiniões, recorda-se aqui que os livros anteriores de Lobo Antunes – "As Naus" e o "Tratado das Paixões da Alma" – foram recebidos friamente pela crítica portuguesa. Esta atitude contrasta claramente com a recepção que o autor tem merecido no estrangeiro, dos Estados Unidos à Suécia, da França à Rússia.

A crítica do "Nouvel Observateur" sobre "As Naus" classificava-o como "um novo triunfo do romance barroco" e comentava: "A sua modernidade nada deve a nenhuma escola em voga, exuberante, de um virtuosismo acrobático, primo emancipado do romance latino--americano, perfeitamente original". "As imagens derramam-se, espalham-se, as frases alongam-se desmedidamente com a meticulosa precisão que dá a nostalgia, estilhaços de história assaltam-nos, misturados com o medo da velhice e da solidão. Há os que se irritam com Lobo Antunes e os que o admiram. Mas não há dúvida de que é um verdadeiro escritor" – diz o "Le Monde" num texto com o título "O regresso dos Lusíadas".

Já "Os Cus de Judas", [a "]Explicação dos Pássaros" ou o "Fado Alexandrino" tinham recebido críticas favoráveis na imprensa norte- -americana, britânica, francesa e, mais do que qualquer outra, na Suécia. Sublinhe-se, no entanto, que a "Memória de Elefante" e "[] Conhecimento do Inferno" só recentemente foram traduzidos, pois o autor considerou até agora que são livros "com algumas imperfeições".

Lobo Antunes aparece referido como "um dos maiores prosadores vivos", na revista sueca de literatura "Allt om Bocker", e apontado como sério candidato ao Nobel da Literatura. "É impossível transmitir, num curto resumo, uma pálida noção sequer do tecido denso e engenhoso deste livro, no qual as imagens, expressivas e geniais, desempenham um papel tão importante", diz Artur Lundkvist, da Academia Sueca, na página literária do "Svenska Dagbladet", sobre ["Os] C[u]s de Judas". "O que é miraculoso em 'Fado Alexandrino', que por vezes faz lembrar uma amálgama de Dos Passos e Céline, é que os leitores não são devorados pelo caos", comenta um adjectivadíssimo artigo publicado no "The New York Times Book Review", que classifica ["Os] Cus de Judas" como uma "obra-prima".

PATRÍCIA CABRAL

"O psicodrama de Lobo Antunes"
[*A Ordem Natural das Coisas*]

Diário de Notícias/Livros-Cultura, 21 de Janeiro, 1993, p. 5.

Pides e putas, cobardes e doentes, «odores fúnebres», «relentos de
cócó», «relentos de chichi», amor nos caixotes do lixo, António Lobo
Antunes retoma, de forma caricata, as imagens mais superficiais de
uma literatura que acabou com Céline e adiciona-lhe a psicanálise.
Ao longo de imagens mórbidas, Antunes exprime-se por litanias
melífluas («Iolanda meu amor, meu amor Iolanda, domingo da minha
vida ouve, deixa-me morrer de amor por ti, eu pago»). O sentimentalismo nasce no seio dos destroços afectivos, sai da boca de canalhas
e de desgraçados.

Na visão de Antunes o "psicodrama" sem intriga e sem personagens
é a ordem natural das coisas. O estado permanente de catástrofe
psicológica é, por assim dizer, natural, visto que nada o justifica no
livro a não ser a própria condição humana. As supostas criaturas do
escritor são mero pretexto para dar largas à sua "prosa poética", um
«pretexto para chorar». Ele serve-se do regresso a um passado
traumático[][a] fim de "projectar" imagens de nervos em franja. Utiliza
a Pide, e os choques eléctricos, para exprimir o horror de uma pessoa
ser obrigada a voltar ao passado, que "impede" de viver o presente.
Cada descarga no coração lembra ao torturado o desprezo do pai
que fez dele um estúpido e um impotente. Repetem-se, quer se chame
Jorge ou Fernando, as circunstâncias da repressão que sofreu, mas ao
leitor só são dadas a conhecer interjeições: «Santo Tirso», «Colégio
Militar». O preso vai-se «abaixo das canetas», não aguenta esta tortura
e suicida-se numa doce alucinação: «davam-me injecções, tiraram-
-me o gesso, cessei de ter vidros moídos na [bexiga] (pedacinhos de

vidro mãe), (...) era sempre meio-dia e quente, meu amor, sempre o mesmo azul, sempre as mesmas gaivotas, sempre o mesmo rio, a[i] a sereia dos barcos, Margarida».

Cidades «bombardeadas», bairros pobres e pobres doentes, tudo deve representar um estado de derreli[c]ção psicológica. Cada habitante do grande hospital que é a nossa cidade é sempre um moribundo potencial, um órfão desamparado (Rilke já escreveu tudo isto). «Atmosferas mortuárias» – cruzes, coveiros e lápides – ensombram a mente de "mortos-vivos" crucificados pela memória, santificados pelo sofrimento. A visão dos pais no caixão, e, melhor ainda, a encenação da sua própria morte, fazem parte da representação melodramática de si mesmo. A luz é de «naufrágio», os «náufragos» ceguinhos, os homens ostentam expressões dolorosas, oprimidos que estão «pelo peso da infância e da angina de peito».

O mórbido (ou, simplesmente[,] o miserabilismo) alterna com impulsos líricos da alma que quer atingir o céu. Mas, por vezes, as sombras não conseguem «voar», «voar», «voar», mesmo com as aulas de hipnotismo por correspondência, as almas estão soterradas em jazigos da mente «que impedem as estrelas». Veja-se a sublime imagem do mineiro retornado que cava buracos no asfalto de Lisboa para enterrar-se de novo nos subterrâneos de Joanesburgo – nas galerias da memória profunda. É, sem dúvida, um «pássaro falhado de capacete na cabeça». Ele não queria ser pardal, pronto, basta dizê-lo uma vez que a gente percebe. Se, nas escavações, rompe um cano de esgoto com a sua pá e enche a cidade de "m..." talvez seja porque Freud falou de fase anal. No momento em que o passado irrompe no presente, como a terra dos canos rotos – e o livro está cheio desses momentos –, Antunes aproveita para exprimir com enumerações infinitas as «camadas sobrepostas da memória». Acumulação poética significa, para o escritor, "empilhar" coisas disparatadamente; espera assim recriar a sua ordem natural – a desordem afectiva. As imagens conseguem preservar a sua gratuitidade, da primeira à última página. Se não conotam seja o que for isoladamente[,] por[]que haviam de adquirir um poder evocativo uma vez juntas? A poesia entope a prosa, como o maluquinho entope as canali[z]ações: «[D]esapareçam seus ursos, para o cais, a nós que mal nos aguentamos nas pernas, tropeçando numa confusão de contentores, de gaiolas de papagaios, de pretos, principalmente de pretos (...) você na [P]olícia [política] e

"O PSICODRAMA DE LOBO ANTUNES" [*A ORDEM NATURAL DAS COISAS*] | 133

eu a trezentos metros debaixo da terra, e o homem de gravador a tiracolo, a observar a picareta [que batia no] no tapete (...).»

Não há "um" desequilibrado a representar a alucinação do escritor, mas um psicodrama de toda uma família, em redor de uma tia cancerosa que, no final, revela a sua identidade de "escritora". A família divide com ela as mesmas imagens psicológicas. As raízes do passado nascem tanto das gengivas gangrenadas como das árvores do quintal «defunto» do casarão de infância, arrancadas barbaramente como dentes podres, pelos construtores modernos. Todos os irmãos são assombrados pela imagem da «raposa», psicanálise "oblige", enjaulada na gaiola dos passarinhos, sem conseguir voar. Todos eles têm o sótão do casarão de infância na cabeça (a imagem é sofisticada), aquele em que encarceram a vergonha (a irmã bastarda), e de onde provêm os gritos que ouvem nas noites de insónia. No dia em que conseguem matar o pai, nem que seja simb[o]licamente, a libertação está próxima. Quando a figura que passeava no sótão percebe a razão pela qual esteve fechada desde a infância na escuridão e resolve o trauma passado, vê, numa alucinação, o mar pátrio que nunca vira. O psicodrama, contudo, tende a reforçar a maluquice dos maluquinhos.

«A Ordem Natural das Coisas» será um romance? O único suspense consiste em saber se a personagem não identificada como um membro da família é o membro da família que falta identificar. A tia escritora admite ter representado o seu sobrinho bastardo como um velho careca – numa história paralela – sem família, doente da vesícula (o sobrinho, na realidade, é neurologista), a viver com uma jovem diabética, que o desdenha, num casebre sacudido pelos comboios. Graças ao amor, decadente, talvez mesmo incestuoso, a infância emerge na «claridade torta» dos afectos precariamente reconstitu[í]dos «como os ossos dos mártires surgem das lajes»: brotam que nem florzinhas na primavera. Arranjou finalmente uma desculpa para chorar.

SARAH ADAMOPOULOS

"Leituras com Lobo"

O Independente, 14 de Janeiro, 1994, pp. 46-47.

> António Lobo Antunes, durão, escritor e homem muito livre, foi em missão à cadeia do Linhó. Lá esteve a conversar sobre os seus livros com onze rapazes que em tempos fizeram das boas e agora perderam a liberdade. *O Independente* ouviu tudo.

Inédito. Não houve troca de papéis – nem unzinho – entre *O Independente* e a Direcção dos Serviços Prisionais. Juro solene e publicamente que nunca enviei um fax que fosse à Dr.ª Conceição Soares, a responsável pela iniciativa. Em contrapartida, falou-se muito ao telefone. As negociações foram longas e culminaram naquela coisa horrenda a que se chama compromisso. *O Independente* acompanharia António Lobo Antunes ao Linhó, assistiria incógnito à conversa entre o escritor e os presos, tentaria depois da conversa falar com alguns dos intervenientes, comprometendo-se a não mencionar nomes nem a tirar fotografias passíveis de ser reconhecidos. Um verdadeiro falhanço editorial, este negócio. Porque a ideia era outra. Era fazer a jornalista uma intervenção logo no início da tertúlia entre[]grades, explicando aos presos e ao escritor que o único objectivo daquela deslocação era escrever um texto sobre aquilo que iria dizer-se ali, um texto sobre alguns dos livros, das palavras e das ideias que vivem no Linhó.

E, como é natural, a jornalista participaria no debate. Parece ambicioso e impossível de ser cumprido. Mas objectivamente não o é. É simples e imediato como a ingenuidade. Foi precisamente isso que a responsável pela iniciativa receou. Mais por insegurança do que por desconfiança crónica pelos jornais. Apesar de ter afirmado tratar-se sobretudo de assegurar o carácter informal da iniciativa, a

136 | SARAH ADAMOPOULOS

que a presença de um jornalista retiraria eventualmente espontanei-
dade. Porque a nível institucional propriamente dito, *O Independente*
tinha, pasme-se, luz verde, tipo avenida da liberdade em dia de
Gertrude avariada. Foram de uma gentileza desusada e até nos deixaram fotografar no interior da cadeia, apesar de terem sido enganados
há um tempo pelo canal 1, que não honrou o compromisso de tornar
irreconhecíveis os reclusos filmados. Consta que os familiares que
viram ficaram irados.

O escritor

Há quem diga que se houver um Nobel português é para ele.
António Lobo Antunes começou em 1979 com «Memória de Elefante»
e nunca mais parou. Já lá vão nove, todos muito lidos e profusamente
mal-criticados, segundo o escritor, que confessou em algumas entrevistas
ter perdido a pachorra para a crítica literária made in Portugal[56]. Diz
que os críticos portugueses desconhecem as suas competências, reme-

---

[56] Ver, a propósito, Ana Paula Arnaut (ed.), *Entrevistas com António Lobo Antunes.
1979-2007. Confissões do Trapeiro.* Ed. cit.: "«Fui bem comportado durante tempo de
mais!»" [1983], "A vingança de Lobo Antunes" [1986], entrevistas de Clara Ferreira
Alves, pp. 58-60 e 78-79, 83, 87, respectivamente; "António Lobo Antunes: "«Tornei-
-me mais humilde»" [1986], entrevista de Inês Pedrosa, p. 94; "António Lobo Antunes:
'*As Naus* é o meu melhor livro'" [1988], "António Lobo Antunes: «Quis escrever um
romance policial»" [1992], "António Lobo Antunes: 'Não merecemos o Nobel'" [1996],
entrevistas de Luís Almeida Martins, pp. 120-121, 164, 167 e 253, respectivamente;
"António Lobo Antunes: de paixão à prova" [1990], entrevista de José Jorge Letria,
pp. 131, 133, 135; "Um escritor reconciliado com a vida" [1992], entrevista de Ana
Sousa Dias, p. 153; "Da ordem natural às pequenas razões" [1992], entrevista de
Luís Coelho, pp. 186-187, 189; "Memória de um escritor romântico" [1994], entrevista
de Tereza Coelho, p. 208; "Acabou todo o romantismo que havia à volta do futebol»"
[1996], entrevista de António Tavares Teles, pp. 263, 267; "Da guerra não se faz
ficção" [1997], entrevista de Helene Zuber, p. 279; "«Nunca li um livro meu»" [1997],
entrevista de Francisco José Viegas, pp. 289, 295, 302; "Mais perto de Deus" [1999],
entrevista de Rodrigues da Silva, pp. 306, 311, 313; "António Lobo Antunes depois
da publicação de 'exortação aos crocodilos' – 'agora só aprendo comigo'" [2000],
"'O romance é diferente depois de mim'" [2003], entrevistas de Alexandra Lucas
Coelho, pp. 331 e 403-404, respectivamente; "Exortação ao Lobo" [2000], entrevista
de Catarina Pires e Isabel Stilwell, pp. 356, 358; "Que diz Lobo Antunes Quando
Tudo Arde?" [2001], "'Tento pôr a vida em cada livro'" [2006], entrevistas de Sara
Belo Luís, pp. 366 e 499, respectivamente; "«Quem lê é a classe média»" [2003],
"«Saber ler é tão difícil como saber escrever»" [2004], entrevistas de Maria Augusta
Silva, pp. 418 e 457, respectivamente; "«Ainda não é isto que eu quero»" [2004],
entrevista de João Paulo Cotrim, p. 480.

tendo também para eles algumas das culpas no cartório do défice de leitura em Portugal. Não compra jornais e pouco lhe interessa o que os outros pensam. Prefere os livros ingleses aos franceses e jura a pés juntos que é preciso muito para o comover.

Esta semana, o mais implacável dos nossos duros[] foi ao Linhó falar com uma dúzia de reclusos. Foi lá falar sobre «escrever», sobre os livros que já publicou e sobre aqueles que já existem sem estarem escritos porque[,] do mesmo sítio de onde brotaram as precedentes[,] muitas outras histórias há para contar, mesmo que não saiba ainda qual vai ser a próxima a revelar e a imprimir. Diz que ninguém escreve para si-próprio, caso contrário os diários não teriam chave. No final distribuiu um exemplar de «A Ordem Natural das Coisas» a cada um dos encarcerados, que autografou com visível prazer.

A prisão

Chama-se Linhó. Não confundir com a povoação do mesmo nome. Esta é a outra «povoação», a que vive por detrás de um imenso portão, que dá acesso a um outro e por aí em diante. Da população constam actualmente 650 presos, também chamados reclusos, talvez por a palavra ter conotações auto-punitivas. Entendamo-nos contudo: o Linhó não é um convento nem os presos estão ali por vocação. Para quem nunca entrou numa prisão, faz lembrar uma escola, um reformatório com muros mais altos do que o habitual. Vêem-se jovens pelos corredores e nos imensos pátios.

À entrada de cada portão, vários guardas prisionais[,] de chaveiro na mão, zelam pela segurança dos habitantes e visitantes. O Linhó não é Sing-Sing nem nada que se pareça. Há uma espécie de bonomia até nos rituais de segurança. Presos e funcionários cumprimentam--se, negoceiam favores de excepção, como por exemplo ir ver um jogo de futebol na cela de um «colega». É assim que os presos se referem ao companheiro[] de infortúnio.

A conversa

Há quem critique severamente o sistema prisional. Que os presos vivem como lordes, que o programa de regeneração dos marginais encarcerados custa demasiado dinheiro aos contribuintes, que só falta oferecerem-lhes *courts* de ténis. Uma coisa é certa. O projecto «Encontro com o escritor...»[,] que a Direcção Geral dos Serviços Prisionais imaginou para um sem número de estabelecimentos prisionais por esse país fora, é uma grande ideia. Decorre até ao próximo mês de Março e conta com a colaboração da Associação Portuguesa de Escritores e o patrocínio em géneros – neste caso, livros – do Círculo de Leitores.

Os objectivos mais interessantes, para além da dinamização das bibliotecas e actividades socio[]culturais no interior das prisões, são obviamente o desenvolvimento do gosto pela leitura através do envolvimento directo da comunidade exterior. E assim sendo, convidaram-se vários escritores portugueses para uma conversa informal com cerca de uma dúzia de presos de cada estabelecimento prisional.

A selecção dos participantes em cada debate é feita segundo indicação dos técnicos e professores das cadeiras. De um modo geral, são requisitos a considerar a frequência de algum nível de ensino dentro da prisão, a colaboração com a biblioteca e/ou o jornal «local» e a manifestação de interesse por este tipo de iniciativas. José Cardoso Pires foi o primeiro escritor convidado. Até Março, vários outros passarão um bom momento à conversa com os presos mais intelectuais de cada prisão. João de Melo[,] em Alcoentre, Francisco José Viegas[,] em Elvas, Manuel António Pina[,] no Porto, entre outros.

A conversa foi curta e soube a pouco. De um lado estava o escritor e um moderador – a saber, um jornalista da TSF – e do outro onze reclusos. A coisa decorreu numa pequena sala, com mesas dispostas em U. António Lobo Antunes falou durante um pouco mais de uma hora. Intervenções, foram sempre dos mesmos. Um mais afoito que lançou o debate, um outro que sucumbiu a certa altura aos encantos do escritor – homem dotado para informalizar qualquer conversa –, outro ainda a tirar a barriga de misérias em matéria de prosa intelectualmente superior. São na maioria jovens, a cumprir no Linhó penas por furto, tráfico de estupefacientes, burlas várias. Também havia, entre os presentes, quem lá estivesse por homicídio.

Os livros

António Lobo Antunes falou das coisas de que falam os seus livros, que são, segundo o próprio, sempre as mesmas. São as obsessões de Lobo Antunes, em nada diferentes das de qualquer outro homem, apenas mais conscientes e exorcizadas pela escrita. Escrever para não morrer. Sobre a guerra colonial ou sobre o amor. O amor é uma grande coisa, sobretudo quando se está no Linhó. Das prateleiras da biblioteca da prisão – de que constam cerca de 4.000 títulos – saem sobretudo livros policiais e de poesia. Policiais porque a intriga policial ajuda melhor a passar o tempo ou porque algumas das histórias lhes fazem lembrar outras. Poesia que é para copiar umas linhas e enviar às namoradas. Ou então para inspirar os que se sentem menos de veia para escrever uma carta de amor decente, mesmo quando a saudade aperta e a solidão pesa. Há alturas em que um homem não consegue sequer escrever. É também para isso que servem os livros. Para serem decalcados. Afinal, costuma ser assim que se começa. Lobo Antunes também falou disso mesmo, da necessidade de ler muito antes de escrever.

Mas do que o escritor falou sobremaneira foi da vivência. Por detrás de um grande livro tem de haver um punhado de coisas vividas, que o tempo e uma determinada técnica – a que permite por exemplo conseguir escrever um romance convenientemente construído – transformam em palavras que depois os editores compram para vender aos consumidores do produto que são os livros. Lobo Antunes não poupou os editores, a quem chama antes de tudo comerciantes do livro. Depois, talvez para se redimir, contou a história da Dom Quixote, a editora que lhe permitiu trocar a rotineira psiquiatria pela escrita a tempo inteiro.

As palavras

Momento alto foi aquele em que Lobo Antunes respondeu a alguém que lhe falou da fama. «Escreve livros porque a coisa pegou e até gosta de não ter horários ou porque gosta de ser famoso», foi mais ou menos assim que a pergunta foi formulada. Lobo Antunes explicou a fama. Lembrei-me logo daquela máxima de Andy Warhol que dizia que dever[í]amos todos, pelo menos uma vez na vida, ter direito a pelo menos quinze minutos de fama. Se António Lobo Antunes perseguisse única e exclusivamente a fama, daria uma traulitada mortal na sua porteira. No dia seguinte não haveria jornal que não contasse a história e a coisa estava no papo. Depois falou na infância com os [cinco] irmãos, altura em que a família se dedicava a um fabuloso exercício de elevação da auto-estima do irmão mais velho. António

Lobo Antunes subia para o alto da casa onde vivia e os [cinco] irmãos batiam palmas, tipo multidão de espectadores perante uma arrojada acrobacia aérea ou coisa que o valha.

Um outro momento alto foi a questão quanto às palavras que um escritor pode ou não utilizar quando escreve. Lobo Antunes foi cortante e directo como só ele sabe e ninguém corou porque não houve tempo. Os mais entusiastas aplaudiram com gargalhadas daquelas em que se atira a cabeça para trás e se dá uma valente palmada na perna. E tratou logo de explicar que se precisar de usar o palavrão «caralho» numa determinada frase, fá-lo sem pensar duas vezes, se isso for importante para se aproximar o mais fielmente possível daquilo que quer dizer. Quem fala assim não é gago e não sente nem com a cabeça nem com o coração. Sente com a espinha, que é muito melhor. Palavras de António Lobo Antunes, que deixou o Linhó a meio da tarde de quarta-feira vagamente frustrado com a brevidade de uma conversa que dava pano para mangas. Ou livros.

ANTÓNIO GUERREIRO

"Crónica da vida vulgar"
[*A Morte de Carlos Gardel*]

Expresso/Cartaz, 16 de Abril, 1994, p. 23.

Neste novo romance de António Lobo Antunes[] há uma decisão formal, ou técnica, cheia de consequências: as personagens são introduzidas e detêm o discurso como numa peça dramática. Entra uma personagem em «cena» e com a sua fala, à maneira de um monólogo, cumpre o papel de narrador até dar o lugar a outra que, a partir de um ponto de vista diferente, ocupará a mesma função. O processo mantém-se até ao fim, explorando a ambivalência do estatuto das personagens: funcionais (considerando o «engenho» narrativo na sua forma mais pura e nua são elas que, do interior dele, o fazem mover), mas também substanciais (dotadas de um conteúdo analógico, representativo).

No princípio, a forma narrativa adoptada cria algumas dificuldades na compreensão da história, na reconstituição da rede de relações que nos permita situar as acções e as personagens, uma vez que esta forma de narração introduz necessariamente os elementos da história por uma ordem que não segue o critério do desenvolvimento causal. Mas, pouco a pouco, acabamos por perceber que Álvaro vive com Raquel, depois de se ter divorciado de Cláudia; que desse primeiro casamento resultou um filho, Nuno, que vive com a mãe até ao momento em que morre no hospital (de tétano ou de excesso de droga?); que Cláudia, depois de se ter divorciado de Álvaro, conhece alguns namorados, até se fixar em Ricardo, um jovem com a idade do filho; que Graça (médica) é irmã de Álvaro e vive com Cristiana; e assim por diante, segundo um percurso de cruzamentos e encontros fortuitos. É um percurso sem metas nem fins últimos, feito da adesão

ANTÓNIO GUERREIRO

ou rejeição espontânea a cada momento da vida, marcado pela desarmonia entre um mundo falho de sentido e o indivíduo que não sente a necessidade de procurá-lo, seja através do recurso a uma superestrutura ideológica, seja através da imposição de uma pragmática da vida com objectivos a alcançar. Assim, as personagens deste romance soçobram na indiferença e no insignificante, habitam um mundo de relações anónimas e funcionais onde só existe a multidão, e o indivíduo enquanto tal foi expropriado de toda a existência. É o mundo das periferias urbanas evocado por alguns nomes próprios (Amadora, Barreiro, Algés, Corroios...), onde o fluir metropolitano resulta na acumulação anárquica e caricatural, estranha a toda a conexão significativa e a toda a síntese: «(...) **e isto sem contar os noivos, dúzias de noivos de casaco alugado, de luvas alugadas, de calças de fantasia alugada[s], sem contar as madrinhas afligidas pelo aperto dos sapatos, pelo aperto das cintas, pelo aperto das molas dos brincos nas orelhas (...), noivas da Bobadela, de Rio de Mouro, do Forte da Casa, do Laranjeiro, de Mem Martins, dos Olivais, das caves e rés-do-chão acanhados e escuros, jarrinhas enfeitadas, (...) pracetas tortas, merceariazinhas alquebradas, domingos intermináveis a escutar o rádio dos vizinhos (...)**» (p. 214[57]).

É assim o mundo onde as personagens vivem uma espécie de épica da indiferença. Nem o amor, nem a morte, nem o desejo, nem o afecto conseguem resgatar as coisas – e as pessoas – da acidentalidade e da insignificância. Ninguém neste romance consegue ser detentor de uma vida sua que se subtraia à «prosa do mundo», como chamava Hegel à sua estrutura de contingências e puras relações funcionais.

Percebemos assim a adequação que existe entre o mundo representado e a técnica narrativa adoptada: o romance constrói-se como uma colagem que leva ao extremo a dispersão do particular, em que nada tende para uma síntese ou para um desfecho final. O importante na vida das personagens não são os factos que se vão desenvolvendo cumulativamente (separações, desencontros, cruzamentos, conflitos, etc.), mas é antes o que nessa vida se estende na simultaneidade de todos os objectos e momentos, e está disponível a qualquer outra ordem. Na paisagem urbana em que as personagens habitam

---

[57] Pp. 183-184, edição *ne varietur*.

"CRÓNICA DA VIDA VULGAR" [*A MORTE DE CARLOS GARDEL*] | 143

há uma espécie de lei supra-individual, coerciva e anónima, que é a da verdade do real (lugares como Corroios ou Rio de Mouro respondem a um imperativo realista) onde o indivíduo é dissolvido sem a protecção de qualquer mediação especulativa. Não se trata apenas de uma épica da indiferença mas também da inocência.

Instaura-se assim aquela indiferença universal que Marx considerava ser a «**prostituta generalizada**» dos homens, a sua redução ao estatuto degradado da mercadoria. É o que acontece nas relações entre Nuno e o pai, Álvaro, quando este o visita aos domingos e o leva a passear nos centros comerciais e no Jardim Zoológico: «**(...) e o meu pai, que até se ir embora não conversava comigo nem me via (...), o meu pai na esplanada do jardim Zoológico, preocupado com o sol (...) a pagar-me laranjadas, a pagar-me chupa-chupas, a pagar-me bolos, a tentar interessar-se, a tentar mostrar que se interessava, o meu pai num tom falso – Como é que vai a escola?**» (p. 240[58]). Eis aqui[,] plasmada de um modo exemplar[,] uma situação em que tudo é convertível a valor de troca e nenhuma propriedade substancial ou valor simbólico resistem à lei generalizada da equivalência. Sabemos como aquilo a que se tem chamado niilismo perfeito ou completo é a redução final de todo o valor de uso a valor de troca, ou, em termos nietzschianos, a transmutação de todos os valores abandonada a um processo sem fim.

É para este niilismo que nos conduz **A Morte de Carlos Gardel**? Não haverá uma inadequação entre o nível em que se situam estas significações abstractas e aquele em que se situa a linguagem deste romance, as suas elaborações de sentido, as suas personagens chãs que habitam um mundo onde o real emerge e provoca uma adesão tão necessária e espontânea que não há lugar senão para a vida como pura idiotia? Será legítim[o] dizermos que esta obra, não tematizando explicitamente estas questões, leva a falta de sentido do mundo representado a um tal grau de exasperação que até a própria questão do sentido é abolida como problema?

É verdade que esse mundo onde não se vislumbra um gesto ou um sentimento que o resgate da indiferença, do lugar-comum, da idiotia, só existe na medida em que alguém o representa e assim o julga e

---

[58] P. 207, edição *ne varietur*.

144 | ANTÓNIO GUERREIRO

transcende. Mas também é verdade que os meios usados para o representar acusam algumas fragilidades devidas quase sempre a uma adesão fácil à matéria narrativa. Leia-se esta passagem: «(...) temos tudo a nosso favor para recomeçar a vida do princípio e ser felizes, apesar do blequendequer do segundo cê que aos sábados e domingos, a partir das sete da manhã, nos fura as cabeças, ao furar a parede, numa alegria cruel»[59]. Por mais que no pormenor do sono interrompido por um vizinho «bricoleur» reconheçamos uma experiência habitual, ele não deixa de ser um lugar-comum explorado em situações anedóticas (situação anedótica reforçada aqui pela relação que se cria entre a realidade e o «blequendequer»). Por isso, ele provoca uma quebra de toda a seriedade, faz com que a narrativa deixe de ser a travessia de um mundo falho de sentido, onde se dá o triunfo da indiferença e da contingência, para se tornar uma simples caricatura da vida suburbana. Quebras constantes deste tipo impedem, em suma, que lugares e personagens passem do irrisório, ou do ridículo, ao falho de sentido, ou descolem de uma realidade cujo peso referencial se diz em alguns nomes próprios (Corroios, Amadora) e passem a ter um significado universal. E só quando o anedótico e o ridículo têm capacidade para significar a dissolução do indivíduo no fluxo vital da realidade sem valores e sem sentido é que a escrita deste romance deixa de ser regida por injunções idiomáticas de alcance restrito e se torna verdadeiramente interessante.

---

[59] P. 275, edição *ne varietur*.

MARCELLO DUARTE MATHIAS

"As crónicas de Lobo Antunes.
Ferocidade e ternura" [*Livro de Crónicas*]

Jornal de Letras, Artes e Ideias, 24 de Maio, 1995, p. 27.

Pertenço àqueles, e não somos poucos, que se deliciam com as crónicas do António Lobo Antunes. Sei mesmo de quem, não lhe conhecendo os romances, não perde todavia artigo da sua autoria. Sem pretender fazer destes textos mais do que eles são, julgo no entanto que neles, por igual, se evidenciam alguns traços marcantes da conhecida expressividade do autor. A agudeza na observação, a vivência das coisas e dos seres, o realce no pormenor aliado a esta permanente recriação da linguagem, são-nos familiares. E ainda, aqui e ali, na fulgurância do olhar, notas que lembram planos e ângulos cinematográficos.

Melhor do que o faria um estudo de sociologia, há nestes trechos (circunscritos a Lisboa, suas gentes e arredores) uma capacidade invulgar para captar as malhas dum quotidiano insignificante – vidas aleijadas, aprisionadas, emudecidas, destinos vulgares sem outro rumo que não seja o de ir vegetando por entre formas precárias de conformismo e mediocridade. Rastos de impossíveis aventuras e de pequenas intrigas a que muitos dos seus romances já nos habituaram, vêm-me à memória nomeadamente [o] **Fado Alexandrino** e **A Ordem Natural das Coisas**.

Realismo descritivo e crítico que se aproxima da estética dos pintores alemães dos anos Vinte – o gosto da caricatura e do sarcasmo tempe-rados[,] apesar de tudo[,] por canduras e inocências, ou não estaríamos a retratar Portugal, seus equívocos e servidões.

Curioso é notar como o seu estilo se ajusta a esta modalidade narrativa porque a particularidade destas crónicas provém, como já referi, de nelas se configurar, embora é certo sob aparência diversa, o pano de fundo psicológico e social dos seus romances. Daí o íntimo parentesco que oferecem com o que dele conhecemos.

Os seus dons de efabulação que tão efusivamente combinam o real e a fantasia, encontram aqui – na evocação de situações-limite condensadas em pouco mais de duas páginas – o seu enquadramento privilegiado, já que a brevidade da crónica obriga ao recorte, à aspereza dos contornos, à limpidez discursiva, sem muitos dos desvios e da excessiva truculência que nos seus romances constituem não raro empecilhos ao encadeamento e à lisura da narração.

Desde logo, afigura[]-se merecerem particular destaque as histórias propriamente ditas que mais não são do que contos brevíssimos, algumas das quais verdadeiras minipeças de antologia como **A solidão das mulheres casadas**, **Teoria e prática dos domingos**, **Os pobrezinhos**, **Edgar, meu amor**. Também aqui, Lobo Antunes extrai duma realidade bem conhecida um misto de compaixão e lucidez.

É a Lisboa do Martim Moniz e dos bairros da periferia, dos jornais e clubes desportivos e da fauna que os povoa; são os passeios até Sintra com berloques no retrovisor do Opel, e os netos e a avó no banco de[]trás a comerem batata frita Pala-Pala; os cafés de bilhares e os cegos de óculos escuros; as velhas-ainda-novas que ostentam popas descomunais dignas da Castafiori e se vão pavonear aos domingos para os supermercados (antigamente, iam para a Feira Popular) e outras coisas parecidas. É a Lisboa dos bailes dos Bombeiros Voluntários, dos encontros amorosos nas pastelarias onde se provam empadas e rissóis de camarão. É o país onde as cozinheiras se casam com os polícias, e as meninas se chamam Corália e os meninos Bruno Miguel.

Portugal genuíno, quiçá divertido, mas desajeitado já em relação a si mesmo na sua ânsia pobre de outra coisa, ferido dum mal-estar existencial profundo porque já começou a morrer e à sua volta tudo se desmorona.

Na realidade é um Portugal tristíssimo, e quem o descreve não ignora que dele tem uma saudade antecipada porque tudo o que morre, por igual, nos pertence. Daí que haja em contraponto, para lá da comicidade grotesca ou patética de certas situações, uma espécie de angústia opressora que nasce dessa frustração resignada que é afinal tão tragicamente portuguesa, e constitui como que o bilhete de identidade dum país inteiro.

É, aliás, como sempre, nessa dosagem entre ferocidade e ternura que Lobo Antunes melhor exprime o legado da sua singularidade.

"Prémio Nobel da Tortura"

O Independente/Vida, 18 de Outubro, 1996, p. 8.

Lobo Antunes não tem mesmo vergonha na cara. Vai daí, aproveitou o espaço que graciosamente o *Público* lhe concede, vá lá a gente saber porquê, aos domingos no suplemento *Pública*, para TORTURAR a opinião pública. Mas se fosse só isso. O pior é que, no último número o energúmeno foi longe demais: TORTUROU a própria filha! A pretexto de uma acção pedagógica, tentando explicar à criança a existência de um Dantas, Lobo Antunes deu largas aos seus impulsos libidinosamente antiliterários e escreveu um texto incompreensível, não pontuado, animal-repetitivo, esquisito, despropositado e, pior que tudo, ainda mais chato do que de costume[60]. Não haverá leis neste País? Acaso a Convenção de Genebra deixou de estar em vigor? Quiçá a infância já não é um valor a preservar? Seja como for, não queremos deixar de cumprir o nosso trabalho: o telefone SOS CRIAN-ÇAS é 0800 357 893.

---

[60] Referência à crónica "Como expliquei à minha filha o sinistro caso do Dantas", in *Público*/Pública, 13 de Outubro, 1996, p. 6.

ANTÓNIO GUERREIRO

"Matéria de romance"
[*O Manual dos Inquisidores*]

Expresso/Cartaz, 26 de Outubro, 1996, p. 25.

1. Se supuséssemos a possibilidade de fazer uma etologia da «vida literária» (de todos os que nela intervêm: autores, editores, leitores, críticos, etc.) nos últimos quinze anos, o caso particular de António Lobo Antunes mereceria uma capítulo autónomo: os seus romances tiveram desde o início a preferência de um público numeroso, mas no que diz respeito à recepção crítica nos suplementos literários, as reservas foram sempre muitas. Pôde assim constituir-se a imagem de um Lobo Antunes mal-amado, a quem eram negadas boas e legítimas razões para o seu sucesso. O factor de legitimação que lhe faltava chegou-lhe da melhor maneira: através do reconhecimento no estrangeiro, sobretudo em França e na Suécia (mas não só), a ponto de o seu nome se ter tornado nos últimos anos «nobelizável». Este reconhecimento pelos outros não podia deixar de produzir efeito entre nós, sobretudo quando este seu último romance foi publicado ainda primeiro em França do que em Portugal. Objectivamente, este facto significa que **O Manual dos Inquisidores** teve o benefício da eficácia do mercado editorial (o que, em si, não se deve traduzir «a priori» numa valorização positiva ou negativa), o qual exige hoje a máxima rapidez, senão mesmo a instantaneidade. De um ponto de vista menos estrito, pode significar muito mais do que isso.

2. Numa das entrevistas que deu recentemente («Visão», 26/9/96[61]), disse António Lobo Antunes: **«O que me interessava agora era fazer**

---

[61] Entrevista de Luís Almeida Martins, "António Lobo Antunes: 'Não merecemos o Nobel'" (também publicada em Ana Paula Arnaut (ed.), *Entrevistas com António Lobo*

um ciclo de quatro romances sobre o poder, de que O Manual...
seria o primeiro». Este «sobre» é uma maneira de dizer que tem de
ser lida com alguma distância: um romance, enquanto tal, nunca é
uma escrita «sobre», não se define por um objecto (concreto ou
abstracto) que existe antes dele, claramente identificado, e de que ele
trata de se apropriar com os meios que são os seus. Em rigor, não há
um romance «sobre» – mas há seguramente uma escrita de romance,
onde facilmente reconhecemos **O Manual dos Inquisidores**, que
procede o mais perto possível da hipótese prometida por essa
preposição: uma hipótese de transitividade, de domínio (isto é, de
sobre-posição) sobre algo que é exterior e que resiste ao campo de
imanência criado pelo romance. Uma escrita de romance assim
concebida será sempre **representativa**, significando esta palavra o
acordo estabelecido com certas convenções da ilusão romanesca: a
história, como sequência de acontecimentos, organiza-se numa trama
complexa que aspira a compor uma totalidade, uma parcela do mundo
exterior ou interior. Prosseguindo a lógica de que há um romance
«sobre», **O Manual dos Inquisidores** poderia então ser «sobre o
poder» (definição que comporta já uma grande dose de elaboração
interpretativa) em Portugal antes do 25 de Abril e imediatamente a
seguir, com tudo o que isso representou de transformação numa
ordem social, baseada em privilégios de casta e de família (definição
que, sendo bastante mais descritiva, tem a vantagem de nos fazer
perceber que devemos incluir **O Manual dos Inquisidores** na ordem
das visões realistas dadas pelo romance).

3. No entanto, a ideia de apreensão de modo realista de uma
totalidade evoca certamente no leitor um modelo a que este romance
não corresponde. O seu realismo, que chega a ser da espécie do
hiperrealismo, realiza-se quase sempre como um realismo que vai
para além dos seus próprios fins, encontrando-se com a caricatura:
caricatura das personagens, caricatura do ambiente, caricatura das
situações. Caricaturar, aqui, significa exagerar nos traços que remetem

---

Antunes. 1979-2007. Confissões do Trapeiro. Ed. cit., pp. 251-258) (cf. p. 256 para a
citação feita). Ver, também, entrevista posterior a Francisco José Viegas, "«Nunca li
um livro meu»" [1997], in *idem*, pp. 281-304; p. 281 para o comentário sobre o novo
ciclo de romances.

"MATÉRIA DE ROMANCE" [*O MANUAL DOS INQUISIDORES*] | 151

para características e elementos estereotipados. Quando se escreve, por exemplo[]: **«o dono do café a explorar as cáries com um pedaço de fósforo e a assear o fósforo nas nódoas da camisola interior»** (pág. 65[62]), temos a descrição de um gesto já carregado de representações, que faz parte de um arsenal de significações do sórdido, do que provoca repulsa. E quando se descreve a personagem do ministro **«a abraçar o presidente da Câmara e a prometer um liceu, um posto médico, uma rainha de beleza com coroa e ceptro e olhos azuis, uma estação meteorológica, um templo grego, uma revista de poesia visual, um bairro operário e um avançado brasileiro[63]»**, é obviamente de uma caricatura que se trata. E de uma caricatura que produz quase sempre efeito de cómico. O cómico assim obtido é o registo mais comum ao longo do romance. Ao serviço do cómico está o «cliché», a utilização do estereotipo, seja ele a do capitalista, a do ministro do antigo regime, a da personagem feminina da linha de Cascais ou a da simples dactilógrafa, que é assim apresentada na pág. 103[64]: **«uma dactilógrafa quarenta anos mais nova que o meu pai e quarenta vezes mais gastadora que a minha mãe, uma loura ordinaríssima, enteada de um padeiro, que tinha sido Miss Salvaterra de [M]agos no concurso de beleza dos bombeiros voluntários e que tornava feliz um economistazeco lá do banco nas pausas de acompanhar o velho a Roma e a Banguecoque».** Este é pois um romance onde, sob um fundo realista, se vão projectar os processos retóricos da caricatura e do cómico. O leitor percebe que há neste romance uma gravidade por detrás da irrisão, um realismo que serve de referência à caricatura. O que não há é uma gravidade na própria irrisão, nem um realismo que se constrói **como** caricatura. E esta diferença é fundamental: é aquela que nos obriga a perceber a questão do «sobre», a exterioridade que ele implica.

4. O uso de um certo vocabulário é um importante índice de realismo: **«... e entra uma criatura da minha idade, corada pelo esforço, a empurrar um São Bernardo obsceno do tamanho de um boi. Se o senhor ministro não me tivesse mandado à quinta por**

---

[62] P. 67, edição *ne varietur*.
[63] Pp. 198-199, edição *ne varietur*.
[64] P. 105, edição *ne varietur*.

uma vitela a parir, arrumava o automóvel frente à cerca do liceu e ficava por ali até que a campainha tocasse, pasmando para as alunas a fingir que lia um livro sobre a febre aftosa, ou de capot erguido a pretexto de uma avaria no distribuidor, feliz com tantos soquetes, tanto cabelo sem laca e tantas unhas roídas...» (pág. 156[65]). Mas um vocabulário, por si só, está longe de garantir uma representação realista. Ela depende da sintaxe, das conexões na frase, da lógica da linguagem – do idioma – no interior da qual é utilizado esse vocabulário. Em **O Manual dos Inquisidores**, a justaposição e a acumulação anárquica são os processos através dos quais se representa um mundo que está sempre preenchido em excesso. O excesso e a acumulação exprimem-se assim, sobretudo, através da forma mais simples e mais codificada, que é a da enumeração: «**...o farol a esverdear o cardeal que deplorava a ingratidão dos estudantes e a desvanecer-se no horizonte como se levasse o cardeal consigo e as palmeiras e o castelo e o senhor ministro e os ingleses e os americanos e as torradas e os refrescos...**[66]». Nada neste romance existe que não faça parte de uma lista inumerável, e nada acontece que não seja reiterado. Mas, curiosamente, a sintaxe de todo este movimento é estática, baseada quase exclusivamente em processos reiterativos de descrição.

5. Neste romance, a narração é assegurada inteiramente pelas personagens, que se vão sucedendo e alternando. O romance é, pois, constituído por instâncias discursivas que se confrontam, por uma pluralidade de vozes e de perspectivas distintas. No entanto, este confronto e diversidade não faz com que existam também vários registos. A uma estrutura dialógica corresponde um discurso monológico: as várias personagens não têm «vozes» distintas, há uma mesma voz ao longo de todo o romance. O confronto de experiências não produz um confronto dos discursos e das ideologias. Daí que a pluralidade de instâncias de narração jamais dissolva o princípio ideológico da identidade. O discurso de uma personagem distingue-se do das outras apenas por aquilo que nele é contingente: a referência.

6. Há uma fórmula de produção imagética neste romance que, por ser recorrente, merece atenção. Consiste em formar expressões

---

[65] P. 154, edição *ne varietur* (aqui lê-se "são bernardo").
[66] Pp. 325-326, edição *ne varietur*.

"MATÉRIA DE ROMANCE" [*O MANUAL DOS INQUISIDORES*] | 153

com valor adverbial deste tipo: «(segredar-lhe) **num cochicho de emoção filial**[], **numa expressão comovida**», «(rodeá-lo) **numa solicitude enternecida**», «(dizer) **num assobio de zanga**», «(fritar) **num molho de escândalos**», «(amparar) **num carinho pressuroso**», «(servir-me) **numa lentidão regalada**». Estes sete exemplos foram retirados apenas de duas páginas (a 102 e 103[67]), o que diz bem da frequência com que é utilizada. Ela é um índice ostensivo de literatura, uma espécie de lugar retórico do literário. Ao mesmo tempo que faz aparecer a metáfora (logo, a literatura) como uma evidência, ela permite um número infinito de variações (**«numa estranheza zangada»**, **«numa gratidão humilde»**, **«numa familiaridade conjugal»**, **«numa teimosia zelosa»**, etc.) que exibem, digamos assim, uma estrutura generativa de enunciados literários.

---

[67] Pp. 104 e 105, edição *ne varietur* (os parêntesis são da responsabilidade de António Guerreiro).

EDUARDO PRADO COELHO

"O mistério das janelas acesas"
[*O Manual dos Inquisidores*]

Público/Leituras, 2 de Novembro, 1996, p. 12.

1. Nunca até hoje tinha escrito sobre António Lobo Antunes. Há diversas razões para isso, entre elas o acaso, entre elas a dificuldade de encontrar o modo certo de abordagem. Mas também, e isso não teve consequências apenas em mim, a barreira de fogo verbal que o António Lobo Antunes lança a propósito do aparecimento de cada um dos seus livros: inexistência da literatura portuguesa a não ser aquela que teria começado com ele e alguns dos seus amigos, ataque irracional a escritores que sinceramente admiro, como Vergílio Ferreira ou José Saramago, referências múltiplas ao Nobel (embora eu saiba muito bem que a questão do Nobel em relação a Lobo Antunes não é uma gratuita quimera do autor, mas, sim, uma lenda que corre internacionalmente e com indiscutíveis bases sólidas), etc. Daí que esteja hoje em excelentes condições para afirmar: creio que Lobo Antunes se encontra actualmente no melhor da sua forma, e que ["O] Manual dos Inquisidores", agora editado pelas Publicações Dom Quixote, é não apenas um dos grandes livros sobre o fascismo português, como um dos melhores romances portugueses contemporâneos.

2. Vou tentar explicar porquê. E as primeiras razões são de ordem técnica. Não de técnica no sentido meramente instrumental – mas de técnica enquanto metafísica, isto é, uma física com efeitos noutros planos. Ora, aquilo que me toca logo de entrada neste livro é uma questão de ritmo. Raras são as obras que nos impõem de um modo tão imperativo e incontornável uma cadência de leitura. Concertam-se

aqui três ordens de factores: em primeiro lugar, o estilo de registos de factos em que a escrita se move; ou, por outras palavras, o modo como o livro se constrói por uma acumulação de gestos repetidos. Reparem que digo factos, não acontecimentos. Um acontecimento é algo que rompe o tecido do tempo, e instala uma linha de demarcação entre um antes e um depois. Os factos que envolvem as personagens de Lobo Antunes não são personagens, e por isso não rompem o tempo, muito pelo contrário, são factos que fazem o tempo (improdutivo, repetitivo, vazio, aflitivo, emparedado, pungente) das suas vidas – são janelas abertas (e voltarei a esta metáfora) sobre a vida de seres desoladoramente banais. Mas o modo de empilhamento discursivo destes factos impõe um estilo afirmativo que está certo com a forma de inquérito (apuramento dos factos) como o livro se constrói. Inquérito ou inquisição, veremos.

Em segundo lugar, o estilo enumerativo (enumerações que se desenvolvem em enumerações, proliferação viciosa do real) cerca as personagens, encosta-as à parede, tem um modo policial de as destruir, cria nelas, e em nós, um ritmo implacável. Implacável, precisamente: nada pára esta máquina de apuramento da verdade, Percebemos, por algumas observações desgarradas ao longo do texto, que existe alguém que toma notas para contar uma história, que faz perguntas às personagens (e algumas respondem para dizerem que não respondem, que preferem olhar o cair da noite numa cadeira de repouso, cansadas de se lembrarem, exaustas de não poderem esquecer, mas respondem sempre, continuam inexoravelmente a responder) – a inquisição em curso não lhes deixa alternativas.

3. Sublinhemos um ponto essencial: o medo domina tudo. Todas as personagens têm medo, são seres aflitos e acossados, são animais perseguidos. Há homens que desde sempre têm medo do escuro, há mulheres que os protegem do escuro, mas têm medo do medo que eles têm, e têm medo de um dia os perderem e se perderem deles. Todos têm medo de solidão, da desolação imensa do amor, da mediocridade da vida, da exiguidade castrante dos sentimentos. Todos têm medo de serem eles próprios, e sobretudo de não serem mais do que eles próprios. O livro de Lobo Antunes é uma sucessão de quadros de Hopper, alguns quase literais: "eu a olhar a Praça do Chile sentada diante da caixa registadora vazia à espera que a sombra caminhe

"O MISTÉRIO DAS JANELAS ACESAS" [*O MANUAL DOS INQUISIDORES*] | 157

pelo chão e alcance as prateleiras para me levantar, trazer os taipais, colocar o cadeado na porta"[68].

Se este livro é um livro sobre o fascismo (dedicado a Melo Antunes, note-se) não é que as pessoas aqui tenham medo do fascismo (o fascismo de que se fala é apenas o prolongamento da violência nas relações entre as pessoas, uma forma de amplificar o poder de uns sobre os outros). É outra coisa: o fascismo é acima de tudo o medo da vida em que as pessoas se tornaram, a ronda cega e cabisbaixa das suas existências. Daí que a morte do general Delgado (as admiráveis páginas entre a 343 e a 354[69]) se venha inserir sem distorção no encadeamento dos factos – não chega a ser história, é apenas mais um facto a fazer-se.

4. O ritmo que António Lobo Antunes imprime ao romance tem ainda outras consequências: ele produz um efeito de "ralenti". Essa espécie de decomposição obsessiva das imagens em que os gestos se arrastam na monotonia martelada das repetições agrava a crueldade dos factos narrados. Como numa novela de Kafka, imprimem-se na própria pele dos condenados. O que se intensifica através de outras técnicas que Lobo Antunes utiliza. Em primeiro lugar, não há praticamente diálogos, mas inserção de frases que se transformam no emblema suplicante de cada personagem: é o refrão que marca cada uma delas, código secreto e murmurado do seu desamparo, marca de apelo e perdição. Cada personagem deixa-se envo[]lver na dor destas palavras, faz delas o canto assustado do desespero em que vive. Cada pessoa está encarcerada no círculo da sua cantilena sonâmbula.

Resulta daí outro aspecto extremamente importante. Os acontecimentos, aquilo que faz o enredo deste romance, existem mas são dados num conta-gotas de suplício chinês, e numa espécie de informação lateral e suplementar em relação aos quadros traçados por cada capítulo. Um capítulo, seja relato, seja comentário, é sempre a fala de uma personagem, que começa por narrar uma cena obsessiva onde vem interferir uma segunda e por vezes uma terceira cena obsessiva, criando uma sobreposição de cenas que suporta uma rede

---

[68] P. 319, edição *ne varietur*.
[69] Pp. 333-344, edição *ne varietur*.

complexa de interferências. Isto permite duas coisas. Em primeiro lugar, do cruzamento das cenas derivam processos de construção metafórica que se vão tecendo ao longo do texto. Assim, dizer-se (p. 315[70]) "a caranguejar a mão na minha anca" permite escrever na página seguinte "enquanto as pinças de caranguejo me rasgavam tecidos". Verifica-se uma espécie de absorção metafórica da cena: "o mar do outro lado que se dava por um rumor de berço" até "nos espelhos, eu que deixo de ser eu naqueles lagos de vidro" (p. 316[71]).

Em segundo lugar, todos os capítulos visam a formação de uma imagem, isto é, de uma cena final que, com extrema intensidade lírica, se sobreimprime sobre todas as outras, concentrando-as, condensando-as e fixando-as. Essa imagem final é, para utilizarmos indevidamente uma expressão de José Gil, a imagem-nua de cada personagem. É aqui que as janelas se acendem – e percebemos que cada ser humano é, na noite de todos nós, o mistério de uma janela acesa.

Que os acontecimentos se acumulem nas margens dos quadros, que as pessoas estejam enredadas no "ralenti" das suas vidas e que a história deste romance aconteça por acréscimo, apenas nos vem confirmar que cada ser age como um insecto num papel mata-moscas e que o movimento sem sujeito da história é algo que passa ao lado do jogo de cabra-cega da acção de cada um de nós – que somos apenas "figuras deslizando nas cortinas num jogo de sombras de cinema antigo".

---

[70] P. 305, edição *ne varietur* (a citação seguinte encontra-se na mesma página desta edição).
[71] P. 306, edição *ne varietur*.

MARIA ALZIRA SEIXO

"As várias vozes da escrita"[72]
[*O Manual dos Inquisidores*]

Jornal de Letras, Artes e Ideias, 6 de Novembro, 1996, pp. 8-9.

Não tenho lido regularmente Lobo Antunes, e agora, este seu romance, **O Manual dos Inquisidores**, fascinou-me completamente. O caso não é idêntico ao do Régio (ler caixa[73]) porque fui muito atraída, como quase toda a gente, por **Memória de Elefante** e **Os Cus de Judas**, seus primeiros livros, mas a partir de uma relação de leitura que tive com **Fado Alexandrino**, desinteressei-me de acompanhar a sua obra. No entanto, a leitura de **As Naus**, que fiz um pouco tardiamente e que considero um romance fabuloso (em todos os sentidos da palavra), reavivou-me o interesse pelo conjunto já impressionante desta obra, da qual só por acasos de ocupação profissional me tenho mantido afastada. Mas este **Manual dos Inquisidores**, que é um livro impressionante, provoca definitivamente, quer-me parecer, uma leitura activa.

O Manual dos Inquisidores é constituído por um conjunto de cinco relatos-capítulos, cada um deles desdobrando-se em três relatos subcapitulares que são por sua vez seguidos de um comentário, com excepção do último. Cada relato-capítulo é narrado na primeira pessoa e centra-se em personagens diferentes, todas elas desenvolvendo o seu ponto de vista em relação aos mesmos acontecimentos da matéria efabulada, à qual estão todas efectivamente ligadas. As personagens

---

[72] Texto posteriormente publicado em *Outros erros. Ensaios de literatura*. Porto: ASA, 2001, pp. 335-338.
[73] Em "A propósito de Régio. Ler e reler" (pp. 8-9), Maria Alzira Seixo defende-se da acusação, feita por Luís Amaro, de que não gosta do autor.

condutoras dos relatos-capítulos são: João, engenheiro em processo de divórcio e com fixações nostálgicas na infância e na casa paterna, situada numa quinta dos arredores de Palmela, da qual acaba por ser expoliado pela família da ex-mulher; Titina, a governanta dessa casa, dedicada ao patrão e mais tarde recolhida na Misericórdia; Paula, a irmã de João, filha ilegítima, criada com uma ama em Alcácer do Sal; Milá, a amante do pai de João que lhe faz recordar fisicamente a mulher Isabel que durante a infância do filho o trocou por outro; e, finalmente, o pai de João, ministro favorito de Salazar, déspota e anti-comunista, que acaba os seus dias num asilo de velhos no pós-25 de Abril.

Por seu lado, os comentários são desenvolvidos, segundo a mesma técnica narrativa dos relatos, mas por personagens diferentes, cujo ponto de vista se manifesta na singularidade de um único comentário, que não encontra repetição no articulado romanesco. As personagens que orientam os comentários são [a]s seguintes: para o relato de João – a filha do caseiro desflorada pelo patrão; Sofia, ex-mulher de João e menina de boas famílias do Estoril; e o tio desta, empresário preso durante o 25 de Abril que, após ter sido libertado, multiplica o poder da empresa; para o relato de Titina – a cozinheira amante do patrão e mãe de Paula, o veterinário que faz o parto da cozinheira, e a terapeuta ocupacional que dela se ocupa na Misericórdia de Alverca, e que tem uma ligação com João; para o relato de Paula – a ama, regressada de Angola; Romeu, um atrasado mental que dela se enamora; e César, seu amante; para o relato de Milá – a mãe, proprietária de uma retrosaria na Praça do Chile; o porteiro da casa da Rua Castilho que o ministro lhe paga; e o major da PIDE que acompanha Salazar nas suas visitas ao ministro, em Palmela ou em casa de Milá; para o relato do pai de João – a amiga de uma das suas amantes; o próprio filho João; e, finalmente, para o último relato do pai, a ausência de comentário e uma frase inacabada que exprime literalmente uma subjectividade incompleta na solidão, no desamparo ou no puro desaparecimento de um fim (da existência, ou do texto).

A trama implicada nesta indiciação revela por si só que, através de uma construção romanesca muito elaborada, se procura desenvolver uma saga familiar fixada na ideia da casa tutelar e na figura dominante do Pai, percorrida pela fantasmatização da Mãe ausente, e tonalizada pelos matizes de mudança e transformação impostos pelo tempo.

"AS VÁRIAS VOZES DA ESCRITA. [*O MANUAL DOS INQUISIDORES*]" | 161

O salazarismo, o 25 de Abril, a corrosão empresarial, a banalidade pequeno-burguesa, a boçalidade camponesa e militar, a incultura, a passividade intelectual, os laços e as decepções da afectividade e os impulsos do sexo são facetas dessa temporalidade na parte exterior da sua manifestação, mas constituem o texto no interior mesmo do seu pensamento monologal, que apenas a justaposição dos pontos de vista torna plural sem nunca lhe permitir uma relação efectiva de comunicação. A própria justaposição da fala das personagens as torna em si mesmas laterais umas às outras, produzindo-se esse efeito de lateralidade também através do diálogo, que nunca é troca de palavras, mas apenas enunciado de réplicas que obsessivamente se repetem na sua significação simbólica remissiva a um tempo de sentido lapidar.

Assim, o tempo é a instância subjectiva matriz deste texto, pelo que implica de discursificação de existências solitárias na relação desgarrada e arbitrária com os outros, que também se assumem como detentores da experiência temporal e do acesso ao discurso, anulando o romanesco convencional dos caracteres de excepção. Em vão o leitor tentará identificar-se com uma das personagens, como quase sempre no romance acontece, porque cada uma delas desenvolve uma determinação heróica que constantemente se autodestrói pela anexação de elementos de negatividade na peripécia narrativa ou num percurso semântico de abjecção. Por outro lado, o mundo do romance, assentando em motivos sociais e históricos de uma referencialidade concreta, e estabelecendo entre as personagens ligações que reforçam o carácter tradicional da saga, deixa em aberto muita das possibilidades narrativas, reforçando o carácter aleatório e displicente das combinações absurdas, e pondo em questão o sentido do romance como projecto existencial determinado ou como construção social teleológica.

O romance é, pois, uma espécie de inquisição ao passado sobre a sua capacidade de determinação colectiva e ontológica, e de elegia sarcástica sobre a nulidade de um presente cujo único projecto é o da frase fragmentada, inacabada, lateralizada. O tempo presente é o da evocação, quando muito o da assunção actual do peso da memória e da sua determinação sobre os gestos incertos, débeis, meros esboços de actos, da prática quotidiana na sucessão de momentos que configuram o existir. E, no entanto, o quotidiano é uma das forças maiores nos mecanismos da construção deste texto; o plano da representação, embora fundamentalmente descritivo e monologal, ganha nele um corpo que lhe transmite uma densidade social aguda e uma historicidade que lhe corresponde. Parafraseando Michel Certeau, nesse livro ainda hoje muito importante que é **L'écriture de l'Histoire**, em **O Manual dos Inquisidores** o romance *não é* histórico, mas é um romance que *encontra no seu caminho a História*, e nesse encontro funda a natureza do discurso que o manifesta.

Duas questões podem ser particularmente interessantes no que diz respeito a uma actividade específica da leitura, isto é, no plano da leitura como recepção inteligente, e por sua vez configuradora dos seus próprios mundos: a construção de **O Manual dos Inquisidores** como universo poético, e a questionação do lugar das falas que o compõem. Vou explicar-me melhor. Por um lado, o livro remete, como se viu, para a referencialidade desenganada do pós-25 de Abril, e veicula dados de uma reconstrução s[ó]cio-histórica inequívoca; mas a subjectivação que a sustenta particulariza-a, torna-a visão singular e por isso mesmo parcial, de uma realidade colectiva que a singularidade atalha e compõe em efeito poético e simbólico.

Os cinco relatos estruturantes da narrativa têm títulos, que passo a referir: 1 – **(Qualquer palhaço que voe como um pássaro desconhecido)**; 2 – **(A malícia dos objectos inanimados)**; 3 – **(Da existência dos anjos)**; 4 – **(Os dois sapatos descalços no êxtase)**; 5 – **(Pássaros quase mortais da alma)**. O registo semântico e sintáctico destes títulos demarca-se do tipo de discurso representativo-referencial do corpo do romance (para mais aparecendo entre parêntesis), e alia-se à técnica de lateralidade na apresentação das personagens e do encadeamento temporal das suas falas.

Produz-se assim um efeito poético de criação de sentidos livres, diria mesmo *desprendidos*, porque o efeito de desprendimento é essencial neste romance da recusa, da violência, da abjecção e do sarcasmo doloroso mas seco, rejeitando qualquer sentimentalismo. E o valor simbólico destes títulos (Poderia chamar-lhes *versos* ou *versus*) recorta-se na sua relação com as personagens e acontecimentos que preenchem os relatos que tutelam: em João, um ignorado e irrisório projecto da existência; em Titina, o conhecimento ineficaz de uma entidade passiva; em Paula, a ingenuidade integral; em Milá, a frivolidade da satisfação acessória; no pai, o projecto igualizando a morte. Não é uma *tradução* de sentidos que pretendo praticar, mas o estabelecimento de relações

"AS VÁRIAS VOZES DA ESCRITA. [*O MANUAL DOS INQUISIDORES*]" | 163

semânticas de índole poética, ainda de acordo com os efeitos de desprendimento e lateralidade vistos. Por outro lado, trata-se de saber *quem* fala, neste romance, ou melhor, *de onde* e *para quem* se orientam as falas de João, de Titina, de Paula, de Milá e do Pai. Ou, por outras palavras: quem são estes inquisidores? Disse há pouco que este texto inquire sobre o passado (próprio e colectivo; das personagens estruturantes e das personagens colaterais, manifestadas estas de forma dispersa e adventícia nos «comentários»); assim, a partir da diversidade por vezes desconexa de identidades, ele inquire também sobre o país, sobre a pátria, sobre a Mãe, sobre a legitimação. E as personagens *falam*, conforme se verificará numa análise do texto, a alguém que inquire (o que se deduz do início do comentário do major: *Sinceramente, ignoro do que está a falar. Sou oficial do exército, tenente-coronel na reserva*, etc., e de outros índices discursivos). Os inquisidores podemos ser também nós, leitores, e deste modo se prolongaria o alcance ético do romance, numa implicação generalizada de responsabilidades que o texto em si não está interessado em assumir, que de modo algum pretende na sua literalidade, mas que uma leitura activa e interessada pode construir.

Se assim for, a indiferenciação pós-moderna na qual os romances de Lobo Antunes de modo geral se inscrevem iniciaria talvez aqui o seu próprio processo, conferindo ao leitor a palavra essencial após um final de devastação e de ruína, de morte e de incêndio, um «apocalipse now» onde só a palavra perdura, a palavra do homem, do seu projecto, da história da sua violência e malogro. A palavra ainda no livro.

LUIZ PACHECO

"Longa jornada para a noite"

Já, 21 de Novembro, 1996, p. 42[74].

> O escritor Luiz Pacheco[75] passa a pente fino o escritor Lobo
> Antunes. De *Memória de Elefante* ao recente *O Manual dos
> Inquisidores*. Para que nos lembremos.

Quando António Lobo Antunes se põe a choramingar em tom de
mimalho «podem dizer mal, não gostar de mim, já não me podem
ignorar», a gente sente vontade de rir. Que grande lata! Se há autor
de escrita mais felizardo, esse é Lobo Antunes. Deixou de ser ignorado,
como escriba, logo-logo no seu livro de estreia, *Memória de Elefante*,
em 197[9]. E que teria o romance [de] tão [] excepcional, riquezas de
tal novidade, para assim conquistar público apaixonado? Um foguetório
de tiques fáceis: muita gracinha de metáforas, algumas bem arrojadas,
outras patetas; o abuso de palavrões, à época ainda de pouco uso e
permissão (o estilo policiado e pudico dos tipos "neos" denunciava
duas causas: o temor da Censura fascista e a bem-pensância burguesa,
onde se teria lido disto antes: «Se vais palmar saca também aqui para
o chichas. De baunilha que me não fode a úlcera», pág. 112[76]. Nem
cheiro!) E as famosas referências culturais, muitas, muitas, a armar
ao menino lido... que ele era, decerto, mas escusava de exibir tanto.
Pechas que no romance seguinte *Os Cus de Judas*, do mesmo ano de

---

74 No final do texto assinala-se a presença de António Lobo Antunes "hoje, às
21h30, na livraria O Nome Do Livro, na Amadora, para autografar e conversar
sobre *O Manual dos Inquisidores* [...]".

75 Nas páginas 64-65 de *Conhecimento do Inferno* (edição *ne varietur*) encontramos a
referência ao dia em que António Lobo Antunes conheceu Luiz Pacheco.

76 P. 93, edição *ne varietur*.

7[9], começou a emendar, atenuar. Até porque o linguajar da tropa, e para mais em guerra acesa, não permitia mesura nas falas; também aí o tema e o cenário eram de uma muito outra gravidade do que o sentimentalismo pingão, a dor de corno insofrida e sangrenta, traves da ficção romanesca da *Memória* (e o livrinho vai sempre ter leitores deliciados).

Fui lá tão atrás, recuei mais de 20 anos, para proporcionar a Lobo Antunes uma salva de palmas: não é nada vulgar, o enorme prazer de se assistir a um escritor novo, cumulado subitamente do favor público, não ficar por aí, adormecer à sombra dos louros súbitos, unânimes, e para maior surpresa e mérito em dois livros tão opostos na problemática como esses dois romances iniciais. De 7[9] para cá, à vista de nós todos, ele construiu uma obra, acumulou títulos, chega com este *O Manual dos Inquisidores* à cúpula de uma carreira, tão profissional e exclusiva das letras como o nosso meio lho terá permitido. É uma luta bonita. É um caso muito sério. Por razões especiais, nem as saberia explicitar todas, para mim o seu melhor livro será *A Ordem Natural das Coisas* (1992). Gosto muito. Não sei se é ou não é o seu romance mais poderoso e conseguido, não me permito tal rigor de avaliação. Vi por ali uma Bemfica (escrevia-se assim no meu tempo, com m) que o António tem procurado mitificar e eu trago da minha infância com uma ternura grande (os meus avós maternos moravam mesmo ao lado da casa dele, um palácio!, dos Lobo Antunes, o 676 da Estrela, se não erro). A Mata, a Avenida Grão Vasco, a Gomes Pereira, uma palmeira ali citada à brava e era a palmeira do terraço dos Correios; e as figuras tão densas de humanidade, tão afortunadamente apanhadas como seres vivos, tão parecidas... contribuirão para que dê a esse livro uma predilecção que não terá, talvez, muito a ver com o seu real mérito literário, de construção romanesca apurada.

O percurso de Lobo Antunes não foi, todavia, fácil; nem o seu irrompante aparecer na ficção portuguesa pós-Abril, com a velhada neo-realista a sentir-se totalmente caduca, ultrapassada; estavam calhados, viciados em escrever sob censura e desculparem-se com isso da pouca capacidade criativa e do pouquíssimo talento. Ficaram danados!, invejosos, com uma ciumeira total. E receio que Lobo Antunes tenha sofrido esse trauma durante anos e anos; tenha ateimado; se tornasse compulsivo. Mas serão coisas do passado, ele próprio o reconhece. E, quanto a mim, essa é outra boa razão para, de novo, o aplaudirmos. Mas deixou cicatrizes; recordações desagradáveis, inapagáveis. Quando ele se lamenta de não haver, agora, crítica literária em Portugal, apenas recensões (e nem isso estou aqui fazendo; apenas uma breve saudação), Lobo Antunes estará com saudades do João Gaspar Simões e outros críticos de tribuna semanal, continuada, firme. Eram eles úteis? Decerto. Mas para um criador de romances sempre em ânsia (legítima! esplendorosa!) de superar-se, de arriscar novas experiências formais, será que uma crítica conformista e convencional (como era a do Gaspas, renitente a vanguardas, fixado em modelos do século XIX francês, ele próprio romancista falhado) teria atractivos e utilidade? [D]uvido[77].

O niilista flamejante

E nem será o que mais me interessa aqui sublinhar. Sim, que a Lobo Antunes foi proporcionada uma carreira de romancista internacional, que foi sendo sugada pela engrenagem da literatura de consumo contemporânea, quando nos atira à cara os seus agentes literários, edições em múltiplas línguas, caso deste *Manual*, edições simultâneas em França, Suécia (percebe-se porquê), etc., antecedendo até a edição portuguesa, está, mesmo que não guarde lúcida consciência, a afastar-se de seus leitores compatriotas. Claro que a sua projecção na estranja nos consola e exalta, caso nunca visto! Que já não seja um desconhecido escriba em Paris ou Estocolmo, que seja ele o mais esperançoso nosso candidato ao Nobel literário (o meu pessimismo em relação a idênticas possibilidades para José Saramago quanto ao prémio é, para já, não poderem deixar de ser eternos concorrentes, eternos nomeados...) é tudo muito bonito e cálido para o nosso espírito nacionalista, orgulho patrioteiro. Pois. O que tal qualidade (invejável, concordo) condiciona, o seu labor e criação, é que me parece mais de preocupar. Disso creio ser declarado exemplo *O Manual d[os] Inquisidores*. Obra interessantíssima, obra ambígua sob vários aspectos. O regime

---

[77] A propósito da inexistência da crítica em Portugal, António Lobo Antunes afirma o seguinte: "custava-me muito que o senhor Gaspar Simões dissesse bem de mim. Seria sinal de que eu estava a escrever coisas sinistras" ("Lobo Antunes: «Fui bem comportado durante tempo de mais!»", entrevista conduzida por Clara Ferreira Alves [1983], in Ana Paula Arnaut (ed.), *Entrevistas com António António Lobo Antunes. 1979-2007. Confissões do Trapeiro*. Ed. cit., p. 58; ver *supra*, nota 56, p. 136).

salazarento, padrão rebuscado daqueles comportamentos, daquele acervo de histórias e de figuras cruzadas, a mim se me antolhou erradamente "folclórico"; superficial e nada fundamentável. Não é uma caricatura sequer, não uma polémica – mas apenas uma "paródia". Um embróglio exótico para estrangeiros divertir. Com páginas em que Lobo Antunes assopra por dentro com todo o seu talento, tais o assassinato de Humberto Delgado, obra-prima de visionar um tão forte acontecimento sem laivos de lamechice ou iras escusadas, extemporâneas. Mas o que por ali abundam são títeres. A começar pelo Salazar. Apenas um nome a vestir um boneco (e a insistência com que o nome Salazar tem vindo a ser abordado por certos ficcionistas, estou a lembrar-me de um amalandrado escriba de laçarote ao colo, me cheira descarregar no professor de Coimbra todo o odioso de um regime, do qual ele não seria apenas a cabeça de cartaz[]). Porém a aposta de Lobo Antunes é certeira: tudo o que nesta trama nos pareça[,] a portugueses[,] disparatado, ao leitor da estranja, sua actual e maior e melhor clientela, vai aparecer adequado a uma ditadurazeca do Terceiro Mundo, como tantas que outras que prosperam a contento, toleradas, armadas, pagas pelas chamadas democracias ocidentais... morreram há pouco dois figurões, o Bokassa e o Idi-Amin, está a estrebuchar o Mobutu; só, para tais excelsos democratas, o Fidel é repulsivo diabo, percebe-se!

Lobo Antunes, e gostaria de estar equivocado, caiu numa espécie de niilismo flamejante. Aura internacional bastante; nenhuma apetência para ficar por cá. Vejam o paradoxo: tínhamos um grande romancista de subúrbio, a minha Bemfica; ficaremos ou estamos em vias de qualquer dia ler Lobo Antunes em francês ou sueco traduzido pela dona Fernanda Peres Rodrigues. Ai de nós! Estávamos ensolarados e caímos na escuridão. É praga!

CARLOS REIS

"«*O Manual dos Inquisidores*».
O romance como catarse"

Jornal de Letras, Artes e Ideias, 12 de Março, 1997, pp. 22-23.

1. Pense-se o que se pensar acerca da obra ficcional de António Lobo Antunes, acerca da personalidade do próprio escritor ou acerca do significado do seu sucesso de público, uma coisa parece incontestável: nos romances de Lobo Antunes encontra-se o mais cruel, minucioso e desencantado retrato da nossa vida colectiva[] dos últimos trinta anos. Uma vida colectiva que envolve uma guerra colonial e uma revolução política, um tempo de ditadura e um tempo de democracia, cenários de repressão e cenários de convulsiva libertação, figuras quase épicas e figuras inteiramente grotescas. Tudo aquilo, afinal, de que carece um romancista de talento para, em registo ficcional, fixar os traços dominantes de um devir social que o romance, por natureza, está vocacionado para representar.

Não esqueçamos que, enquanto forma literária adulta e moderna, o romance afirma-se e triunfa quando nele se evidencia essa capacidade para a representação social e ideológica: não por acaso um dos mais desenvolvidos domínios da sociologia da literatura tem sido a sociologia do romance; e não esqueçamos também que estudiosos dos fenómenos sociais, políticos e económicos, em várias épocas e quadrantes ideológicos, leram muitas vezes o romance como um repositório de tensões e de conflitos sociais, talvez mais expressivos do que aqueles que os documentos propriamente ditos podiam revelar. Neste aspecto, a sociologia de matriz marxista seguiu muito de perto o exemplo de Marx e Engels, em cujos textos é frequente a menção a Daniel Defoe, a Walter Scott e (sobretudo) a Balzac; e, depois deles, a sociologia literária mais elaborada e metodologicamente cuidadosa (a chamada sociologia do texto e a sociocrítica) veio mostrar que, mesmo ao nível de elaborações formais sofisticadas e muito pouco explícitas quanto aos conteúdos representados (por exemplo: o monólogo interior), o romance continua a ser um domínio de reflexão extremamente significativo.

2. A produção literária de Lobo Antunes arranca para o índice de notoriedade que hoje possui, praticamente com a Revolução do 25 de Abril. Tendo publicado o seu primeiro romance em 1979 (**Memória de Elefante** a que logo se seguiu **Os Cus de Judas**), essa produção literária é directa e mediatamente tributária do tempo de libertação que então se viveu. Lembremos que os primeiros anos a seguir ao 25 de Abril revelaram uma espécie de perplexidade e mesmo de falta de capacidade do escritor português para responder, no plano literário, a essa libertação, que era antes de tudo política, mas também cultural e de linguagem; do mesmo modo tornou-se, então, evidente que os escritores que já publicavam antes de 1974 não tinham escrito para a gaveta (coisa que, aliás, acontece em circunstâncias absolutamente excepcionais). E que, portanto, estava por descobrir a ficção narrativa da liberdade e em liberdade.

A estreia de Lobo Antunes em 1979 constituiu o aparecimento de uma voz literária que muito pouco (ou nada) tinha a ver com o passado próximo. Com as mãos inteiramente limpas, Lobo Antunes estreava também, em 1979, uma atitude singular, em relação à própria comunidade literária. Personalidade (ao que se diz) difícil, retraída e pouco dada a circular em instituições e meios literários, Lobo Antunes parecia deliberadamente talhado para se enquistar numa posição de agressiva indiferença, relativamente aos tiques e aos truques do modo (social) de ser escritor; acresce a isto que os seus livros logo conheceram um inegável êxito de público, indirectamente confirmado pelo facto de deles terem sido publicadas inúmeras traduções em diversas (e importantes) editoras estrangeiras.

3. O último romance de António Lobo Antunes reitera e aprofunda quase tudo o que ficou dito. Com efeito, **O Manual dos Inquisidores** tem sido não apenas um romance com muito bom acolhimento de público (ele marca presença, há meses, nos *tops* de vendas, o que não

significa, da minha parte, uma confiança plena nestes indicadores) mas revelou-se também como um romance que retoma e reafirma o que de melhor se conhecia na obra do autor.

De forma sintética: em **O Manual dos Inquisidores** encontramos um longo e circunstanciado relato a várias vozes, incidindo sobre eventos em primeira instância de dimensão pessoal: casamentos e divórcios, pequenas e grandes ambições, relações amorosas e desencantos afectivos, proteccionismos pessoais e perseguições de oportunidade. As personagens que vivem estes eventos são também, com frequência, o filtro vocal que os representa: um ministro de Salazar, depois representado na sua irreversível decadência física, o motorista, uma amante do ministro, a mulher (depois ex-mulher), a governanta, a mãe da amante, movimentam-se num tempo narrativo instável e movediço; um tempo ficcional que, de facto, se desloca e oscila entre dois tempos históricos: o de antes da revolução de Abril e o que se lhe seguiu, com as suas rupturas sociais, com os seus desequilíbrios, com as suas ilusões e desilusões.

Cabe dizer, então, que **O Manual dos Inquisidores** é um romance profundamente enraizado na história mas não é um romance histórico, na acepção estrita da expressão. Não que a História não esteja nele representada, inclusivamente através de eventos relevantes e facilmente reconhecíveis como tais: por exemplo, o assassinato de Humberto Delgado pela polícia política ou a sucessão de Salazar por Marcello Caetano e as tensões que desencadeou no (já quase moribundo) regime. Acontece, porém, que a configuração de um género (ou de um subgénero) literário obedece a solicitações de tempo e de espaço cultural, enviesadamente determinantes de respostas temáticas e formais que esse género acolhe e faz ecoar. Acontece que o romance histórico é, de facto, de outro tempo (que é o século XIX romântico) e, por razões que agora não cabe aprofundar, a sua revivescência no nosso fim de século só faz sentido sob o signo da paródia, da desmitificação ou de um propósito de desconstrução e revisão da chamada verdade histórica.

4. Não raro, as situações e as personagens descritas n'**O Manual dos Inquisidores** roçam o grotesco e situam-se num plano de degradação humana, social e moral quase repulsiva (um exemplo: «e apesar de o senhor lutar contra mim a primeira golfada atingiu-o no colarinho, na gravata, no rosto, vomitei no casaco de inaugurar

172 | CARLOS REIS

hospitais, nos *dossiers*, nos livros, na fotografia do professor Salazar»; p. 131[78]). Não é por esse lado, contudo, que este é um romance interessante e importante – até porque aqueles registos não são novidade na ficção narrativa de Lobo Antunes e a sua repetição arrisca-se a ganhar o estatuto de lugar-comum rapidamente reconhecível. Considero que **O Manual dos Inquisidores** é um romance a reter, porque nele se equacionam, no plano da linguagem narrativa, temas, problemas e valores que o fim de século português e pós-revolucionário bem conhece: o fim de século dos centros comerciais, do consumismo desenfreado, da poluição dissolvente, da corrupção encapotada, da aculturação por via televisiva.

Nada disso surge explicitado por uma voz narrativa transcendente. Tudo isso (e muito mais) manifesta-se projectado na teia de vozes narrativas que estruturam o romance; uma tal plurivocalidade parece remeter para os sentidos da provisoriedade e da dispersão que atravessam o romance: em vez de uma (impossível) versão única e irreversível de eventos e de situações, o que na narrativa se cultiva é a pluralidade de olhares e de discursos; em vez de uma história acabada e harmoniosamente concertada, o romance modela uma sucessão de versões – de relatos e de subsequentes comentários – que inviabilizam um significado único, global e continuado. Um pouco como se o romance se visse possuído pela dinâmica e pela fragmentária instabilidade de um continuado *zapping* discursivo, aliás, explicitado, na sua acepção técnica, em certo passo do relato: «a filha da jeitosa, sentada num tapete de Arraiolos que faz favor, mudando o canal da televisão cada cinco segundos numa berraria que me punha doida, desenhos animados, um jogo de andebol, uma novela mexicana, um concurso de beleza, a filha da jeitosa para mim como se [eu] não implorasse outra coisa» (p. 229[79]). Acresce a isto que os enunciados que decorrem da plurivocalidade instauram um fluxo discursivo às vezes frenético, como se pela linguagem (e pela narração) explodisse[] uma outra pluralidade, que é a dos conflitos plasmados naquele fluxo discursivo.

---

[78] Mesma página na edição *ne varietur* (a palavra dossier não aparece grafada em itálico em nenhuma das edições).
[79] P. 225, edição *ne varietur*.

5. Não é fácil começar a acabar um texto. Desde que à noção de texto se incuta a dimensão da coerência, esta implica uma abertura e um fecho que façam sentido, quando mais não seja por uma funcionalidade própria que é precisamente a do *incipit* e do *explicit*. Quando o texto é um romance, a dimensão da coerência que ficou referida é reforçada pelas outras funcionalidades, que são, por exemplo, as de categorias narrativas como a acção, a personagem, ou o tempo.

Ora, o que encontramos em **O Manual dos Inquisidores** (e desde logo salta à vista) é que o início e o fim do romance suscitam um efeito de continuidade e inacabamento, decorrente da pulverização daquilo que habitualmente se encontra (e espera) naqueles lugares estratégicos do texto. O romance abre com uma copulativa, que introduz um sintagma sem sujeito explicitado («E ao entrar no tribunal em Lisboa era na quinta que pensava»; p 11); no fecho, de forma mais drástica, a frase fica inacabada e o sujeito desta vez explicitado, carece de predicado: «peço-lhe que não se esqueça de dizer ao pateta do meu filho que apesar de tudo eu» (p. 412[80]).

Mesmo que, neste último caso, se admita um desenlace (do género: o velho ministro de Salazar, internado num asilo, morre fulminantemente e não termina a frase), persiste o efeito de inacabamento, como se o romance fosse desprovido de um narrador que explicasse aquela suspensão. De certa forma, ele não está lá, porque na lógica deste relato não tem de ser assim: se o relato instaura (como penso) um tempo narrativo (e também histórico, político, social, etc.) em descontrolado devir, não será o narrador que arbitrariamente localizará e explicitará os termos (inicial e final) desse devir. Fazê-lo seria recuperar uma concepção de romance regido por um narrador escrupulosamente orientado para a clarificação de ritmos, de registos e de instâncias narrativas; noutros termos: um narrador que ponderadamente controlaria a comunicação narrativa, assegurando o seu harmonioso desenvolvimento e concretização. Não é disso que se trata, porque a narrativa, em **O Manual dos Inquisidores**, enuncia-se como tumultuosa e interminável *catarse* colectiva, pateticamente vivida por quem habita o romance (como personagem ou como figurante), mas também, em última instância, por quem o incorpora numa outra vivência, que é o do acto da leitura.

---

[80] Pp. 13 e 399, respectivamente, edição *ne varietur*.

FERNANDO VENÂNCIO

"O jovem príncipe"[81]

Jornal de Letras, Artes e Ideias, 10 de Setembro, 1997.

Cheguei-me a ele e fiz assim: «Tenho muito gosto em cumprimentá-lo. Eu sou o…», e disse o nome. O meu nome não lhe dizia nada. No segundo seguinte, António Lobo Antunes tinha-o esquecido. Isto tranquilizou-me. Estava-se ali numa coisa solene, nas Galveias, o lançamento do livro dum amigo dele, com presidente e tudo. Por causa de dúvidas, acrescentei: «Às vezes, escrevo coisas a seu respeito. Nem sempre com entusiasmo.» António Lobo Antunes sorriu. «Eu, sabe, nunca leio a crítica portuguesa.» Sorri, também. No fundo, acreditando. Mais por ele. Sempre era uma razoável poupança de tempo. Ali estávamos nós, então, dois amáveis desconhecidos. Nem embaraço havia. Não havia mesmo nada. E foi melhor ficar assim. Por esse lado, regressei à inocência de antes do episódio, mais sabendo, agora, que, nessa zona nevoenta que lhe é, por força, a «crítica portuguesa», Lobo Antunes jamais há-de supor a minha existência.

Dizer que li *tudo* do ficcionista é exagero. Li alguma coisa, espero não ter perdido o essencial. E, todavia, tremo só à ideia de ser apanhado num qualquer debate público – é um dos meus pesadelos recorrentes – em que tenha de esclarecer «o que penso» dele. As melhores respostas, aquelas de deixar o público transido de tanta eloquência, vêm, sempre, já desmontadas as tendas. Mas aqui, longe das tensões, *sei* o que diria. Isto: «O que eu penso do chavalo não tem qualquer interesse. Leiam vocês as *Crónicas* dele e depois falamos.» As crónicas dele.

---

[81] Texto posteriormente publicado em *Maquinações e Bons Sentimentos, Crónicas literárias*. Porto: Campo das Letras, 2002, pp. 95-99. A pedido do autor, a transcrição é feita a partir deste volume.

176 | FERNANDO VENÂNCIO

Aí está um conjunto de textos soberbos. Não constam da bibliografia oficial, mal se lhes vê referências na crítica, nem sequer se viram lembradas quando, como há tempos, foram peça de teatro. São um segredo, uma pedrita de escândalo, nem isso. E há um romance dele, que sei que um dia hei-de reler, *Explicação dos pássaros*, primorosamente concebido, superiormente contado. Depois, damos, aqui ou além, em *Auto dos Danados*, em *A Ordem Natural das Coisas*, com páginas que valeram a pena de se ter lá chegado. E há, desde há quase um ano, esse último romance, *O Manual dos Inquisidores*, que agora vou lendo, com vontade de prosseguir, com receio de acabar, sem perceber bem porque não desisto, de vez, deste retrato reles do país, incansavelmente reles, desta sistemática exploração do nosso grotesco. Mas prende--me aquele falar encantatório, feito do mais repulsivo e do mais autêntico que há na nossa linguagem.

Outro caso com ele. Buscava eu, em Lisboa, informes sobre um jovem crítico cedo desaparecido, Fernão de Magalhães Gonçalves, quando me cai debaixo de olhos, numa velha colecção do *Diário Popular*, uma entrevista com António Lobo Antunes. Chama-se *serendipity* ao fenómeno. Procura-se uma coisa, outra se nos impõe. Estuda-se o comportamento dos fungos, descobre-se a penicilina.

No Verão de 1979, publicara o juvenil psiquiatra *Memória de Elefante*, pela mão de João de Melo, então na Vega[82]. De Lobo Antunes, dirá [João Gaspar Simões] n'*O Jornal*, em Março de 1984: «[n]ão tem valor nenhum, é apenas um malabarista da palavra, é uma invenção não se sabe de quem!»[83] Se nunca se soube quem o inventou, sabe-se decerto quem o trouxe a público.

---

[82] Luís Almeida Martins atribui a responsabilidade da existência de António Lobo Antunes como escritor a Daniel Sampaio ("António Lobo Antunes: '*As Naus* é o meu melhor livro'" [1988] e "António Lobo Antunes: «Quis escrever um romance policial»" [1992], in Ana Paula Arnaut (ed.), *Entrevistas com António Lobo Antunes. 1979-2007. Confissões do Trapeiro*. Ed. cit., pp. 126 e 162, respectivamente. Ver, também, *idem*, "A confissão exuberante" [1994] e "A salvação pela escrita" [1996], entrevistas de Rodrigues da Silva, pp. 217 e 249; "«Nunca li um livro meu»" [1997], entrevista de Francisco José Viegas, p. 286; "Um quarto de século depois de *Os Cus de Judas*. 'Acho que já podia morrer'" [2004], entrevista de Adelino Gomes, p. 439; "'Tenho a sensação de que ando a negociar com a morte'" [2006], entrevista de Alexandra Lucas Coelho, p. 545.

[83] O comentário é feito a propósito da atribuição do Prémio de Novelística da Associação Portuguesa de Escritores (ver "Chuva de apoios a Vergílio Ferreira", in *O Jornal*/2.º caderno/Artes, Letras/Espectáculos, 9 de Março, 1984, pp. 8-9).

Ora, em Outubro de 79, as vendas de *Memória de Elefante* arrancavam bem, facto insólito num romance de autor desconhecido, posto à venda ainda a *rentrée* não despontava. Os contactos com a imprensa estavam por então lançados, mas os maquinismos não eram o que hoje são. E é nesse momento que Rodrigues da Silva, jornalista do *DP*, lê o livro e decide entrevistar o autor. O entretém virá ocupar, por quatro longas páginas, o melhor de dois números (18 e 25 de Outubro) desse Suplemento «Letras e Artes», que – com o do *Diário de Lisboa* – era de bom-tom seguir. E então as coisas precipitam-se. O nosso pequeno mundo leitor dá-se conta desse curioso António Lobo Antunes e corre a comprar-lhe o livro. Estava prevista «para este ano ainda» uma segunda edição, mas já em Novembro saía a quarta. O público em breve correrá também a comprar-lhe o segundo romance, aparecido logo em Dezembro, *Os Cus de Judas*. Ainda hoje anda nessa correria.

A entrevista trazia todos os ingredientes para uma bomba publicitária. Do princípio ao fim, vivia da desarmante mistura de ingenuidade e arrogância. Um jovem autor sorri largamente da primeira página («eu era jovem e bonito», lembrará ele, dezoito anos mais tarde, a Tereza Coelho), e logo acede a confessar pequeninas fraquezas de estreante. «A sensação de ver o livro nas montras foi engraçada, houve uma altura em que andei a passear pela Baixa, para ver o livro.» E sobre as «cartas de pessoas» que recebe: «Tem sido porreiro, tem sido extremamente agradável e consolador para mim, uma alegria muito grande.» Comenta, depois, em largos e esclarecedores pormenores, a «história de amor» e «sobretudo de angústia» que no romance narrou.

Mas, novinho ainda, já traz contas para ajustar. Algumas com a classe dos físicos, a que sem alegria pertence, e outras, muitas, com o grémio dos escritores, onde espera nunca ser achado. Dos doutores do corpo diz: «Os médicos não vão ao médico. Os médicos têm medo de ir ao médico porque têm medo de morrer.» Vivem esconjurando a morte «através do receio da morte alheia», que, por mais essa razão, tentarão evitar. Lobo Antunes anuncia ser esse o tema de um terceiro romance, já encarreirado, *Conhecimento do Inferno*. Da literatura, é-lhe tanto mais «fácil» falar quanto, sublinha, se está «borrifando para as opiniões dos críticos encartados, dos escritores encartados,

178 | FERNANDO VENÂNCIO

pelos quais», informa, «não tenho, na maior parte dos casos, respeito nenhum.» E porquê? Porque se deixaram «castrar» pela ditadura. «A maior parte dos escritores deste país são castrados – isto eu gostaria que ficasse na entrevista.» Aquilo que, por essas montras país fora, o rodeia «é uma literatura sem sangue e sem olhar e sem gesto, é uma, sei lá, pá, é uma merda que anda à roda.»

Evidentemente: com este rufar de tambores, esta estridência de clarins, o novo príncipe não chega despercebido. E não é um facto que ele, bastante mais do que outros, vai vendendo bem? «Eu acho» – cita-se o essencial da tirada – «perfeitamente natural que eles não se vendam, porque aquilo que eles escrevem não é para ser lido a não ser por gajos que gostam de fazer palavras cruzadas na alma.» O grande visado, ninguém o ignora hoje, era então Vergílio Ferreira. Percepção certeira, esta. Um dia se verá que os dois homens encarnavam, como ninguém, dois conceitos de ficção prestigiosos no seu tempo: o da auto-sangria pública, atormentada e frequentemente charadística, e o de uma revoltada, e não raro espalhafatosa, denúncia do país. Era, de um lado, a literatura do tormento, tipo «Não mereço a vida.» Do outro, a literatura da revolta, género «Este país não me merece.»

Carlos Reis qualificava, há tempos, a atitude de António Lobo Antunes frente às letras suas contemporâneas como de «agressiva indiferença». Eduardo Prado Coelho chamou-lhe uma «barreira de fogo verbal»[84]. Para a fuga, ou para o ataque, o romancista sempre demonstrou essa fina noção do gesto espectacular. Perdoe-se-lhe muito. A literatura necessita desses arrimos para chegar ao coração das gentes. E, se Lobo Antunes foi, aqui ou ali, algo primário na demarcação dum território, até hoje ninguém apareceu que lho negasse. Será um quintal exíguo, mas é decididamente o dele. E facto é que os críticos, mesmo os encartados, não regateiam já louvores. *O Manual dos Inquisidores*, considerou-o Eduardo Prado Coelho «um dos melhores romances portugueses contemporâneos». Carlos Reis comentou-o com tácita satisfação, pretendendo que «retoma e confirma o que de melhor

---

[84] Ver *supra*, Carlos Reis, "«O Manual dos Inquisidores». *O romance como catarse*", pp. 169-173 e Eduardo Prado Coelho, "O mistério das janelas acesas", pp. 155-158.

se conhecia na obra do autor». Depois de ter vencido, António Lobo Antunes começa a convencer. Em ambas as façanhas, por mérito próprio.

Hoje, a sua única preocupação – confidenciou ele a Tereza Coelho, no *Público* – é poder não chegar-lhe o tempo para quanto se propôs fazer ainda. «Começo a viver obcecado pela falta de tempo.» É um temor saudável, este, e que tem estimulado muito boa gente. Não se duvide: no que respeita a Lobo Antunes, as perspectivas nunca foram tão boas.

"Sucesso português em Frankfurt"

A Capital, 21 de Outubro, 1997, p. 29.

> Um dos melhores exemplos para comprovar o êxito da participação portuguesa na Feira do Livro de Frankfurt, que hoje se desmonta, é o do aumento de vendas dos livros de Lobo Antunes. «O Manual dos Inquisidores» atingiu a barreira dos 30 mil exemplares em dois meses. Segundo notícia não confirmada, parece que uma editora alemã chegou a oferecer 50 mil contos pelos direitos.

A literatura portuguesa está em tempo de maré cheia na Alemanha, onde o interesse em traduzir escritores portugueses cresceu exponencialmente. Numa clara demonstração de que o (quase) milhão de contos que se gastou na promoção de Portugal como país-tema na maior feira mundial do livro deu os seus frutos.

António Lobo Antunes, por exemplo, tornou-se o caso mais exemplar dessa euforia germânica pela criação literária nacional. Só a tradução alemã de «O Manual dos Inquisidores» já vendeu 30 mil exemplares em dois meses, o que parece ter levado uma editora alemã a oferecer cerca de 50 mil contos pelos direitos de publicação.

Christoph Buchwald, da casa livreira Luchterhand, responsável pelos cinco livros de Lobo Antunes editados na Alemanha, fala de um sucesso merecido para uma obra de «verdadeira literatura mundial».

A excelente recepção de Lobo Antunes junto do público alemão – a que não é alheia a tradução exemplar de Maralde Meyer-Minneman, que ganhou o Prémio de Tradução Portugal/Frankfurt 97 – levou o responsável da editora alemã a estudar a possibilidade de publicar outros escritores portugueses, alguns deles sugeridos pelo próprio autor de «A Morte de Carlos Gardel».

Lobo Antunes que, como é seu timbre, não se coibiu de em Frankfurt lançar algumas palavras mais duras sobre a participação oficial portuguesa, chegando mesmo a salientar: «Portugal não se interessa por mim, e eu não me interesso por Portugal.» Apesar de ter sido o próprio a justificar, em carta, a sua indisponibilidade para englobar a comitiva oficial de 40 escritores que Portugal levou a Frankfurt.

À margem de qualquer querela, as vendas de direitos de autores portugueses registaram um significativo aumento este ano. «Nos outros anos éramos nós que tínhamos de ir procurar os editores internacionais. Agora foi completamente diferente: eram eles que vinham ter connosco», referiu, à Lusa, Zeferino Coelho, da Caminho.

CARLOS REIS

"Um romance repetitivo"
[*O Esplendor de Portugal*]

Jornal de Letras, Artes e Ideias, 22 de Outubro, 1997, pp. 24-25.

1. António Lobo Antunes acaba de publicar mais um romance, de seu título «**O Esplendor de Portugal**». É um acontecimento sob vários pontos de vista digno de registo e que a editora não deixa de assinalar em termos que nada devem à modéstia: «Outra vez um romance genial», proclama a cinta que envolve esta primeira edição.

O anúncio merece reflexão, pelo menos por duas razões: primeiro, porque o **outra vez** parece hesitar entre a euforia e uma discreta consciência do excesso (como quem diz: parece impossível, mas é ve[r]dade); depois, porque a expressão **romance genial** levanta expectativas muito fortes a que o texto terá que corresponder. Se o faz ou não é o que veremos; mas fique desde já assinalado que a expressão é muito forte, sobretudo se olharmos para a nossa (apesar de tudo) longa história literária e se verificarmos, com honradez e com sentido das proporções, que nela o génio não abunda. A menos que se confunda **génio** com **talento** – o que é outra coisa.

2. Antes de avançar para o **romance genial** de Lobo Antunes, notarei o seguinte: é o décimo segundo título do autor, em dezoito anos de produção literária[.] A quantidade dá que pensar e lembra a prolixidade que foi timbre de escritores como Balzac, Camilo Castelo Branco ou Galdós. O que obriga a ponderar os efeitos que sobre a prática literária impendem, quando o escritor (particularmente o romancista) se assume como profissional.

Lobo Antunes é hoje um dos poucos escritores profissionais da nossa pequenina república das letras, uma vez que, como é sabido, abandonou a que era a sua profissão como médico, para inteiramente

184 | CARLOS REIS

se consagrar à escrita literária. Uma tal situação é certamente desejável (e desejada por muitos) e o resultado da opção parece confirmar a sua bondade, pelo menos em termos quantitativos: depois de, há cerca de um ano, ter publicado um romance com mais de quatrocentas páginas ([«O] **Manual dos Inquisidores**, a que aqui me referi em texto publicado há não muito tempo[85]), Lobo Antunes reincide, com outras quatrocentas páginas.

Uma tal produtividade não é explicada só por força da profissionalização do escritor. Julgo que, entre nós, não está ainda suficientemente analisada a incidência da escrita, enquanto acto **material**, na criação literária e nos seus resultados, do ponto de vista qualitativo. De forma mais directa e exemplificando: seria interessante averiguar as consequências que se deduzem do facto de o escritor usar (ou ter usado) pena de pato, aparo de aço, máquina de escrever ou processador de texto.

De facto, com[] processador de texto, escreve-se hoje muito mais depressa, corrige-se muito mais facilmente e pode dar-se a ler muito mais prosa. Se ela é lida ou não é outra questão, mas não há dúvida de que nunca como agora a gestão daquilo que se faculta ao leitor foi um processo tão melindroso. E neste caso (como noutros, aliás) a Feira de Frankfurt por certo terá pesado como um factor de condicionamento daquilo que (e de **quando**) se publicou.

3. Volto a Lobo Antunes e ao seu romance «**O Esplendor de Portugal**». Desde já, é preciso dizer o seguinte: tematicamente, «**O Esplendor de Portugal**» prossegue e reitera as grandes preocupações que eram as d'«**O Manual dos Inquisidores**» e as de outros romances do autor: à ficção de Lobo Antunes deve-se um retrato extremamente cruel e desencantado da nossa vida colectiva, envolvendo um lapso de tempo que vai da guerra colonial até aos sucessos e aos desencantos do chamado cavaquismo. Cultivando quase obsessivamente o registo do sarcasmo, da caricatura, do grotesco e por vezes do repulsivo, Lobo Antunes fornece nos seus romances, material suficiente para o conhecimento das facetas mais disformes e desproporcionadas da realidade portuguesa, num tom que só encontra

---

[85] Ver *supra*, Carlos Reis, "«O Manual dos Inquisidores». O romance como catarse", pp. 169-173.

"UM ROMANCE REPETITIVO" [*O ESPLENDOR DE PORTUGAL*] | 185

paralelo na crónica amarga, corrosiva e desencantada de Vasco Pulido Valente. O que não deixa de ser interessante, se tivermos em conta que também Lobo Antunes é cronista, sendo que nesta sua actividade facilmente se reconhece o contributo do romancista.

Este «**Esplendor de Portugal**» inscreve, no lugar estratégico da epígrafe, nem mais nem menos do que «A Portuguesa», de Henrique Lopes de Mendonça, letra do nosso Hino Nacional ou quase: durante a recente querela acerca de uma intervenção de António Alçada Baptista, quase ninguém notou que o verso da discórdia («Contra os canhões, marchar, marchar») resulta, afinal, do ajustamento ao hino adoptado pela República de um outro verso («Contra os bretões, marchar, marchar»), que deixara de fazer o sentido antibritânico que inicialmente lhe havia sido incutido, por causa da questão do *Ultimatum*.

Neste caso, o Hino nacional só pode aparecer, na abertura do romance, sob o signo de um propósito sarcástico, mais do que simplesmente irónico. Com efeito, o romance conta as histórias cruzadas e entrelaçadas de diversas personagens de várias gerações, tendo todas elas em comum uma relação com África, particularmente com Angola. O tempo angolano que no romance se representa é o da colonização e o da descolonização, o da guerra civil e o do êxodo desses que rumaram a Portugal, na sequência da independência das antigas colónias. É sobretudo em torno de três personagens – Carlos, Rui e Clarisse – que se estruturam as três partes do romance; nele, o tempo é organizado de forma **externamente** muito clara e determinada: glosando a estrutura do diário (mas retirando-lhe alguns aspectos da escrita diarística ortodoxa, como a sucessividade cronológica e a fixação nas confissões de uma única personagem), glosando essa estrutura, dizia, «**O Esplendor de Portugal**» estabelece como eixo de referência temporal dominante a noite de 24 de Dezembro de 1995, quando uma das personagens espera os irmãos para uma consoada a todos os títulos inusitada, porque inabitual; é essa data que regularmente alterna com muitas outras, localizadas sobretudo nas décadas de 80 e 90. Em todas elas, o tempo estilhaça-se e submete-se à aleatória, por vezes caótica, dinâmica de evocações que as personagens interpretam, centradas todas nos traumas do regresso, nas imagens do passado africano, nos pequenos conflitos e problemas da família (a doença, o alcoolismo, o envelhecimento, etc.).

186 | CARLOS REIS

4. Há um passo d'«**O Esplendor de Portugal**» em que encontro concentrado o fundamental dos seus sentidos temáticos e mesmo dos seus procedimentos técnicos: «quando eu não tinha adormecido, não podia adormecer, nunca poderia adormecer, tinha de ficar horas e horas de olhos abertos, quieto no escuro para que ninguém morresse dado que enquanto qualquer coisa no meu peito oscilasse da esquerda para a direita e da direita para a esquerda continuávamos a existir, a casa, os meus pais, a minha avó, a Maria da Boa Morte, eu, continuaríamos todos, para sempre, a existir» (p. 77[86]).

O que aqui leio vem do pensamento de Carlos, que assimila o bater do relógio ao bater do coração: é esse movimento que, para a personagem, assegura que a vida segue o seu devir e nele envolve o das outras personagens que rodeiam Carlos. Anos depois da vida (e da origem) africana, já no tempo da fixação em Portugal, é a memória que insiste ainda em manter vivo esse tempo; agora, contudo, ele é um tempo perturbado pela azeda refutação de mitologias públicas e privadas: a Pátria e o seu esplendor, a família e os seus rituais (p. ex.: o Natal). Tudo isso transcorre num discurso narrativo cujas dominantes técnicas são evidentes: além da constante (quase frenética) irrupção de correntes de pensamento que privilegiam sobretudo a recuperação de um passado distorcido por força dessa evocação subjectiva, o discurso do romance contempla também a frequente intersecção de planos temporais (entre personagem e personagem e entre tempos distintos), aparentemente sem prioridades nem hierarquias.

5. Dito isto e completada a leitura do romance, apetece-me acrescentar que aquele passo que comentei é quase auto-suficiente na totalidade do texto. Não direi obviamente que tudo o resto é inútil, mas fico com a sensação de que este é um romance repetitivo; e, neste caso, não aprecio positivamente a repetição, sabendo embora que, em certos contextos, ela pode ser um procedimento estilístico importante.

Quando falo em repetição, quero com isso dizer também que, do meu ponto de vista, «**O Esplendor de Portugal**» pouco ou nada traz de novo, nem tematicamente nem tecnicamente, em relação às obras

---

[86] Pp. 81-82, edição *ne varietur*.

"UM ROMANCE REPETITIVO" [*O ESPLENDOR DE PORTUGAL*] | 187

anteriores do autor e sobretudo ao seu penúltimo romance («**O Manual dos Inquisidores**»). Tendo em atenção o que fica dito no início deste texto, era difícil que assim fosse; a redundância cria, deste modo, um efeito de cansaço que não aproveita ao romancista nem ao seu leitor. Assim como se Lobo Antunes fosse o escritor novato que, depois, de uma primeira obra conseguida, logo se apressa a publicar uma segunda, sem inovação nem progresso. O que fica bem longe do romance **genial** que a cinta anuncia: quando muito, «**O Esplendor de Portugal**» é um romance **oportuno**.

6. Acabo de escrever este texto pouco depois de me ter esfalfado a percorrer grandezas de corredores, escadas e passadeiras rolantes na Feira do Livro de Frankfurt, impressionante e desmesurada exibição de um objecto que alguns dizem estar em crise: o livro.

Este ano, como se sabe, Portugal foi o país-tema da Feira e para isso instituições oficiais e editoras privadas desdobraram-se em esforços de exibição nunca antes vistos entre nós: uma espécie de Expo'97 do livro português, se a comparação não é forçada. O investimento foi tão grandioso que até os alemães ficaram espantados, se tal coisa é possível; isso mesmo me disse o meu amigo Henry Thorau, sob cuja direcção acaba de ser publicado, na prestigiada Suhrkamp Verlag, o volume de ensaios «**Portugiesische Literature**», consagrado a diversos temas, autores e movimentos da Literatura Portuguesa contemporânea.

Foi também Henry Thorau quem me confirmou o que eu já ouvira de outras fontes: que Lobo Antunes goza, neste momento, na Alemanha, de considerável projecção. É bom que assim seja, para o escritor e para a nossa literatura, mas é bom também que a valoração dos livros que se pub[l]icam procure entender a sua conexão com determinações extraliterárias que não deixam de interferir na criação literária.

Tudo está relacionado com tudo, como é sabido. E sendo assim não é ousado supor que exista uma conexão directa entre a publicação deste romance de Lobo Antunes e o propósito de aparecer em força na Feira de Frankfurt, festividade para mais quase coincidente no tempo com esse velho trauma do nosso imaginário cultural que é a atribuição do Nobel da Literatura (Dario Fo apareceu, vendendo exuberância, no sector português da Feira). E o facto de, mais uma vez este ano, se ter falado em Lobo Antunes e em Saramago como nobelizáveis (fui há dias ouvido por um jornalista da *Reuters* sobre isto mesmo), dá que pensar: a mim faz-me pensar se Lobo Antunes não terá sujeitado excessivamente o seu trabalho literário dos últimos anos à preocupação de se **virar para fora**, se me faço compreender. A ser verdade, uma tal sujeição [é] muito estranha em quem proclama afastamento e nojo, relativamente aos mecanismos de promoção da indústria literária; o que não exclui (antes inclui) a possibilidade de um tal comportamento ser explicável também pelo desejo de exorci[z]ar um fantasma obsidiante para Lobo Antunes (mas não só para ele, diga-se de passagem) e que dá pelo nome de José Saramago. É uma questão a que noutra altura voltarei.

LINDA SANTOS COSTA

"O romance como crime perfeito"
[*O Esplendor de Portugal*]

Público, 25 de Outubro, 1997, p. 5.

> Nunca um romance português deu de nós uma imagem
> tão devastadora na sua tragédia sem grandeza e sem
> remissão. "O Esplendor de Portugal", o último livro de
> António Lobo Antunes, é a versão bufa da epopeia que o
> hino nacional anuncia.

Em 1979, "Memória de Elefante" foi o começo. Imediatamente
saudado por muitos como uma revelação das letras pátrias, conheceu,
também, a indiferença[,] se não o repúdio de outros. De qualquer
modo, estava criado um escritor que se viria a revelar, nos anos
seguintes, como incontornável, não só pela obra que se estendia
(páginas e páginas a desafiarem a curiosidade e a paciência dos leitores)
como pelas entrevistas inversamente proporcionais em extensão à
obra, mas igualmente provocatórias. E, aos poucos, o nome de António
Lobo Antunes começa a ganhar visibilidade além-fronteiras e a aparecer
(com Saramago e Torga) como um dos sérios candidatos portugueses
ao Nobel (este ano mais uma vez, como se sabe).

Agora, na Feira de Frankfurt, foi um dos escritores-vedetas,
demarcando-se, ostensivamente, da trupe portuguesa, como nos vão
informando os jornais. E, pouco antes de partir, apareceu, nas bancas,
o seu último romance (o décimo segundo), «O Esplendor de Portugal».

Mesmo quem tenha seguido a carreira literária de Lobo Antunes
de um modo intermitente e distraído não terá dúvidas em se aperceber

do enorme salto qualitativo que este romance representa não só em relação aos primeiros livros (como é óbvio)[,] mas em relação às obras mais recentes e mais trabalhadas. «Esplendor de Portugal» é uma obra de maturidade em que os processos estilísticos estão ao serviço da matéria narrativa e com ela se casam numa harmonia que o carácter bizarro e medonho do mundo recriado ainda torna mais esplendorosa (a jogar com o esplendor do título).

É ao hino nacional, tomado como epígrafe, que o escritor vai buscar o título do romance, e nunca um romance português deu de nós uma imagem tão devastadora na sua tragédia sem grandeza e sem remissão (sem dúvida[] que outros escritores têm dado de Portugal, da «choldra», retratos desapiedados e burlescos mas, sob as críticas, entrevê-se uma complacência feita de masoquismo e de ternura, uma espécie de tentativa de confessar pecados para garantir a absolvição). Em Lobo Antunes é outra coisa e talvez isso explique a curiosidade e interesse que a sua obra desperta além-fronteiras e a incomodidade que ela provoca nos leitores portugueses que não conseguem evitar um reflexo referencial que os leva a proclamarem «Nós não somos assim!».

A ferocidade, feita de ódio e de ressentimento, que surpreendemos em «O Esplendor de Portugal»[,] já é habitual em Lobo Antunes, mas o que é novo é o extraordinário domínio dos processos narrativos e da linguagem (longe a compulsão metafórica que fazia dos seus romances verdadeiros mananciais de imagens de gosto duvidoso e redundantes), que transforma o crime de lesa-pátria que é este romance (atenção a todos os nacionalistas!) num dos mais belos romances da literatura portuguesa. Belo horrível, dirão. Sem dúvida, não há aqui belos sentimentos, nem imagens delicodoces onde descansar, mas tão-só uma violência desesperada em que as palavras se colam aos corpos despedaçados e à terra devastada para traçar um quadro infinitamente móvel (caleidoscópico) em que o horror é obsessivamente convocado (pensa-se, não sei porquê, nos quadros de Francis Bacon). O próprio amor parental (o sagrado amor de mãe) é dissecado para deixar ver os equívocos de que se alimenta[,] quando não a indiferença e o ódio. As raras manifestações de afecto surgem trasvestizadas, dizendo o sim e o não em simultâneo, e a declaração de amor do pai pela filha (uma das mais comoventes páginas do romance) reveste a

"O ROMANCE COMO CRIME PERFEITO" [*O ESPLENDOR DE PORTUGAL*] | 191

forma de um "puzzle" feito de palavras que convocam a longínqua infância, numa espécie de lengalenga onde se misturam os jogos infantis, as canções tradicionais, os conteúdos dos manuais escolares, até à envergonhada declaração final que ouvimos em voz "off": "quando o que eu queria explicar à minha filha é que é tão simples, acho que gosto de ti, devo gostar de ti mas o meu gostar de ti afastou-se tanto que não sei..."[.]

Como um criminoso, frio e com mentalidade científica, que perpet[r]a um crime com os cuidados exigidos por uma investigação rigorosa em que nada possa ser deixado ao acaso, assim Lobo Antunes organizou o seu romance que tem uma estrutura quase geométrica: três partes, iguais em extensão, a que, sem custo, se associa o nome da personagem-actor que conduz a narração, num tempo imobilizado – 24 de Dezembro de 1995 –, que se dilata, para trás, até ao passado, que a memória contém, e num lugar que tem a estreiteza de quatro paredes no triângulo Ajuda-Damaia-Estoril (em pano de fundo, a imensidão de África – "Angola é Nossa"!). Mas, a atravessar a narrativa, a rasgar a terra angolana num périplo que vai da Baixa do Cassanje até Luanda, o Norte mítico onde reina a ordem, a cavalgar um tempo que o calendário suporta (de 24 de Julho de 1978 a 24 de Dezembro de 1995), a voz da Mãe (Isilda) serve de contraponto à voz dos filhos (Carlos, Rui, Clarisse, por esta ordem) e aproxima a narrativa da ópera (as vozes a alternarem, às vezes, a dialogarem, outras a sobre-porem-se, outras ainda, a autonomizarem-se para logo se conjugarem).

Romance polifónico, «O Esplendor de Portugal» é a versão bufa da epopeia que o hino anuncia. O "nobre povo, nação valente e imortal" ganha, na recriação de Lobo Antunes, a dimensão rasteira e sem glória que nem a ilusão sustenta: "O meu pai costumava explicar que aquilo que tínhamos vindo procurar em África não era dinheiro nem poder mas pretos sem dinheiro e sem poder algum que nos dessem a ilusão do dinheiro e do poder que de facto ainda que o tivéssemos não tínhamos por não sermos mais que tolerados, aceites com desprezo em Portugal, olhados como olhávamos os bailundos que trabalhavam para nós e portanto de certo modo éramos os pretos dos outros da mesma forma que os pretos possuíam os seus pretos e estes os seus pretos ainda em degraus sucessivos descendo ao fundo da miséria, aleijados, leprosos, escravos de escravos, cães..."] (a citação poderia continuar indefinidamente e vai-se repetindo, ao longo do livro, funcionando como o desmontar amargamente lúcido do colonialismo).

Um Deus ausente, ou velho ("foi termos nascido com Deus já demasiado idoso, egoísta e cansado para se preocupar connosco (...) explicava o meu pai") preside aos destinos destas personagens que futuro algum pode resgatar e para quem só a morte (uma morte sem sentido e sem remissão), a morte, em vida, dos sobreviventes da epopeia que só existe nos mitos recriados à pressa ("os egrégios avós") ou a morte dos que ficaram em África (os ossos deles a constru[í]rem o esqueleto de África, como dizia o padrinho) pode ser a estação final.

E é com a morte da Mãe (a mãe branca que a terra enegrece, mas que continua até ao fim a reivindicar a diferença que a cor da pele garante, apesar da explicação do pai) às portas de Luanda ("...o mar lá em baixo, o Mussulo, os coqueiros...") donde partiram os filhos (os filhos retornados à Metrópole, um mestiço, outro chalado, outra prostituta) que termina a narrativa, graças a Deus. O tempo imobilizado, calado o relógio, coração da casa, que já não existe, tem a permanência que os humanos atribuem à eternidade. A data – 24 de Dezembro de 1995 – é o começo e o fim e o romance tão só o p[er]scrutar desse eterno presente que os humanos só podem conhecer na sucessão temporal e daí a razão de ser das narrativas.

FÁTIMA MALDONADO

"'Meu remorso de todos nós'"
[*O Esplendor de Portugal*]

Expresso/Cartaz, 12 de Dezembro, 1997, p. 30.

> Portugal, «meu remorso de todos nós», escrevia Alexandre O'Neill. Lobo Antunes remexe sem descanso nessa ferida, fazendo-a sangrar cada vez mais: escombros de África rasgam nos subúrbios «O Esplendor de Portugal»[.]

Como não há crítica em Portugal – disse-o António Lobo Antunes em entrevista recente a Clara Ferreira Alves[87] – e bem vistas as coisas o país talvez nem sequer exista, as considerações que aqui ficam são apenas testemunho de leitor atento e metediço. Li **Memória De Elefante** há quase vinte anos e confesso que me comoveu bastante para grande indignação de amigos mais duros. É verdade que os tempos eram propensos a uma certa emotividade, para muitos terminara o exílio, para a maior parte acabara a guerra, deixando as feridas que conhecemos, e o país vivia inteiro numa euforia de jardim--escola sem grandes reflexões ou análises puxadas. Quando agora o reli, tal como **Os Cus De Judas**, foi diferente, já não me emociono sem mais nem menos e os livros que fui lendo, grande parte por obrigação, criaram-me uma espécie de tara: não consigo pegar-lhes sem detectar os pontos da costura, as linhas à mostra, os calos, o que já me arranjou alguns problemas com gente mais sensível. Por deformação profissional poucos conseguem envolver-me e quase nenhum maravilhar-me.

---

[87] Ver *supra*, nota 56, p. 136.

Posto isto, **Memória De Elefante** e **Os Cus De Judas** condensam todas as fragilidades que Lobo Antunes irá progressivamente semeando nos seus doze sucessivos «best-sellers». Porque, ao contrário da posição que escolheu – sente-se injustiçado, afirma o seu desprezo, ódio militante por toda esta tropa fandanga, desde políticos a escritores – é felizmente autor de tremendo sucesso, os dois primeiros livros vão por cá na 19.ª e 17.ª edições e no estrangeiro têm-no também em grande consideração. Os tais calcanhares de Aquiles a que me refiro são: a redução sistemática de todos os ambientes a idênticos cenários de subúrbio, como se, tal as tribos jívaras, fosse capaz de miniaturizar cabeças de inimigos capturados. «**Este tipo de conversa de caravela de filigrana, pensou o psiquiatra, provoca em mim a exaltação admirativa que me despertam os naperons de crochet e as pinturas de carro[]ssel, amuletos de povo que agoniza numa paisagem conformada de gatos em peitoris de rés-do-chão e de urinóis subterrâneos. O próprio rio vem suspirar no fundo das retretes a sua asma sem grandeza: dobrado o cabo Bojador o mar tornou-se irremediavelmente gordo e manso como os cães das porteiras, a roçarem-nos nos tornozelos a submissão irritante dos lombos de capados**».

O que, além de provocar equívocos, lhe diminuirá inevitavelmente o alcance do tiro, que poderia ser grande; e só em **O Esplendor de Portugal**, o último livro, me parece ter atingido o alvo. Assim, em **Os Cus De Judas**, que sem dúvida tem bocados muito bons, Lobo Antunes cai no erro de confundir África com os arrabaldes da Pátria que tanto o inspiram. «**A ideia de uma África portuguesa, de que os livros de História do liceu, as arengas dos políticos e o capelão de Mafra me falavam em imagens majestosas, não passava afinal de uma espécie de cenário de província a apodrecer na desmedida vastidão do espaço, projectos de Olivais Sul que o capim e os arbustos rapidamente devoravam, e um grande silêncio de desolação em torno, habitado pelas carrancas esfomeadas dos leprosos**».

Há uma incontinência que se detém nos pormenores mais sórdidos, penduricalhos de pechisbeque cobrem de oprób[r]io as orelhas, peitos das mulheres, urina que inunda tudo de uma luz febril, gente, paisagem, tudo acaba por parecer-se. Lobo Antunes é dotado de um sentido de irrisão tão forte que submerge toda a capacidade crítica,

"'MEU REMORSO DE TODOS NÓS'" [*O ESPLENDOR DE PORTUGAL*] | 195

o que de certa forma debilita a sua visão pessimista mas quão realista de Portugal. Ele acerta ao apontar-nos as chagas, leprosos que somos, mendigos de favores, de cunhas, de prebendas, está certo quando arrasa país tão desgraçado, «**bebendo por uma palhinha o capilé da sua mediocridade**». Mas não sabe fazê-lo com grandeza, não consegue a distância que permite visão larga, estreita talvez sem querer o horizonte, é incapaz de não se misturar na intriga, acabando por ser sempre mais uma das personagens e quase nunca o diagnosticador que pretende. Por qualquer síndroma de que só ele saberá a razão, raramente consegue manter-se fora da cega-rega que tanto caricatura. Em **O Esplendor De Portugal** talvez seja uma das raras vezes em que isso sucede. Durante os outros bailes de malditos que acciona, em vez de observar sentado o evoluir da contradança que fatalmente se encaminha para o abismo, não resiste a misturar-se batendo o pé até perder o tino[,] ou seja[,] o ritmo, o nervo, a elevação.

António Lobo Antunes, salvo no seu último livro, deleita-se na evocação de um país purulento, cheio de mazelas medievais, lastimando pertencer-lhe, caricaturando-o até dele nada restar senão gengivas podres, hálitos fétidos, almôndegas retardadas, vinhos, cáries em decomposição. O que resulta num amor sem altura, «hard-core», como se Portugal fosse apenas revista de masturbação à hora da sesta ou boneca insuflável com quem se praticam imparáveis monólogos obscenos[,] impossíveis de interromper. Talvez fosse preferível o escritor não o amar tanto, não lhe estar tão sujeito e dependente. Antes não o temesse assim, sempre na eminência de poder transformar-se num daqueles horrendos funcionários, mortos sem saberem que já o estão, de conjugalidades friorentas, de televisão sempre acesa e assassina.

Este amor desmedido por um Portugal que carrega como uma cruz às costas, sem alijá-lo nunca, não lhe permite olhá-lo acima do umbigo, nos olhos, frontalmente. E por isso este escritor[,] cujo talento é grande[,] não dá a volta, embora tenha o país por completo na mão. Fernando Pessoa, que raramente daqui terá saído, para quem a África do Sul onde viveu adolescente não deve ter sido nesse tempo grande exemplo de cosmopolitismo, passou todas as marcas a partir do log[ó]tipo do Portugalzinho em que vegetou fazendo escritas em mansardas com dejectos de pombos, pobre funcionário alcoólico cujo fígado rebentou de excesso. Camilo Castelo Branco foi verrinoso, cáustico, mas sobra-lhe dessa fustigação um país dramático: porque nunca o temeu, nunca o minimizou, apenas o reflectiu. Nem António Nobre, o grande poeta do nosso desespero, perde dignidade nas suas lamúrias de aprisionado. Enquanto Lobo Antunes se esbanja por becos sem saída[,] como em **O Manual Dos Inquisidores**, que me parece a sua obra mais falhada, um museu de figuras de cera onde cada personagem é mais inverosímil que a anterior. Dum lado os vilões, ministros de Salazar, saídos das profundas do inferno, comandados por Belzebu, Salazar em pessoa, do outro os pobres, criadas de quem se servem diante de toda a gente e a quem tratam como gado, literalmente[] [(]uma delas tem o parto no curral em cima de palha, e é assistida por um veterinário como numa novela de Sade[)]. A meio não há nada, só preto e branco; onde ficou o registo intermédio, os que não são bons nem maus, os que bem intencionados são capazes de trair, os maus que, de repente, são capazes de salvação? Resta a caricatura e não o livro sobre o poder que o escritor se propunha.

Por fim. **O Esplendor**... redime muita coisa. É a história de uma família dilacerada entre lá e cá, África e Portugal, cada personagem deixando finalmente um rasto faulkneriano no capim. Um casal lamentável, ele alcoólico, impotente, humilhado pela infidelidade da mulher com o chefe da polícia, este por sua vez também a rebaixa, à maneira do tenente de **Senso**. Os filhos. Carlos, mestiço de uma preta da Cotonang, pecado do marido que Isilda, a mãe, redimirá acompanhando-o sempre de um ódio mortal, muito mal maquilhado, outro, epiléptico, mania da espingarda com que nas safras chumbava os negros. Clarisse, a terna irmã amalucada, gosta de homens, de perfumes, de rambóia, competente na dedicação. As criadas nativas. Maria da Boa Morte, Josélia, com quem a patroa atravessará o apocalipse, após a fazenda ter sido ocupada por mercenários da Unita. **«Requisito a tua cozinha para interrogatório camarada».** As três, branca e negras, atravessam África devastada numa cerimónia fúnebre[:] **«me conduzia ao rio, me lavava, me trazia do rio, discutia com os soldados a colocar-se à minha frente, a defender-me deles, uma mulher tão fraca quanto eu**

– Não é patroa é comadre
a desviá-los, a afastá-los de mim, a bater-lhes enquanto se riam
com o galho seco de mangueira com que animava o lume
– Não é patroa é comadre
os tropas a fingirem-se aleijados pelo galho
– Comadre»

A tragédia africana numa evocação de dor a várias vozes, pavana a preto e branco para um continente ferido.

ANTÓNIO CARVALHO

"O exílio de Lobo Antunes"

Diário de Notícias, 22 de Março, 1998, p. 41.

> O autor de «[O] Manual dos Inquisidores» prometeu nunca mais publicar um livro entre nós. Eduardo Lourenço vê nele um autor «pessoalmente ferido pela nossa história familiar, colectiva, social»[.]

Dito e feito; António Lobo Antunes não publica mais nenhum livro seu em Portugal nem dá mais entrevistas para órgãos de informação portugueses. Considera-se, aliás, um «escritor morto» no nosso (e seu) país. A partir de agora, pelos vistos, para lermos um livro novo que ele escreva, só se for em *tradução* da edição original estrangeira...

Lobo Antunes fez estas revelações durante uma conversa com o público[,] no espaço do café Literário da FNAC, integrado neste 18.º Salão do Livro de Paris, em que também esteve presente o seu editor francês, Christian Bourgois. Este sublinhou que a descoberta de Lobo Antunes, com *Fado Alexandrino*, foi «uma das grandes emoções» da sua vida como editor que só publica «com paixão», e também uma das suas aventuras, ao lançar a obra, tão pessoal e difícil de classificar, daquele que diz ser «o autor mais fecundo na escrita», alguém que escreve o tempo todo, onde quer que esteja.

Bourgois acredita que o romance é um género esgotado em França mas não nas literaturas estrangeiras, como a nossa. E vai lançar *O Esplendor de Portugal* já no próximo Outono. Para ele, Lobo Antunes é «um dos grandes autores» deste nosso tempo.

Quanto ao próprio autor, interpelado pelo público (uma centena no café), salientou a sua inquietação perante a unanimidade do público e da crítica – «Inquieta-me ser tão digerível e que me considerem uma espécie de Julio Iglesias da literatura» –, a sua desconfiança face ao apreço dos leitores e da crítica («Os leitores são umas putas, amam--nos e depois deixam-nos»); aliás, é mais raro encontrar um bom crítico do que um bom escritor, disse.

E ainda reafirmou a sua desconfiança de Fernando Pessoa («Desconfio de alguém que nunca teve relações sexuais»), por ser demasiado intelectual, pelas suas ideias políticas «de direita» e ainda por ter sido «santificado» e «sacralizado» por toda a gente.

Por seu turno, Eduardo Lourenço pensa que «o navio de Pessoa, o da nossa modernidade, parou mesmo na imaginação. Devemos continuar a navegar sem ele, alguns dirão mesmo contra ele. Deixemo--lo na sua pátria de sonho para afrontar sem ele a vida que não sonha». Eduardo Lourenço falava do «Imaginário português neste fim de século», tema da sua conferência organizada pela Gulbenkian neste salão.

Pessoa «cansou-se de fazer o papel de estátua de comendador da nossa cultura neste século». E, hoje, nenhuma das três questões fundamentais (Quem somos? De onde vimos?) parece comover-nos ou exigir de nós uma resposta. «Corremos, não para o futuro, mas atrás dele».

Só a literatura nos envia, ainda, sinais mais ou menos inteligíveis. «Cardoso Pires ou António Lobo Antunes, pintores impiedosos da vida portuguesa, deslizam para a alegria. No caso de Lobo Antunes, mostra-se pessoalmente ferido pela nossa história familiar, colectiva, social. Ele escava com furor, paixão e talento numa ferida que aparentemente mais ninguém sente com tanta raiva e violência. A sua obra é o exorcismo de um mundo que não pode ou não quer ser exorcizado».

Quanto a Saramago – ainda segundo Eduardo Lourenço –, a sua obra acusa profundamente, como nenhuma outra, o afundar do mundo comunista com a sua carga de sonhos. O *Ensaio sobre a Cegueira*, romance «apocalíptico», «peca por excesso de lógica, o que acontece tem demasiado sentido. A esperança num mundo verdadeiramente humano extinguiu-se e a humanidade foi atingida por essa cegueira branca, branca dessa ausência de sol da História».

«Este romance de Saramago põe fim a uma longa tradição, digamos sem paradoxo, de iluminismo, que reserva à literatura o papel de descrever o mundo como um cosmos, labirinto talvez mais decifrável, legível e portanto habitável».

Para Eduardo Lourenço, «à parte as viagens nas vidas imagináveis, a única luz que resta é a da ficção que nós mesmos somos, enquanto verbo, enquanto escrita, assustados pela sua impotência ou pelo esplendor do seu silêncio». «Todos os nossos grandes poemas conhecem essa nova topologia do imaginário»: Vasco Graça Moura, Pedro Tamen.

Hoje será a vez do lançamento de um número especial da revista *Colóquio/Letras*, em francês, contendo ensaios publicados ao longo dos anos, nas suas páginas; sobre os poetas portugueses, de Pessoa até hoje. Como se vê, Pessoa continua a ser o marco fundamental do nosso tempo, por muito que isso desgoste a alguns.

CARLOS REIS

"A arte da crónica"
[*Livro de Crónicas*]

Jornal de Letras, Artes e Ideias, 10 de Março, 1999, pp. 22-23.

1. A publicação por António Lobo Antunes de um *Livro de Crónicas* constitui um acontecimento que importa registar e analisar, por várias razões: por aquilo que o volume em causa representa na obra do escritor, pelo significado da crónica, enquanto género, e pela natureza e específica configuração dos textos que Lobo Antunes aqui reúne.

Lembrarei, antes de mais, que os relatos deste *Livro de Crónicas* provêm da colaboração regular do escritor nas páginas do *Público*, ao longo de vários anos, numa actividade que, tendo sido momentaneamente suspensa, foi agora retomada. Com proveito, acrescente-se, para os que (como eu) se habituaram a ler nas crónicas de Lobo Antunes o resultado de uma escrita extremamente sugestiva e de qualidade inquestionável.

2. A presença de um romancista de renome nas páginas da imprensa não é evidentemente rara nem desprovida de sentido. Se deixarmos agora de lado eventuais razões de ordem económica que possam motivar a escrita cronística (razões por certo legítimas, mas neste momento irrelevantes), temos de considerar que essa escrita pode desempenhar, na produção literária de um escritor – e sobretudo de um romancista –, uma função muito importante: tem que ver essa função com a própria natureza da crónica, como género narrativo de função paraliterária.

Num texto conhecido e muitas vezes citado, Eça de Queirós caracterizou assim a crónica: «A crónica é como que a conversa íntima, indolente, desleixada, do jornal com os que o lêem: conta mil coisas, sem sistema, sem nexo; espalha-se livremente pela natureza, pela vida, pela literatura, pela cidade; fala das festas, dos bailes, dos teatros, das modas, dos enfeites, fala em tudo, baixinho, como se faz ao serão, ao braseiro, ou ainda de Verão, no campo, quando o ar está triste.»

Estas palavras escreveu-as Eça ao abrir o primeiro número d'*O Distrito de Évora*, em Janeiro de 1867, no limiar de uma actividade tão intensa como desigual, actividade que se prolongaria pelos anos fora, em diversos jornais e revistas, em Portugal e no Brasil. É sabido como para Eça foi importante a experiência cronística: nela (e particularmente nas páginas ainda quase juvenis que citei), o grande romancista como que aprendeu a olhar para a realidade, a surpreender nessa realidade situações, tipos humanos e episódios que a sua ficção realista trataria de reelaborar, sob o signo de um propósito reformista de análise da vida social.

As crónicas de Lobo Antunes não obedecem necessariamente ao propósito lúdico e um tanto supérfluo a que, pelo menos de forma aparente, respondem as do jovem Eça, n'*O Distrito de Évora*, até por se tratar aqui de um escritor já consagrado, em que os textos a que agora me refiro devem ser lidos a uma outra luz, tanto do ponto de vista sociocultural como do ponto de vista propriamente técnico. Mas eles são devedores, ainda assim, do fundamental da crónica, como género e como estratégia discursiva: uma atenção muito intensa ao tempo que fugazmente é vivido pelo escritor, uma certa amplidão temática, a orientação predominante para as coisas e para as pessoas observadas no seu quotidiano, também uma considerável capacidade para colher, desse quotidiano, episódios típicos, não raro atravessados por densos significados humanos. É assim, em grande parte, a crónica segundo Lobo Antunes e tal como a encontramos no *Livro de Crónicas*; mas é também mais do que isso, porque nela escutamos ecos muito nítidos da ficção já publicada e (provavelmente) premonições da ficção a vir.

3. Recordemos rapidamente: desde há cerca de vinte anos, começou António Lobo Antunes a publicar romances que, como poucos entre nós, são também o testemunho, em clave ficcional e com naturais oscilações de qualidade, da agitada, contraditória e por vezes tragicómica vida portuguesa. Da guerra colonial às preocupações e ilusões do nosso fim de século, na ficção de Lobo Antunes, entre

"A ARTE DA CRÓNICA" [*LIVRO DE CRÓNICAS*] | 205

Memória de Elefante e *O Esplendor de Portugal*, quase nada escapou à atenção de um romancista cuja escrita oscila entre o sarcasmo e a ternura disfarçada, entre a agressividade crítica e a extraordinária argúcia com que são observadas figuras e situações no nosso viver comum. Um viver que, nos romances de Lobo Antunes, é sobretudo urbano (e suburbano), pequeno burguês e culturalmente subdesenvolvido.

4. É assim também na maioria dos textos deste *Livro de Crónicas*. De tal forma que deles pode dizer-se, desde já e em termos genéricos, duas coisas. Primeira: que em muitos casos, estas crónicas pendem para o registo ficcional, articulando procedimentos e configurando pequenos universos que certamente transcendem a pura observação como atitude constitutiva do relato. Segunda: que, sendo assim, muitas destas crónicas podem ser lidas verdadeiramente como contos, até por nelas (ou já: neles) ser possível apreender o desenrolar de uma curta e tensa acção, caminhando para um desenlace não raro exemplar.

5. Centrar-me-ei, por agora, em dois textos: «Uma coisa assim» e «o Spitfire dos Olivais». São duas pequenas narrativas, onde se cruzam o risível e o dramático, o grotesco e o terno, o absurdo e a comezinha contingência das pequenas vidas anónimas, sem outra história ou celebridade que não seja a que lhe é incutida pelo olhar do escritor. Um olhar que parte certamente de uma experiência, não importa se pessoal ou alheia, recente ou remota, uma experiência que, contudo, vem a ser enriquecida pelo impulso ficcional que favorece o potencial de transcendência (ou seja: a capacidade para ultrapassar o contingente e partir para sentidos que a muitos tocam) que toda a literatura e toda a arte perseguem. Os irmãos que vivem numa casinha suburbana, à beira da linha do comboio e um dia vêem o seu espaço de recato e silêncio invadido por um palhaço, só encontram uma forma de escapar a esse excesso quase surrealista que manifestamente não cabe nas suas vidas demasiado acanhadas e discretas: fugir para o refúgio hostil da grande cidade, para a solidão das leitarias da Praça do Chile, em busca de uma tranquilidade que a trepidação dos comboios e a invasão dos palhaços cancelou. Uma fuga silenciosa e sem esperança, vivida de forma calada e inelutavelmente céptica.

Assim também com esse extraordinário Spitfire dos Olivais, Adérito de seu nome e pugilista de ilusão, estimulado por um senhor Fezas –

há sempre, nas ilusões destes boxeurs de bairro, um senhor Fezas mentor – cuja fama hipotética (raramente mais do que hipotética) o empresário de circunstância pretende administrar. O pior é a primeira pessoa: essa em que o relato é enunciado, representação bem expressiva do filtro pessoal (as debilidades, os medos) por onde inevitavelmente têm de passar os entusiasmos dos senhores Fezas. A hérnia de que se queixa o Spitfire dos Olivais impede-o não só ele, mas também ao senhor Fezas, de subir aos píncaros de uma glória que o medo interdita. Daí a solidão e o abandono final do Spitfire dos Olivais, desenlace fatal de um trajecto de ilusões perdidas que um curto relato magistralmente fixou.

6. Mas as crónicas de Lobo Antunes não resistem também a uma espécie de tentação irreprimível para inscrever, no corpo desses curtos relatos, um outro corpo que é o do escritor. Esse corpo é o que se projecta em reflexões e em memórias sobre a família e o seu pequeno universo, sobre a infância e os seus fascínios esfumados no tempo, sobre o viver quotidiano atravessado por desencantamentos e tensões e também sobre as angústias do romancista enquanto tal.

Um texto quero destacar como harmoniosa síntese e paradigma dessa tentação confessional, aparentemente (mas só aparentemente) estranha em quem exibe uma sistemática atitude de cepticismo perante a vida e perante os outros. Trata-se da crónica intitulada «Qualquer luz é melhor que a noite escura», que, sob vários pontos de vista, considero exemplar.

O que nela lemos é uma espécie de celebração do trivial quotidiano, por aquilo que nesse trivial pode existir de dimensão humana e de lirismo sinuosamente ocultado ao nosso olhar distraído. Um objecto (o frasco de verniz colocado sobre o microondas), a memória de uma canção, o despertar inquieto de uma criança na noite, a contemplação do mundo doméstico sob uma luz inusitada, tanto basta para que o cronista (por qualquer razão, que agora não aprofundo, ia a dizer o poeta) surpreenda, nesse seu pequeno mundo banal, significados com uma dimensão transcendente, que só ele é capaz de revelar. Significados que, contudo, não têm de ser explicitados pelo escritor, porque na lógica da crónica que ele cultiva não cabem a explanação pedagógica nem a reflexão elaborada: a crónica, segundo Lobo Antunes, consente tão-só a sugestão difusa, a impressão marcante e, a partir daí, a construção de um mundo adivinhado, mais do que minuciosamente descrito.

Há um *leitmotiv* que atravessa este texto: a frase de uma canção americana que lhe dá título («Qualquer luz é melhor que a noite escura», conforme regularmente é reiterado). Mas esse *leitmotiv* não é mais, afinal, do que a expressão de um mundo psicológico obsessivo, onde reaparecem insistentemente imagens, lugares, ocorrências obsidiantes. Como a imagem da avó, essa avó que quase todos temos no fundo da nossa memória, aparentemente perdida sob vivências mais recentes, mas afinal incapazes de bloquear o acesso a avós e a frases musicais que sempre voltam à superfície de uma evocação inesperada, quando o tempo chega e a ocasião o propicia. E também quando talento e coragem (a coragem de desvelar um universo íntimo) se aliam para que a revelação aconteça, aos nossos olhos perplexos e fascinados.

7. Escrever crónicas é, para Lobo Antunes, dar um espaço próprio às imagens a que me referi; um espaço que, por ser feito de palavras, encerra um potencial evocativo praticamente ilimitado. Como o poeta que é capaz de extrair de um episódio anódino (um ruído, um olhar, uma cor, um objecto de repente descoberto) os sentidos multímodos e plurissignificativos que só a palavra poética é capaz de enunciar. Por isso, há pouco ia quase a falar em poesia – e agora falo mesmo. Textos como este fixam-se, do meu ponto de vista, no lugar indeciso onde as fronteiras dos géneros se diluem e onde o discurso se torna ambivalente. Quero dizer: para mim, em textos como este mostra-se-nos um escritor que, sem anular a sua condição de grande narrador, deixa transparecer também essa irrefreável vocação (quer dizer: o apelo) que é a de um lirismo ainda por explodir. E mais: revela-se-nos também uma ternura escondida e quase envergonhada que, sem a palavra da crónica, tal como a enuncia Lobo Antunes, ficaria para sempre cancelada.

INÊS PEDROSA

"O esplendor do Portugal dos pequeninos"
[*Livro de Crónicas*]

Expresso/Cartaz, 22 de Maio, 1999, p. 30.

Um conjunto de crónicas que se lê como um grande romance.

Ao contrário do que a actual profusão de cronistas pode, à primeira vista, fazer crer, a crónica é uma das mais difíceis disciplinas da arte literária. Trata-se de captar essa coisa inefável a que chamamos «o espírito do tempo» num espaço limitado e segundo normas implícitas de legibilidade. Ainda por cima, a crónica exerce-se como ginástica regular de coreografias sempre diferentes. Exige-se lógica e imaginação, surpresa e essa intuição da verdade a que damos o nome de perspicácia. É obra. Alguns cronistas ancoram no inesgotável porto das figuras exemplares, e ficam por ali a boiar por entre os feitos dos heróis ou vilões do quotidiano, por natureza carregados de sentido e de moral, aos quais basta mudar semanalmente uma ou outra vírgula e um ou outro adjectivo.

António Lobo Antunes escolheu para as suas crónicas o caminho oposto a este: a história íntima das pessoas sem história nem intimidade, aquelas que arrebanhamos no classificativo genérico «suburbano», sem que saibamos o mínimo dos mínimos sobre as cores dos sofás, o cheiro das ruas e dos sonhos que habitam as Rinchoas e os Massamás da vida. Lobo Antunes sabe, e ao pormenor. Mais do que olhar à lupa as existências esperançosas e desiludidas (muitas vezes tanto mais esperançosas quanto mais desiludidas, e aí reside a lancinante melancolia destas narrativas) de Alfredos e Ivones dispersos, o escritor transfigura-se neles, sem medo de se escrever[,] escrevendo-os.

210 | INÊS PEDROSA

A grande vantagem de ler estas crónicas em livro, de seguida, em vez de nas páginas da revista de domingo do diário «Público» (onde inicialmente foram publicadas, informação que falta nesta edição), encontra-se na dimensão de ficcionalidade que o conjunto nos transmite, obrigando-nos a subverter todas as noções adquiridas de realidade e de ficção. Em Lobo Antunes, a realidade funciona como uma engrenagem de memórias sobrepostas, uma espécie de máquina do tempo forjada no rigor e na complexidade da infância, apagando a ilusória distância entre o vivido e o imaginado. É esse ponto de vista total que, antes de mais nada, o distingue como um grande escritor. As crónicas puramente biográficas surgem intercaladas com contos de solidão e desamor narrados na primeira pessoa por mulheres e homens comuns ou ainda com textos voadores, que começam nas reminiscências do próprio Lobo Antunes e acabam com uma Luísa alheia a abandonar um narrador que já não é ele.

No que concerne à escrita e ao impacto público dela, Lobo Antunes revela nestas crónicas uma autenticidade, uma lucidez e sobretudo um humor que é raro descortinar-lhe nas entrevistas. Crónicas como «A Feira do Livro», «O Grande Homem», «Onde o Artista se Despede do respeitável Público», «As Veias dos Búzios» ou «Sinais Interiores de Riqueza» dão-nos a medida de um artista inteiro, obsessivo e obcecado como as crianças, e como elas simultaneamente feroz e frágil diante do olhar dos outros: **«De modo que ali estou, satisfeito e tímido, acompanhado pelo Nelson de Matos que me pastoreia com paciência, com uma placa com o meu nome e as capas em leque à minha frente, um pouco com a sensação de vender bijuterias marroquinas nos túneis do Metropolitano do Marquês ou fatos de treino fosforescentes na Feira do Relógio, que os leitores folheiam, compram, me estendem para o selo branco, e eu em lugar de lhes explicar obsequioso e seguro que os livros não desbotam nem encolhem na máquina limito-me por falta de vocação cigana a pôr a etiqueta lá dentro (...)»** (pág. 35[88]).

E sobre tudo isto há o caudaloso génio verbal que o caracteriza, no seu melhor. Ao arrojo metafórico sem princípio nem fim que lhe desenha a singularidade da voz (por exemplo, da imaginada menina

---

[88] P. 39, edição *ne varietur*.

"O ESPLENDOR DO PORTUGAL DOS PEQUENINOS" [*LIVRO DE CRÓNICAS*] | 211

de laço que, na pág. 149[89], «**tocava Chopin** [...] **como quem arranca penas a um frango vivo**» à conclusão de que Chopin é um frango, é um vendaval de inventiva) soma-se um trabalho de depuração verbal, uma capacidade de captação da sintaxe das vozes e da particular luz de cada local que só tem paralelo noutro imenso escritor português, não por acaso seu amigo, chamado José Cardoso Pires.

Pires está para a Lisboa dos marginais e dos intelectuais como Lobo Antunes está para a Lisboa da pequena e média burguesia suburbana. A contenção que Pires usou para descrever os que só depois de muitos copos se descontinham é semelhante ao derrame que Antunes utiliza para descrever um mundo atulhado de «bibelots» e desconsolo: «**Somos felizes. Acabámos de pagar a casa em Outubro, fechámos a marquise, substituímos a alcatifa por tacos, nenhum de nós foi despedido, as prestações do Opel estão no fim**» (pág. 153[90]). Ambos trabalharam a frase com o virtuosismo absoluto dos cirurgiões de almas, castigadores castigados, voluntariamente esquecidos de crescer, deliberadamente perdidos pelas ruelas e becos da cidade que nos conduzem sempre onde não esperávamos: «**(...) noite que o meu amigo José Cardoso Pires percorre com a lanterna de um copo de uísque na mão, espécie de Diógenes contemporâneo à procura de rostos fraternos no museu de cera da memória até ancorar em bares semelhantes a antiquários onde Madames Pompadour gastas e Richelieus reciclados por mestrados em Finanças lhe oferecem essa espécie de infância cristalizada a que se decidiu chamar maturidade pelo mesmo gosto do contra-senso que nos leva a chamar Prazeres ao sítio em que os mortos apodrecem**» (pág. 180[91]). Por isso se tornaram os grandes escritores contemporâneos da infelicidade e da solidão. Ambos desconfiavam daquilo que, numa recente crónica, Antunes define como «**ideias fortes**», ou seja, dos grandes propósitos, das florestas de papel que ignoram a essência da árvore; foi isso, de resto, o que muito cedo afastou Pires do neo--realismo. Por exemplo: só recusando todas as «ideias fortes» sobre os pobres se alcança a medula da discriminação, como faz Lobo Antunes com a mais perfeita ciência, na crónica intitulada «Os Pobrezinhos»:

---

[89] P. 173, edição *ne varietur*.
[90] P. 181, edição *ne varietur*.
[91] P. 214, edição *ne varietur*.

«Na minha família os animais domésticos eram os pobres. Cada uma das minhas tias tinha o seu pobre pessoal e intransmissível, que vinha a casa dos meus avós uma vez por semana, buscar com um sorriso agradecido a ração de roupa e comida» (pág. 81[92]).

Estas 106 crónicas compõem, para mim, o mais poderoso e belo dos romances de António Lobo Antunes. Talvez porque as tais ideias daninhas tendam a instalar-se nas escritas que se querem de fôlego, carregando-lhes o traço e retirando-lhes verosimilhança. A pouco e pouco, em páginas só aparentemente soltas, Lobo Antunes constrói neste livro o minucioso retrato a sépia de um país de arrabalde, onde as infâncias regressam como boomerangues de praias frias, as divorciadas passam a noite a ouvir «o pêlo da alcatifa crescer» e até os homens mais relapsos se comovem por tudo e por nada.

---

[92] P. 95, edição *ne varietur*.

TERESA ALMEIDA

"Descida aos infernos"
[*Exortação aos Crocodilos*]

Expresso/Cartaz, 30 de Novembro, 1999, p. 31.

> A rede bombista de extrema-direita no último romance de
> António Lobo Antunes[.]

Exortação aos Crocodilos é um romance terrível e envolvente. Obrigado a penetrar num mundo sufocante, o leitor sente-se apanhado numa armadilha da qual só se consegue libertar na última página do livro, no momento em que uma carta é enviada juntamente com uma bomba. Através da figura do estilhaço, desenha-se uma espécie de metáfora da escrita: o texto é algo que se envia para destruir, para provocar uma espécie de dano irreparável. Ler, transforma-se, assim, numa aprendizagem da fragmentação e da morte, através do confronto do ser com o seu lado mais negro. Mas, contrariamente ao que sucede na literatura de terror, que Portugal mal conhece, não se procura (ou não se encontra) qualquer forma de catarse – o mal desenha-se no seu horror, mas é quotidiano, mesquinho, trivial.

Contar a história fictícia da rede bombista de extrema-direita que, na realidade, actuou no país depois do 25 de Abril, através dos monólogos de várias personagens que a ela estiveram ligadas, parece ser o primeiro desafio deste livro singular. O caminho escolhido é oblíquo e tortuoso. A palavra é dada às mulheres e só muito raramente aos protagonistas daquela que foi, sem dúvida, uma das páginas mais negras da nossa história recente. Trata-se, também, de experimentar uma determinada forma de narrativa, testando até ao limite do compreensível as capacidades de fragmentar uma história.

Nos primeiros capítulos, o leitor deambula entre estilhaços, procurando reconhecer a voz das personagens, o tempo de que falam, o espaço a que se referem, os acontecimentos que relatam. A narrativa procede por alusões e torna-se enigmática. Apenas algumas dezenas de páginas depois do início se poderá encontrar um conjunto de referências onde lentamente se irão colocar as peças de um puzzle que nunca será reconstituído na sua totalidade.

São quatro mulheres que escrevem na primeira pessoa, sempre pela mesma ordem, capítulo a capítulo: Mimi, Fátima, Celina, Simone. Cada uma delas tem o seu passado e o seu percurso. Dificilmente se pode perceber qual é o mais violento, o mais destrutivo, o mais difícil.

Mimi é surda, passou a infância em Coimbra e traz consigo a recordação de uma avó que mergulhava a trança em aguardente e que dizia conhecer o segredo da Coca-Cola. O seu marido, que constantemente a desvaloriza (e engana), participa activamente na rede bombista e trabalha para um bispo que terá um papel importante na narrativa.

Fátima é a afilhada do bispo e, provavelmente, a sua amante. O seu destino fora traçado na infância, perante o olhar cúmplice do próprio pai: «... a minha filha que há-de acabar no colchão do padrinho que eu bem vejo a maneira como o cónego a olha...» (pág. 111[93]).

Celina representa a figura da traição e do crime: esposa e, mais tarde, viúva de um homem rico, apenas pretende encontrar a paz que lhe fora roubada.

Finalmente, chega a vez de Simone, a companheira do operacional que fala de uma vida difícil, carregada de humilhações: «Se o meu namorado se enganar nos fios e a garagem for inteirinha pelo ar, por mim, palavra de honra, é-me indiferente. Estou cansada de dormir num colchão atrás dos automóveis, acordar com dores de cabeça derivado aos vapores da gasolina (...), viver rodeada de pneus, motores e embraiagens em vez de quadros e móveis, do general e os outros entrarem sem se incomodarem comigo, pedirem licença, me darem os bons-dias sequer...» (pág. 129[94]).

---

[93] P. 114, edição *ne varietur*.
[94] P. 133, edição *ne varietur*.

"DESCIDA AOS INFERNOS" [*EXORTAÇÃO AOS CROCODILOS*] | 215

Para além da forma e das histórias que, de uma maneira ou de outra, sempre acabam por ser contadas, existe um fundo político bem conhecido. As referências são tão evidentes que o leitor as identifica, uma a uma, sem que possa saber exactamente qual é a fronteira que existe entre a verdade que pensa conhecer e a ficção que é criada diante dos seus olhos. Como afirmou Jacques Derrida, é essa a lei da própria literatura – a capacidade de poder dizer tudo, sem que, por isso, o autor possa ser responsabilizado por aquilo que dizem ou fazem as suas personagens.

Exortação aos Crocodilos encena as vozes daqueles que, sem hesitações, matam ou mandam matar: «... o esposo da surda, prudente [/] – Veja lá senhor bispo um sacerdote [/] e o meu padrinho [/] – Não há nada que ver [] isto é uma guerra santa» (pág. 22[95]). E a voz de Fátima, a afilhada do bispo, prossegue: «... mandou instalar a bomba no automóvel do padre e não sei nem me interessa, prefiro não saber quem carregou no botão, cobri as orelhas para não escutar o estrondo (...) o cadáver do padre no interior da mala, o esposo da surda a mostrar-nos o jornal, a fotografia de uma mulher, a fotografia de um homem [/] – Um comunista a menos senhor bispo» (págs. 22-23[96]).

Vários problemas se colocam, sobretudo porque não são colocados. O autor não criou qualquer forma de mediação; não há discursos morais nem ideológicos. O leitor fica indefeso perante a violência das palavras e dos actos, sem possuir uma chave de leitura que lhe permita descodificar ou integrar os acontecimentos sórdidos que são relatados. Trata-se de mostrar e não de julgar. O jogo é perverso e quase obsceno. Ninguém está inocente nesta história: o general e o bispo mandam matar, o operacional fabrica as bombas e as mulheres assistem com um silêncio cúmplice. A leitura torna-se insuportável na medida em que todo o romance se constrói com os monólogos interiores das quatro personagens femininas. Como adoptar, pois, a sua perspectiva, mesmo quando uma delas descreve uma doença terrível (um cancro) ou fala de uma solidão insuportável?

Fabricar um engenho explosivo, colocá-lo no carro de uma personagem e vê-la morrer não é, afinal, uma experiência terrível.

---

[95] P. 24, edição *ne varietur* (em itálico em todas as edições).
[96] P. 25, edição *ne varietur* (em itálico em todas as edições).

O que mais impressiona, neste romance, é o inferno de cada consciência individual a cujo fluir se assiste de capítulo em capítulo. E, mais uma vez, a figura que se desenha é a de uma bomba, como se o autor tivesse querido destruir meticulosamente cada uma das suas criaturas, homogeneizando todas as suas experiências.

A partir, sobretudo, da segunda metade do romance, as vozes cruzam--se, os tempos misturam-se, as histórias confundem-se. A morte invade as recordações de infância, como se tudo pudesse ser misturado numa espécie de aniquilamento final que, aliás, encontra o seu equivalente no enredo: «... se a minha mãe limpasse os mortos no fundo do barranco até ninguém os ver, se os tirasse deste quarto para o jardim de reformados e as pétalas das glicínias, os cadáveres toda a santa noite [/] – Fatinha [/] com a voz do meu padrinho como por trás de uma janela [que era incapaz de abrir], se a minha mãe trouxesse o esfregão e apagasse o meu padrinho (...) apagasse a minha vida toda ...» (pág. 205[97]).

Exortação aos Crocodilos é um romance forte, sabiamente construído, feroz na sua ânsia de destruição, testemunha implacável do lado mais sórdido de Portugal. Lê-lo é como ir um dia a uma consulta de psiquiatria e descobrir que não se é o doente, mas o próprio psiquiatra. Ouvem-se quatro histórias, as personagens torcem--se de dores e morrem ao nosso lado, mas nós ainda não sabemos muito bem o que fazer com elas. Afinal, quem é que já p[o]de escrever a história da rede bombista de extrema-direita que actuou em Portugal depois do 25 de Abril?

---

[97] P. 209, edição *ne varietur*.

PAULO MOURA

"Ninguém escreve como ele"

Público/Pública, 30 de Janeiro, 2000, p. 1[98].

Até há pouco tempo, evitava ler os livros de António Lobo Antunes. Por esta razão: é que tinha de escrever notícias e reportagens todos os dias, e não o conseguia fazer depois de ler um pedaço de prosa do Lobo Antunes. Pelo menos não era eu a escrever, era ele. Ou eu a escrever como uma criatura dele, claro.

É contagiante, hipnótico, magnético. Pega-se, é uma peste. Uma pessoa começa a escrever e lá está ele, o Antunes, a dançar o tango na página. Uma máscara dele, que não se consegue disfarçar. Não é ele, mas é ele. O Lobo Antunes quando tira a máscara de Lobo Antunes continua a ser o Lobo Antunes. Tira a máscara e lá está ele outra vez. Tira a máscara e lá está ele outra vez. É um escritor que não se consegue imitar, só mimar.

Os seus livros são bons na própria definição que dá, na entrevista de Alexandra Lucas Coelho, de bons livros: "como a música de Bach, implacável, que nos leva e agarra, quer queiramos quer não". Dando a "sensação de que foram escritos só para mim, que os outros exemplares dizem outras coisas".

António Lobo Antunes está sozinho. É mal-humorado, irredutível, arrogante, irritante, rezingão, infeliz. É desmancha-prazeres, não nos deixa esquecer Portugal, puxa-nos impiedosamente para o âmago.

---

[98] Nesta mesma edição encontra-se a entrevista de Alexandra Lucas Coelho, "António Lobo Antunes, depois da publicação de 'exortação aos crocodilos' – 'agora só aprendo comigo'", in Ana Paula Arnaut, *Entrevistas com António Lobo Antunes. 1979-2007. Confissões do Trapeiro*. Ed. cit., pp. 325-339.

Não nos permite a ilusão de ser outros. Nem de nos inventarmos (talvez por isso seja mais fácil para os estrangeiros saborearem-no).

Mas ao mesmo tempo é estrangeiro. Não tem amigos, não festeja, não se explica, não suplica, não contemporiza, não bajula. É imune à agressão porque há muito tratou de açambarcar o sofrimento todo para si. Está sozinho mas tem-nos todos à sua volta. Porque ninguém está sozinho como ele.

MARIA ALZIRA SEIXO

"As fragilidades do Mal"[99]
[*Exortação aos Crocodilos*]

Jornal de Letras, Artes e Ideias, 22 de Março, 2000, pp. 26-27.

Há uma manifesta clivagem na obra ficcional de António Lobo Antunes que[,] de momento[,] não sei bem onde se possa situar (talvez que nem mesmo seja susceptível de uma situação sensível, antes se desenvolva em progressiva transmudação do seu modo de composição romanesca) mas que[,] sem dúvida, na minha leitura, percorre uma fase de escrita que vai de *As Naus* até *A Morte de Carlos Gardel*. Essa clivagem ou transmudação cobre aspectos que se relacionam com a arquitectura do romance, com a composição das personagens e com a atitude do narrador perante a matéria convocada para os seus textos. Um confronto das suas últimas obras de ficção (*O Manual dos Inquisidores*, *O Esplendor de Portugal* e *Exortação aos Crocodilos*) com a primeira fase do seu romance não só mostra uma evolução de concepções e uma transformação de dados colhidos na percepção do mundo circundante como, muito naturalmente, o amadurecimento e a fixação pessoal num modo específico de entender a narrativa, que de forma explosiva irrompe nas suas primeiras obras, e de modo algo disperso e heteróclito (mas sobretudo concentrado em vias de composição múltipla e híbrida, de estrutura sempre cerrada a controlar uma criatividade efervescente) caracteriza essa segunda fase que, mais ou menos a esmo, considero com o de redefinição e descoberta de caminhos próprios. Esses caminhos, sab[e]mo-lo já muito bem, não

---

[99] Texto posteriormente publicado em *Outros erros. Ensaios de literatura*. Ed. cit., pp. 339-343.

são apenas de traçado talentoso mas de manifestação de uma consciência lúcida do ofício, e preenchidos por um sentido elaborado (e laborioso) do pensamento da literatura de ficção. Só que, nesta rota progressiva de um intenso calcorrear da escrita, permanece aquilo que é talvez o encanto maior dos seus leitores: o sentimento constante de ironia terna face às coisas, que deixa leitor e escritor (ou pelo menos a imagem que o leitor, pela escrita, do escritor [] faz) preso[s] a elas, em atitude simultânea de intenso amor e desencanto, de apego e decepcionada pena por essa hipótese de contacto magoadamente perdida. Sentimento que incorpora ainda o subtil distanciamento que do social nos dá, encarando-o e dele se desviando sem medos nem tabus, mas em distância efectiva porque tremendamente crítica e violentamente vituperadora. Esta é a ideia que desde sempre temos de Lobo Antunes, e que regularmente, embora diferenciadamente, em marca estilística e de mundividência, nos seus livros reaparece.

Exortação aos Crocodilos permite-nos pensar estas mudanças e estas insistências. Longuíssimo e elaborado texto, alternando quatro vozes narrativas de mulheres socialmente diversificadas mas tangenciais na acção e nos modos de ser (todas elas fazendo parte de uma certa camada de pechisbeque cultural e de inacessibilidade intelectual aos núcleos questionadores de um eventual sentido de vida), consegue, através dessa tangencialidade (que acaba por se comunicar ao leitor, que nunca sabe bem a quantas anda, quer na história, quer nos níveis escalonados do discurso, e que se vê privado dos habituais mecanismos de identificação psicológica com as personagens, que no entanto desenvolvem o ardil de[,] por vezes, em breves flagrantes, a praticarem, de forma surpreendente ou incómoda para quem lê), organizar um núcleo de acção aparentemente entendida como marginal ou secundária ou, conforme a progressão narrativa e a evolução dos acontecimentos no-lo vai mostrando, no fundo apenas denegada ou rejeitada, pelos interesses criados ou pelas ideologias mutavelmente dominantes.

Elas falam cada uma por sua vez, essas mulheres (e é, parece-me, uma homenagem do escritor ao belo sexo, aqui nem assim tão belo e nem assim tão sexuado), numa série de oito pronunciamentos em que cada uma assume a sua voz num lugar ficcionalmente hierárquico que é sempre o mesmo: primeiro Mimi, a que se pensa que é surda (simbolicamente: a voz que fala sem ouvir, e que compreende sem apreender) e que serve ao marido apenas como mulher que tem

"AS FRAGILIDADES DO MAL" [*EXORTAÇÃO AOS CROCODILOS*] | 221

condições mínimas para cumprir a sua função de esposa; a seguir Fátima, a afilhada do bispo, por ele «entretida» em relações de ambiguidade nauseada e repelente; a seguir Celina, a bela, cuidada e enfeitada mulher sem rugas, rodeada de manicures e cabeleireiras, que vinga no crime a violação conjugal dos seus sonhos de intocabilidade de menina; e por fim Simone, a sopeira que nem sequer o é, a gorda que arranja um homem que em total alienação de ambos a leva ao crime e à anulação da ambição social mínima que almejava, a de montar um café em Espinho e de aí viver pacatamente uma vida de mulher ao seu nível realizada.

Estes pronunciamentos, manifestando-se numa regularidade que dá a medida da rotina e da mesmice que a todas estas vozes tolhe (e à partida as tolhe enquanto vozes, porque muitas das suas frases não se completam, por medo ou impossibilidade, mas também enquanto corpos de projecto imperfeito, porque a gorda não emagrece, a mulher sem rugas não consegue evitar as rugas de expressão, a surda adoece e estiola em fase terminal e a afilhada do bispo se desencontra entre bispo, marido abandonado e pai desamado), não são integralmente pronunciamentos. Eles dão a medida, de facto, da impossível vociferação feminina, aqui e ali aliás interrompida por subtis e breves emergências de vozes masculinas que as dominam, no interior do seu próprio discurso; mas são pronunciamentos da impossibilidade e do erro, da tangencialidade ao acontecer e, mesmo quando esse acontecer delas depende, fica como a elas alheio e em relação a elas tornado independente. Porque, será talvez a lição, são as mulheres que fazem uma parte substancial da História, mas ao seu discurso não emergem senão em termos de secundaridade vaga ou de colaboração difusa ou acidental.

Entendamo-nos. O livro gira em torno de casos de bombistas, alguns correlacionáveis com a nossa História recente a seguir ao 25 de Abril, e mesmo susceptíveis de uma identificação concreta, e é toda essa tentativa de corrosão revolucionária levada a cabo pela extrema-direita que constitui o essencial da sua trama. E isso, que é importante, nunca chega a ser explicitado concretamente, talvez porque o sabemos, talvez porque o que interessa ao romancista é entender as falhas sociais e culturais que o permitiram. E essas falhas, exactamente no sentido psicanalítico de «falta» («manque») lacaniana, preenchem integralmente o sentido da sua escrita. Vejamo-las, nomeadamente, nessas mulheres: Mimi, compondo as flores, e sonhando, à imagem identificadora da avó, com a Galiza, «onde chove o tempo inteiro e nascem rosas do mar»; Fátima, falando com os móveis e com os objectos, a acreditar mais neles do que em si: «as pessoas acreditarem que eu sou eu, confundirem esta estranha comigo, o que lhes aconteceria se lhes aparecesse tal como sou de facto»; Celina, encarnando nos arranjos e no seu aspecto cuidado a obsessão infantil de voar a partir dos braços impetuosos de alguém: «o meu tio ergueu-me pela cintura/ /Voar Celina voar»; Simone, vislumbrando nas barracas de espelho das feiras uma ideal silhueta longilínea, e rezando pela sua hipótese de real: «meu Deus não peço mais do que isto/ a oportunidade de tomar a camioneta para o café em Espinho, tranquila, segura, sem espreitar um só momento pelo vidro traseiro uma massa de árvores negras que não nos vêem chorar». Vivendo profundamente a sua «falta», elas organizam-se em torno do crime (uma explosão num avião, um automóvel rebentado, uma casa incendiada, a casa onde afinal se encontram, indecisamente, num final brumoso e incerto, como todo o caminhar para o fim), quer contribuindo para a sua organização, quer em relação a ele se tornando cúmplices e coniventes.

Quer dizer que Lobo Antunes não escreverá eventualmente de modo central sobre os atentados bombistas de extrema-direita, como não escreverá centralmente sobre a condição feminina no pós-25 de Abril, nem sobre os desacertos de uma revolução repousada e ali-cer[ç]ada sobre incompletudes e sobre alienações que não fez muito mais que confirmar. Lobo Antunes escreve talvez centralmente sobre a insignificância, o facto anódino, as vozes que ninguém ouve (por surdez ou por inacessibilidade subjectiva), os sonhos que se não manifestam pela própria incapacidade da sua formulação, a maldade que é a expressão do bem inalcançável, o quotidiano inenarrável de uma estupidez irremissível pela deseducação cuidada das instâncias sociais, políticas e culturais. Lobo Antunes narra, justamente, esse inenarrável.

Daí que haja apelos ancestrais implícitos, neste seu livro, a quatro escritores que de algum modo antecederam esta contextura de expressão da insignificância magnificada pela escrita: Faulkner, pelo constante entrecruzar de uma experiência actual intolerável nos diversos níveis da memória que, através da mitificação evocativa, tornam a vivência de antanho, igualmente intolerável, em possível adopção

"AS FRAGILIDADES DO MAL" [*EXORTAÇÃO AOS CROCODILOS*] | 223

onírica de uma infância dourada ou de um sonho anterior exemplar; Kafka, pelo carácter monstruoso do quotidiano em insidiosas manifestações de inocuidade ou vago alcance a detectar; C[é]line, pela abjecção das existências larvares ou, sobretudo, pela hipocrisia aleatória do crime e da barbárie cultural; mas, sobretudo, e avultada-mente, Beckett, por essa condição quase inexpressiva dos seres em formulação de vida incipiente, e pelo registo de uma escrita corporal, respiratória, onde o minimalismo dos gestos, das atitudes e dos pensamentos capta os níveis de existência aquém dos seres, e os ultrapassa em sentidos de manifestação literária que dizem do seu além de potencialidadae onírica e criadora.

Penso, pois, que o que mudou na obra de António Lobo Antunes foi a possibilidade de concretização actual de uma intensíssima capacidade controlada de escrita que dá conta de descontrolos, tangencialidades, marginalidades e criminalidades várias, de uma arguta capacidade analítica dos diversos e por vezes inesperados níveis de responsabilidade e de alienação na intervenção cívica e cultural, da exibição de uma cuidada planificação romanesca que regulariza as manifestações discursivas na sua capacidade expressiva, sem as reduzir à simetria das correspondências unívocas ou das alternâncias binárias.

Exortação aos Crocodilos é um livro irónico, mas no sentido da ironia socrática, e já quase sem recurso ao sarcasmo, essa impotência das revoltas sem sentido. *Exortação aos Crocodilos* (cujo título não vai sem recordar aquele capítulo da *Peregrinação* onde o «pobre de mim» viu devorados todos os seus companheiros na travessia do rio e se encontrou do outro lado sem literalmente, diz ele, saber como, mas tremendo ainda pelos resultados da morte e da destruição que presenciou, e por isso mesmo apreciando a sua vida, esse resto arbitrário, como bem supremo) vem, através deste quarteto de mulheres sofridas mas de algum modo ameaçadoras, mostrar, nas suas tremuras, e quanto mais não seja pela voz que o escritor lhes atribui, o poder inexorável das vítimas; e vem optar pelo partido difícil da poesia da mesquinhez, de uma certa grandeza do tacanho, do reles, da fragilidade impotente que constrói de forma abjecta e marginal as suas compensações. *Exortação aos Crocodilos* é um livro cuja narração complexa, desenvolvida em vários planos de efabulação e de elaboração estilística, se centra ainda, e talvez sobretudo, no corpo do objecto interdito (mulher, palavra, sonho), do dizer impossível e do inacessível alcance dos sentidos que a vida não dá e só [a] literatura constrói.

CELESTE PEREIRA

"Júri de Poetas elegeu Lobo Antunes"

Público/Cultura, 25 de Setembro, 2000, p. 29.

O romancista António Lobo Antunes recebeu ontem, em Vila Real, o Prémio D. Dinis, atribuído pela Fundação da Casa de Mateus, pelo seu livro "Exortação aos Crocodilos", publicado em 1999. Foi um momento especial para o escritor português que, por diversas vezes, tem sido proposto para Prémio Nobel da Literatura: Lobo Antunes abriu a alma e confessou que esta foi a primeira vez que recebeu um prémio literário sem ser invadido por uma estranha sensação de "desconforto" ou "perplexidade".

"Tenho uma relação conflitual com os prémios literários", confessou o escritor. E explicou: "Em primeiro lugar, porque [] me parece que (os prémios literários) têm pouco a ver com literatura; não melhoravam nem pioravam a obra feita". Em segundo lugar, porque não reconhecia aos respectivos membros do júri poder ou credibilidade para atribuírem tais prémios. "A sensação que tinha é que se eu fosse membro do júri não teria dado (o prémio) aos membros do júri que mo deram a mim".

Com o Prémio D. Dinis, um galardão instituído em 1981 e que já distinguiu escritores posteriormente consagrados com o Nobel da Literatura, como Camilo José Cela e José Saramago, não aconteceu o mesmo. E isto, explicou Lobo Antunes, porque os membros do júri não são críticos, professores universitários ou livreiros. "Pela primeira vez, são companheiros de escrita". E um prémio literário atribuído por escritores tem "um significado completamente diferente", reconheceu.

Mas para este psiquiatra-escritor, este prémio teve ainda um sabor especial: o facto de ser atribuído por poetas, concretamente Vasco Graça Moura, Nuno Júdice e Fernando Pinto do Amaral. É que António

226 | CELESTE PEREIRA

Lobo Antunes desejou um dia ser poeta. Agora, diz, "sou apenas um poeta frustrado, um homem que durante muitos anos tentou escrever poesia e chegou amargamente à conclusão de que não tinha talento para o fazer".

Os poetas, afirmou o romancista, "têm uma noção do peso e do valor da palavra que a maior parte dos romancista não tem". E a luta constante deste romancista é precisamente essa: trabalhar "o rigor, a elegância, a profundidade, a musicalidade e a beleza" das palavras.

Lobo Antunes fez estas declarações logo após ter ouvido, do poeta Nuno Júdice e do ministro da Cultura, rasgados elogios à obra "Exortação aos Crocodilos". Para o primeiro, aquela obra representa uma "perfeita maturação" da escrita de Lobo Antunes e do seu universo.

Este livro, que tem como pano de fundo o "terrorismo de direita" no Portugal do pós-25 de Abril de 1974, é, disse Nuno Júdice, "uma obra de excepção[,] de um autor de excepção"[100].

Sasportes, por seu lado, considerou que "Exortação aos Crocodilos" é um livro "difícil", que tem a grande virtude de obrigar o leitor a não estar distraído quando o lê. "Não é um romance para se ler distraidamente entre dois autocarros. É para se ler em concentração e em diálogo intenso com o escritor. A dificuldade da escrita torna--se imediatamente atraente, mal o leitor se decide concentrar sobre o livro e não o consegue largar mais", sublinhou o governante.

Confrontado pelo PÚBLICO com o mais recente estudo da Associação Portuguesa de Escritores e Livreiros (ver edição de ontem[101]), que indica que mais de metade dos portugueses não lê livros, o ministro contrapôs que se assiste a "um renovar do público (leitor) a todos os níveis" e sugeriu que as referidas estatísticas "já não traduzem a nossa realidade". "Por todo o país estão a abrir-se novas bibliotecas, que funcionam para além de todas as expectativas", garantiu o ministro.

---

[100] Ver *infra*, p. 237, Nuno Júdice, "Um livro de excepção", texto que, em nome do júri, foi lido pelo poeta na cerimónia de entrega do prémio (24 de Setembro).
[101] Rui Ferreira e Sousa, "Os portugueses não gostam de livros?", in *Público*, 24 de Setembro, 2000, p. 31.

MANUEL HALPERN

"Personagem de romance"

Jornal de Letras, Artes e Ideias, 4 de Outubro de 2000, pp. 6-7.

> *Não entres tão depressa nessa noite escura*, o novo roman-
> ce de António Lobo Antunes, com a chancela da Dom
> Quixote, é apresentado no próximo dia 10 à Comunicação
> Social. A apresentação ocorre duas semanas depois de o
> escritor ter recebido o Prémio D. Dinis, atribuído pela Fun-
> dação da Casa de Mateus ao livro anterior *Exortação aos
> Crocodilos*, aliás já distinguido com o Grande Prémio de
> Romance e Novela 99, da Associação Portuguesa de Escri-
> tores. O JL, que já leu *Não entres tão depressa [nessa]
> noite escura*, diz dele na habitual coluna de Maria Alzira
> Seixo, publicando também o texto que, em nome do júri,
> foi lido por Nuno Júdice[,] no dia 24 de Setembro, na Casa
> de Mateus, na cerimónia da entrega do prémio. O *dossier*
> inclui um perfil de António Lobo Antunes, aos 58 anos de
> idade, uma bibliografia completa da sua obra e, fundamen-
> talmente, a primeira entrevista em que o escritor fala do
> seu novo romance, o 14.º em 21 anos de escrita. Nesta
> entrevista, o escritor deixa-se fotografar com o seu primeiro
> neto, nascido em Julho, confessando que só escreve
> romances porque não tem talento para ser poeta.

Polémico, persistente, arrogante, céptico, obcecado, candidato
crónico ao Prémio Nobel da Literatura, são algumas das características
em geral atribuídas a António Lobo Antunes, um dos grandes escritores
portugueses. Reúne, dizem mesmo alguns, as qualidades do génio e
do louco. Encerra-se num buraco, cumprindo à risca o horário de

um trabalhador fabril, com horas extra e tudo. Escreve sempre à mão, numa letra redonda e miudinha, refazendo, pelo menos duas vezes, cada capítulo. Isola-se do mundo, alheia-se dos eventos «sociais». Vive para os seus livros e vive os seus livros. A sua ficção é por vezes mais real do que a própria realidade. Vive imaginando as suas personagens e até sonha com elas. O contacto com a sociedade dá-se através de uma janela virada para o Tejo, numa casa que tem pouco mais do que o indispensável. Aquele é o ponto de observação do *psiquiatra social*. E o que observa ele? Um mundo doente, demente, vazio, desesperado, apático, sem sinais de esperança – uma catástrofe. Mas de tanto olhar através do vidro de uma janela, acabou por colher o seu reflexo. António Lobo Antunes transformou-se numa personagem do microcosmos lusitano, digna de um dos seus romances.

Ao longo da sua carreira de escritor arranjou muitos inimigos. Não poupa palavras para maldizer, de críticos a colegas escritores, passando pelo próprio país em geral. Criou a imagem de mau da fita, que ainda hoje mantém, embora digam que está mais tranquilo. Sem papas na língua, nem poupou alguns que se julgava inquestionáveis. De Pessoa disse: «Acho que é o Tomás Ribeiro deste século, todos os séculos se tenta arranjar um poeta melhor do que o Camões». Afirma que Jorge Luís Borges o faz sentir completamente frio, «é um escritor europeu, minimalista». Chama a Malraux e Sartre «escritores péssimos». Diz que Vergílio Ferreira «escreve em francês com sotaque da Beira». Gabriel García M[á]rqu[e]z também não o entusiasma. Nem Eça de Queirós é poupado, apesar de o considerar o melhor romancista português do século XIX: «Se o comparar com os grandes romancistas contemporâneos, é óbvio que é um romancista de segunda ordem»[102].

Mas o seu inimigo de estimação é, sem dúvida, José Saramago. Quando este ano Lobo Antunes aceitou, pela primeira vez, integrar a representação de Portugal no Salão do Livro de Paris[103], exigiu

---

[102] "Um escritor reconciliado com a vida" [1992], entrevista de Ana Sousa Dias, in Ana Paula Arnaut (ed.), *Entrevistas com António Lobo Antunes. 1979-2007. Confissões do Trapeiro*. Ed. cit., pp. 152, 155, 156.

[103] Para conhecer a lista de escritores que integraram a delegação oficial, ver "Saramago e Lobo Antunes no Salão do Livro em Paris", in *Jornal de Letras, Artes e Ideias*, 29 de Dezembro, 1999, p. 2.

ficar alojado num hotel diferente do Nobel. Ainda no ano passado, em entrevista ao *El País*, dizia: «Há muitos escritores que são propagandistas de si mesmos. Penso que é preciso relativizar o êxito. Não os conheço, mas tenho muita pena de pessoas como Camilo José Cela e José Saramago. São pessoas sem grande significado, campeões do charme». Mas em 1983, em entrevista ao **JL**, afirmava: «Falando a sério, gosto do Saramago, gosto do Cardoso Pires. Só gosto dos meus amigos. Gosto do Almeida Faria, da Luísa Costa Gomes, da Lídia Jorge...»[104].

E amigos também os tem, embora os veja pouco assiduamente. Começando por Daniel Sampaio, conhecido psiquiatra, irmão do Presidente da República, Jorge Sampaio. Passando por Melo Antunes, que foi seu comandante em Angola, e com o qual manteve uma relação de grande amizade até à morte do «ideólogo» do 25 de Abril. Terminando no também falecido José Cardoso Pires, de quem disse: «É um dos poucos portugueses que sabem fazer diálogo»[105], e em outros escritores, como Dinis Machado (que lhe ofereceu o título de *Fado Alexandrino*) e Antonio Tabucchi (com o qual comunga a inimizade a Saramago).

Receber o Prémio Nobel da Literatura é um sonho antigo. Inúmeras edições no mundo inteiro, com destaque para a França, os Estados Unidos e a Suécia, colocaram-no numa posição privilegiada. Durante muito tempo, acreditou-se que o primeiro Nobel da Literatura portuguesa não lhe escaparia, mas acabou por ser «ultrapassado» por José Saramago. Não é, no entanto, impossível que a Academia Sueca volte a escolher um português. E Lobo Antunes é o favorito. Um indício disso foi dado aquando da nomeação de Günter Grass, este ano. No discurso da atribuição do prémio, o presidente da Academia referiu-se a Lobo Antunes. Contra si poderá ter uma certa (recente) *passividade* político-ideológica: nos últimos anos a Academia tem escolh[]ido pessoas activas nesse campo. Actualmente, Lobo Antunes confessa-se abstencionista, apesar de ter sido candidato independente

---

[104] "Lobo Antunes: «Fui bem comportado durante tempo de mais!»" [1983], entrevista de Clara Ferreira Alves, in Ana Paula Arnaut (ed.), *Entrevistas com António Lobo Antunes. 1979-2007. Confissões do Trapeiro*. Ed. cit., p. 62.
[105] "António Lobo Antunes: «Quis escrever um romance policial»" [1992], entrevista de Luís Almeida Martins, in *idem*, p. 164.

da APU (coligação dominada pelo Partido Comunista), e de ter apoiado Maria de Lourdes Pinta[]silgo e Jorge Sampaio nas eleições presidenciais. Em entrevista ao **JL**, em 1996, dizia: «Sou de esquerda, e partindo do princípio que o PS é de esquerda [...], eu gostaria de votar PC ou PS. Ou PSR, que até me é simpático. Mas não consigo votar PS nem PC e votar no PSR não interessa»[106].

Sonetos em vez de aspirinas

António Lobo Antunes nasceu, em Lisboa, a 1 de Setembro de 1942. Sendo o mais velho de seis irmãos, a sua infância, na zona de Benfica, foi marcada por um ambiente masculino. O seu pai, João Alfredo, médico neurologista, conta 85 anos. Assistente de Egas Moniz, foi Director do Departamento de Neurologia do Hospital de Santa Maria. A sua mãe é doméstica. Ainda longe do tempo da televisão, António regalava-se a ler e reler obras da extensa biblioteca que tinha em casa. «Julgo que me tornei escritor porque em criança o meu pai curava gripes com sonetos em lugar de aspirinas» – confessa, numa das suas crónicas. Desse ambiente marcadamente cultural emergiu a sua paixão por Camões, Bocage, Bernardim Ribeiro e por grandes prosadores russos e americanos, como Dostoievski, Tolstoi, Gogol, Faulkner, Truman Capote, Carson McCullers, Scott F[]itzgerald e Thomas Wolf. Escritores que ficaram até hoje como referência.

Não por evidente vocação, mas para seguir as pisadas do pai e para ter, como lhe dizia a mãe, «uma enxada», seguiu Medicina. O seu irmão João também tomou o mesmo caminho, mas, ao contrário deste que sempre foi um aluno brilhante e viria a ser um[] prezado neurologista, António ficou a marcar passo no 1.º ano do curso[] durante três épocas. Depois de concluir o curso especializou-se em psiquiatria, que ainda exerce esporadicamente, apesar de se dedicar quase exclusivamente à literatura. Os seus outros irmãos optaram por percursos bem distintos: Miguel é administrador do Centro Cultural de Belém; Pedro é arquitecto, mas a sua grande paixão é a música; Nuno é neuropediatra, nos Estados Unidos; e Manuel é diplomata.

Entretanto, Lobo Antunes casa-se com Maria José, da qual tem

---

[106] "A constância do esforço criativo" [1996], entrevista de Rodrigues da Silva, in *idem*, p. 240.

duas filhas, Maria José (com 28 anos, professora de Antropologia da Universidade de Coimbra) e Joana (com 26, a tirar o mestrado em Santiago de Compostela), e é chamado para a Guerra Colonial, o que marcou profundamente a sua vida e, consequentemente, a sua escrita. É colocado como alferes miliciano médico em Angola. «Foi uma guerra de miúdos. À excepção dos chefes e generais, nós éramos miúdos. [...] Eu era dos mais velhos e tinha 25. Por isso é difícil não ficar marcado. Além disso, o batalhão onde estava sofreu várias torturas, a nível de ataques, de feridos» – afirma em 1991, em entrevista a *O Independente*[107]. A guerra tirou-lhe quatro anos de vida, fez com que só conhecesse a filha com um ano de idade e destruiu-lhe o casamento. A dor da separação está bem patente no seu primeiro livro, *Memória de Elefante*, que é dedicado às duas filhas. Mais tarde, Lobo Antunes casou com Maria João Bustorff, da família Espírito Santo, da qual teve uma outra filha, Isabel (com 17 anos, estudante). Mas também desta se separou.

Uma aposta ganha

A sua profissão, psiquiatra no Hospital Miguel Bombarda, é bem visível na sua escrita. Há quem diga que os seus livros se confundem com diagnósticos. Em entrevista ao **JL**, em 1992, explicava: «Era preciso tirar uma especialidade, e eu pensei que a Psiquiatria era a que estava mais próxima d[o] Dostoievski, o que é perfeitamente um engano.» E acrescentava: «Não me estava a ver ser médico a vida toda e passar tardes inteiras no consultório depois de ter passado as manhãs no hospital. Embora eu goste muito d[a] medicina e tenha uma certa nostalgia dela»[108].

A escrita era uma prática antiga. Aos sete anos fez um poema chamado *Sou o Signo Capricórnio* e aos 14 publicou um outro poema, no *Diário Popular*. Habituou-se a escrever diariamente. Escreveu vários romances que depois deitou fora. Até que um dia o seu colega e

---

[107] "Se Dom João II fosse vivo" [1991], entrevista de Luísa Machado, in *idem*, p. 142.

[108] "António Lobo Antunes: «Quis escrever um romance policial»" [1992], entrevista de Luís Almeida Martins, in *idem*, pp. 175 e 176 (as correcções foram feitas a partir desta publicação.

amigo Daniel Sampaio descobriu os manuscritos de *Memória de Elefante* e *Os Cus de Judas*. Ficou maravilhado e tratou de procurar editor. Encontrou a Vega, após a recusa da Bertrand. Com uma escrita e um estilo fascinantes, diferente de tudo o que se fazia até então em Portugal, as edições das obras de Lobo Antunes multiplicaram-se rapidamente (os dois primeiros livros já vão na 18.ª e 19.ª edições, respectivamente). A editora fez uma aposta em cheio, mas o escritor sentiu-se defraudado, por não ser pago. Pôs a Vega em tribunal[109] e mudou-se para a Dom Quixote. Foi o início de uma relação saudável, que também se traduziu numa duradoura amizade com o editor Nelson de Matos. Depois, veio a divulgação internacional, através de uma aposta ganha do editor francês Christian Bourgois. Esse foi o seu passaporte para o mundo.

No caminho, vários prémios. Entre os quais, o France Culture, para *A Morte de Carlos Gardel*, o Prémio para o Melhor Livro Estrangeiro Publicado em França, por *O Manual dos Inquisidores*, e dois prémios APE, para *Auto dos Danados* e, recentemente, para [] *Exortação aos Crocodilos*.

Com 13 romances publicados e um – *Não entres tão depressa nessa noite escura* (dedicado à sua primeira mulher, recentemente falecida) – a caminho das livrarias, Lobo Antunes apura a sua escrita[,] de livro para livro, talvez em busca da perfeição. O ano passado, em entrevista ao **JL**, explicava: «É que o livro ideal seria aquele em que cada página fosse um espelho e tivesse não palavras mas um espelho onde o leitor se visse»[110].

Entretanto, António Lobo Antunes iniciou uma nova etapa da sua vida. A surdez, que é de família (comum ao avô, à mãe e ao irmão João), tem-se acentuado. O escritor, que é [] apreciador de música clássica, já quase não ouve, o que lhe rompe ainda mais o contacto com o mundo, mas lhe permite mergulhar mais profundamente na

---

[109] Cf., a propósito, "Lobo Antunes muda de editora e reedita livros", in *A Capital*, 3 de Fevereiro, 1983, p. 23 e "António Lobo Antunes: primeiro editor leva-o a tribunal", in *O Jornal*, 4 de Março, 1983, p. 20.
[110] "Mais perto de Deus" [1999], entrevista de Rodrigues da Silva, in Ana Paula Arnaut (ed.), *Entrevistas com António Lobo Antunes. 1979-2007. Confissões do Trapeiro*. Ed. cit., p. 306. Cf. "O coração do coração", in *Livro de Crónicas*. 6.ª ed.//1.ª ed. *ne varietur*. Lisboa: Dom Quixote, 2006 [1998].

escrita. Além disso, Zé Maria é o seu primeiro neto, nascido há dois meses e meio, filho de Maria José. São sinais de que os anos passaram e Lobo Antunes não ficou indiferente. Como escreve numa das suas excelentes crónicas, agora publicadas quinzenalmente na Revista VISÃO: «Devo estar a ficar velho. E no entanto, sem que me dê conta, ainda me acontece apalpar a algibeira à procura d[a] fisga. Ainda gostava de ter um canivete [de] madrepérola[], com sete lâminas, saca-rolhas, tesoura, abre-latas e chave de parafusos (...). Pensando bem [/] (e digo isto ao espelho) [/] não sou um senhor de idade que conservou o coração de menino. Sou um menino cujo envelope se gastou»[111].

---

[111] "A velhice", in *Livro de Crónicas*. Ed. cit., pp. 44-45 (as correcções foram feitas a partir desta edição).

NUNO JÚDICE

"Um livro de excepção"
[*Exortação aos Crocodilos*]

Jornal de Letras, Artes e Ideias, 4 de Outubro, 2000, p. 7.

O prémio D. Dinis tem um passado de prestígio, ligado[,] por um lado[,] à Fundação Casa de Mateus, que o instituiu, e por outro lado[,] à exigência de critério da sua atribuição. Uma vez mais isso se verificou com a atribuição do prémio relativo a 1999 ao romance «Exortação aos crocodilos» de António Lobo Antunes. Pode dizer-se que um bom escritor não precisa de prémios; mas os prémios precisam de bons escritores. Felizmente, este prémio tem sabido encontrá-los [] e António Lobo Antunes vem entrar numa série iniciada com Agustina Bessa Luís, e que conta com nomes como José Cardoso Pires, Sophia de Mello Breyner, Pedro Tamen, entre outros, onde se incluem dois escritores que, depois deste prémio, vieram a receber o Nobel, como foram Camilo José Cela e José Saramago. E é um facto altamente positivo para a nossa literatura que, em todos os anos da sua atribuição, seja na ficção, na poesia ou no ensaio, a dificuldade consista na escolha.

Claro que, em relação a 1999, essa dificuldade foi menor. Com efeito, se o romance «Exortação aos crocodilos»[] é um livro[] marcante dentro do percurso da obra de Lobo Antunes, é-o também, e sobretudo, no contexto da ficção portuguesa do que foi, ou é ainda, este fim de século XX. Por coincidência, calhou-me escrever, neste mês de Agosto, um artigo sobre um romance de Philipp Roth, «A pastoral americana». Não pude deixar de verificar que, em diferentes climas e de diferentes horizontes, dois grandes escritores tenham fechado o século com um balanço das sociedades respectivas; e que um dos aspectos destacados nos dois livros seja o terrorismo como pano de fundo. Em Roth, o terrorismo de esquerda; em Lobo Antunes, o terrorismo de direita. E se ambos abrem uma janela para a reflexão sobre esse fenómeno [] que é o recalcado do nosso mundo, que cada vez fecha mais os olhos para a violência que o funda, ou a transforma em espectáculo, como se a morte pudesse constituir uma diversão[,] [] penso que é Lobo Antunes quem vai mais fundo na análise dessa crise do modo de vida contemporâneo em que essa violência, mesmo quando não é visível, [] pode explodir em qualquer instante. Esse processo é apresentado através de uma construção em paralelo do mundo dos homens (os «crocodilos» do Antigo Regime) cujo projecto é a destruição cega de uma nova sociedade que eles rejeitam, e da doença que se vai desenvolvendo nas mulheres que os acompanham e cuja desordem, física e amorosa[,] corresponde ao desabar dos ideais que tinham fundado um Estado baseado no autoritarismo.

O que nos prende, na leitura deste romance, é o modo como se vai tecendo uma teia em que, sobre a aparente simplicidade da História portuguesa no pós-25 de Abril, com a luta entre os bons (os democratas) e os maus (uma nebulosa de contra-revolucionários, terroristas, militares de direita, etc.), consegue apresentar-nos o lado humano de personagens que, em princípio, nos seriam repulsivos. Claro que isso é dado de forma subtil: a transferência da voz para as mulheres[,] [] e sabemos como essa voz consegue encontrar as modulações diversas, da paixão ao ódio, da esperança ao desespero[,] [o] que confere à escrita de Lobo Antunes uma capacidade única de absorção do real. É também uma voz por onde passa a atenção do olhar que capta de um modo que se poderia situar entre a fotografia e o cinema, num registo exaustivo do campo visual, o cenário sociológico de cada acção; e esse registo é algo de fundamental para conservar uma memória, ao mesmo tempo afectiva e crítica, do mundo efémero do quotidiano [] que é, precisamente, o mais dependente dessa memória pessoal, pois é o que está condenado a morrer com os seus habitantes: refiro-me a coisas tão simples como os «manipanços orientais» ou o «galgo de porcelana», a imagens como a do «vocalista de casaco escarlate toc toc no microfone, um dois três experiência», ou a esse admirável retrato do desleixo português, com cola e remendo, nesse quadro pequeno-burguês em que [o] «único luxo era o carrinho do chá mas faltava uma roda, púnhamos um cartão dobrado a fim de que não dançasse».

"UM LIVRO DE EXCEPÇÃO" [*EXORTAÇÃO AOS CROCODILOS*]

Ninguém sai da leitura de um romance como este conformado ou displicente. É por isso que a experiência de «Exortação aos crocodilos» nos obriga ao que se pode chamar não o dever, mas a obrigação da memória. Essa obrigação não tem apenas o lado didáctico de nos fazer conhecer um passado; traz consigo, igualmente, um prazer em que há algo de poético, que se acentua sobretudo nas passagens relativas à infância, sem que isso constitua de qualquer modo uma cedência sentimental. Vemos, assim, que António Lobo Antunes atingiu o que se poderá chamar uma perfeita maturação da sua escrita e do seu universo; e se[,] muitas vezes, noutros romances seus, o efeito de perturbação era conseguido através de um processo de construção conflitual, em que a hipérbole surgia como a saída possível para o conflito, num excesso catártico das situações, aqui reencontramos esse conflito, mas paradoxalmente[,] se tivermos em conta a violência que é o tema do livro, a solução encontrada para o desfecho é uma serenidade de onde pode nascer uma reconciliação mais amável do que amarga com o nosso passado. Podemos dizer, para concluir, que este júri voltou a encontrar um livro de excepção, de um autor de excepção, e felicito António Lobo Antunes por ter sido o último prémio D. Dinis do século XX.

MARIA ALZIRA SEIXO

"O livro da criação"[112]
[*Não Entres Tão Depressa Nessa Noite Escura*]
Jornal de Letras, Artes e Ideias, 4 de Outubro, 2000, pp. 10-11.

O romance de António Lobo Antunes que agora lemos, *Não Entres Tão Depressa Nessa Noite Escura*, apresenta-se bastante extenso, tal como os seus três livros anteriores: *O Manual dos Inquisidores*, *O Esplendor de Portugal* e *Exortação aos Crocodilos*. Com uma divisão no interior dos capítulos em parágrafos soltos e aparentemente desligados, a estrutura composicional de conjunto revela-se cerrada, obedecendo a veios de articulação que não são imediatamente perceptíveis, mas que o discernimento da leitura atenta vai gradualmente identificando, e, com uma progressiva felicidade de descoberta (na leitura que é, ela igualmente, uma construção), organiza em conjuntos de sentido que se impõem e simultaneamente se põem a si próprios em questão ao longo do romance.

O título, esse, foge ao paradigma habitual do escritor – não só pela extensão, mas pela frase utilizada em tempo finito, embora num imperativo ambíguo: é o autor que se dirige ao leitor? é o narrador que se dirige a uma personagem? é uma personagem que se dirige a nós, leitores? Sobretudo porque, ao iniciarmos a leitura, a primeira frase do romance nos diz: «O meu pai nunca me deixou entrar aqui». O verbo da relação liminar de sentido é o mesmo (*entrar*), e do imperativo que supõe uma recomendação, ou uma advertência (com

---

[112] Texto revisto pela autora para inclusão no livro *As Flores do inferno e jardins suspensos*, volume II de *Os romances de António Lobo Antunes*. Lisboa: Dom Quixote, 2010, pp. 335-340.

marca de futuro), passa-se a uma interdição que é no início do texto dada em pretérito. No entanto, a instância-objecto da interpelação titular transforma-se no enunciado do romance em sujeito (a voz que escreve), e que observa, na primeira pessoa (e no caso de se tratar da mesma instância, a de objecto e a de sujeito), o feito da interdição observada. E isso porque neste primeiro capítulo os dados da matéria romanesca do texto estão lançados: com o traçado da figura do pai, internado num hospital à espera de ser operado; com a voz elocutiva numa primeira pessoa feminina, sua filha Maria Clara, que logo se articula com a «noite escura» a que o título alude, e que observa e descreve os membros restantes da família e demais personagens, sobretudo a irmã Ana Maria, a mãe, a avó e uma peculiar figura de serviçal muito próxima, Adelaide; e com uma configuração complexa da interdição, que ultrapassa o título e a primeira frase para enxamear todo esse primeiro capítulo, e, em seguida, todo o romance – com proibições, segredos, objectos ocultos, gavetas fechadas, armários e arcas de aparência secreta, portas a não transpor, chaves que se possuem ou se procuram ou se escondem, papéis ou cartas ou documentos ou fotografias que se buscam, se remexem e proporcionam revelações, postigos ou janelas ou frestas por onde se pode olhar e observar e descobrir. Ver para escrever. Ler para existir. Compreender para viver – viver o meio, o mundo, a família, onde tudo o mais principia. A postura permitida, essa, é a de «brincar às fadas com a irmã no rebordo do lago» (mimar o mundo por uma parte do seu melhor: o impossível da beleza ligada ao poder, a eternidade da harmonia), como numa fantasia enovelada na progressão narrativa que nunca perde de vista a situação inicial, onde a construção romanesca do tempo justapõe os acontecimentos e seus efeitos numa constante reversão – ou fixação – a essa situação inicial, ou à situação que liminarmente constitui já a fase conclusiva do mundo figurado pelo texto, terminando o capítulo numa prefiguração parcial da conclusão do livro:

> a minha irmã e eu brincávamos às fadas no rebordo do lago e
> era engraçado como
> (mesmo sem palavra mágica)
> ao primeiro gesto da varinha de condão
> (um pedaço de cana com uma estrela na ponta)

"O LIVRO DA CRIAÇÃO" [*NÃO ENTRES TÃO DEPRESSA NESSA NOITE ESCURA*] | 241

deixaram de existir doenças, agonias, hospitais, mortes e ficou tudo bem, tudo bem, tudo bem graças a Deus, ficou tudo bem para sempre.

Num dos capítulos conclusivos (que são dois, o trigésimo quarto e o trigésimo quinto), escreve-se: *Deixei de me inquietar porque afinal está tudo como sempre foi, a moradia intacta, o meu pai connosco, daqui a nada os primeiros convidados, domingo quatro de abril de mil novecentos e noventa e nove, (...) o reflexo do lago agitava na parede manchas de mármore falso misturadas com ramos, (...) a minha mãe grave a olhar em segredo para a porta*; e, nas últimas páginas, essa aludida «quietação» final dá conta de uma abalada, porque escrever pode ser ficar, ao mesmo tempo que se parte, pois o gesto da escrita equivale de certo modo a deter o passado, a suspender em inscrição o movimento de escrever, e que figura de certo modo a fantasia da partida: *Ir-me embora é como tapar os espelhos todos sobre mim* – e, escrevendo e/ou partindo, fica só um vidro, no fim, a equilibrar o rebordo do lago inicial, o espelho das suas águas onde se multiplicaram vezes sem conta os múltiplos reflexos da casa familiar: fica o écran da televisão onde, após a morte de uma pessoa amiga, um sorriso impessoal se esbate, para Maria Clara que contempla o aparelho, na reversão de si em função da imagem impessoal de um outro que nos ignora. E o écran da televisão é uma espécie de janela[,] só na aparência dando para o exterior, mas que sugere uma escassa ideia de futuro na sequência previstamente imprevisível das imagens, tanto quanto a marcha da escrita se prende ao passado, na ocorrência esse rebordo do lago estando agora transformado, na penúltima cena, em rebordo de um poço, seu correlato disfórico.

O écran da televisão é assim como uma janela do outro para si, uma superfície ainda potencialmente reflectora como as águas do lago frente às quais meditava, permitindo o toque de si mesma (a confirmação da sua existência?) através do simulacro do outro: «À falta de melhor toco-me com o dedo no vidro», diz-nos ela.

Porque Maria Clara escreve o seu diário, percebemos a dada altura, e dele guarda ciosamente a chave, e nele o seu segredo também, de menina donzela adolescente, ou de jovem senhora casada com marido e filho – um diário que é expressão pessoal, observação e entendimento dos outros, desvelamento de aparências ou reversão especular (e daí a frequência de frases parentéticas neste romance, figurando redutos ou cercos, onde, ao invés, os planos em itálico, referidos ao outro ou à alteração de si, se reduzem e relativamente se simplificam), mas que é também enredamento e meada a deslindar por outrem (pelo leitor que somos nós, ou por qualquer leitor destinatário interior ao romance), uma vez que a voz que escreve confessa que, ocasionalmente, mente ou inventa, e utiliza a escrita como fantasia de brinquedo ou desforra de protecção, a caminhar no escuro.

António Lobo Antunes procede neste romance a alterações significativas no seu modo de entender poeticamente o romance, se considerarmos os processos literários utilizados na sua obra anterior. Por um lado, reforça o ponto de vista narrativo de uma só voz, a de Maria Clara, que não é única, mas que claramente domina, subordinando à sua perspectiva de interesses e de fios narrativos estabelecidos o que as outras vozes narram, sendo que até, por vezes, assume a mentira – ou a ficção – de outras personagens em cuja voz afinal ela própria se disfarça. Por outro lado, sendo Maria Clara quem conta e descreve, a parte descritiva predomina no texto, sendo por isso comunicada uma realidade efabulada que se destaca da voz dela, como se dela não fosse, fazendo o mundo que a cerca avultar por si, um pouco à maneira do romance tradicional, que de algum modo se torna tecnicamente presente também. No entanto, é nesses aspectos técnicos que a inovação neste livro se avoluma: há a substituição dos parágrafos longos (dados como um misto de discurso interior monologante e de descrições comandadas pela perspectiva pessoal, embora multiplicada por várias vozes emergentes na escrita), que nos seus últimos textos alternavam regularmente com réplicas de diálogo, pelo que é agora, em *Não entres tão depressa nessa noite escura*, uma nova forma discursiva cuidadosamente construída, complexa e elaborada, que integra o monologismo perspectivante da personagem (numa centralização totalizadora da matéria narrada a implicar tanto a solidão como o risco), aliado às falas dos outros (como num caleidoscópio de emissões de voz em justaposições vertiginosas) e à descrição da circunstância (respeitada ou inventada) e, sobretudo, tudo isso congregado em escrita numa espécie de unidade matricial versicular, quase como se de versos se tratasse. Mas de uma espécie

"O LIVRO DA CRIAÇÃO" [*NÃO ENTRES TÃO DEPRESSA NESSA NOITE ESCURA*] | 243

de versos da prosa, unidades frásicas que se desprendem do enunciado a exprimir parcelas do dizer, num tipo de escrita que se caracteriza como «a contrario» do poema em prosa, mas que não tem nada a ver com a prosa poética e suas medidas líricas ou efusões semânticas, desse registo narrativo enquanto género canonizado não se aproximando directamente.

Porque é na escansão da frase que, em *Não Entres Tão Depressa Nessa Noite Escura*, esta escrita versicular se fundamenta, e não na sua matéria, substância ou cadência – embora estes aspectos sejam igualmente cuidados; e mesmo as recorrências e reiterações, de facto vocabulares e sintácticas, tal como aparecem na poesia, relevam aqui quase sempre de um rigor que entrecruza o desenho psicológico da personagem com a sua interferência emocional e diegética na narrativa, e são, por conseguinte, nitidamente da ordem do discurso ficcional.

Este texto é, deste modo, muito mais um texto de recorrências que de ocorrências, alargando-se os eventos ocorridos aos halos que em cada entidade da ficção eles promovem, e constituindo esses halos como que a matéria fundamental do narrado (em ecos, auras, implícitos, incompletudes, suspeitas), que assim erigem a personagem, e sobretudo a sua voz (ou talvez até os efeitos da sua visão) em componente narrativa determinante. Sendo que a narração consiste numa justaposição intercalada de visões parcelares da matéria circunstancial disponível, isto que se conta, em *Não entres tão depressa nessa noite escura*, é muito mais o impossível de se contar, ou o inatingível de se conter, do que o conto ele próprio, ou de tudo o que ele contém. Maria Clara não conta uma história; ela defronta-se com um enigma, que banalmente poderemos considerar como sendo o de si própria perante os outros ou, em complemento, e de modo algo paroxístico, o da ameaça da morte que paira sobre o pai, a sua vitimização pela doença ou a sua cura, ou a sua morte acontecida e denegada, em torno do qual outros enigmas se urdem e enovelam. Esse enigma, é a escrita afinal que tenta exorcizá-lo, desfiá-lo, ou apenas propô-lo; e daí que os trinta e cinco capítulos do livro sejam pontuados, em ritmo homólogo ao do Pentateuco, pelos primeiros parágrafos do Génesis, os dos sete dias da criação do mundo. É essa criação que Maria Clara, menina, jovem ou senhora, vai duplicar, na escrita do diário, criando a vida antes que a morte a leve a extinguir-se, procurando a claridade (da leitura e da compreensão, da fantasia brincada à beira do lago, das portas e janelas por onde se espreita, das gavetas abertas e das chaves disponíveis, das flores, das muitas flores que esparzem incansavelmente o texto – desabrochando em alacridade? ou memorizando que obscuros e negros fins?) contra a treva, que tem afinal de atravessar:

> portanto eu sozinha na árvore de magnólias sobre o poço
> *onde as flores brancas tombavam uma a uma mãe*
> onde as flores brancas tombavam uma a uma e não podia vê-las porque tão escuro lá dentro consoante não via o meu reflexo nem o reflexo do tronco, um círculo de trevas

Há neste livro um sopro divino de criação que a fada-menina Maria Clara vai mantendo no seu longo diário, numa leveza de escrita (em acenos de ingenuidade ou inocência, em lampejos incandescentes de descoberta) que vive muito desse discurso ficcional de estrutura versicular, como pura poesia da imaginação, na insistência recorrente dos motivos dos quais se destacam as flores (e, nelas, principalmente os goivos, que dialogam com Maria Clara, ou comentam os seus actos) e as formas de ameaça (de destruição de vários tipos: segredos de nascimento inconfessável, negócios de contrabando, filhos ilegítimos, crimes – mas sempre culminando na ameaça da morte do Pai, e da sua execução hospitalar, sendo o hospital um motivo antigo e recorrente, de índole negativa, na ficção antuniana). Daí que essa inocência da leveza menineira ou adolescente, feita feroz atenção e acuidade, se articule, neste livro, com um forte arrepio letal, como na criação bíblica o «fiat lux» arreda a treva, mas apenas temporariamente, tocando-a, e arrebatando assim ao terror a sua razão ininteligível, mas abrandando a sua apreensão sem excluir nenhuma das suas formas, doces ou terríveis.

Efectivamente, António Lobo Antunes abandona neste livro a sua expressão amarga de uma frequente crítica mordaz, embora sempre de algum modo compreensivamente terna, das coisas deste nosso mundo; tal abandono, porém, não retira violência à substância do livro que agora lemos, que de modo mais agudo se comunica, porventura mais inexorável até. Como se a mordacidade fosse atitude lateral a um aniquilamento encarado de frente, que necessita da

"O LIVRO DA CRIAÇÃO" [*NÃO ENTRES TÃO DEPRESSA NESSA NOITE ESCURA*] | 245

comunicação expressa da indignação, mas se pode resolver por vezes na pungente dor de uma manifestação simulada pela personagem, em brincadeira de criança, a fazer de fada e a escrever diários, factuais ou inventados. Ou, depois de crescida, a recordar tudo isso, a reviver-se magicamente na infância e no sonho, entre Alice nas inverosímeis maravilhas e temerosas perplexidades, e Ema Bovary nas conjecturas do amor e nos sonhos de ventura. Ou simplesmente (complexamente) a escrever livros. Com a literatura a reincidir sobre a vida, a insistir sobre o desejo (e esse também violento, tão violento quanto a morte) da criação. Porque, afinal, é mesmo preciso entrar na noite escura; mas talvez que isso possa ser feito com alguma atenção e demora, talvez que a claridade da criação nos permita a ela aceder sem precipitação de medo ou pressa ansiosa de conhecimento, e os limiares possam ser ultrapassados sem interdição e com alguma paz, mas devagar.

ANTÓNIO GUERREIRO

"O nome do pai"
[*Que Farei Quando Tudo Arde?*]

Expresso/Cartaz, 1 de Dezembro, 2001, p. 40.

> O novo romance de António Lobo Antunes é um ponto de chegada importante[.]

É sabido como a enorme projecção pública dos romances de António Lobo Antunes nem sempre foi acompanhada, entre nós, por uma recepção favorável, em termos de crítica jornalística (para não falar da Universidade, onde um silêncio cauteloso em relação à sua obra raramente tem sido interrompido). Ao invés, escapando a qualquer resistência crítica, ou mesmo recebido por um coro de elogios, tem conhecido Lobo Antunes uma enorme fortuna nalguns países onde tem sido traduzido sistematicamente (é assim em França, é assim na Alemanha, onde tem uma poderosa presença pública nas livrarias, nos suplementos culturais dos jornais e nas revistas literárias). Vale a pena registar esta reputação de «escritor universal» e, portanto, «eterno candidato ao Prémio Nobel» (epítetos com que é agraciado no número de Novembro da revista «Literaturen», publicada em Berlim), não para substituirmos a tarefa crítica pela reverência provinciana, mas para percebermos por que razão Lobo Antunes, de maneira abertamente hostil ou cultivando uma distância cínica, persistiu durante muito tempo numa zanga com a sua recepção crítica em Portugal.

Deslocando estas considerações para um plano bastante mais pertinente que o da anedota da «vida literária» (como se costuma dizer), servem estas considerações para afirmar o seguinte: malgrado as aparências e os humores, Lobo Antunes tem mostrado, ao longo do seu percurso, uma progressiva convergência com os seus críticos.

248 | ANTÓNIO GUERREIRO

Seja por uma questão de permeabilidade, seja por razões de consciência crítica que a escrita pressupõe, o que é um facto é que este **Que Farei Quando Tudo Arde?**, o décimo quinto romance do autor mostra uma enorme capacidade de experimentação e evolução, mesmo relativamente a uma fase ainda recente, quando o romancista já era há muito um nome consagrado.

O Manual dos Inquisidores, de 1996, é ainda um exemplo (de maneira tão nítida é talvez o último) de inadequação entre as exigências que tal romance coloca a si próprio, como seu implícito horizonte, e os meios de que consegue dispor para as cumprir. À partida, temos a estrutura de um romance polifónico. Mas, depois, o que se impõe é uma só voz, uma perspectiva altaneira, hierárquica, ordenadora, monológica. Em suma: um romance que se aplica em efeitos que logo se revelam gratuitos. Semelhante inadequação, podemos encontrá--la também noutros lados, nomeadamente no singular niilismo implicado na vida de muitas personagens (não apenas desse romance) que depois não tem contrapartida nos modos de representação. De tal modo que, em vez do niilismo e da opaca insignificância do real, o que triunfa é o anedótico e o caricato, arrastando a escrita do romance para o lado da banalidade que dificilmente pode ser resgatada.

Ora, destes obstáculos maiores livrou-se poderosamente este último romance. **Que Farei Quando Tudo Arde?** é construído por uma multiplicidade de vozes que consegue pôr em acção as potencialidades do romance polifónico e, por conseguinte, do mundo complexo que lhe é próprio: aquele em que as personagens não são formações compactas e unitárias, indivíduos preenchidos por um conjunto de qualidades (que o leitor vai somando até obter uma forma que lhe dá garantias de ser fixada e reconhecida), mas dispersões caóticas, multiplicidades fugitivas, irredutíveis a uma essencialidade. Se pensarmos que neste romance toda a história está centrada nas figuras de um travesti e do seu filho (e, sobretudo, na relação entre ambos) mais facilmente percebemos o quanto é importante que não haja uma ordem conceptual e narrativa do narrador a sobrepor-se às personagens. Conseguindo dar-lhes integralmente a voz (o dispositivo do monólogo adquire aqui um papel importantíssimo), Lobo Antunes evita os perigos que espreitam por detrás deste romance: os do moralismo, os do exotismo, os de permanecer, inapelavelmente, no exterior daquilo que narra e, portanto, sem experimentar verdadeiramente a necessidade de uma forma, de um tom, de uma voz (como tantas vezes aconteceu anteriormente, em que a queda para a linguagem da caricatura e do grotesco – com os seus excessos bem calculados – tornava tudo plano).

Este é, pois, um romance que respeita totalmente as suas personagens, que não sobrepõe nenhuma verdade àquela que elas trazem consigo. Assim, apesar do que se poderia esperar de um romance que tem como personagens principais um travesti e o seu filho, nada nele cede ao sensacionalismo ou sequer à linearidade narrativa de uma história que, assim apresentada, parece fornecer matéria para aquilo que alguns chamam «uma boa história», mas que, afinal, se vai disseminando como uma multiplicidade de fios narrativos e se apresenta intrincado nos seus cruzamentos, sobre-posições, simultaneidades. Não, deste romance com mais de 600 páginas não podemos dizer que conta uma longa história, nem sequer relatar com fidelidade a história que ele conta.

MARIA ALZIRA SEIXO

"Na ficção de António Lobo Antunes. Escrever a experiência ou experienciar a escrita?"

Jornal de Letras, Artes e Ideias, 10 de Julho, 2002, pp. 14-15.

Escrever aspectos de uma experiência, profissional ou outra, é uma atitude valiosa, quer para os eventuais leitores de tais escritos, que podem deste modo beneficiar de testemunhos documentais quanto a situações que não conhecem directamente que então comparam com a sua, quer para o próprio que escreve, e que, ao escrever, aprofunda assim a sua prática e a reflexão que prolonga o seu sentido. Penso mesmo que escrever sobre o que se faz deveria ser um hábito de trabalho adquirido (melhor: ensinado e encorajado nas escolas), tão importante e corrente como, por exemplo, tocar um instrumento, fazer fotografia ou dedicar-se à jardinagem. Não me refiro aqui a estas actividades enquanto «hobbies», implicando desagradavelmente, para os jovens, uma ocupação de tempos livres (expressão nefanda!), e, para os outros, artifícios de empatar o tempo adequados a reformados ou a senhoras de lazer solitário; menciono-as enquanto práticas criativas susceptíveis de enraizar o percurso humano numa poética do viver, salvando-o da alternativa forçada entre o trabalho próprio, rotineiro e desconsolado, e a atitude contemplativa da criatividade dos outros (ir ao cinema, ouvir música, assistir a conferências). Numa palavra, falo da actividade do «amador», daquele que toca piano mal e insiste, mas porque isso lhe dá gosto (e lhe permite entender melhor as interpretações dos artistas), falo de um «escritor» que se defronta regularmente com a página para dela fazer um comparsa activo da sua existência e do seu trabalho, a partilhar com os outros, a objectualizar para si em preocupações que não são talvez de «escrita», mas que através de uma escrita de teor comunicacional põem em paralelo áreas da criação que mesclam de modo fecundo o que se pode entender como arte e o que se pode entender como vida.

Vem isto a propósito dos escritores-médicos e dos médicos-escritores (e, como não estudei nunca o assunto, não poderei aqui distinguir uns dos outros), para confirmar que sim, que a História Literária diz que houve muitos médicos que escreveram, que alguns até se tornaram escritores-médicos, e que outros houve que até deixaram de ser médicos para tentarem ser escritores. (Para não falar do caso curioso de uns quantos, que acumulavam, e dos quais os colegas médicos afirmavam serem eles magníficos escritores, asseverando em contrapartida os colegas escritores que eles eram, indubitavelmente, óptimos médicos. Mas isto não são contas do meu rosário).

Sou, pois, pela escrita enquanto actividade de amador, quer a documental quer a criativa. Mas na condição de se guardar a lucidez de saber que não basta escrever bem (o que já é difícil) para se chegar a uma prática da literatura. E, se não há critérios eficazes que nos permitam distinguir o que é, do que não é, literatura (e esta con-fusão não é negativa, ela permite justamente os tacteios diversos da criatividade e da descoberta inesperada do escritor naquele que era julgado a léguas dele), há pelo menos uma pedra de toque que a arte das letras nos sinaliza, e essa é, irrecusavelmente, o trabalho da linguagem. Trabalhar «com» a linguagem estimula, mas, mesmo que em formulação inventiva e elegante, dá resultados outros que não os da produção verbal; só o trabalho «da» linguagem, que faz do verbo objecto e sujeito, em simultâneo (e nesse processo quase secundariza a própria personalidade do escritor), se aproxima da preocupação literária e pode aceder à arte das palavras. E aí, estamos, de facto, na literatura.

Penso que esta problemática se pode esclarecer enquanto estudamos os romances de António Lobo Antunes. Efectivamente, quase toda a ensaística que se ocupa dos seus livros sublinha a ligação fundamental que eles estabelecem com três tipos de temática circunstancial deter-minante: a da guerra colonial, a da revolução de Abril e a do exercício da medicina, mais propriamente da psiquiatria. Por vezes afirma-se mesmo que foram as experiências da guerra e da clínica hospitalar que despertaram o sentido da sua ficção. Pode ser. Por mim, gostarei de sublinhar que esse termo de «experiência» é muito válido para uma apreciação literária, na medida em que secundariza biografismos maquinais ou transposições simplistas do circunstancial para o imaginário, fazendo incidir um conhecimento do quotidiano sobre a própria prática da escrita, que o reformula. Essa recusa, sabemo-lo, nunca pode ser liminar, porque tudo em nós funciona como um todo, em vida ou em arte. Mas um todo do qual algumas partes se manifestam como mais sensíveis, e quase aparentemente desemparelhadas de articulações visíveis com o conjunto. Que a guerra de África é uma matriz na obra deste escritor, parece incontroverso; mas que ela alcançasse essa importância efabulativa e simbólica sem uma ligação à concepção da família, da conjugalidade, do amor, da sociabilidade próxima, do ambiente educativo, da paisagem habitual e querida, e da informação cultural, isso é que já me pareceria discutível.

De modo idêntico, a experiência da medicina não terá feito de António Lobo Antunes um escritor, quer-me parecer; nem sequer lhe terá facilitado o acesso aos chamados escaninhos mais escusos da alma e do corpo dos homens, que muitos médicos parece que nem sequer conjecturam. Mas que uma obra que se afirma pela exibição dilacerada do trajecto humano sobre a terra, em sofrimento e em incompletude, na manifestação casual e breve de uma alegria de canto ou de evasão, passe pela destruição física, absurda e sangrenta, dos corpos à mercê de armas prepotentemente manejadas pela ideologia, e passe também pela impotência do saber e da ética da medicina perante tal destruição, eis o que sem dúvida marca uma visão e um exercício da escrita que nela se faz.

A medicina, em Lobo Antunes, é muito mais do que um tema ou uma circunstância: é um olhar modelador das coisas, uma teoria da sua resistência à erosão e ao desvanecimento que a memória, a negligência e a crueldade produzem; mas não é a medicina enquanto tal que modela essa visão, é antes o desprendimento dela, a desistência perante a terapia falsificada, a denúncia de uma relação humana que se afixa como solidária e se revela afinal exploradora e prepotente.

Conhecimento do Inferno é talvez o livro que equaciona de modo mais explosivo esta questão, não só no modo como descreve o Hospital Miguel Bombarda em termos de clausura e de demência generalizada (dos doentes aos médicos e às próprias famílias), como uma tourada burlesca e trágica, mas talvez sobretudo pela forma como o médico se transforma progressivamente em doente, aprisionado e destru[í]do, e como os doentes voam, a partir do tal desprendimento apontado, para uma evasão de sonho e de alteração mental, (ficcional). Como eles, o médico-narrador parte também, ao volante de um automóvel que regressa de uma vida de férias pseudo-idílica no Algarve para a Lisboa do pesadelo dos bares e da memória da guerra, para seguir no final, ao «volante pela estrada de Sintra», a caminho do mar, do quintal paterno e dos pássaros reais da infância, isto é, a caminho da poesia.

Efectivamente, a medicina e a experiência clínica estão em todos os romances de António Lobo Antunes (e em muitas das suas Crónicas também), não só na profissão do narrador (com matizes autobiográficos, em *Memória de Elefante* e em *Os Cus de Judas*) mas ainda na profissão de personagens comparsas com efeito decisivo na efabulação (o cunhado obstetra, em *Explicação dos Pássaros*, Nuno, o dentista marido de Ana, em *Auto dos Danados*, e Graça, a tia do jovem drogado de *A Morte de Carlos Gardel* que é vítima de uma *overdose*). A figura do médico colateral aparece também frequentemente, mas não idealizada enquanto figura clínica, antes contaminada pelo sentimento comum de humanidade que a faz progressivamente desvincular-se dos tiques da profissão para se harmonizar com uma comunidade sofredora e passiva, a não ser quando se atém a tais tiques enquanto manifestações de superficialidade, inoperância e prepotência (caso do cunhado obstetra dos *Pássaros* ou do médico de *Não Entres Tão Depressa Nessa Noite Escura*). Subtilmente, a problemática da medicina vai passando, ao longo da obra de António Lobo Antunes, para o caso do doente (como se o exemplo de *Conhecimento do Inferno*, de transmudação do médico em doente, tivesse repercussões mesmo no plano da construção fabular da obra no seu conjunto), e em tipos muito diferenciados: o tipo nostálgico e algo aristocratizante da Senhora de *A Ordem Natural das Coisas*, que é um exemplo impressivo de serenidade digna no sofrimento e de legado de sensibilidade que tonaliza todo o livro de que alusivamente ela é também a autora; o tipo popular e dependente da dona Isaura, agonizando de trombose no impróprio e acidentado meio familiar das classes baixas, por falta de vaga no hospital, em *Fado Alexandrino*; ou o tipo que diríamos lúcido e consciente do partido a tirar da doença, o de Rui, o epiléptico de *O Esplendor de Portugal*. Frequentes são também as urdiduras novelísticas em torno de comunidades de idosos (com destaque para *Tratado das Paixões da*

Alma e *O Manual dos Inquisidores*), situação em que a incidência clínica se ajusta ainda mais à de uma precaridade humana nodal, da qual a doença faz parte sem constituir uma infracção imprevista ao bom funcionamento do corpo. Mas a cena matricial de grande parte dos romances é constituída pela doença e morte do pai (*Auto dos Danados, O Manual dos Inquisidores, O Esplendor de Portugal, Não Entres Tão Depressa Nessa Noite Escura, Que Farei Quando Tudo Arde?*), sendo que ela se constitui em complexa comutação com uma outra, a da morte do filho (ou equivalente), que domina em *Conhecimento do Inferno, Explicação dos Pássaros, A Morte de Carlos Gardel* e *Que Farei Quando Tudo Arde?*. Como se doença e morte aglutinassem essa temática fundadora da medicina e da guerra, e como se o seu pensamento questionasse a existência humana na sua transmissão e perdurabilidade.

Creio, pois, que a medicina não é «anterior» à escrita, na obra de António Lobo Antunes, ou que, pelo menos, essa anterioridade se reformula através da reflexão que a orgânica das palavras, agenciadas em ficção, produz. Assim, não é exactamente a sua experiência que o escritor escreve; é, preferencialmente, uma experiência de linguagem que se constitui (delinear um universo, erigir personagens, construir frases, pressentir ritmos, escrever um romance) e, na sua constituição, evoca um repositório de emoções, conhecimentos, aprendizagem e decepção que se reequacionam na vida do texto. Só por isso nele encontramos a carne e o sangue que a convenção da morte e da doença nos comunicam, no acto único de encontro do sentido que faz dessa comunicação um momento privilegiado, singular e eterno. De vida. Que assim se torna arte.

ALEXANDRA LUCAS COELHO

"Eduardo Lourenço e António Lobo Antunes. O labirinto a dois"

Público/Cultura, 17 de Novembro, 2002, p. 42.

> Lobo Antunes diz que Eduardo Lourenço fez de Portugal a personagem da sua obra lírica. Eduardo Lourenço diz que Lobo Antunes mostrou aos portugueses quem eles eram. Síntese de um raro mano-a-mano na Universidade de Évora, ao longo de mais de duas horas, com casa cheia.

Nem aquele momento em que António Lobo Antunes abandonou a sala – para "fazer uma coisa que ninguém podia fazer" por ele – fez com que a plateia (repleta, sobretudo com estudantes) arredasse pé, ao fim da tarde de sexta-feira, na mais concorrida etapa do colóquio internacional dedicado ao romancista, que ontem terminou, na Universidade de Évora.

"Ele tem um sentido de humor profundo", foi dizendo, na sua ausência, o outro protagonista da sessão, Eduardo Lourenço. "Se quisesse, podia ser um grande autor cómico." Por essa altura, o raro mano-a-mano entre ambos decorria há quase duas horas.

Lourenço (que viera propositadamente de França) fora o primeiro a tomar a palavra, de improviso, como se a voz fosse trazendo o pensamento. Voltou à revolução de Abril, ao momento em que Portugal perdeu o império, "o centro simbólico" do seu mapa: "Estávamos sem saber quem éramos e talvez mesmo quem tínhamos sido." E então "desenharam-se duas perspectivas, dois maciços", as obras de Saramago e de Lobo Antunes.

"O que Saramago tentou fazer foi inventar outro passado para Portugal." Prefigurando "um impasse absoluto, um desânimo profundo" em relação ao presente e ao futuro.

A partir de "uma visão carnal, concreta", António Lobo Antunes encarrega-se do presente: "E vai lutar com esse presente como se luta com o mar, como um náufrago luta com as ondas, para arrancar a esse presente a sua força."

O curioso, aponta Lourenço, é que tenha sido a vivência pessoal do império – da guerra em Angola – a impulsionar a obra de Lobo Antunes: "A África foi o espelho no qual ele pôde ver melhor o delírio da experiência portuguesa. O encontro com a realidade de uma rebelião que põe em causa a história oficial da metrópole acordou-o e acordou a realidade portuguesa." Dando a ver o que não queríamos ou podíamos ver, "não apenas a morte em África, mas a nossa própria miséria, os nossos terrores sepultos", a obra de Lobo Antunes, conclui Lourenço, é "a verdadeira psicanálise visceral, não mítica, de Portugal."

Posto isto, o ensaísta confessa que não foi conquistado à primeira, com "Memória de Elefante". "Fiquei um pouco desconfiado daquela veemência, com metáforas desorbitadas. Só mais tarde descobri que nesse primeiro livro já está praticamente tudo."

Foi com "As Naus" – espécie de "opereta épica" em que "toda a tralha do império regressa a casa, desembarcando em Lisboa numa história às avessas..." – que Lourenço redescobriu Lobo Antunes. "Percebi que a sua visão à Hyeronimus Bos[c]h, daquilo que é triste, crepuscular, era muito mais profunda do que uma simples sátira da nossa aventura colonial falhada. Ele vai ser o narrador da realidade submersa, como se mergulhasse numa espécie de aquário e trouxesse à superfície os peixes mais brilhantes."

Assim, diz, foi inventando Portugal: "Se as gerações futuras quiserem saber que país é este podem ler os livros de Lobo Antunes. Não apenas porque nos fazem ver a vida como um combate feroz, sem fim, sem saída, mas porque nos fazem ver tudo o que não veríamos se a sua obra não existisse." Incluindo a mistura entre razão e loucura: "Na literatura em português só dois autores desceram a essa profundidade. (O brasileiro) Machado de Assis e Lobo Antunes. Razão e irrazão, sol e treva, esse é o mundo de António Lobo Antunes, e o mapa da realidade contemporânea que possuímos."

Em convalescença

É a vez de Lobo Antunes, que começa, baixinho, a agradecer a toda a gente, e dando conta do seu estado de espírito: "Acabei há

"EDUARDO LOURENÇO E ANTÓNIO LOBO ANTUNES. O LABIRINTO A DOIS" | 259

dias um romance, que foi muito penoso e difícil como de costume, sinto-me a convalescer. Quando estou a escrever, tenho a sensação da gripe, uma sensibilidade maior aos objectos, um desinteresse pelo que me rodeia... é curioso como o corpo muda... Agora fiquei sem nada."

Conta que a sua visão do que deve ser a literatura vem da infância: "Em casa dos meus pais havia muitos livros. Quando acordava a meio da noite, fazia-me imensa impressão ver aqueles livros todos com as personagens a dormir lá dentro... Queria encontrá-los acordados a olhar para mim, o Heathcliff do 'Monte dos Vendavais', o Ivan Ilich, do Tolstoi, as personagens de Dostoievski... todos acordados, no escuro, com olhos fosforescentes capazes de emitir luz. Queria livros com insónias, uma companhia para quando não consigo dormir também..."

Outra história, que lhe lembra a escrita, passou-se com a sua avó: "Ela ia num eléctrico, e entrava vento pelas janelas. Quis assoar-se, o lenço voou e caiu em cima da braguilha de um senhor. A minha avó apontou para a braguilha e o senhor ficou muito encarnado e, com o dedo, começou a meter o lenço para dentro das calças..." Toda a gente já está a rir, mas Lobo Antunes ainda vai a meio: "Imagino-me como esse senhor, a chegar a casa e a tirar lenços da braguilha, como os ilusionistas, lenços e lenços coloridos... escrever é isso, conseguir tirar essa quantidade de lenços coloridos e no fim fazer uma bandeira nacional e ter a esperança de que a minha avó se viesse assoar à bandeira nacional..."

Gargalhadas na sala. Entramos na fase de participação do público. Alguém pergunta por uns ensaios que Lobo Antunes escreveu há muito. "Tinha medo de publicar o que escrevia, por isso escrevia sobre os outros. Até aos 30 e tal anos, sentia uma grande distância entre aquilo que queria escrever e o que escrevia. Entretanto os outros iam publicando e eu roía-me... Fiquei um bocado vacinado contra a vaidade."

E escrever continua a ser penoso. "É uma razão de ser e uma servidão. Nos dias felizes, a mão pensa, a mão escreve, a mão decide. Mas as primeiras duas ou três horas são perdidas, sou muito crítico. Tenho que me cansar primeiro. É preciso cansarmo-nos, trabalhar muito para haver dias felizes."

Prossegue com uma história que lhe contaram recentemente. "Estava no Miguel Bombarda e passou uma senhora de 80 e tal anos, de luto.

Era uma camponesa de Arganil. Quando tinha 15 anos conheceu um rapaz, vieram para Lisboa. Ela tubercoliza e é internada num sanatório. Ele escreve-lhe, mas as cartas dela não chegam cá fora e ele convence-se de que ela morreu. Casa, faz o curso de direito, acaba administrador da Rodoviária. Mas ela não morreu. E aos 30 anos, encontram-se na Baixa. Passam a ver-se às quartas-feiras à tarde na Residência América. Às vezes, aos domingos, ele leva-a a Sintra, a ver as acácias em flor. Nas férias, ela aluga um toldo na praia em frente a ele. Isto dura 50 e tal anos. Há oito ou nove meses ele sente-se mal na Residência América e morre. Ela consegue que o corpo saia pelas traseiras para não escandalizar a família. Não foi ao velório, nem ao enterro." Agora vai a consultas de psiquiatria no Miguel Bombarda. "Contei às minhas filhas e o comentário foi 'Grande otária!'... Era essa história que eu queria escrever. Mas exige uma delicadeza de mão que não sei se tenho."

Victor Mendes, o ensaísta vindo de Boston, faz-lhe notar que ele melhorou como escritor, mas que a pontuação piorou. Lobo Antunes suspira. Diz que em relação aos seus primeiros livros, "a pouco e pouco a gordura foi saindo", que passou "a fazê-los respirar de outra forma." Depois impacienta-se: "Quem julga se os meus livros estão melhores sou eu... quer dizer... uma pessoa anda aqui uma vida inteira a tentar fazer um livro de outra maneira..." Opta por divertir a plateia. "Por exemplo, a história da "Odisseia" pode-se resumir a: "Tenho a minha mulher à espera..." Gargalhadas na sala. "É isto, mas contado de outra maneira". Quer dizer, se o Homero tivesse contado as aldrabices que a gente conta (quando chega tarde a casa)... a fronteira com a grande arte é muito ténue..."

Um estudante agradece-lhe "o regresso uterino" que são os seus livros. Lobo Antunes responde, melancolicamente: "Todo o sucesso é um fracasso adiado. Quando estamos no cimo do pedestal já há sombra do nosso sucessor. Sinto uma profunda humildade diante de um trabalho em que sei que nunca chegarei a[]onde quero... Nunca chegaremos, ficaremos sempre aquém. É com esse conhecimento que temos de viver."

O romance de Portugal

Quando, já quase no fim, lhe perguntaram pela relação entre a escrita e o sonho, Lobo Antunes considerou que a questão tinha mais a ver com o seu parceiro de sessão. E desenvolveu: "A obra de Eduardo Lourenço é profundamente lírica. É um romance de que temos algumas ilhas e depois há um continente submerso. Essa capacidade de pensar a palavra enquanto se vai escrevendo, essa clareza, é completamente singular em Portugal... nós somos criaturas rugosas."

Estranha, aliás, a unanimidade em torno de Lourenço: "Ele foi posto num altar, mas ninguém desce vivo de uma cruz. É uma adopção cheia de equívocos. Chego a pensar se as pessoas o leram... Eu sou um idiota fulgurante, nunca sei como chego ao que chego. Mas ele tem essa capacidade, muito rara na literatura portuguesa, de pensar. Nós temos dificuldade em lidar com as pessoas que pensam... somos muito como dizem os secretários de Estado: 'Eu era só para dar uma achega...' Quando alguém se põe a pensar é terrível. O que Eduardo Lourenço escreve são romances, em que a personagem é sempre o país. Que às vezes se pode chamar Pessoa...".

AGRIPINA CARRIÇO VIEIRA

"A escrita é feita de nadas"
[*Segundo Livro de Crónicas*]

Jornal de Letras, Artes e Ideias, 11 de Dezembro, 2002, pp. 24-25[113].

Acaba de ser publicado o *Segundo Livro de Crónicas* de António Lobo Antunes, acontecimento tanto mais assinalável quanto teve a felicidade de coincidir com um evento académico de grande relevo. Estou a referir-me ao colóquio organizado pela Universidade de Évora inteiramente dedicado à obra do escritor, onde, pela primeira vez em Portugal (nunca entre nós se tinha realizado um colóquio de três dias exclusivamente dedicado à obra de um escritor vivo, tendo o privilégio de com ele poder discutir a sua obra), especialistas nacionais e estrangeiros debateram a especificidade da escrita de António Lobo Antunes.

As crónicas agora publicadas provêm da colaboração que António Lobo Antunes tem mantido com a revista *Visão*, oferecendo quinzenalmente aos leitores um texto, mas sobretudo o seu ponto de vista sobre as coisas e as pessoas costumeiras. Inscrevendo-se este

---

[113] Na página 25 encontramos o artigo de Ana Luísa Vilela, "Colóquio sobre Lobo Antunes, em Évora. Reconhecimento académico". Segundo Eunice Cabral, uma das organizadoras, o objectivo do Colóquio "foi fazer sair do circuito comercial um autor ainda relativamente novo, com 15 romances publicados, e fazê-lo entrar na universidade" – ver "Uma obra não acabada em congresso internacional", in *Público/ /Cultura*, 14 de Novembro, 2002, p. 39. Na mesma página: entrevista de Alexandra Lucas Coelho a María Luisa Blanco, "Os livros de Lobo Antunes são o seu inferno e a sua vida". Em Julho do mesmo ano, *Os meus livros*, n.º 2, pp. 46-47, já havia publicado uma outra entrevista com a autora de *Conversas com António Lobo Antunes*: "«Interessava-me que o escritor aparecesse como personagem»". No mesmo número, pp. 40-44, encontra-se uma entrevista de Tereza Coelho a Maria Alzira Seixo, "Os romances de Lobo Antunes".

264 | AGRIPINA CARRIÇO VIEIRA

Segundo Livro de Crónicas na sequência de um anterior publicado em Novembro de 1998, vale a pena aqui recordar alguns excertos do excelente artigo que na altura Carlos Reis apresentou neste mesmo jornal[114]. Dizia o crítico: *«em muitos casos, estas crónicas pendem para o registo ficcional, articulando procedimentos e configurando pequenos universos que certamente transcendem a pura observação como atitude constitutiva do relato (...) muitas destas crónicas podem ser lidas verdadeiramente como contos, até por nelas ser possível apreender o desenrolar de uma curta e tensa acção».* Com efeito, uma grande parte das crónicas deste segundo volume mantém o mesmo registo ficcional, assemelhando-as a pequenas narrativas acutilantes ou ternas sobre a nossa sociedade, reencontramos o mesmo tom discursivo[,] ora dramático ora sarcástico, a mesma temática dando conta dos momentos e dos espaços marcantes da existência do sujeito da enunciação. A este grupo pertencem crónicas tão diversas como «Isto» ou «Dia de Santo António»[,] para apenas referir dois exemplos (porque o difícil é destacar um ou outro título deste universo tão vasto e rico).

A primeira crónica relata as relações nem sempre fáceis com os agentes policiais ironicamente comparados aos críticos literários e aos académicos[,] já que partilham com os primeiros a pressa em escrever *«de língua de fora»* (uns as suas multas, outros os seus artigos), com os segundos *«a caligrafia difícil de instrução primária»*, para além do facto de todos eles serem [«]*julgadores severos*[»]. Partindo da sempre pouco agradável experiência de ser autuado, a narrativa cedo extravasa para considerações que oscilam entre o humor sarcástico e a ternura compreensiva, levando o autor a reflectir sobre a identidade portuguesa, como na seguinte frase onde podemos encontrar toda a mestria e genialidade discursivas de António Lobo Antunes: *«Como o alfabeto lhes é difícil e o desamparo me comove ajudo-os na gramática visto que, entre o sujeito que são e o complemento directo que não sabem o que é, não possuem predicado que os salve».* Mais importante do que a visão que nos é transmitida sobre determinada classe profissional, aliás pertencente *«à massa de que se fazem os secretários de Estado»*, é a construção textual, o jogo com as palavras, as relações que se entretecem entre a crítica social e o não-dito que mais surpreendem e deliciam o leitor.

---

[114] Ver *supra*, Carlos Reis, "A arte da crónica" [*Livro de Crónicas*], pp. 203-207.

"A ESCRITA É FEITA DE NADAS" [*SEGUNDO LIVRO DE CRÓNICAS*] | 265

Na segunda crónica citada, de carácter mais intimista e introspectiva, o autor recorda episódios da sua infância[,] de onde se destaca[] a figura ímpar do seu avô. O pendor autobiográfico constitui-se aliás como uma constante não só destes pequenos textos como da produção romanesca de António Lobo Antunes, mais visíveis nos primeiros, mais diluídos nos segundos. O avô aparece como representação do paradoxal, figura antuniana por excelência[,] já que no seu mundo, de que a ficção é o espelho, a univocidade não existe, nunca ninguém nem coisa nenhuma é nem inteiramente boa nem totalmente má, tal como seu avô. Abraçando ideologias, porventura[] menos simpáticas para a maioria da actual sociedade nacional, não deixa de ser o modelo para o seu neto e corporiza os sentimentos nobres e as posturas dignas que deveriam pautar as relações humanas; expressando-se numa gíria muito peculiar não tolera os pequenos e inocentes descuidos linguísticos do seu neto. Nesta crónica perpassa uma enorme ternura e profunda admiração pela figura do seu avô[, que] aqui é recordada, consubstanciadas no domínio dos afectos pela apropriação das suas atitudes (nomeadamente num certo pudor em expressar os sentimentos), no domínio da escrita pela reiteração das expressões características do seu avô, que ciclicamente pontuam o texto.

Assim, o *Segundo Livro de Crónicas* inscreve-se sob o signo da continuidade quer temática quer de composição textual[,] mas igualmente sob o signo da inovação. Com efeito, este livro surpreende o leitor mais atento e assíduo por duas componentes essenciais: antes de mais[,] devido à intrínseca e complexa rede de relações intertextuais que com a produção romanesca tece, mas sobretudo ao lugar cada vez mais relevante que o autor dedica às questões literárias. Não seria possível, no âmbito deste artigo, analisar de forma aturada a problemática da intertextualidade, no entanto não podemos deixar de referir o paralelo existente entre algumas crónicas e o seu último romance *Que Farei Quando Tudo Arde?*. Centrar-me-ei essencialmente em duas delas intituladas «Sobre Deus» e «Esta noite não estou para ninguém». Na primeira, António Lobo Antunes dá-nos conta da sua relação com Deus e da visão que dele tem. Deus surge como um velho com aspecto de um vagabundo desleixado e um ar suburbano, mal vestido, pouco dado a limpeza, incapaz de manter uma conversa porque «debitava profecias numa linguagem labiríntica», a quem os senhores da casa davam uma tigela de sopa por caridade. A leitura

266 | AGRIPINA CARRIÇO VIEIRA

desta crónica traz-nos de imediato à memória a narração da visita
assaz curiosa que Paulo (uma das personagens centrais do seu último
romance) faz a Deus com o objectivo de afastar as dúvidas que o
perseguem sobre a identidade de seu pai (se Carlos – o homem que
casou com a sua mãe – se Soraia – o travesti em que se metamorfoseou).
No romance (pp. 329-347[115]), Deus mora no sótão de uma pensão
onde paira o cheiro de urina seca e bolor. Ao cimo das escadas, por
detrás da porta, surge um velho trôpego, de pijama atado com uma
corda, de óculos a que faltava uma lente, rodeado de fezes dos pássaros
que descola com a mão, da humidade que lhe prende os movimentos
e da tigela da sopa da véspera ou da antevéspera. Deus não consegue
concentrar-se e é com dificuldade que Paulo vai obtendo respostas às
suas questões. Por sua vez, a segunda crónica remete-nos para um
episódio singulativo no romance (tomo esta designação segundo a
definição de Genette em *Figures III*), narrando-nos as brincadeiras
de uma menina no cemitério, envolto no cheiro das mimosas que o
vento trazia da serra, para quem os jazigos eram casinhas de bonecas,
enquanto as lápides permitiam jogar à macaca. Esta apresentação,
apesar de breve e incompleta, permite-nos no entanto ajuizar da
incontestável afinidade analógica entre as duas técnicas de
preenchimento do discurso aqui em análise[,] já que a leitura de um
texto produz uma ressonância evocativa que nos transporta para outro,
possibilita-nos igualmente concluir que as crónicas têm um lugar
próprio e de não menos importância na escrita do autor.

O segundo aspecto inovador deste livro de crónicas prende-se com
a discussão da questão literária. Ao longo de vários textos, António
Lobo Antunes tece comentários da maior pertinência sobre as suas
técnicas de escrita, aconselhando os seus leitores sobre a forma como
os seus textos devem ser lidos. São momentos e espaços privilegiados
porque únicos de partilha e de cumplicidade entre o escritor e os
seus leitores. Não tendo os nossos escritores o hábito de pensar,
problematizar e verbalizar publicamente as questões que se prendem
com a construção do discurso ou o papel do leitor no espaço diegético,
estas crónicas de António Lobo Antunes constituem-se como elementos
de análise essenciais para os estudiosos da sua obra. Pertencem a este

---

[115] Pp. 325-343, edição *ne varietur*.

grupo crónicas como «Receita para me lerem» e «O gordo e o infinito», onde podemos acompanhar o trabalho árduo e constante do escritor confrontado com a página em branco, a necessidade de a preencher e as várias etapas desse esforço de preenchimento do discurso. A leitura do texto intitulado «A crónica que não consegui escrever» traz-nos à memória uma citação de Artaud apresentada por Blanchot no seu *Livre à Venir* que confessa «j'ai débuté ma carrière dans la littérature en écrivant des livres pour dire que je ne pouvais rien écrire du tout (...) Toute mon oeuvre a été bâtie et ne pourra l'être que sur le néant». E é de esboços temáticos que o autor preenche as páginas do seu texto, centrando toda a sua atenção para nosso deleite naquilo que realmente é importante: a arte do discurso.

Ao longo de inúmeras e interessantíssimas crónicas vai-se construindo o retrato de uma certa sociedade portuguesa essencialmente urbana, onde cada crónica se constitui como uma pincelada[,] ora enérgica e sarcástica, ora suave e melancólica[,] de um imenso quadro social em criação, o da celebração do trivial quotidiano. No entanto, este conjunto de crónicas ultrapassa o pendor eminentemente autobiográfico e sociocultural, sem dúvida relevante mas não essencial, privilegiado no primeiro livro de crónicas, aparecendo enriquecido pelo viés dos ecos intertextuais assim como da discussão das questões literárias. Ler Lobo Antunes é iniciar uma viagem pelos caminhos, por vezes desconcertantes mas sempre estimulantes, da escrita; viagem apenas possível se o leitor se deixar conduzir pelo texto, embrenhando-se nele de espírito aberto.

JORGE PEREIRINHA PIRES

"António Lobo Antunes.
Que Farei Quando Tudo Arde?"

Ler. Revista do Círculo de Leitores, n.º 53,
Inverno de 2002, pp. 112-113.

Entre as demais obras publicadas durante este último trimestre, é positivamente incontornável a de António Lobo Antunes que agora volta à liça com *Que Farei Quando Tudo Arde?* (Dom Quixote), um livro espesso e difícil, com um título que o autor foi buscar ao poeta Sá de Miranda[116]. Em relação a esta obra se poderia igualmente inquirir sobre as diferenças entre a verosimilhança e a pretensão à objectividade em literatura – no caso porque se trata, afinal, de um exercício solene, metódico e, apesar de tudo, bem-humorado, que se inspirou e desenvolveu em torno de um «caso real»; o da vida e morte trágicas do *travesti* Ruth Bryden, já anteriormente documentadas num volume do cronista social Carlos Castro, publicado na mesma editora[117]. Mas o trabalho de Lobo é especial e progride, como seria de esperar, num sentido bastante diverso do da factualidade, procurando antes dar voz (ou identificar as vozes, quando não recuperá-las) a personagens

---

[116] "Desarrezoado amor, dentro em meu peito, / tem guerra com a razão. Amor, que jaz / i já de muitos dias, manda e faz / tudo o que quer, a torto e a direito. // Não espera razões, tudo é despeito, / tudo soberba e força; faz, desfaz, / sem respeito nenhum; e quando em paz / cuidais que sois, então tudo é desfeito. // Doutra parte, a Razão tempos espia, / espia ocasiões de tarde em tarde, / que ajunta o tempo; em fim, vem o seu dia: // Então não tem lugar certo onde aguarde / Amor; trata treições, que não confia / nem dos seus. Que farei quando tudo arde?", in Francisco Sá de Miranda, *Obras completas*. Volume I, 3.ª edição, revista. Texto fixado, notas e prefácio de Rodrigues Lapa. Lisboa: Sá da Costa, 1977, p. 293 (soneto 112).
[117] Carlos Castro, *Ruth Bryden: rainha da noite*. Lisboa: Dom Quixote, 2000.

que à partida detêm um certo grau de «realidade», mas não de existência.

É como que um trabalho de reconstrução em tridimensionalidade. Existe, pois, todo esse labor de reconstrução do percurso, das motivações, dos tiques e características comportamentais, das biografias e idiossincrasias dos afectos e das afecções. Mas, nesta obra com mais de seiscentas páginas ao longo da qual os capítulos não são numerados, o traço verdadeiramente característico é esse contínuo sentido de ritmo e de montagem, essa permanente (e inclemente!) intersecção e coexistência dos diversos planos perceptivos e temporais, a exigirem de quem lê a recompensa de uma atenção e esforço dedicados para a minúcia e o labor de um autor que, como sabemos, continua a escrever à mão e munido de infinita paciência. Do esplendoroso fausto literário de *Que Farei Quando Tudo Arde?* se poderia dizer que ele é extremamente visual e cinematográfico – embora, ao mesmo tempo, praticamente impossível de filmar. Poderia dizer-se também que é uma lição de esperança, uma história privada que se toma como exemplo de paixão e redenção universais, sofridas pelo pai e ainda revividas pelo filho numa Lisboa semicamponesa, que se orienta entre o popular e já algo anacrónico bairro do Príncipe Real, as sediciosas e semi-clandestinas convivências entre as urbanizações de Chelas, e as praias da orla costeira. Entre (...[118]) o universo destes personagens de Lobo Antunes – onde se recordam crimes com sachos e caçadeiras – passa todo um país. Semidesperto, semialucinado. Meio temerário, meio envergonhado.

---

[118] Correcção/supressão do autor.

AGRIPINA CARRIÇO VIEIRA

"Angola, o regresso"
[*Boa Tarde Às Coisas Aqui Em Baixo*]

Jornal de Letras, Artes e Ideias, 15 de Outubro, 2003, pp. 16-17.

Um novo romance de António Lobo Antunes é sempre um acontecimento. Como sucede, naturalmente, com *Boa Tarde às Coisas Aqui em Baixo*, que deve ser posto à venda até ao fim do mês, com a sua habitual chancela, a Dom Quixote. Mas, além disso, trata-se do primeiro volume da edição "ne varietur" das suas *Obras Completas*, o que dá redobrado significado ao lançamento. Assim, dedicamos-lhe este Tema, no qual, em primeira[-]mão absoluta[,] se antecipa um seu excerto, aliás todo o 1.º capítulo, e se fala do livro. A abrir, Agripina Vieira faz a crítica a este 15.º romance do escritor, do mesmo passo que dá uma expressiva ideia do que ele é. Docente de Literatura e nossa colaboradora, a autora integra a equipa que prepara a edição "ne varietur", coordenada por Maria Alzira Seixo (MAS) e constituída ainda por Graça Abreu e Eunice Cabral. Sobre tal edição fala exactamente MAS, escla-recendo de forma clara do que se trata[119]. Damos ainda a lume um texto sobre o escritor e a sua obra[,] do poeta e ensaísta Nuno Júdice, e testemunhos de dois dos seus amigos mais próximos. O médico-psiquiatra e escritor Daniel Sampaio, e o pintor Júlio Pomar, que há pouco editou um livro de poesia sobre um texto seu, de que agora

---

[119] "Maria Alzira Seixo. A edição *Ne Varietur*" (p. 19), ver final deste volume (ANEXOS).

> nos dá um fragmen[t]o «emendado» [p. 20]. Recorde-se
> que António Lobo Antunes, também médico-psiquiatra, 61
> anos completados a 1 de Setembro, estreou-se em 1979
> com dois romances *Memória de Elefante* e *Os Cus de
> Judas*, a que se seguiram mais 12 (além dos livros de
> *Crónicas*), os últimos dos quais *Exortação aos Crocodilos*
> (1999) e *Não Entre[s] Tão Depressa Nessa Noite Escura*
> (2000). Escritor de sempre crescente prestígio e projecção
> nacionais e internacionais, têm-lhe sido atribuídos
> numerosos prémios.

Angola de novo em António Lobo Antunes. Com uma arquitectura original, já que pela primeira vez, o autor publica um romance constituído por três livros com prólogo e epílogo (regressando e mesclando as técnicas que estão na génese de dois romances da década de 90: *Tratado das Paixões da Alma* e *A Ordem Natural das Coisas*), *Boa Tarde Às Coisas Aqui Em Baixo* – com 574 páginas – constitui-se como o regresso singular e pungente a uma das temáticas essenciais da obra antuniana, Angola.

O título, extraído de um texto de Enrique Vila-Matas[,] citado em epígrafe ao corpo do romance, apresenta-se desde logo como um enigma. Esta frase, tradução da saudação de Larbaud, "Bonsoir les choses d'ici bas", assim como o texto em que se insere[,] têm a particularidade de atrair a nossa atenção para a linguagem, o seu poder mas simultaneamente as suas limitações, levando-nos a verificar que a força das palavras reside tão-só na composição que com elas é criada e que por vezes a linguagem mostra-se incapaz de reproduzir os objectos e o mundo que nos rodeia. Ao longo do texto, vamos reencontrando insistentemente essa preocupação com a palavra, que leva algumas personagens a questionarem-se vezes sem conta *"será que remendo isto com palavras ou falo do que aconteceu de facto?"*, sabendo de antemão que, ao Serviço – para o qual trabalham – como à generalidade das pessoas, apenas interessa a versão mais favorável dos acontecimentos. Por analogia, esta citação chama igualmente a nossa atenção[] para o trabalho do próprio escritor, já que ele é, por excelência, o grande obreiro das palavras, particularmente este autor. Com efeito, esta problemática ganha uma outra dimensão quando falamos da obra de António Lobo Antunes, o seu trabalho com a

"ANGOLA, O REGRESSO" [*BOA TARDE ÀS COISAS AQUI EM BAIXO*] | 273

língua é particularmente notável. Os caminhos da escrita por ele encetados na década de setenta conduziram-no até este romance. Um texto de uma grande depuração e rigor, onde cada palavra foi pensada e escolhida pela força das imagens que à sua volta irradiam, convidando o leitor a penetrar no universo perturbado e perturbante de homens e mulheres comuns, sem grandes defeitos nem virtudes particulares, que vêem as suas vidas manipuladas e destruídas por uma máquina institucional que nem tentam contrariar.

Situando os acontecimentos narrados no período da pós-descolonização, é ao espaço que cabe o papel fulcral da organização diegética. Com efeito, é Angola que vai unir Seabra, Miguéis, Morais, Gonçalves, Tavares (funcionários governamentais portugueses, agentes do Serviço, ou militares) e Marina (a mestiça angolana), unificando dessa forma a trama do romance. Os destinos dos agentes de espionagem, homens simples e anódinos, nos antípodas do herói, estão tão marcados quanto os dos toiros lidados na praça situada frente aos escritórios do Serviço no Campo Pequeno, destinos que se confundem e se fundem de tal forma que cada nova entrada de toiro na arena coincide com o aparecimento de um novo agente para substituir aquele que antes de si falhou – "*um segundo toiro idêntico a mim*" nas palavras de Seabra. No escritório são "lidados" pelos superiores hierárquicos: "*ao confortar--me o ombro o director colocou a fitinha em mim, o responsável do oitavo andar quando palpei o osso, quando mugi/ – Tem comichão Seabra?*", as páginas com as ordens de serviço metamorfoseiam-se em trapos coloridos que os espicaçam, "*os bicos de caneta que em vez de sublinhar parágrafos (…) incomodavam a garupa*".

Cada livro veicula focalizações diegéticas diferentes, narrando os acontecimentos referente[s] à viagem de um novo agente a Angola, viagem condenada à incompletude porque sem regresso "*da mesma forma que nenhum toiro torna à camioneta em que veio*". Enquanto que nos dois primeiros livros, surge com evidência um ponto de vista dominante, respectivamente o de Seabra e o de Miguéis, no terceiro livro o leitor vê-se perante uma pulverização de olhares e de vozes narrativas, não só os do agente de espionagem, Morais ou Borges – (o leitor nunca saberá a verdadeira identidade do terceiro agente uma vez que lhe entregaram "*um passaporte com outro nome*"), mas igualmente a dos membros da coluna militar que sucessivamente vão tomando a palavra dando conta da sua forma particular de ver o mundo, dos valores que norteiam as suas opções. Estes três homens (Seabra, Miguéis e Morais ou Borges) vão sendo sucessivamente incumbidos de uma tarefa delicada e secreta. A sua missão consiste em contrabandear diamantes, recuperando e trazendo para Portugal as pedras preciosas roubadas que não puderam ser enviados atempadamente para o território nacional e que o Serviço descobriu estarem na posse de Marina. À medida que um falha é substituído pelo seguinte, partilhando todos o mesmo destino fatal, que os inibe de regressar a Portugal, ficando na fazenda angolana: o Seabra assim como *"o seu sucessor e o sucessor do seu sucessor"*.

Mais do que as peripécias inerentes a tais buscas, o que se constitui como o cerne deste romance é a incursão na existência destas personagens, a descoberta dos seus medos, das suas obsessões, das suas frustrações, dos seus anseios. "Descoberta" é aliás a palavra-chave quando se fala da produção antuniana e dos caminhos de leitura pelos quais o seu leitor se vê levado. António Lobo Antunes maneja de uma forma exímia e fascinante as técnicas discursivas que dão corpo ao romance, desafiando o seu leitor a entrar num jogo interpretativo, embrenhando-o no universo intimista das personagens. Paulatinamente[,] vamos descobrindo as razões que ditam as curiosas atitudes de Seabra (este homem solitário que vive com a sua velha mãe, igualmente só, mulher obcecada pelo alinhamento perfeito e simétrico das franjas do tapete da sala), as causas que explicam os traumas de Tavares em relação à sua altura (casado com uma mulher mais alta do que ele transforma-se na chacota da família, por isso escolhe uma amante com quem possa passear sem complexos), os receios de um dos militares da coluna que deambula pelo capim angolano que, embora ferido, o obrigam a afirmar insistentemente *"Estou bom"* para não ser eliminado pelos companheiros em fuga, os motivos que levam Marina a denunciar o seu esconderijo a esses homens que vieram em sua perseguição. E o que nos parecia estranho ou invulgar vai ganhando sentido: Miguéis – a personagem que desperta em nós uma imediata antipatia pelo seu machismo exacerbado – suscita agora a nossa compreensão (traumatizado por uma relação difícil com os seus pais[,] não consegue realizar-se no seu próprio casamento), aquelas frases misteriosas e obsessivas que pontuam de forma recorrente o texto desvendam o seu propósito. Nomeadamente a frase que se constitui como leitmotiv do Prólogo: *"Esta era a casa"*,

"ANGOLA, O REGRESSO" [*BOA TARDE ÀS COISAS AQUI EM BAIXO*] | 275

que nos transporta do presente veiculado pelo deíctico, para o passado do verbo. Ao presente das ruínas (metonímia do estado a que o país se vê condenado) corresponde um passado de ordem e norma. Ao longo do texto, as questões políticas e sociais vão surgindo de forma diluída, inscrevem-se em filigrana na diegese na medida em que condicionam a vida das personagens.

Como se depreende desta breve apresentação de um romance tão rico quanto este, e na esteira da produção anterior, *Boa Tarde às Coisas Aqui em Baixo* alicerça-se pelo poder da fragmentação, da recorrência e do não dito. Em nenhum momento da nossa leitura[] estaremos na posse de um entendimento conclusivo. Vamos construindo-o à medida que entramos na existência de cada personagem, que descobrimos as suas dores, os seus temores, as suas angústias. Este trabalho de leitura é simultaneamente uma construção de sentidos e um desvendar de mistérios, onde cada leitor empreende o seu caminho de leitura, deixando-se conduzir pelo pulsar das palavras, pela cadência da frase (ora longa ora curta), pelo ritmo do discurso.

Poder-se-ia pensar que estamos perante um livro triste e até trágico[,] onde as personagens apenas se submetem a um destino previamente traçado, embora totalmente desconhecido do leitor. Bem pelo contrário, uma verdadeira sensação de felicidade apodera-se de nós a cada descoberta realizada, a cada peça que colocamos deste mosaico que é *Boa Tarde às Coisas Aqui em Baixo*. O diálogo com o livro estende-se, para nosso prazer, ao conjunto da obra e aos seu criador, que nos desafia a entrar no seu mundo ficcional e autoral, fazendo-nos os seus pensamentos pelo viés de um monólogo interior que, sem qualquer indicação textual ou tipográfica, irrompe na trama ficcional[,] fazendo--nos oscilar entre a efabulação e a referência factual. São momentos de grande partilha, aqueles em que o autor questiona as suas opções de escrita e se põe em causa, como no seguinte passo[:] *"quem me conta esta história, quem narra isto por mim? / uma traineira não, nem pássaros, nem mulatas que te melhorem o capítulo António, acordas com o romance, adormeces com o romance (...) esta narrativa que mais do que as outras se tornou uma doença que te gasta e de que não sabes curar-te, pode ser / vá lá experimenta"* ou ainda nesta pergunta a meio caminho entre o sarcástico e o divertido, numa clara alusão ao seu romance anterior, *Que Farei quando Tudo Arde?*: *"(deste-te bem com os pavões noutro livro?)*.

Ler António Lobo Antunes é mais do que acompanhar as peripécias da vida de personagens, é mais do que ler uma boa história, é deixar-se embrenhar no mundo de efabulação criado, é entrar no jogo do autor na tentativa de descobrir para partilhar, com ele, os seus caminhos de criação.

NUNO JÚDICE

"Uma obra imensa"

Jornal de Letras, Artes e Ideias, 15 de Outubro, 2003, p. 20.

Em relação a António Lobo Antunes, faço uma pergunta: que pode esta obra imensa fazer pelos tempos que correm? É uma variante da pergunta clássica: para que serve a literatura? E a resposta não é difícil: em cada novo livro de António Lobo Antunes é-nos dada uma prova de vida desse génio que habita a língua quando ela se transfigura, pela escrita, num universo próprio que o motor da ficção põe em movimento, embarcando-nos na viagem sem fim do seu significado. Trata-se de uma máquina que prossegue o seu rumo, iniciado com *Memória de Elefante*, na descrição impiedosa do mundo que habitamos, através de sucessivas camadas de personagens que nos abrem, em cada livro, novos pedaços de uma realidade portuguesa que vão completando, no mosaico ficcional da sua obra, um vastíssimo quadro dessa sociedade que chegou ao fim do século XX, e inicia o século XXI, numa situação conflitual em que a tragédia nasce, não da grandeza do conflito e dos objectivos que o envolvem, mas do seu inverso: a dramática pequenez do sujeito, e a procura frustrada da sua afirmação num contexto em que o colectivo não encontra modelos à altura de uma identificação redentora.

Será, então, pela catarse que António Lobo Antunes nos implica? Seria, sem dúvida, uma solução fácil; e se a catarse existe, ela é sempre adiada para um novo espaço, uma vez que cada livro nos apresenta apenas um fragmento da impossível totalidade do humano. Mas é nessa limitação que nos reconhecemos; e também no modo como é desencadeado o processo da escrita romanesca, através desses blocos dialógicos que recuperam, da música, um processo sequencial. Um dia, ouvi Lobo Antunes referir o *leit-motif* da música de Wagner

278 | NUNO JÚDICE

como um possível análogo desse processo; e é verdade que ouvimos, ao ler as suas páginas, esse encadeado de «temas» não tanto ao nível do significado, mas de um relançar frásico, na construção por «árias» do jogo cénico em que a narrativa vai inscrevendo a sua presença, que nos envolve de forma gradual até descobrirmos que fazemos parte, já, desse movimento totalizante, como sucede precisamente com a adesão musical.

Não precisarei de referir, para além da música, a relação estreita de António Lobo Antunes com a poesia e com a pintura para justificar essa visão do humano, na plenitude da sua dimensão estética, subjacente à construção romanesca. «O tempo ensinou-me que não existe nada tão volátil [quanto] a pena», diz um personagem em *Que farei quando tudo arde?*; e logo adiante: «[j]á repararam na máquina de escrever a cair aos bocados e a que faltam letras, quase o alfabeto inteiro, apresenta- -nos linguados com restos de naufrágio de meia dúzia de vogais a boiarem ao acaso e eu, sem lhe[] entender os fiapos de eloquência, os cadáveres de consoantes à deriva, os detritos de emoções e sentimentos que lhe sobraram na velhice, óptimo, a gente lê e é como se visse a cena» (p. 259[120]). A linguagem, aqui, é usada como o meio de transmitir, na consciência meta-linguística do processo literário que faz com que «a gente l[eia] e é como se visse a cena», a visão desse mundo frag- mentário, como restos de naufrágio, que o romance recolhe nas suas margens. «Ver» a cena: é, então, neste plano que implica já a consciência do leitor, que surge a interpelação (pós-moderna?, caso se entenda, aqui, a consciência da «crise» do objectivo romanesco de transmitir uma realidade total e inquestionável) do próprio leitor como (outro) sujeito do processo ficcional.

Um novo romance de António Lobo Antunes, neste quadro, significa que o curso da sua escrita prossegue a procura desse estuário que é a Obra – no sentido entre mallarmeano (o Livro total) e joyceano (a abertura de sempre novos horizontes de leitura) da palavra ficcional. Significa, também, que a literatura portuguesa está viva; e essa é, voltando ao princípio, a melhor coisa que se pode fazer pelos tempos que correm.

---

[120] P. 255, edição *ne varietur* (p. 254 para a citação anterior).

DANIEL SAMPAIO

"Falar o inconsciente"

Jornal de Letras, Artes e Ideias, 15 de Outubro, 2003, p. 20.

Conheci António Lobo Antunes há 30 anos. Como ele costuma dizer, há muito que ultrapassámos as bodas de prata da nossa amizade. Tudo, nos nossos encontros, tem para mim um profundo significado: a forma como partilhamos a intimidade, a visão das pessoas e do mundo (quase sempre coincidente, sempre estimulante), as memórias da juventude, as vivências que temos dos filhos e netos. Costumo pensar que, no restaurante onde almoçamos desde há 20 anos, falamos sobretudo do amor e da morte. Conto com ele quando hesito na vida, espero o seu apoio quando decido sem pensar. Ambicionamos que o outro não sofra e possa ser o mais feliz possível. Aos 20 anos tínhamos a certeza de mudar o mundo, agora queremos ter tempo para realizar tudo aquilo que ainda gostaríamos de viver.

Guardo uma recordação especial: quando o António, cheio de medo, me entregou para publicação o manuscrito de *Memória de Elefante*; levei-o a duas editoras e só a segunda não o rejeitou. O lançamento dessa obra foi numa modesta livraria, junto ao cinema Quarteto, em 1979. Estavam os amigos e família, ninguém poderia prever que o António Lobo Antunes viesse a ser conhecido do mundo inteiro. Não sou crítico literário, mas os livros do António põem a falar o inconsciente que todas as noites encontramos nos sonhos, quando às três da manhã acordamos e estamos perdidos no mundo – esta é uma das razões para o seu êxito.

MARIA ALZIRA SEIXO

"*Boa Tarde às Coisas Aqui em Baixo*. A matéria dos sonhos"[121]

Os meus livros, n.º 15, Outubro, 2003, pp. 46-49[122].

Boa Tarde às Coisas Aqui em Baixo é o 16.º romance do autor, e o seu 18.º livro de criação literária, em vinte e quatro anos (se exceptuarmos – mas talvez não devêssemos... – *Letrinhas de Cantigas*, dadas à estampa no ano passado), numas centenas de páginas a cujo aglomerado nos habituámos já, e que, muito densas na escrita, não o são para a leitura, dado que se apresentam em mancha aberta, de frase escadeada, num discurso dir-se-ia de tipo versicular que se percorre com atenção corredia, com o prazer do fabular inesperado e com um imenso gosto da frase límpida e perfeita, e da palavra, nela a surgir encastoada. Marcam a fabulação uma espécie de estribilhos recorrentes, que são exemplos privilegiados desse tipo de frases, "leitmotive" de personagens ou de situações (por exemplo[, "]o mar à nossa esquerda, o mar em baixo sempre à nossa esquerda["], ou ainda ser ["]a pá que desperta o sono, dilacera a garganta da terra e ergue à luz os ossos sob as folhas secas["], ou também – e os exemplos são inúmeros – ["]Luanda nítida até ao fim da baía["]), que funcionam sobretudo como marcos rítmicos da construção dos capítulos e do sentido que neles se organiza. Numa construção de processo lírico a que a ficção de António Lobo Antunes há muito nos habituou.

---

[121] Texto incluído em *As Flores do inferno e jardins suspensos*. Ed. cit., pp. 345-352.
[122] Este número inclui também uma entrevista de Tereza Coelho a Maria Alzira Seixo sobre a edição *ne varietur*: "E a 'ne varietur' de António Lobo Antunes?", pp. 50-51.

282 | MARIA ALZIRA SEIXO

Uma epígrafe (duvidosa) de Valery Larbaud, veiculada por interposto autor, fornece o título, um destes títulos extensos e insólitos que o escritor escolhe para os seus romances mais recentes (*Não Entres Tão Depressa Nessa Noite Escura* e *Que Farei Quando Tudo Arde?*), e que são, logo a partir da capa, como que interpelações directas ao leitor ou às personagens. Estes títulos formam embriões de pequenas histórias, propostas para uma liminar congeminação romanesca de quem vai ler, pretextos para devaneios conjecturais de quando abrimos o livro para nele nos adentrarmos. Todos os títulos funcionam mais ou menos assim; mas em Lobo Antunes há os títulos simbólicos (*Memória de Elefante*), há os títulos aparentemente cerrados, como uma janela fechada que não dá a ver o interior da casa (*Tratado das Paixões da Alma*), há os títulos indiciadores, que parecem apontar temas dominantes (*O Esplendor de Portugal*) e há estes, que deixam de ser puros nomes, rótulos, como quase sempre os títulos são, para se tornarem parte de uma comunicação, patamares para um diálogo e troca de informação, ou frustração parcial desse intento devido ao teor do livro que vai seguir-se e ao seu carácter afinal elusivo.

Boa Tarde às Coisas Aqui em Baixo introduz aparentemente uma saudação, um embraiador coloquial que, pelo menos formalmente, pode inculcar o desejo de bem-estar e saúde para as entidades às quais se dirige a salvação; mas, não só essas entidades aparecem desde logo mencionadas como "coisas", como ainda o "aqui em baixo", desde a citação de Larbaud, vem conotado com a morte ou com um legado abandonado, encarnando desde as primeiras páginas do livro a terra devastada de Angola, numa situação de valorização geográfica hierarquizada; no entanto, eminência literária de cariz positivo a ter de imediato em conta é o "aqui", nesse baixo do tempo e do mundo, onde o narrador se situa e para onde apela, e é desde aí que o escritor vai perspectivar as coisas com a sua voz, isto é, traçar o nosso olhar sobre o Sul africano e o que fizemos dele e com ele, ou estamos ainda a fazer.

É, de facto, mais um romance sobre a terra angolana, essa obsessão pessoal e ficcional do autor de *Os Cus de Judas*, que *O Esplendor de Portugal* tão impressivamente prolongava, e neste último livro agora retorna de modo mais agudo e incisivo, porque se trata do território africano contemporâneo e das relações portuguesas dúbias com ele ainda entretecidas. A urdidura do romance organiza-se em torno do

"BOA TARDE ÀS COISAS AQUI EM BAIXO. A MATÉRIA DOS SONHOS" | 283

contrabando de diamantes e da exploração que, com tal fim, portugueses e estrangeiros organizadamente desenvolvem, com a cumplicidade de entidades angolanas, e cujos actores imediatos são gente comum, cultural e politicamente alienada, que, uma vez mais, pratica as infracções em nome dos outros, e lhes sofre as consequências no malogro, na miséria e na destruição. Com os angolanos também. Neste ponto ainda, mais uma vez a voz pós-colonial de António Lobo Antunes se faz ouvir de um modo heterodoxo que não dá razão nem a oprimidos nem a opressores, rejeitando maniqueísmos e considerando oprimidos todos os que são violentados pelo sistema, a coberto da mentira, do engano e da ilusão.

Esta temática, com uma presença fortíssima no texto, dissolve-se na consciência alterada das personagens que a representam. O espaço da terra africana surge imponente e vigoroso na sua desgraça e na sua desolação desértica (["]cidades vazias, capim e árvores["]), o tempo da memória é obsidiante e indelével no seu acontecer e no seu rememorar (["]parece-me que existo ao mesmo tempo em todos os lugares["]); e as personagens evitam-no, esquivam-se às recordações, embora elas furtivamente se lhes imponham e cubram a superfície do texto, não enquanto passado mas enquanto presente eterno e irrecusável, de uma eternidade que é a da morte e a da irremissível humana condenação: ["]porque o inferno consiste em lembrarmo--nos a eternidade inteira["].

Constituído por três livros, cada um deles integrando dez capítulos, *Boa Tarde às Coisas Aqui em Baixo* conta como um português, Seabra, é enviado para Angola para liquidar uma família que não cumpria as suas obrigações no tráfico de diamantes, e como outro português, Miguéis, é enviado a seguir para silenciar o primeiro, e ainda como um terceiro, agente duplo, toma posteriormente a seu cargo o comando de um grupo de mercenários que têm por missão eliminar o segundo, desaparecendo todos posteriormente, por sua vez. Como de costume nos livros de Lobo Antunes não há maus nem bons, cada personagem acede à voz narrativa (isto é, aos estatuto subjectivo de criatura pensante, que pensa a errância e o erróneo do comportamento, as duplicidades, os logros, as miragens a que se deixa submeter) ecoando os acontecimentos e tentando uma evasão onírica pelo recurso à infância e à ilusão de outras hipóteses de existência.

Acontecimentos efectivos e carga onírica não se destrinçam porém, e é como se um imenso sonho (pesadelo ou ilusão evasiva) a todos dominasse, dominando por isso igualmente o modo de narrar ou de rememorar o acontecido, de congeminar o acontecer: tudo depressa e devagar, feito da matéria dos sonhos. O próprio ritmo, como se vê, é condicionado por esta alternância (e coincidência) do sonho com a efectividade, e o imponderável do imaginário ganha a espessura material da objectualidade que o pensamento determina. Deste modo, os percursos das personagens são sinuosos e amalgamam muitas vezes as situações diversas e as relações múltiplas com os outros. Por isso, teremos de ser simplistas, e muito infiéis à urdidura do romance, se quisermos dela dar uma ideia. Tentemos, porém, para não deixar o leitor na perspectiva de um puro abstracto de sentido, que é o que este livro de modo nenhum é. Seabra, para ir para Angola, abandona Cláudia, a namorada, e liberta-se do ambiente doméstico com uma mãe protectora e miudinha, assim como do baixo nível social que o diminuía; Miguéis, personagem ilusoriamente autoritária e despótica no meio familiar, deixa transparecer a frouxidão que sempre o caracterizou na obediência a uma mulher tirânica que o engana e a uma filha doente que o despreza; Morais, o agente duplo, ascendendo socialmente através da carreira militar, não consegue ultrapassar o traumatismo do suicídio da mãe e consequente aceitação da amante do pai que a substitui, mantendo com a mulher, Selma, uma relação erótica incapaz de se subtrair ao nível da excitação animal e patológica. Problematizadas, difíceis, frustradas, as figuras da ficção (que conduzem, cada uma delas, os três livros do romance) entram na cena angolana como num cadinho de reacções múltiplas e desencontradas, fervilhantes, onde a matéria humana deixa de ser componente da matéria sócio-política, para ser exactamente o contrário, dado que a corrosão do sistema se articula com falhas individuais cujo colectivo funciona apenas como disfarce e álibi de cobertura ideológica e da sua ocultação ao domínio público (não temos de nos preocupar, senhor ministro, acabou-se, que pretos, que fazenda, que diamantes, apenas as madeixas do algodão no que deve ter sido Angola). No conjunto dos dados ficcionais podemos então encontrar passos do mais variado cariz, neste livro de violência e tragédia, efectivamente, mas no qual uma grande diversidade de registos toma lugar, nomeadamente nos

"*BOA TARDE ÀS COISAS AQUI EM BAIXO.* A MATÉRIA DOS SONHOS" | 285

episódios de humor (por exemplo quando o Miguéis decide pegar no carro e ir passar um domingo de Verão com a família à Costa da Caparica), de memória dolorida e interdita (por exemplo[,] nas várias vezes em que Marina recorda a morte dos pais e o vestido vermelho da mãe é a metonímia do sangue que sobre ela alastrou), de atitude pueril como fixação que recusa os eventos futuros (por exemplo[,] quando Miguéis recorda o pato de bico cor de laranja que ofereceu à filha para pôr na banheira e esta, repudiando o pato, rejeita o pai), etc.

É a imagem (recolhida de um passado de obsessão ou refúgio, ou devolvida de forma expressionista ao presente que se rejeitou) que sempre leva a melhor nas significações do tecido verbal: Marina e o seu tucano de beijos amuados (["]Pseps, pseps["]), Marina e a cebola que o preto do mercado lhe ofereceu (["]Toma a cebola menina["]), Morais e os comboios que chegam e lhe avivam a imagem da mãe enforcada no interior de um vagão (["]uma composição que chegava, não me lembro de composições que partissem["] – mais uma vez, não há de facto "saída", nos livros de António Lobo Antunes!). Conglomerado de imagens, o discurso do romance parece não tornar possível um fio narrativo que lhe dê corpo, porque o seu corpo é o dessa mesma impossibilidade.

Porque se escreve, então? Que instância cominatória comanda esta narração impraticável, entrecruzada, difícil e, em última análise, vã? O narrador de António Lobo Antunes quase nunca é, como parece, um escritor desdobrado, uma terceira ou primeira pessoa narrativa que simule um acto de escrever como se o universo se escrevesse a si próprio, ou como se o autor-demiurgo assumisse a voz que tem para a transpor para um *alterego* "scriptor". Conforme tentei demonstrar em livro, uma das figurações da escrita mais emergentes nos seus romances é a do inquérito, a do auto, a do relatório, a da inquirição. E é a essa figura (jurídica ou dramática, conforme os casos) que a narração dos seus livros vem corresponder. Uma vez mais, em *Boa Tarde às Coisas Aqui em Baixo*, as três personagens enviadas por Lisboa a Angola escrevem relatórios, que são, em parte, isto que lemos, ou pelo menos o seu pretexto e a sua sinédoque: ["]O Seabra a escrever isto em Luanda num quarto da hospedaria para a desolação da cidade["]. A sua sinédoque, sim, porque essa é a parte de facto vã (por várias vezes se menciona que os relatórios são inúteis, nunca serão lidos) de um todo que não é afinal a escrita de um relatório, por ser a escrita de um romance. O relatório é uma situação de composição ficcional mas a escrita tem várias características, de uma riqueza multímoda, que mais não podemos fazer aqui do que apontar. Não resistindo, porém, a aflorar duas delas.

A primeira é a de uma metaficção subtil, que integra no romance a reflexão sobre a sua própria escrita, mas que (processo corrente, de Sterne aos pós-modernos) se individualiza aqui por se mesclar com uma outra problemática, simultaneamente política e estética: a do facto e da ficção. As primeiras palavras do romance, no capítulo inicial (não no prólogo, onde espaço e tempo traçam as coordenadas da existência do sujeito, numa expressão tão económica quanto sugestiva: ["]E esta era a casa["] – que comunica o corpo, a vida, a temporalidade, o sujeito integrado, a vivencialidade, e a destruição disso tudo, o passamento que tais palavras implicam, e que a conclusão já não pode portanto dar) dizem o seguinte: ["]Será que remendo isto com palavras ou falo do que aconteceu de facto?["] Facto e ficção (falar do que aconteceu, remendar palavras) convocam o relatório e a composição mais larga que o abarca, a verbalização que as personagens desenvolvem em monólogo interior, diálogo imaginário ou memorização do dito e do falado, encontrando-se com a factualidade contemporânea de Portugal e Angola, em aliança, choque e contusão. É por isso que a relação entre o nominal e o interpelativo me parece cada vez mais importante nos romances de Lobo Antunes, não só nos títulos, como vimos, mas na diferenciação entre uma sintaxe de enumeração nominal, carente de verbos e de todo o tipo de ligação por acções, e uma sintaxe de justaposição, que elide os fios lógicos, concatena fragmentos, alinha franjas expressivas. Deixando muitas vezes entre si intervalos de espaço, roturas tipográficas, elisões gramaticais, pelo que já comparei este tipo de discurso à escrita da música.

Era nisso que eu estava a pensar quando referi (e muitas vezes o tenho feito, para uma caracterização apressada dos últimos livros do autor) a escrita "escadeada". De um "escadeado" irregular. Porque este termo impreciso, mas de figuração gráfica adequada, situa-nos na segunda dessas características fundamentais dos seus romances,

"BOA TARDE ÀS COISAS AQUI EM BAIXO. A MATÉRIA DOS SONHOS" | 287

que este é o primeiro a colocar com exemplar evidência e conseguimento estético ímpar. Refiro-me ao ritmo e à prosódia do romance. Quando digo que há uma escrita lírica na ficção de Lobo Antunes, não me refiro à sua qualidade imagística, à sua musicalidade, ou mesmo ao tratamento dos membros da frase como se de versos se tratasse; refiro-me a tudo isso, mas numa aliança indestrinçável com o sentido, como quando escreve, mais uma vez referindo-se à terra de Angola: ["]ao ritmo dos grilos nesse silêncio, cheio de ruídos dentro["]. Reparem na assonância dos ii, sendo os primeiros tónicos e quase todos os últimos átonos; nas aliterações em líquidas e nasais com um redobro em consoante branda no termo da frase; na marcação cadenciada das cláusulas métricas em movimento de progressão sensível (2-3-5-5-2) e retorno circular – e em como nada disto é improcedente nem arbitrário. Estamos perante uma prosa de elaboração cuidadíssima e que tem muito de uma partitura musical, pelo menos nos seus tempos e intervalos; ou, para falar de um modo menos analógico e mais adequado: estamos diante de uma prosa de ficção consciente da função da sua sonoridade, e que dela tira partido. O que se pode confirmar na análise do tal "escadeado" das frases, constante e irregular, orientado por uma sistemática de interrupções sintácticas, repetições e recorrências. Como na escrita versicular. Com uma diferença enorme, porém: a de que este trabalho do espacejamento da frase e da sua interrupção na cadeia lógica verbal não corresponde a uma pura fragmentação poética, porque é de índole eminentemente ficcional, isto é, serve uma narrativa e constrói um romance. Ou melhor: constitui uma maneira específica de escrever romances de acordo com um modelo lírico-narrativo original e inovador.

Terei maçado o leitor com observações um tanto "especializadas", à primeira vista até abstrusas? Mas não o são! Acho que só ajudei a ler. Querem experimentar? Abram o livro e comecem a ler. Frase a frase, pausadamente. De preferência em voz alta. Sentem como a vossa voz se vai tornando, por assim dizer, comandada por esse modo muito particular de escrever? Sentem como a vossa respiração se vai adaptando aos contornos e às síncopes das frases do romance? E como o sentido que as palavras dizem ganha uma ressonância muito especial que o ultrapassa, e como, nessa leitura, o não dito parece dizer mais do que o que está presente no texto?

Era isso que eu vos queria fazer ver. E, sobretudo, sublinhar que esse não dito está, justamente, extraordinariamente bem dito, neste modo diferente de escrever. Onde cada frase é um gesto de escrita, que se arrisca, recolhe ou suspende, ganhando na limpidez do seu contorno a carga tensa de excesso que, através de um extremo labor criativo, se consegue subtrair à escassez e à exaustão.

EDUARDO LOURENÇO

"Sob o signo de Deucalião"

Público/Livros, 15 de Novembro, 2003, p. 7.

Sem começo nem fim, fio sem outras contas que as gotas da memória roubadas a uma noite intacta, a ficção de António Lobo Antunes lembra o gesto de um deus que se tivesse suicidado na sua criação. O efeito não é o de caos, pois esse criador está inteiro em cada um dos fragmentos da longa frase desse "big bang" torrencial que a sua escrita recolhe como quem morre.

Mais caótica era essa prosa nos seus inícios, quando se assumia como absoluta Memória capaz de restituir gloriosamente, no seu excesso de metáforas, o caudal de evocações à procura do corpo original para sempre disperso. Essa memória visceral, hiper- -expressionista, de sensações, vivências, emoções, feitas de sangue e luto, era menos a do mítico elefante que a de um escritor-deus. Como a de Deucalião, filho de Prometeu e Climena, repovoando o mundo após o desastre absoluto do dilúvio com os ossos dos seus filhos atirados para trás das costas. No seu caso, pedras do corpo materno, a Terra. No caso do autor de "Boa Tarde às Coisas Aqui Em Baixo", do corpo paterno, arquétipo do seu. A sua ausência é mais absoluta que todos os desastres. Para a remediar, o autor de "Não Entres Tão Depressa Nessa Noite Escura" converterá o exercício épico da memória reservado aos desastres da vida aquém da morte, em navegação sem bússola e sem mapa imaginável no arquipélago do Esquecimento.

Sem a viagem por entre o dédalo tenebroso dos desastres reais da guerra, da loucura, e da decepção, a obra de António Lobo Antunes não teria conhecido o eco quase físico da grande pintura expressionista que é o seu. Mas só a sua épica extenuação lhe abrirá a porta para a aventura sem nome próprio, por tão estruturalmente poética, que é a da sua última ficção, suspensa da pura vertigem entre o êxtase e o aniquilamento. Êxtase e aniquilamento que se não reportam unicamente "às coisas aqui em baixo", mas ao canto e ao cântico que delas fala sem jamais estar certo de impedir que elas, e a escrita que as saúda antes de morrer, como no circo romano[,] voltem ao nada de onde não nasceram. Para nos convencer disso – e se convencer – escreve António Lobo Antunes a sua memorável saga contra ou no coração do próprio esquecimento. Para povoar o mundo. O dele e o nosso.

ANTÓNIO GUERREIRO

"Quase um cântico"
[*Boa Tarde Às Coisas Aqui Em Baixo*]

Expresso/Actual, 29 de Novembro, 2003, pp. 60-61.

O romance de Lobo Antunes é um concerto barroco de vozes[.]

O título – **Boa Tarde às Coisas Aqui Em Baixo** – poderia indicar um lugar de onde se fala e a perspectiva adoptada pela instância que conduz a narração. Mas é justamente esse centro convencional que está em falta neste romance, com consequências importantes no pacto de leitura. «Estar em falta» não significa, evidentemente, que haja aqui algo de errado, um factor susceptível de diminuir o romance. O que se passa é que existem várias vozes narrativas que se sucedem umas às outras e se relativizam, mas não são facilmente identificáveis nem sabemos que lugar ocupam: são personagens entre as personagens, criaturas que se autonomizaram do criador e entram em cena, sem apresentação. Digamos que este romance tem uma estrutura dramática, poupando, no entanto, qualquer indicação didascálica.

Esta narração que nasce, exclusivamente, de vozes narrativas e dá origem a um tipo de romance polifónico, está longe de ser uma novidade nos romances de António Lobo Antunes. Com uma crescente eficácia, é nesta direcção que eles têm caminhado desde há algum tempo. Mas chegámos agora a um limite que implica um novo contrato com os leitores. Um contrato que, se fosse explicitado, diria mais ou menos isto: este romance supõe a existência de todas as categorias tradicionais da narrativa, supõe um espaço, um tempo, acção e personagens, mas é preciso que o leitor faça um esforço de reconstituição e de síntese, a partir das falas e das vozes narrativas que satisfazem muito mais as necessidades de um certo tom da narração – declarativo, oratório, repetitivo, próximo da litania – do que as exigências de uma leitura que imponha ordem ao caos aparente. Se acrescentarmos que este romance tem mais de quinhentas páginas, percebemos melhor que o investimento que ele implica não é leve nem fácil. Para chegar a este ponto, António Lobo Antunes seguiu uma via excessiva que já estava anunciada, mas que já nada tem a ver com as elaborações metafóricas da primeira fase do escritor. Agora, o essencial está na própria composição do romance, na sua sintaxe narrativa. O que significa que as exigências formais são agora muito maiores e jamais se poderiam satisfazer com os dispositivos imagéticos que ocuparam, durante muito tempo, um lugar central na escrita do romancista. Algumas reservas que este romance pode suscitar são de outra ordem, têm a ver com o aspecto de exasperação formal que o caracteriza e que, em última instância, é responsável por uma espécie de «sobre-literatura», que a extensão do livro acentua.

Neste «romance em três livros com prólogo & epílogo», toda a acção decorre em Angola e em Lisboa e arredores. Este regresso a Angola, agora num contexto pós-colonial, não é propriamente inesperado. Mas, como já disse o autor em várias ocasiões, Angola (mais propriamente a Angola que emerge da guerra civil) é apenas um pano de fundo. Significa isto que a história das personagens e das vozes narrativas se cruza em muitos momentos com a história desse país, mas não de modo a podermos dizer que estamos perante uma ficção de carácter histórico. Todo o compromisso com a história – com uma história nacional acentuadamente trágica – não passa de uma questão recuada (embora insistente e importante) em relação ao que se passa num primeiro plano que é o das contingências pessoais e dos dramas individuais e familiares. E, aqui, entramos num território próximo de certas características expressionistas, próprio de António Lobo Antunes. As suas personagens são dotadas de traços bem marcados, não à beira de se tornarem caricaturas, mas transportando consigo algo de visceral. E é isso que engendra a escrita e move o romance.

Mas também é isso que vem colocar uma questão várias vezes tematizada: a da possibilidade de contar, de dizer o que se furta à narratividade. O segundo capítulo do Primeiro Livro começa assim: «Tão difícil explicar-me, de que maneira explicar-me, como se diz

"QUASE UM CÂNTICO" [*BOA TARDE ÀS COISAS AQUI EM BAIXO*] | 293

isto, quem me ajuda a contar, a ser a pá que desperta o sono, dilacera a garganta da terra e traz à luz os ossos sob as folhas secas?» E, muito mais à frente, uma frase irá ser repetida, como se de um refrão se tratasse: «Demora tanto tempo a contar uma história». Tanto tempo corresponde, na circunstância, a mais de quinhentas páginas, ao longo das quais a narração se converte numa espécie de litania ou num canto abstracto em que são muito mais importantes as modulações das várias vozes (a música interior que delas se liberta) do que a progressão narrativa. Na verdade, o que justifica e suporta a dimensão deste romance não é a economia da história – ou, melhor, das muitas histórias – que nele se narra, mas o aspecto barroco e descentrado de um discurso que se expõe a si mesmo, fascinado pelos abismos que se vão abrindo à sua frente.

MARIA ALZIRA SEIXO

"Como a onda na areia"[123]
[*Memória de Elefante*]

Visão, 5 de Agosto, 2004, p. 120.

Imprescindível neste Verão é a leitura, ou releitura, do primeiro livro de António Lobo Antunes (ALA), *Memória de Elefante*, que agora aparece em 22.ª edição, assinalando os 25 anos do início da carreira fulgurante do escritor. Não só pela efeméride, digna de nota, mas porque somos sensíveis, nesta primeira obra, à presença da quase totalidade da sua temática futura e da sua preocupação com o acto de escrever. É um romance de valor inestimável, que agarra o leitor pela sua capacidade de nos dar o quotidiano de um jovem, as suas aspirações, medos e traumas, as suas memórias e decepções – numa escrita rebelde, torrencial, cheia de sangue e fúria, de sexo e aflição, de ternura e ressentimento, que recorre à experiência do escritor como médico em início de carreira, espectador impiedoso de si próprio que mescla os tempos das suas vivências em emaranhado de sensações e sentimentos, de passado e de presente, que só a escrita pode de algum modo aquietar.

Livro autobiográfico, revela muito do que ALA é, no seu escrever e no seu pensar o real, através de um confessionalismo dramático e inclemente que constrói um retrato implacável de si próprio como nunca mais, ao longo da sua obra, nos irá dar. Nos livros seguintes a invenção vai já tingir a autobiografia, e o ficcionista de hoje começa a criar a sua linguagem, a sua poética, a aura lírica que tão bem suporta uma construção do romance cada vez mais sóbria e depurada,

---

[123] Texto incluído em *As Flores do inferno e jardins suspensos*. Ed. cit., pp. 341-342.

cujo intento original e arquitectura coesa no entanto se esboçam aqui. Essa arquitectura consiste em condensar, com esforço amargo e algum júbilo criativo, a densidade da vida num único dia da existência, que se descreve a par e passo, como os passos da cruz de um incrédulo nostálgico de uma ligação a qualquer coisa – seja a família, a cidade, o Tejo, a infância, a arte, a mulher, as filhas, outras mulheres, amigos, ou uma consciência apaziguada na relação com o passado recente. Este passado é o da guerra colonial, revelação inesperada da opressão bárbara e do absurdo de existir que por toda a parte descobre, e em que participa também. É ainda o passado de um casamento de amor, que se desfez inexplicavelmente no regresso de Angola, com remorso pungente mas sem remissão.

«Como uma onda para a praia na tua direcção vai o meu corpo» é o verso de Neruda que cita para dar conta desse amor cuja intensidade contrasta com a inexorabilidade da separação, e que diz muito da problemática dos afectos na obra de ALA. A presença obsidiante do mar adquire aqui um carácter de força actuante que projecta os sentimentos, mas que o corpo, entidade pusilânime, acaba por reter, mantendo-a apenas enquanto desejo e perdendo-se, como a vaga, na porosidade da praia qualquer em que se desvanece.

Mencione-se que este volume continua a edição da obra *ne varietur* do escritor, iniciada com *Boa Tarde às Coisas Aqui em Baixo*, sendo este o primeiro com fixação de texto, da qual sou em parte responsável e por isso mais não digo, a não ser que tal se deve à actual administração da editora, eficiente e criteriosa, e que o leitor pode aqui encontrar finalmente o texto sem as incorrecções linguísticas e estilísticas que ao longo destes 25 anos o desfiguraram. E bem merecia estes cuidados, a vaga de escrita ímpar que este livro nos arremessa e da qual saímos encharcados de vibração humana, talvez um pouco tristes mas mais limpos de solidão e com a certeza de que o dia-a-dia comum se partilha na lembrança dos instantes felizes, na persistência do sonho e na certeza iluminada da necessidade da criação.

EDUARDO LOURENÇO

"A morte do pai"

Visão, 23 de Setembro, 2004, p. 170.

Como a lua de Pessoa, um autor está inteiro no mais pequeno lago do seu texto. Também o estaria se ele fosse vasto como um mar. Só é autor na medida em que o todo de si cabe inteiro no fragmento onde se espelha. A poucos dos nossos autores se pode aplicar a imagem oceânica de um texto sem verdadeiro começo nem fim, texto metaforicamente marítimo, como à Obra, acabada e *in fieri*, de António Lobo Antunes. Mas o que ainda surpreende é que esta poética de «mar sempre recomeçado» continue a surpreender-nos, como se nascesse agora, tendo atrás de si uma tão vasta memória de si mesma. Para os que a conhecem, sublinhar este tópico que, ao fim e ao cabo, todas as autênticas obras podem merecer, é quase ofensivo. Visão e voz visceral da Vida, menos como natureza com as suas leis mais ou menos fatais do que como realidade humana, oscilando sem fim entre necessidade imperiosa e liberdade enigmática, a ficção do autor de *Conhecimento do Inferno* é, por excelência, um eco ampliado, complexo, subtil, e atroz do que há de insólito e imprevisível na vida.

Mesmo na menos insólita e imprevisível das nossas vivências, se tão paradoxal noção cabe nela. Não a nossa morte, que só é só nossa no espelho alheio, mas a morte dos outros. Sobretudo, a daqueles em que[,] querendo ou não, verdadeiramente morremos. Quando, além de se ser, como o comum dos mortais, se é alguém para quem a ficção conta mais do que a realidade, que fazer, como integrar no corpo mais que mítico da sua legenda, o mais ficcional dos acontecimentos na sua abstracção e o menos incontornável e mais incompreensível na sua realidade? Como continuar vivo na sua realidade de escritor com a morte do Pai nos braços? Ou da Mãe? E, talvez mais do que todas, da do Filho?

298 | EDUARDO LOURENÇO

Na sua crónica da VISÃO, com a notícia da morte do Pai do autor de *Memória de Elefante* objecto do texto, António Lobo Antunes, como outros antes dele o fizeram, cede ao desafio, à necessidade, acaso à tentação, não de converter o facto mais sério e menos literário da vida, em literatura – no bom ou no mais equívoco sentido – mas de a evocar, e de algum modo, de a assumir[124]. Ou antes, de a exorcizar. Lendo-o, vê-se que o não precisava. Não apenas porque a figura do Pai – e de um modo geral do clã de que ele era a trave[-]mestra, com a sombra, mais atrás, do Avô – há muito que figurava na trama da sua realíssima tela romanesca, como porque este último olhar o sepulta com delicadeza e filial piedade, no segredo partilhado agora do seu coração.

Não se espere do autor pouco complacente de *Não entres tão depressa nessa noite escura*, uma dessas derramadas e sentimentais despedidas de que a nossa cultura de lágrimas abunda. Como um último aceno a um Pai que se adivinha sem ilusões, pois tinha Antero como santo na sua devoção, António Lobo Antunes leu na sua despedida um dos seus célebres sonetos. A nova morte celebra-se hoje com música e poesia profanas, por se viverem com mais emoção do que a velha liturgia cansada. Mas antes disso, evocou como pai, mais ausente que presente na sua própria adolescência, menos rebelde que ostensivamente solitária. Agradece-lhe mesmo, não o desamor que não sentiu, mas essa solitude de que a distância paterna (e materna) o cercou, para ele ela foi o mais vivificante deserto que a vida lhe ofereceu para plantar nele as raízes da sua obra onde, não só a sua, mas a radical solidão de todas as vidas, será transfigurada. A obra de Lobo Antunes, como a de todos os grandes autores portugueses, não é apenas autobiográfica, é biografia como odisseia, feroz e hiper-realista, ao rés da quotid[i]aniedade mais óbvia, e por isso invisível. Epopeia expressionista da miséria e dos êxtases do corpo, da doença, da loucura, da obscenidade incandescente de todas as vidas, mesmo sublimadas ou sublimes.

Com sonho dentro, como acontecia num dos seus mais raros e ainda ingénuos predecessores entre nós, Raul Brandão.

---

[124] Ver "Ajuste de contas", in *Terceiro Livro de Crónicas*. Ed. *ne varietur*. Lisboa: Dom Quixote, 2005.

Na sua crónica incomplacente, grave mas com um toque de auto-
-ironia – e até de laivos burlescos como todos os espectáculos fúnebres
podem despertar – o sonho do Pai é breve, intenso, comovidamente
evocado. Sonho de professor, tese, texto que em tempos solicitara a
atenção distraída do filho e recebe agora a sua aprovação tardia
numa leitura sem eco, salvo este que a crónica regista. Esta crónica
não é um excerto sintético de uma virtual «carta ao Pai» de kafkiana
memória. O ajuste de contas do título é antes com o autor. Esta
crónica seria como qualquer das suas, onde em tom menor descansa
das suas longas travessias romanescas, se o *fait-divers* que a motiva
não fosse, por definição, o único que o não pode ser. Por isso, esta
evocação da morte, não de um pai, mas do seu Pai, é não apenas
mais uma crónica do Lobo Antunes mas um texto singular e mesmo
paradigmático. No sem tempo da morte do Pai – que não está na sua
morte (*non est hic*), ou sobre ela, como num papel sem matéria, o do
tempo todo que essa morte deixa nos seus braços, um autor, o autor
Lobo Antunes, sobretudo o filho, agora para sempre apenas filho,
escreve-se como quem morre. É, mais do que nas suas crónicas
conhecidas, o cronista de si mesmo. Escreve, sem dúvida, para que a
pesada pluma do tempo também a ele lhe seja leve.

GRAÇA ABREU

"Ondas coloridas"
[*Eu Hei-de Amar Uma Pedra*]

Jornal de Letras, Artes e Ideias, 27 de Outubro, 2004, pp. 6-7.

Um novo romance de António Lobo Antunes (*Eu Hei-de Amar Uma Pedra*) e uma *Fotobiografia* sua, da autoria de Tereza Coelho, ambas edições Dom Quixote, vão ser lançadas no dia 9 de Novembro, no Teatro São Luiz, quando forem também postas à venda, com a mesma chancela, as edições ne varietur de três dos primeiros romances de Lobo Antunes (*Os Cus de Judas, Conhecimento do Inferno* e *Explicação dos Pássaros*). Tudo isto assinala os 25 anos de vida literária do escritor, que no Verão de 1979 se estreou com o romance (já reeditado em edição ne varietur) *Memória de Elefante*.
O lançamento de *Eu Hei-de Amar Uma Pedra* é às 19 horas, com a apresentação de Maria Alzira Seixo e Mário Cláudio, sendo antecedido [] pelas comunicações de Sigrid Loffler, Matts Gellerfelt, Wolfram Schutte e Ignacio Echevarria sobre a vida e a obra de Lobo Antunes, encerrando a cerimónia, promovida pela Dom Quixote, um espectáculo musical com Vitorino e Katia Guerreiro. Entretanto[,] no dia 11, às 19 horas, no CCB, é lançado o livro *Justiça de Salomão*, com textos de António Lobo Antunes e Júlio Pomar, uma edição limitada da Galeria Ratton com um azulejo inédito do pintor.
O JL publica nestas páginas o primeiro texto crítico do novo romance de António Lobo Antunes, d[a] autoria de Graça Abreu, professora da Faculdade de Letras de Lisboa,

302 | GRAÇA ABREU

> um elemento da equipa dirigida por Maria Alzira Seixo que fixou o texto da edição ne varietur, pré-publicando também fotos da *Fotobiografia* ([...]) e extractos da entrevista de Lobo Antunes[125] e depoimentos da sua família contidos no livro[126].

No 25.º aniversário da publicação de *Memória de Elefante*, um novo romance de António Lobo Antunes (o 17.º) reincide, no título tomado a uma moda velha de Reguengos – *Eu Hei-de Amar Uma Pedra*[127] –, na tonalidade popular que o expressivo título da sua obra inicial de romancista já continha. Porém, a distância em relação a esse primeiro romance é, se não maior, pelo menos idêntica àquilo que os aproxima e que, para lá do título, tem sobretudo a ver com o papel fundamental que a memória desempenha em toda a obra do autor.

No que ao título ainda se refere, ele situa-se, por um lado, na linha de citações de alguns dos últimos (*Que Farei Quando Tudo Arde?*, *Boa Tarde às Coisas Aqui em Baixo*)[,] mas distancia-se dela por não se tratar agora de uma referência literária, nem de alusão a uma literatura (ou paraliteratura) escrita, como acontece noutros (*Auto dos Danados*, *Manual dos Inquisidores*, *Exortação aos Crocodilos*) mas sim, como também já acontecia em *Fado Alexandrino*, da evocação de canto popular. E é um pouco como canto, um canto de amor inalcançado (inalcançável? amor é palavra raramente usada) que este romance se desenvolve, investindo a *Pedra* do título de um valor de perenidade (imobilidade, fixação do instante), em que, sendo certo não haver correspondência, não há também afastamento, ruptura, desilusão ou oportunidade perdida, como sucede com os afectos humanos em geral.

---

[125] "As palavras do escritor" (ver ANEXOS).

[126] "Visto pela família" (p. 7): Mãe, Pai e irmãos (Pedro, Miguel, Manuel, João e Nuno).

[127] "Eu hei-de amar uma pedra / deixar o teu coração / uma pedra sempre é mais firme / tu és falsa e sem razão // Tu és falsa e sem razão / eu hei-de amar uma pedra / eu hei-de amar uma pedra / deixar o teu coração // Quando eu estava de abalada / meu amor para te ver / armou-se uma trovoada / mais tarde deu em chover // Mais tarde deu em chover / sem fazer frio nem nada / meu amor para te ver / quando eu estava de abalada" (http://letras.azmusica.com.br/J/letras_janita_salome_21641/letras_otras_14488/letra_eu_hei-de-amar_uma_pedra_465756.html – consultado em 1 de Junho de 2011).

"ONDAS COLORIDAS" [*EU HEI-DE AMAR UMA PEDRA*] | 303

Em boa medida, este sentido de captação do momento paradigmático impregna toda a primeira parte do romance, intitulada «As Fotografias», em que cada capítulo corresponde a um número de ordem de dez fotos seleccionadas num álbum. Cada uma delas é motivo e pretexto para a incursão do passado no presente do principal protagonista e narrador desta parte (a partir da «Sexta fotografia» alterna a narração, capítulo a capítulo, com o genro e com as filhas), no fim da vida, e mantendo uma relação secreta (de encontros às Quartas-feiras numa hospedaria da Graça, passeios de fim-de-semana a Sintra, a presença discreta num toldo vizinho do da família na praia, em Tavira) com a namorada de juventude julgada perdida (morta num sanatório em Coimbra) e reencontrada quando, já casado e pai de duas filhas, se licenciara e fora promovido na empresa em que trabalhava. Habitando uma velha casa do Jardim Constantino que a madrinha da mãe lhe deixara em herança, dela expulsara a filha desta senhora, remetendo--a para um lar de idosos. Contudo, mais do que estes dados factuais, são as evocações da infância, passada no Beato, com visitas pontuais à casa que agora habita, que estruturam a teia romanesca. Do Beato avultam a presença do petroleiro encalhado, em evidente simbolismo da vida "encalhada" de várias personagens e desta em particular, a das aves marinhas assimiladas, na imaginação infantil, às fotografias do Senhor Querubim, fotógrafo e proprietário da Photo Royal Lda (noivas como gaivotas, bebés como crias por elas alimentadas); avulta ainda, e sobretudo, o sentimento de perda em relação aos membros da família entretanto desaparecidos e obstinadamente amados após o abandonarem: o pai que decidiu libertar-se de uma família de «trambolhos» (mulher e filho, a quem sempre assim chama), emigrando para França; o primo Casimiro, que a mãe não conseguiu amar e a quem ele só se afeiçoou depois de os deixar, rejeitando-o, quando presente, em obstinada recusa da substituição do pai, amado à distância; e a mãe entretanto falecida. É esta fixação nos que o deixaram, esta afeição *a posteriori*, que conforma a subjectividade desta figura sem nome («trambolho» para o pai; «pimpolho» para outras personagens da sua infância; pai, marido, sogro para os familiares; senhor para a amante, em marca da diferença de posição social que ela respeita). Refugiado nos jogos de damas do jornal, alheado da casa e da família, apenas afeiçoado à filha mais nova, Raquel (em quem reconhece traços da mãe que perdeu), só fugazmente dá expressão discreta a esse sentimento, aliás correspondido mas mascarado por uma agressividade militante por parte da filha. Neste contexto, o reencontro com a namorada de juventude representa uma impossível tentativa de reconstituição do passado perdido, mais alimentada, nos encontros das Quartas-feiras, pelo silêncio partilhado do que pela efusão amorosa. E numa dessas Quartas-feiras, velho e gravemente doente, morre no quarto da hospedaria.

O pano de fundo histórico e social, grande força impulsionadora do acontecer nos romances de ALA, apresenta-se aqui mais esbatido, apesar de uma das fotografias ser da Guiné, em plena guerra colonial, e de, na rememoração do protagonista, perpassar a hediondez de alguns crimes perpetrados. Mas só por breves momentos isso é projectado no presente, fundindo o disparar de uma máquina fotográfica e o de uma arma, uma mancha vermelha e o sangue de uma vítima. O que move as personagens, o que as faz divagar ou reflectir, tem sobretudo a ver com a infância, com as relações então estabelecidas (o regresso ao Beato com a família, quando promovido na empresa, a fazer-se fotografar na Photo Royal Lda pelo Senhor Querubim, é particularmente significativo), num comprazimento feliz da tristeza de então. Assim, a guerra colonial, tal como a emigração (do pai para França, do primo Casimiro para os Estados Unidos), são sobretudo marcas da cronologia histórica deste romance, pesando contudo a última mais do que a primeira, na medida em que significa, como atrás ficou dito, a perda, o abandono por seres que vêm a tornar-se queridos.

Em compensação, são os lugares, a sua transformação, a sua subs-tituição por outros, o que melhor define um tempo impressivo de perda de origens e de regresso a elas pelo exercício da memória (em Lisboa, o Beato, o Jardim Constantino, a Graça; mas também os espaços rurais de onde vieram algumas das personagens ou os seus familiares) em que se pode adivinhar uma história de êxodo dos campos, de difíceis condições de vida na cidade, de melhoria de condição para alguns. Mas não mais que adivinhar pois, em momento algum, isto encontra formulação explícita neste romance.

Em toda a segunda parte («As consultas», cinco capítulos), o narrador principal é o médico psiquiatra, também ele rememorando uma vida de abandonos (pela primeira mulher, pelo pai morto de cancro), de pequenas cobardias suas (a incapacidade de romper a ligação com a

"ONDAS COLORIDAS" [*EU HEI-DE AMAR UMA PEDRA*] | 305

enfermeira), de medo de novas perdas. O elo de ligação, complementando a primeira parte, é a «doente de 82 anos, sexo [♀], idade aparente coincidindo com a real» («Primeira consulta», p. 251, várias vezes repetido depois), que o procura, queixando-se de não conseguir dormir. Nela reconhecemos, pelo medalhão que traz ao peito, pelo crochet que sempre a acompanha mas, principalmente, pela parte que lhe cabe na narração (o que conta, o que rememora, o que sente, os motivos que lhe estão particularmente associados, como a bailarina mecânica em cima de uma mesa de pé-de-galo), a que se encontrava com o «senhor» na hospedaria da Graça. Confundindo-se com a paciente, e só visto do exterior, pela actual mulher, no quarto capítulo («Quarta consulta»), irá o médico partilhar da mesma desistência de viver que lhes antecipa a morte, no romance.

«Três visitas» constituem a terceira parte. Quem as recebe é a mulher a quem o herdeiro do andar do Jardim [] Constantino dera ordem de despejo e internara num lar. À beira da morte, cruzam-se no seu discurso a infância vivida e a infância forjada, o conhecimento do «pimpolho», visita da casa em criança, os amores que não experimentou mas viveu, as visitas recebidas, as imaginadas, as desejadas, as vidas reais e as vidas fictícias das companheiras de lar. Particularmente impressionante é a aceitação, por esta personagem, dos que na vida a feriram e lhe estavam próximos, como se de uma inevitabilidade se tratasse: da mãe que a apresentava como afilhada por não ser filha de casamento, fazendo-a viver confinada a um cubículo e sustentando a ambas com a costura; do que a expulsou da casa que era a sua. Nem sombra de rancor ou aversão, por esse a quem continua a chamar «pimpolho», se vislumbra no seu discurso, o qual é, pelo contrário, expressão de compreensão, compadecimento e, em certa medida, de ternura contida para com aquele que constitui o último laço que a liga ao passado, também por ela recriado. Falando da sua pena por não ter casado, define com extrema lucidez a sua atitude na vida (p. 422):

[«]Eu que fui feita para o casamento, a dedicação, a alegria todos os dias renovada de uma tosse conjugal no capacho, entregar a outro os melhores bocados de rosbife, contentar-me

[generosa e satisfeita da minha generosidade, pensando]

– Não é isto o amor?

com a parte pior assada, a mais dura [(...)][».]

306 | GRAÇA ABREU

Alguns dos motivos a ela associados repercutem-se em todo o livro. O primeiro é o da máquina de costura, cujo trabalho se continua a ouvir, diferentemente escutado (variam as onomatopeias que lhe dão conta do som) pelos diversos membros da família, em situações diferentes, na casa do Jardim Constantino, mesmo por aqueles que nunca tiveram conhecimento da sua existência mas que lhe sentem a presença como uma assombração. Um segundo é o do chapéu de palha com cerejas de feltro, de improvável existência e atribuído, nalgumas passagens, também a outras personagens femininas do romance. Um terceiro (na realidade dois) associa a «arvéloa poisada no cacto com uma flor azul» e as ondas coloridas (ambos motivos imaginados).

O carácter fantasioso e a repercussão destes motivos compreendem-se melhor quando nos apercebemos estar perante uma instância autoral fictícia – um autor "delegado" que diz (e de quem é dito), na quarta parte («As narrativas», sete capítulos, diversos narradores)[,] pertencer-lhe a composição do romance.

Na verdade, desde a «Sexta fotografia», a inserção de questões respeitantes ao aperfeiçoamento da escrita e a nomeação do autor real, em parêntesis incluído em fala do genro, davam a perceber a inscrição do tema da composição: «(ou sou eu que imagino o António Lobo Antunes julgando que devo imaginar para que o romance melhore») (p. 143). Contudo, só na «Última narrativa» se tornam mais evidentes a tensão entre a aparente autonomia das personagens e vontade autoral, a representação do trabalho esforçado de escrever. Diz a personagem do crochet e da bailarina mecânica (p. 601):

[«]Não, enganei-me, isto não comigo, com a da arvéloa e da praia, a que me ordenou

– Tu é que fechas o livro

a que manda na gente ou a quem mandaram que mandasse na gente, um fulano que não conheço a desesperar-se connosco, a alterar, a trocar-nos

– (Não é assim que gaita)

a voltar ao princípio, o fulano que decidiu não há muito, acho eu

– És tu que fechas o livro

e embora arrependido de eu a fechar o livro continua por teimosia a escrever[».]

É, porém, a idosa do lar, a «criatura de chapéu de palha com cerejas de feltro», quem irrompe nas linhas finais do romance, «a informar mudei de plano, não preciso de vocês, sou eu que fecho o livro, vão-se embora, acabou-se» (p. 616)[.]

Ao nível da escrita, e como o fez notar Maria Alzira Seixo[128], para romances anteriores, dir-se-ia estarem ainda mais depurados os processos de imbricação de vozes, de entrelaçamento de tempos e de justaposição de lugares, consubstanciados em parêntesis e intrusões várias de palavras, expressões ou frases curtas (reflexões, evocações ou vozes outras) imiscuídas no discurso principal, e correspondendo a uma translineação que não só proporciona a leveza da mancha tipográfica mas também a respiração do próprio discurso, em efeito prosódico cuja aproximação à poesia e cujo efeito musical foram já amplamente realçados por aquela autora. Saliente-se, no entanto, o quase desaparecimento do itálico (que ALA já só usava para assinalar a emergência de algumas vozes no interior do fluxo discursivo de outras), o qual tem aqui uma única ocorrência («Terceira fotografia», pp. 76-77): restrição e simplificação de processos em conjugação perfeita com um apaziguamento temático que, além de esbater o pano de fundo histórico e social, como atrás dito, põe a tónica em relações, recorrentemente frustradas e dolorosas mas, de um modo geral, pacíficas e sem os ímpetos de furor, raiva ou revolta a que anteriores romances de ALA nos habituaram.

Romance de fins de vida (mortes naturais ou mortes procuradas), nele podemos, a justo título, falar de ondas («brancas, amarelas, vermelhas», como um *leit-motiv* no discurso da personagem que fecha o romance) a que as grandes vagas deram lugar[129], quer ao nível das emoções, quer ao nível da escrita em que se plasmam, dilatando a registos ainda mais subtis a matriz poética que a ficção de António Lobo Antunes sempre comportou.

---

[128] Nota da autora: *Os Romances de António Lobo Antunes*, Lisboa, Publicações Dom Quixote, 2002.

[129] Nota da autora: Tomo o termo vagas a Maria Alzira Seixo, *Op. Cit.*, p. 540, e o termo ondas ao próprio autor, designando a articulação romanesca que pratica como «assombrado vaivém de ondas», em [crónica publicada na Revista] *Visão*, 461, 3 Janeiro 2002 ["Receita para me lerem", texto posteriormente incluído no *Segundo Livro de Crónicas*. 2.ª ed./1.ª ed. *ne varietur*. Lisboa: Dom Quixote, 2007 [2002]].

JOÃO PAULO COTRIM

"«Um fulano que não conheço...»"

Expresso/Actual, 4 de Dezembro, 2004, p. 34[130].

... a desesperar-se connosco, a alterar, a trocar-nos». Soa como fala de uma personagem, no final do espesso volume, quando a morte foi enchendo as seiscentas páginas de uma história que é de amor: um homem encontra-se secreta e platonicamente[131], quase todas as quartas--feiras da sua vida com a amante de sempre, numa pensão da Graça, onde acabará por morrer. António Lobo Antunes faz deste nada luminoso mais um romance extraordinário. É ele o fulano de que fala a personagem, quem poderia ser? É ele que consegue uma obra de poderosa eficácia. A palavra é desagradável no seu aspecto mecânico, funcional, talvez demasiado frio para o mistério com que L.A. perfumou o mural orgânico que vem pintando há 17 romances. A ideia aplica--se simplesmente: qualquer que seja a porta por onde entre o leitor, esta é uma casa que o abriga, que o desafia, que o aconchega, que o agride. **Eu Hei-de Amar Uma Pedra** é como uma carta dirigida a si, leitor, e a mais ninguém. Continua a descrição minuciosa das lisboas miudinhas, interiores, banais, dos subúrbios interiores que vivem atrás das fachadas do centro. A memória continua a ser trabalhada, por exemplo com as encenações do fotógrafo de bairro, nas guerras, nas emigrações, na omnipresença da natureza. As figuras de papel de nomes sussurrados representam as vidas onde nada acontece que

---

[130] Este número inclui a entrevista dada a João Paulo Cotrim, "«Ainda não é isto que eu quero»", pp. 28-34 (também publicada em Ana Paula Arnaut (ed.), *Entrevistas com António Lobo Antunes. 1979-2007. Confissões do Trapeiro*. Ed. cit., pp. 473-484.

[131] A nossa leitura do romance aponta, pelo contrário, para a consumação desse amor. Ver, a propósito, Ana Paula Arnaut, *António Lobo Antunes*. Lisboa: Edições 70, 2009, pp. 49-51.

mereça ser contado, a não ser o facto de as vidas aí se transcenderem. O leitor não sabia mas conhece estas personagens e reconhece as suas histórias, feitas de fragmentos ouvidos, experimentados, sabe do incesto, dos amores desencontrados, das solidões. O leitor pode deslumbrar-se perante uma página só, uma cena, a força das palavras, pode magoar-se no gume das imagens, perturbar-se com a tristeza ou o gosto, com a bainha das coisas. Pode comover-se com um diálogo, com um detalhe, com o desenvolver de um problema, com a banha das coisas. O leitor pode entrar a meio e perceber, pode ler aos pedaços, gaguejando, pode experimentar a voz alta, pode trazer o livro consigo só por prazer. O leitor pode tudo desde que aceite as regras do jogo de António Lobo Antunes: estar disponível para folhear (mais) um álbum de retratos cruéis.

Tereza Coelho participa no desenho de uma imagem para o escritor, desenho ao qual temos que somar as entrevistas e as crónicas, com uma **Fotobiografia** de tese, rara por isso: L.A. escreve-se a cada romance pelo que foi excluído tudo o que não pertença ao Lobo Antunes personagem-autor-cenário da sua obra. Nada de mundanidades, de registos afectivos, de passagens secretas, de revelações-espectáculo, de investigação dos gostos, dos nadas que L.A. enquanto autor regista tão bem. É a obra, livro a livro, que se faz, coluna vertebral. Ainda assim, e para além dos documentos (fotos e algumas cartas), há muito para ler nas entrelinhas das numerosas conversas e entrevistas, nem sempre coincidentes com as versões do biografado, um fulano insatisfeito e intangível.

MARIA ALZIRA SEIXO

"O Médico e o Monstro"[132]
[*Conhecimento do Inferno*]

Visão, 7 de Julho, 2005, p. 120.

É de festejar, na obra de António Lobo Antunes, o 25.º aniversário de *Conhecimento do Inferno*, que passa este ano. Romance que ilumina toda a sua obra posterior, de grande riqueza e inovação, é no entanto o único dos seus livros a não ter suscitado crítica relevante. Forma, com *Memória de Elefante* e *[Os] Cus de Judas*, a trilogia de aprendizagem, de incidência autobiográfica, marcada pela angústia da guerra colonial, a noção do exercício desajustado da Medicina e o malogro afectivo e familiar. Parece diferente do que se segue, *Explicação dos Pássaros*, que procede à autonomização da ficção, já liberta do apoio biográfico que continuará a funcionar no trabalho do escritor, porém distanciando--se em escopo de composição mais inventiva. Mas a força irradiante do *Conhecimento do Inferno* mantém-se. Por exemplo: a personagem do último capítulo, Rui, um débil mental que corre compulsivamente num estádio para gáudio da assistência que aguarda o jogo, prefigura a personagem central da *Explicação dos Pássaros*, o desajeitado Rui S., que na misteriosa inicial do apelido exibe a letra do suicídio, que é a sua história, e a do sudário, palavra com que termina este livro anterior.

Temas decisivos e situações recorrentes surgem em *Conhecimento do Inferno*, a começar pela simbólica do vasto bestiário (os pássaros e o voo da evasão, os touros e o investimento de ataque ou cobardia, os ambivalentes cães), dos sinais de fogo (passional, destrutivo ou de condenação), do saber médico como instrumento de poder – de que

---

[132] Texto incluído em *As Flores do inferno e jardins suspensos*. Ed. cit., pp. 343-344.

o livro dá também o avesso, confundindo o narrador-médico com um doente e fazendo-o sofrer a dependência e os tratos de humilhação. É certo que este médico-narrador, que vem dos dois primeiros livros, narra ainda aqui a sua experiência, mas sublinha agora um regresso traumático (como o dos militares no *Fado Alexandrino* e dos retornados em *As Naus* e [O] *Esplendor de Portugal*) provocado, mais do que pelo horror vivido na guerra em África, pelo confronto da sua lembrança com a realidade cruel que, sob a capa do progresso democrático, se lhe depara em Portugal. O romance é mesmo construído como uma viagem em Portugal (quer dizer, uma mudança de perspectiva sobre a sua terra), um percurso de automóvel do Algarve a Lisboa (em busca do seu norte?), em solidão radical que mergulha na noite e é viagem ao fim literal de si mesmo, de sonhos vãos e mortificações de pesadelo.

Os monstros de Lobo Antunes soltam-se durante esta noite iniciática, quer na manifestação teratológica (o banquete de antropofagia, a cena de castração) ou deficiente (em doentes do hospital psiquiátrico) quer no crime, em loucos extremos, como o homem delicado com ar doce que matou a família à machadada. Impressionante é a animalidade insuspeita que, na guerra, ganha todos, levando-os a cometer atrocidades como a da cena sinistra em que os militares, incluindo o narrador, queimam com cigarros três negros prisioneiros amarrados no chão. E, alternando, a miséria do ser presente, na doença, e as recordações pavorosas da guerra, em registos que vão do burlesco humorístico ao fantástico ameaçador, convertendo o dito de Sartre de que «o inferno são os outros» em implicação própria que significa que o inferno somos nós. Com as clareiras de admiráveis páginas líricas, como a que descreve o cheiro do mar do Algarve, ou a do canto do melro no quintal. É um livro que não cabe na crítica, e permanece como um excesso, de nós e de si próprio.

E há a frase, essa frase dúctil e densa, pensada e musical, a ganhar raízes baralhando vírgulas, mesclando falas e tempos, daquelas frases cujo som, escreveu Pessoa no *Livro do Desassossego*, «é o de uma coisa que ganhou exterioridade absoluta e alma inteiramente».

ISABEL LUCAS

"O romance da revolução"

Diário de Notícias/Nacional, 3 de Agosto, 2005, pp. 12-13.

> Cardoso Pires, António Lobo Antunes, Agustina Bessa-Luís, Alegre... Como os **escritores** olharam o **período revolucionário** e fizeram dele tema de **romance**. Dos dias que antecederam o **25 de Abril** à sucessão de acontecimentos que fizeram dos meses pós-revolução um dos momentos mais **irreais** da nossa história contemporânea. **Retratos da revolução** e da realidade contada a partir da ficção.

["]Deitaram abaixo Salazar e agora têm um governo decente." A frase é retirada do último romance de Paul Auster editado em Portugal, *A Noite de Oráculo* (2004), e pretende demonstrar o respeito que o protagonista do livro sente pelo país de Pessoa, esse onde ocorreu um terramoto que inspirou Voltaire na escrita de *Candide*, o mesmo país que permitiu que milhares de judeus fugissem do Holocausto. Uma frase que pretende descrever aquele que, por todas essas razões, é um "país bestial" – para continuar a usar palavras da personagem austeriana –, e que sintetiza, através de um filtro de trinta anos e à distância de um oceano, a revolução de 74 e o que dela decorreu.

Os dias e os meses que se seguiram ao golpe militar mereceram maior detalhe na ficção assinada por escritores que viveram de perto o processo revolucionário. No tempo e nos lugares. E ainda que sem o rigor da ciência histórica, é possível reconstituir a memória desses momentos, cruzando experiências e olhares de personagens imaginadas. Como o grupo de frequentadores dos bares lisboetas – sobretudo de um bar – que José Cardoso Pires criou em *Alexandra*

Alpha (1987) para acompanhar, através deles, o antes e o pós-25 de Abril. É com Alexandra, a protagonista, que o leitor é informado da revolução. "Alexandra correu para o rádio, 'Uma revolução', disse para o companheiro (...) mal abriu o aparelho já soava uma voz a pedir Atenção!, uma voz tranquila, bem marcada, a anunciar-se em nome das Forças Armadas, aviso à população (...) Sentados à beira da cama, Alexandra e o médico-soldado interrogavam o pequeno quadrante iluminado. No vizinho de cima o som rompia a toda a força, o mesmo comunicado, as mesmas palavras de ordem, Comando do Movimento das Forças Armadas. Uma quartelada?, perguntava o companheiro de Alexandra. Um golpe dos ultras? Uma revolução de palácio?"

Interrogações que podem encontrar resposta numa frase de uma outra ficção, desta feita de Manuel Alegre: "Lisboa é uma cidade azul", anunciou na manhã de 25 de Abril de 74, a personagem Vladimir num telefonema ao narrador de *O Homem do País Azul* (1989). Falava da mesma revolução que trouxe do exílio o protagonista de *Rafael* (2004), o último romance do autor de *A Praça da Canção*. A narrativa de Alegre termina quando começa a democracia, em 74. A acção de Cardoso Pires acompanha o que se segue, já à beira daquele a que chamaram o mais quente dos Verões portugueses. E é de novo *Alexandra Alpha*, páginas adiante na ficção, com a realidade a alterar-se: "Hoje em dia já nem o branco era de confiança porque os vermelhos começavam a desbotar a olhos vistos. os vermelhos, isto era, a Revolução. Por cada bomba-relógio que estourava no Nordeste era cá um empalidecer de cravos pelo país fora que até metia dó, afirmava Opus Night em pronúncia de montanhês cerrado. A sério, dizia ele, os tipos do Nordeste, *parrinh'aqui, parrin'ali*, estavam a fazer um destes desbastes no jardim dos comunistas que não era brincadeira nenhuma. *Parrinh'aqui, parrinh'ali*, tudo lixado. E já ninguém segurava os tipos, nem pouco mais ou menos. Para um nordestino, erva daninha e *malo bunho bota la fouce al punho*, a lei era essa e não havia cerimónias. Cortavam a direito, os montanheses duma figa".

A vertigem da História. São os assaltos às sedes dos "partidos de esquerda" e a fuga dos pides de Caxias vistos através da escrita de Cardoso Pires, que reincide na temática pós-revolucionária depois de *E Agora, José?* (1977), onde o escritor analisou o fascismo e os momentos que se seguiram ao 25 de Abril.

Os acontecimentos sucediam-se numa vertigem que António Lobo Antunes transferiu para a narrativa de *Fado Alexandrino* (1983): "De repente, pumba, o povo no Carmo, tanques na Baixa, soldados de metralhadora nas esquinas, a PIDE engaiolada, o Governo de pantanas, títulos gigantescos nos jornais". Este é, aliás, o primeiro de três romances que o autor dedica à revolução e aos seus efeitos. Junte-se *Auto dos Danados* (1985) e *As Naus* (1988) e a tríade dedicada por Lobo Antunes à história, ou às histórias, do 25 de Abril fica completa, ainda que a temática atravesse todo o seu percurso literário [...].

Tempo de voltar a José Cardoso Pires nas derradeiras páginas de *Alexandra Alpha* e em ambiente pós-revolucionário. "Pé no acelerador, rádio aberto, Alexandra atravessa vilas e povoados numa algazarra de cravos e de saudações de cooperativas camponesas. 'O que faz falta é avisar a malta', cantava no rádio a voz do Zeca Afonso ao correr da estrada; e vinha a seguir o noticiário, comunicados sindicais, números de produção, aquilo era o povo a aprender a liberdade". Isto antes de o velho Berlengas congeminar. "Levantavam-se labaredas a toda a volta, pinhais em fogo, faúlhas ao vento, e quem eram os autores? Os bolchevistas continuavam na sua hora da vingança, era a política da terra queimada. Também fugiam pides das cadeias, 89 desta vez, o povo andava alarmado com tantos criminosos à solta. Só que o povo não fazia a menor ideia de quem estava por trás daquilo e cantava para que não o julgassem distraído,

Que se passa?
Então isto não é uma ameaça?
Aqui anda mãozinha da reaça,
Deixaram fugir mais 89"[.]

O processo revolucionário prossegue com a análise da desilusão. Cardoso Pires era avesso a adjectivar, mas a tirada não deixa dúvidas. "Corria um verão sufocante nos campos de Beja, a noite parecia chumbo, sem um aragem, mas não nos iludamos, avisava o cónego na salinha da viúva, o povo não dormia, o povo estava mais que revoltado contra a aventura em que o tinham metido. (...) De dia para dia aumentava o número daqueles que se sentiam traídos pelos violinos da utopia em que generosamente tinham acreditado. Colectivismos? Autogestões? Via-se, os resultados estavam à vista. Dentro de pouco tempo só trabalharia em autogestão quem não tivesse para onde ir ou quem se deixou cegar pelo fanatismo. Os ventos mudavam, era a mão de Deus a recompor o mundo com a sua infinita sabedoria, avisava o cónego".

Narrar a incerteza. José Cardoso Pires, António Lobo Antunes, Agustina Bessa-Luís ou Manuel Alegre são apenas alguns dos escritores cuja obra reflecte sobre o impacto do período revolucionário no Portugal contemporâneo. Impacto esse que se estendeu à ficção, graças às liberdades que introduziu. Entre as quais, a liberdade de expressão. Publicaram-se obras antes censuradas, renovaram-se nomes, ensaiaram-se novos discursos narrativos. Com ou sem revolução em pano de fundo, e com novas formas de a olhar à medida que o tempo dela se distancia. Em *Elegia para um Caixão Defunto* (1983), Baptista-Bastos reage "a uma ressaca contra-revolucionária" (in *História da Literatura Portuguesa* de A.J. Saraiva e Óscar Lopes); Lídia Jorge centra-se na guerra colonial e nos efeitos urbanos da revolução em *O Dia dos Prodígios* (19[80]), retomando o tema colonial uma década depois, em 1988, com *A Costa dos Murmúrios*. Do mesmo modo, Clara Pinto Correia dá conta do processo revolucionário em *Domingo de Ramos* (1994), romance que cruza o ponto de vista de camponeses, africanos e lisboetas. Ainda em Agustina Bessa-Luís, o tema é tratado em *Crónica do Cruzado Osb.* (1976), *As Fúrias* (1977) e *Os Meninos de Oiro*. E faz parte da obra de tantos outros nomes: Álvaro Guerra, Mário de Carvalho, Fernando Assis Pacheco, Almeida Faria ou António Alçada Baptista...

Maria Velho da Costa não o romanceia. Antes descreve o processo em *Cravo* (1976), uma compilação de textos, alguns de difícil catalogação, onde a fantasia da escrita não esconde o alvo. Escrever em 1975 sobre 1975 implica o uso da incerteza, um exercício que a autora comparou à tentativa de "averiguar das diversas substâncias de um caldo que ferve ao lume". Em *A gente*, texto integrado numa revista cultural espanhola, *Litoral*, a autora de *Maina Mendes* escreveu a propósito: "Nada está consumado. A Luta extrema-se. Mais um ano e saberemos. Agora ainda não. Quem escolheu, escolheu e pode ser sangrento. Não cremos, todas as avançadas têm sido comandadas por grandes massas anónimas que vêm pelas ruas das cidades maiores a desfazer equívocos. Sem sangue. Poderá ser que estes grandes corpos vivos retenham na memória sem palavras o horror fratricida da vossa guerra civil".

Fado revolucionário segundo Lobo Antunes

Nos romances *Fado Alexandrino*, *Auto dos Danados* e *As Naus* o escritor António Lobo Antunes problematiza o processo que antecedeu e decorreu do 25 de Abril. Três livros que compõem um retrato abrangente sobre as várias fases do período revolucionário iniciado em Abril de 1974.

Editado em 1983, ou seja, oito anos após o Verão Quente, *Fado Alexandrino* mostrou as ambiguidades das alterações sociais e políticas introduzidas. A perspectiva é dos homens que viveram a guerra e ajudaram a fazer a revolução, não retirando desta qualquer sinal de glória, mas antes reduzindo-a ao quotidiano dos que nela tomaram parte. "No dia seguinte à chegada d[o] Emídio à prisão, veio aquela confusão toda, os soldados, os aplausos, os repórteres, a barulheira, a liberdade, a gente a sair o portão encadeados por tantos abraços, tantos sorrisos, tanta alegria, tanto vitoriado, apertado, retratado. Quero voltar para o beliche, tapar-me com a almofada malcheirosa, embrulhar-me nos lençóis sujos (...); quis voltar para dentro, correr à camarata (...), ouvir o mar e as lágrimas [] das gaivotas".

Como refere Maria Alzira Seixo no livro *Os Romances de [António] Lobo Antunes* (2002), "o sentido da revolução é (...) ambíguo, embora determinante, neste livro". Isso apesar de o 25 de Abril como que passar "ao lado, dessa maneira, das personagens principais deste romance". Lobo Antunes retoma o conteúdo em *Auto dos Danados*, mas altera a forma e muda a perspectiva de onde olha a revolução. Desta feita, as vozes são as da reacção. O livro descreve o "comportamento reaccionário prepotente e opressor de uma família de latifundiários, e o seu desmoronamento moral e material consequente", nota Alzira Seixo.

A história arranca com o acordar de Nuno numa manhã do Verão de 75. "Na segunda quarta-feira de setembro de mil novecentos e setenta e cinco comecei a trabalhar às nove e dez. Lembro-me (...) porque foi o meu último dia de consultório antes de fugirmos para Espanha. Logo a seguir à revolução, em abril do ano anterior, civis barbudos e soldados de cabelo comprido e camuflado em tiras vigiavam as estradas, revistavam automóveis ou desfilavam lá em baixo, em bando, nas pracetas, comandados por um desses microfones incompreensíveis de sorteio de cegos que o marxismo-leninismo-

-maoísmo reciclara. Semelhantes aos cães das praias, que trotam rente ao mar a perseguir um cheiro imaginário, juntavam-se nos montes do Alentejo para ladrar o socialismo aos camponeses sob um projector poeirento; percorriam o país em camionetas escavacadas a ameaçar os lojistas com as pupilas vesgas das metralhadoras; arrombavam as casas à coronhada brandindo mandados de captura diante de narizes estupefactos. Quanto a nós, visitávamos aos domingos os tios que sobravam do naufrágio da família, presos no Forte de Caxias por sabotagem económica, a verem as marés do Tejo subirem e descerem na muralha entre grades de celas e sovacos de pára-quedistas. Só a avó, já doente de cancro, navegava ao acaso na poltrona de inválida, de radiozinho de pilhas encostado às farripas da orelha, contemplando, a sorrir, sem entender, os democratas que[,] de quando em quando[,] rebolavam aos encontrões no corredor e vasculhavam o resto das pratas com o cano dos revólveres, repetindo os discursos estranhos dos altifalantes dos cegos".

Recorrendo à análise de Maria Alzira Seixo, "no *Fado*, o 25 de Abril é um acontecimento institucional que deixa a maioria das personagens desenganadas ou indiferentes; no *Auto*, o 25 de Abril é um acontecimento político que interrompe processos irregulares de locupletação e põe em fuga oportunistas e corruptos".

Em *As Naus*, o último deste tríptico, a problemática é a do retorno. Lobo Antunes parte da viagem das caravelas quinhentistas e faz o percurso do regresso na actualidade pós-25 de Abril, em pleno processo de descolonização. Uma "paródia" épica a acompanhar os barcos que trazem os retornados de África para uma terra que lhes é estranha. Seja a partir do "casal da Guiné", com os seus caixotes e a máquina de costura até à chegada a Lisboa (que Lobo Antunes grafa com x, 'Lixboa'), seja com Francisco Xavier, um africano de Luanda, a questão da identidade, da sua perda e da respectiva busca, está presente. "De início não soube o que fazer num sítio absurdo chamado Lixboa, sem saguins nas praias nem hipopótamos nas banheiras, uma capital, amados filhos, desprovida de tabaco e algodão, mais antiga e quieta do que uma tia entrevada, cujos postigos e janelas desciam e trepavam encostas, voltadas, pestanejando chitas, para um ancoradoiro de hidroaviões tripulados por Gagos Coutinhos de peliça".

É o mesmo sentimento que invade a mulher que olha África desde o barco no regresso a Portugal e repete: "Não pertenço aqui".

SARA BELO LUÍS

"Romance em aerogramas"
[*D'Este Viver Aqui Neste Papel Descripto*]

Jornal de Letras, Artes e Ideias, 9 de Novembro, 2005, pp. 12.

Com o delicioso mau-feitio que se lhe conhece, António Lobo Antunes dirá porventura que as cartas recolhidas em *D'este viver aqui neste papel descripto* não terão grande importância. Serão – como as crónicas – material «menor», quando comparadas com os romances, género no qual ele tem vindo a trabalhar ardilosamente. O autor que me desculpe, mas (se de facto assim for) não tem razão. Porque estas cartas de amor – como todas as cartas de amor que *da vero* o são – nunca se reduzirão a formas mais ou menos rebuscadas de dizer o amor.

As cartas que, de 1971 a 1973, António Lobo Antunes escreveu de Angola à sua primeira mulher são muitas coisas mais para além dos diminutivos carinhosos (os quais ele, aliás, também usa) e das declarações de amor incondicional. São cartas de um oficial que preferiu a guerra ao exílio parisiense. São cartas de um médico branco que dá assistência a uma população negra. São cartas de um homem de 28 anos que vive longe da mulher que ama. São cartas de um pai que não está presente no nascimento da sua primeira filha. São cartas de um filho que confessa que se sente desconfortável com o registo das missivas da mãe. São cartas de um escritor que acredita no seu valor e que não desiste de o querer ser. São cartas de leitor que devora romances para saber como é que os outros os estão a fazer. São cartas de um homem solitário no meio de uma terra que não lhe pertence.

São cartas, aqui se escreveu. A classificação do género epistolar será, porém, demasiado redutora para falar deste livro. Porque nele se mantém o fio condutor de uma narrativa romanesca. Apesar de existirem algumas lacunas (umas voluntárias e atribuíveis ao autor, outras atribuíveis à censura militar que fez «desaparecer» algumas das cartas), *D'este viver aqui neste papel descripto* conduz o leitor num romance com um enredo, muitos episódios, meia dúzia de personagens e até algum *suspense*. O que é senão isso as conversas acerca da casa, das garrafas de bebidas alcoólicas e do dinheiro necessário para comprar um Fiat? O que é senão isso o dilema do remetente no que toca à vinda de férias a Lisboa («devo morrer de velhice antes disso»)? O que é senão isso a história da conquista sexual dos soldados do batalhão? O que é senão isso a ponderação do casal sobre se todos (pai, mãe e filha mais velha) se deverão juntar em Angola?

Da guerra propriamente dita t[e]m-se, a partir de *D'este viver aqui neste papel descripto*, uma perspectiva *loboantuniana*. Apesar de não esconder as suas discordâncias ideológicas (e, neste campo, são inesquecíveis os manuais de alfabetização do MPLA), Lobo Antunes não se demora longamente em considerações de carácter político. Nem tal seria de esperar uma vez que se sabia que algumas cartas eram lidas: «Percebes o que eu quero dizer, não percebes?». A guerra – e, sobretudo, o absurdo da guerra – revela-se muitas vezes pela descrição (sucinta) das acções militares, do seu trabalho como médico e, sobretudo, pelo seu quotidiano aparentemente banal. Como seria natural, Lobo Antunes não se estende nos pormenores violentos das amputações, da cólera, das minas e das saídas para o mato. Tudo isso – no qual depois o escritor se baseou para escrever [*Os*] *Cus de Judas* – fica dito em poucas linhas para proteger a destinatária das cartas de preocupações inúteis.

O que, do ponto de vista literário, impressiona no romance *D'este viver aqui neste papel descripto* é a elegância de uma prosa escrita ao correr da pena no espaço reduzido dos aerogramas editados pelo Movimento Nacional Feminino e transportados gratuitamente pela TAP para a Metrópole. Maria José e Joana Lobo Antunes, as filhas de António Lobo Antunes e responsáveis pela organização do volume, dizem no prefácio que apenas corrigiram as gralhas e actualizaram a ortografia. Aquelas cartas estão como se fossem massacradas como agora sabemos que são massacrados os romances de António Lobo Antunes. Escritos e reescritos, lidos e relidos, riscados e emendados numa obsessão com um *ostinato rigore* que o autor não esconde. O que se estranha é que nenhuma daquelas cartas parece possuir uma hesitação sobre uma só palavra, uma frase rasurada ou sequer castigada. Ao autor, toda aquela torrente como que lhe é – usemos o adjectivo, correndo os imensos riscos que ele contém – como que instintiva.

Lobo Antunes expõe-se nestas missivas que ele nunca pensou que, algum dia, pudessem vir a ser lidas por mais do que uma pessoa. É o escritor que vacila perante o seu próprio talento (umas vezes) e o escritor que ousa achar-se genial (outras vezes). É o marido que está seguro de que é amado (umas vezes) e o marido que, à distância, tem dúvidas sobre a correspondência do seu amor (outras vezes). É por esta razão que *D'este viver aqui neste papel descripto* contém, mais do que tudo, um homem lá dentro. Um homem que[,] no Portugal dos '70[,] não tem vergonha de chamar «pratinho de arroz doce» à sua mulher. Um homem sem pachorra para ler as Matchs que as suas tias zelosamente lhe enviam. E um homem muito mais frágil do que aquele que se vê nas entrevistas a fazer afirmações seguríssimas. Que, diga-se em abono da verdade, apenas desconcertam os mais desprevenidos.

AGRIPINA CARRIÇO VIEIRA

"Memórias de guerra"
[*D'Este Viver Aqui Neste Papel Descripto*]

Jornal de Letras, Artes e Ideias, 9 de Novembro, 2005, p. 13.

Ancorados na memoração da(s) estância(s) narrativa(s), os romances de António Lobo Antunes transportam os seus leitores para passados ressuscitados por "memórias de elefante", que obsessivamente presentificam, pelo poder do verbo feito escrita, momentos, espaços, sentimentos, vivências. O narrador antuniano é um ser marcado por experiências vividas com grande intensidade e recordadas com sentida angústia. Desse universo do vivido emanam núcleos temáticos, com relevância narrativa diversa, consoante o momento da escrita, à volta ou sobre os quais a diegese se alicerça, num entrelaçar de temáticas essencia[i]s: o exercício da psiquiatria e a experiência da guerra (duas etapas do percurso iniciático do horror e da dor) e a (não)relação com o outro (numa dimensão familiar ou amorosa).

A publicação da correspondência mantida durante o período em que esteve em Angola, com o originalíssimo título: *D'Este Viver Aqui Neste Papel Descripto – Cartas da Guerra*, pela Dom Quixote, vai sem dúvida permitir novas e diversas leituras da problemática em causa, possibilitando um cotejar curioso (nomeadamente para análises de pendor mais biografista) de textos de um mesmo autor, sobre uma mesma temática, mas com registos discursivos obviamente diversos. Deixando para posteriores análises essa abordagem, gostaria de centrar esta leitura exclusivamente na dimensão diegética da experiência da guerra.

A problemática da guerra, entendida numa perspectiva ampla, está presente ao longo de toda a vasta obra e em cada romance do escritor, desde o primeiro título, e de forma mais premente no período de índole autobiográfic[a]: *Memória de Elefante*, *Os Cus de Judas* e *Conhecimento do Inferno*, diluindo-se em [] *Explicação dos Pássaros*, para ressurgir, embora apreendida sob um outro ponto de vista, o da descolonização, na trilogia (para utilizar a designação do autor) constituída por *O Manual dos Inquisidores*, *O Esplendor de Portugal* e [] *Exortação aos Crocodilos*, sendo retomada com mais acuidade em *Boa Tarde às Coisas Aqui em Baixo*, para desta vez problematizar as consequências da descolonização. Com efeito, a guerra enquanto núcleo temático maior, agrega a si e em múltiplas problemáticas, num cruzamento constante de fios narrativos: a luta injusta contra povos que apenas defendem o direito à independência, o contacto com outros espaços e outra cultura, a separação da família, a revolução do 25 de Abril de 1974 que põe um fim à guerra colonial, o processo de independência das ex-colónias, a questão da recepção dos retornados.

A guerra, cujas recordações perseguem inexoravelmente os narradores antunianos, é a combatida em África sobretudo em Angola, mas também em Moçambique (*Fado Alexandrino*), é a guerra colonial que os portugueses aí travaram, a mando de um Governo poderoso e de um regime castrador, movidos por interesses economicistas e ímpetos imperialistas. Foi em Angola[] que o narrador de *Os Cus de Judas* "inici([ou]) a dolorosa aprendizagem da agonia"*, que prossegue com uma experiência ainda mais dolorosa, a da prática da medicina, tema central de [] *Conhecimento do Inferno*: "*E só em 1973, quando cheguei ao Hospital Miguel Bombarda inic([iei]) a longa travessia do inferno (...) regressara da guerra e sabia de feridos, do latir de gemidos na picada, de explosões, de tiros, de minas, de ventres esquartejados pela explosão das armadilhas, sabia de prisioneiros e de bebés assassinados, sabia do sangue derramado e da saudade, mas fora-me poupado o conhecimento do inferno*". Poder-se-ia pensar que dessa circunstância eminentemente dolorosa adviria uma visão unívoca e negativa do tempo, e do seu corolário o espaço, em que e onde o narrador foi obrigado a combater. Ao invés, o leitor depara-se com uma ambivalência de perspectivas e de apreensões. A guerra é muito mais do que o encontro com a morte, a destruição e a violência absurda e injusta; Angola não é só o espaço da negatividade que afastou o narrador da sua família e da sua actividade literária levando ao convívio diário com o sofrimento. A guerra em Angola é igualmente um espaço libertário e libertador, de partilha e de simplicidade. As personagens antunianas, em discurso directo,

"MEMÓRIAS DE GUERRA" [D'ESTE VIVER AQUI NESTE PAPEL DESCRIPTO] | 325

relatam sentimentos intensos e contraditórios, apreendidos numa dinâmica afectiva triangular, nos ângulos do qual encontr[a]mos o narrador (metonímia dos jovens portugueses enrolados numa guerra que repudiam e para a qual foram impelidos), o povo colonizado (multidão de onde se destacam algumas figuras emblemáticas com as quais os narradores criam laços de amizade e cumplicidade: o soba--alfaiate, António Miúdo Catolo[,] personagens de *Conhecimento do Inferno*, o "preto do mercado" que ofereceu a cebola a Marina de *Boa Tarde às Coisas Aqui em Baixo* – ou os "negros da Pide" em *Os Cus de Judas*) e finalmente os brancos colonizadores (amálgama grotesca, pretensiosa e hostil constituída pelos agentes da Pide e por *"fazendeiros e industriais de Angola reclusos nas suas vivendas gigantescas repletas de antiguidades falsas, de que saíam para abocanhar prostitutas brasileiras nos cabarés da Ilha"*). Neste universo pintado a preto e branco, os soldados portugueses constituem-se como a alternativa, o ponto intermédio, *"uma espécie de mulatos toleráveis"*, paradoxalmente mais próximos dos colonizados do que dos colonizadores, cujo objectivo principal se resume à missão simples mas primordial de não morrer, como o afirma o narrador de [] *Conhecimento do Inferno*: *"Angola (...) tenho quase saudades da guerra porque na guerra, as coisas são simples: trata-se de tentar não morrer, de tentar durar, e achamo-nos de tal modo ocupados por essa enorme, desesperante, trágica tarefa, que nos não sobra tempo para perversidades e pulhices"*. Para além do encontro com pessoas e hábitos diferentes, a guerra é igualmente a ocasião de encontro com um espaço sensorial repleto de cheiros, de cores e de sons (ou silêncio). As descrições dos espaços que os narradores percorreram, na sua missão de guerra, relevam de uma grande poeticidade e emoção, numa presentificação de sensações mnemónicas, que o amor não deixou apagar, como o autor o confidencia numa das suas crónicas: [*"]a coisa mais bonita que vi até hoje foi Angola, e apesar da miséria e do horror da guerra continuo a gostar dela com um amor que não se extingue. Gosto do cheiro e gosto das pessoas*["]. Os horrores da guerra não impediram o narrador de se deslumbrar com a beleza e imensidão de uma *"paisagem inimaginável, onde tudo flutua, as cores, as árvores, os gigantescos contornos das coisas"*, de um *"céu abrindo e fechando escadarias de nuvens em que a vista tropeça até cair de costas, como um grande pássaro extasiado"*.

Sabemos nós, os leitores de António Lobo Antunes, que no universo romanesco criado pela sua escrita não existem verdades absolutas, certezas inquestionáveis, que o olhar lançado sobre as pessoas e as coisas não é maniqueísta, mas antes plural e dubitativo. Assim também é com o relato da experiência da guerra, que surge não só como núcleo temático mas também como viagem espacial e introspectiva marcada pela ambivalência de sentimentos e emoções do narrador, em que a dor do sofrimento do corpo e da alma e da perda dos outros e de si coteja a "quase" felicidade do encontro com pessoas e espaços.

SARA BELO LUÍS

"Amor em tempo de guerra"
[*D'Este Viver Aqui Neste Papel Descripto*]
Visão, 10 de Novembro, 2005, pp. 122-128.

Em Angola, António Lobo Antunes escreveu centenas
de aerogramas à mulher que havia deixado em Lisboa.
No Portugal colonial, do Ultramar para a Metrópole, seguiu
o relato da vida adiada do homem e do escritor. Agora, no
Portugal democrático, essas cartas são reunidas num livro
que documenta também a história de um país[.]

Era o homem de 28 anos. Era o oficial que preferiu a guerra ao
exílio parisiense. Era o marido que, casado há menos de um ano, se
via afastado da mulher. Era o escritor ainda sem obra publicada que
já sabia o que queria ser. Era o leitor obcecado pelos romances de
Tolstoi e de Céline. Era o médico que, com o exame da especialidade
por fazer, socorria o batalhão português e dava assistência às aldeias
africanas. Era o filho, o irmão e, em breve, seria também o pai.

No dia 6 de Janeiro de 1971, integrado na Companhia de Artilharia
3313, António Lobo Antunes partia para Angola. Ainda a bordo do
Vera Cruz começou a escrever à mulher, Maria José, que havia ficado
em Lisboa: «As saudades já são indescritíveis, e a solidão enorme, ao
fim de nove dias de barco, apesar do luxo em que aqui se vive (os
oficiais, claro), no aspecto de camarotes, salas e comida.» No destino,
nas Terras do Fim do Mundo (primeiro) e no Malanje (depois), Lobo
Antunes haveria de ficar dois anos, dois longos anos durante os quais
haveria de redigir centenas de cartas a Maria José. E são essas curtas
missivas enviadas do Ultramar para a Metrópole que, hoje, mais de

328 | SARA BELO LUÍS

30 anos depois, são tornadas públicas no livro *D'Este viver aqui neste papel descripto*.

A organização do volume – que será lançado pelas Publicações Dom Quixote na Gare Marítima da Rocha de Conde de Óbidos, em Lisboa, no próximo dia 18, com apresentação de José Luís Henriques, Joaquim Mestre, Boaventura Martins e José Martins Jorge, quatro militares que estiveram com o romancista em Angola – coube às duas filhas do casal que, depois da morte da mãe, resolveram abrir uma caixa de madeira cheia de cartas à medida do formato dos aerogramas, espécie de envelopes editados pelo Movimento Nacional Feminino e transportados gratuitamente pela TAP. Lá dentro, Maria José e Joana descobriram um documento inédito do tempo colonial que, para elas, será sempre qualquer coisa mais. Dizem no prefácio da obra: «Este é o livro do amor dos nossos pais, de onde nascemos e do qual nos orgulhamos. Nascemos de duas pessoas invulgares em tudo, que em parte vos damos a conhecer nestas cartas. O resto é nosso.»

Por ora, António Lobo Antunes prefere nada dizer. Talvez porque *D'Este viver aqui neste papel descripto* lhe seja mais íntimo do que qualquer outro registo antes adoptado. Mais íntimo do que os textos nos quais falou das férias grandes na Praia das Maçãs, do que o romance no qual falou de um psiquiatra divorciado ou até do que as crónicas nas quais falou da morte do pai e dos amigos Margarida Vieira Mendes, Ernesto Melo Antunes e José Cardoso Pires. E porque, segundo disse à VISÃO, também considera que este é um projecto das filhas, únicas herdeiras daquele registo do amor dos pais e de muitas coisas mais. Apesar do género epistolar, *D'Este viver aqui neste papel descripto* (uma citação de uma carta de Ângelo de Lima a Miguel Bombarda que Lobo Antunes havia escolhido para título do seu primeiro livro que acabou por ser editado como *Memória de Elefante*) lê-se como se de um romance se tratasse. Um romance que tem como personagem principal um homem, um oficial, um marido, um escritor, um leitor, um médico, um filho, um irmão e um pai. Que, por acaso, se chama António Lobo Antunes. E que já confessou (entrevista à VISÃO em Novembro de 2003[133]) que foi em Angola que aprendeu «a existência dos outros».

---

[133] "'Angola nunca saiu de dentro de mim'", entrevista de Sara Belo Luís, in Ana Paula Arnaut (ed.), *Entrevistas com António Lobo Antunes. 1979-2007. Confissões do Trapeiro*. Ed. cit., p. 428.

Portugal colonial

As cartas eram escritas quase diariamente, o que concede ao livro uma narrativa com um fio condutor bastante claro. As (poucas) elipses na correspondência devem-se, por outro lado, às apreensões realizadas pela censura militar e, por outro, aos períodos em que a família se reuniu. António Lobo Antunes tirou um mês de férias em Lisboa em Setembro de 1971 e, depois, em Abril de 1972, Maria José e a pequena Maria José (escolha do próprio pai) vão ter com ele a Marimba. Durante a estada da família em Angola, a mãe Maria José adoece com hepatite, sendo internada num hospital de Luanda. Ao longo desse período, Lobo Antunes volta a escrever-lhe.

As descrições da guerra propriamente dita não são muito extensas. Lobo Antunes vai dando conta das acções militares no mato, do seu trabalho como médico da companhia e delegado de saúde, das amputações que realizou, da epidemia de cólera, do receio dos ataques nocturnos e das emboscadas, do medo dos voos na «DO», das minas e das trovoadas… Mas não se alarga muito até, crê-se, para não preocupar a mulher. O contexto daquela guerra colonial é, assim, descrito em estilo «loboantuniano». Fala-se – e não raras vezes com uma ponta de humor – do quotidiano, do soldado que imita os pregões lisboetas, dos africanos das aldeias mais próximas, das partidas de xadrez com o capitão Melo Antunes. António Lobo Antunes sabia que, de vez em quando, as suas cartas eram lidas. As referências políticas são, por isso, esparsas e quase sempre muito vagas («percebes o que eu quero dizer, não percebes?»), com a excepção de alguns manuais de alfabetização do MPLA enviados para Lisboa através de um «transportador especial». O que, sobretudo, as cartas relatam é a vida interrompida e, de certo modo, adiada. «Porque não nos deixam ser felizes? Porque nos tiram assim alguns dos melhores anos da nossa vida?» Neste capítulo, o momento mais importante é porventura o nascimento, em Junho de 1971, da filha mais velha do casal. A partir de Chiúme, o pai Lobo Antunes escreve-lhe a primeira carta dois dias depois de ela nascer: «Soube ontem que você tinha nascido, e não pode calcular a alegria que essa notícia me deu. Não sei o dia, não sei a hora, não sei como foi. Mas sei que você já cá está, no mundo, e isso é que é importante.» Depois, há todo um conjunto de afazeres que, no princípio da vida em comum, preocupam o casal. Do dinheiro que António consegue mandar ao Fiat que hão-de comprar, da escolha da casa à compra das prateleiras para os livros, das combinações para adquirir esculturas autóctones aos expedientes para enviar garrafas de bebidas alcoólicas para a Metrópole.

Através da correspondência, António e Maria José trocam algumas fotografias que, de resto, estão integradas em *D'Este viver aqui neste papel descripto*. Lobo Antunes também não se poupa aos diminutivos que, para Fernando Pessoa, tornavam ridículas todas as cartas de amor. Além disso, está lá o homem que, em breve, há-de ser escritor. E que, segundo confessa sem ponta de humildade à destinatária dos aerogramas, há-de ganhar o Prémio Nobel da Literatura logo em 1979. António Lobo Antunes dá conta do romance em que, todas as noites, sozinho no seu quarto, vai avançando. E, às *Matchs* enviadas pela mãe e aos policiais enviados pelo tio, prefere outras leituras. A dez mil quilómetros de distância, Lobo Antunes lê Sabato, Updike, Céline, Beckett, Tolstoi.

Portugal democrático

As duas filhas do casal – Maria José, 34 anos, antropóloga, e Joana, 31 anos, licenciada em ciências farmacêuticas – sempre souberam que aquelas cartas existiam, ainda que não conhecessem o seu conteúdo. «Nunca nos ocorreu ir lê-las às escondidas», afirmam à VISÃO. Cinco anos depois da morte da mãe, falecida em 1998 vítima de cancro, resolveram, no entanto, começar a lê-las para perceber o que é que lá estava. Conta Joana que «a ideia inicial nem sequer era publicar já as cartas»: «Depois, achámos que eram muito mais do que cartas de amor do nosso pai para a nossa mãe. Claro que a nossa leitura será sempre diferente, mas também não vamos dar a nossa leitura. Cada um vai lê-las como entender.» «No fundo», continua Joana, «para nós também é descobrir as pessoas porque o pai que conhecemos não é a pessoa com aquela idade nem é a pessoa inserida naquele contexto.» «Nenhuma de nós conheceu aquela pessoa há 30 anos», remata Maria José.

Começaram por passar as cerca de 300 cartas, escritas em aerogramas numa caligrafia que o escritor ainda hoje mantém, a computador. Segundo contam, em alguns casos, divertiram-se a lê-las e, noutros casos, não conseguiram alhear-se do carácter íntimo que, para elas, os textos acolhem. Mostraram-nas ao pai e, asseguram, as reacções

"AMOR EM TEMPO DE GUERRA" [*D'ESTE VIVER AQUI NESTE PAPEL DESCRIPTO*] | 331

deste, que afinal as estava a ler pela primeira vez, não foram sempre iguais. Riu-se (umas vezes) e impressionou-se (outras vezes). No fundo, diz Maria José, «ele gostou de as ler porque se calhar lembraram-lhe coisas de que ele já não se recordava com tanto detalhe e com tanta proximidade». No fim, não precisaram sequer de convencer António Lobo Antunes a publicar os documentos dos quais ele, há 30 anos, havia sido o autor. «Nunca precisámos de o persuadir. Nem nunca faríamos uma coisa dessas», esclarecem.

Os tempos africanos sempre foram recordados em família. Na presença das filhas, porém, restava quase sempre uma boa memória daquele período que os pais viveram em Angola. Joana lembra-se de a mãe contar a história de «uma rainha que lhe levou um ovo de presente». Maria José, por sua vez, acrescenta que sempre ouviram falar «no espanto que foi existir uma mulher e uma criança brancas ali no meio do mato». «Suponho», nota Maria José, «que as partes más não nos eram contadas.» Prossegue Joana para dizer que «nós também não fazíamos perguntas, não se pergunta sobre essas coisas, não se pergunta sobre memórias dolorosas». E nas cartas o que as irmãs encontraram foi, explica Maria José, «a guerra vista por dentro, a guerra com tudo, com todas as hesitações, as incertezas, os medos».

Maria José e Joana não escondem que hesitaram em publicar o livro. As cartas podiam ser lidas numa perspectiva voyeurista, «de quem está a espreitar pelo buraquinho da fechadura», diz Joana. Percebemos depois, fala Maria José, «que o interesse disto é tão maior do que isso...» «Não estamos interessadas em abrir buraquinhos de fechadura nem a expormo-nos demasiado. De alguma forma, este livro é a imagem dos nossos pais. A memória da nossa mãe dentro de nós existirá sempre. Ela não está cá, mas não é com este livro que a vamos perpetuar dentro de nós.» Para os outros, para os leitores menos implicados, *D'Este viver aqui neste papel descripto* será sempre um romance em forma de aerogramas. Que, para além de uma história de amor, também contém uma história do Portugal colonial. Para ser lida a partir dos olhos do Portugal democrático.

ANA MARQUES GASTÃO

"Uma aprendizagem do inferno
em mais de 300 cartas de amor
[*D'Este Viver Aqui Neste Papel Descripto*]"

Diário de Notícias/Artes, 18 de Novembro, 2005, pp. 40-41.

Cartas de amor e de guerra de Lobo Antunes lançadas hoje em Lisboa[.]

Toda a paixão, extinta ou não, pode deixar para trás um maço de cartas. Há-as insignificantes, mentirosas, desastradas, inflamadas, autênticas, sublimes. Estas últimas, sobretudo quando nos conduzem pelos passos perdidos da história, ficam como que na mão de um certo marechal de Richelieu que se deliciava a ordenar, na sua biblioteca, sobrescritos guardando mil e uma páginas de juras de amor como testemunhos da memória das suas glórias.

Mas seria redutor ficar pela abordagem amorosa quando se fala *D'este viver aqui neste papel descripto/cartas d[a] guerra*, de António Lobo Antunes (ALA), editado pela Dom Quixote e lançado hoje às 18.00, na Gare Marítima de Alcântara, de onde o autor de [] *Conhecimento do Inferno* partiu, há 35 anos, para a Guerra Colonial [...]. Elas possuem, também, valor documental, não obstante a vigilância a que estavam sujeitas, no que se refere a um período trágico da história portuguesa; contêm uma dimensão literária, não apenas epistolar, são material diarístico; revelam um rosto que ajuda a compreender a obra, nomeadamente no acompanhar do silêncio ruidoso do pensamento, por vezes quase monologal, ora desolado, ora sarcástico e bem humorado do escritor, apresentam-se ainda como embrião de uma sua concepção de romance.

As cartas foram escritas entre 7 de Janeiro de 1971 e 30 de Janeiro de 1973, em Angola, por ALA, 28 anos, alferes miliciano médico, à então sua mulher, Maria José Xavier da Fonseca e Costa Lobo Antunes, 24. Falecida há sete anos, frequentava, ao tempo, o curso de Direito, que veio a concluir. Era bela, alegre, mais empenhada social e politicamente do que o marido, cineclubista, com interesses literários que partilhavam.

Pertenceu às filhas de ambos, Maria José (34), antropóloga e investigadora no domínio de um projecto dedicado à emigração de Leste em Portugal, e Joana (31), a finalizar o doutoramento em Química Farmacêutica, a decisão de as publicar, correspondendo esta iniciativa a uma vontade da mãe, destinatária e conservadora do espólio até à sua morte.

Conscientes de que se trata não só do percurso de um amor, a decorrer à distância numa ambiência opressiva, de isolamento, sobressalto e medo, mas de "um livro contado por dentro da história da vida de milhares de portugueses", as organizadoras do volume optaram por publicá-las em vida do pai, com sua autorização. Moveu-as, sobretudo, o valor documental das mais de 300 cartas que constituem, segundo dizem, uma "homenagem às pessoas que estiveram na Guerra Colonial." Registam, no entanto, o contributo imprescindível que António Lobo Antunes deu para a decifração ortográfica ou outra do espólio.

D'este viver aqui neste papel descripto poderia ter sido o título do primeiro romance de ALA, *Memória de Elefante*, mas foi então, em 1979, recusado pela editora. Trata-se de uma citação de uma carta de Ângelo de Lima ao Prof. Miguel Bombarda que veio agora dar nome a estas cartas de amor e de guerra. Lobo Antunes admirava o poeta, internado durante vários anos em hospitais psiquiátricos, e estudou-o enquanto caso clínico.

Traduzem, na realidade, um "viver" as cartas, não só de enumeração, mas de reflexão, em torno das experiências de angústia, absurdo, medo, amor, saudade, solidão e morte sentidas em África, que assinalam o percurso iniciático de um escritor e a sua aprendizagem do inferno. A distância espacial e a separação física da mulher que amava, grávida de Maria José, e de Portugal tiveram como contrapartida a solidariedade entre homens desconhecidos que a guerra juntou. Dessa união o livro também trata.

"UMA APRENDIZAGEM DO INFERNO EM MAIS DE 300 CARTAS DE AMOR" | 335

"Sem a guerra, talvez o meu pai não fosse hoje o homem e o escritor que é, o mesmo que mantém com Portugal uma relação de amor atormentada" – diz Maria José, acrescentando que na leitura das cartas se vai pressentindo a transformação que se deu em ALA. Comenta Joana: "Passava o tempo a ler livros, a jogar xadrez, a escrever as coisas dele e a namorar a mãe na parte final do curso. Não era empenhado politicamente. A guerra fê-lo ganhar uma consciência mais aguda do mundo que o rodeava, o que coincide com o início da amizade com o então capitão Melo Antunes["]: "Começo a compreender que não se pode viver sem uma consciência política da vida; a minha estada aqui tem-me aberto os olhos para muita coisa que se não pode dizer por carta. Isto é terrível – e trágico. Todos os dias me comovo e me indigno com o que vejo e com o que sei e estou sinceramente disposto a sacrificar a minha comodidade – e algo mais, se for necessário – pelo que considero importante e justo. O meu instinto conservador e comodista tem evoluído muito, e o ponteiro desloca-se, dia a dia, para a esquerda: não posso continuar a viver como o tenho feito até aqui." (15.5.71, Ninda).

E depois surge o relato da "necessidade insólita da escrita", esse "estourar literalmente de palavras". Vão gritando nas páginas dessas cartas a consciência de uma inadaptação ao mundo, a atmosfera infernal e crua, ainda que de forma velada, da luta feroz no mato, o sobressalto perante a morte, a impotência quotidiana do médico diante da dor e a sua generosidade para com os doentes, a revolta surda, a dilaceração de um homem dividido entre continentes.

Há, por outro lado, uma evolução temporal no sentido de uma maior aspereza do discurso, de uma dicotomia dito/não dito. Os labirintos existenciais, a impossibilidade de comunicação, a cabeça do psiquiatra e a guerra ecoam nestas cartas, como se elas fossem o princípio de tudo. E o livro de que se vai falando subdividir-se-á com maior evidência em três, *Memória de Elefante*, *Os Cus de Judas* e [] *Conhecimento do Inferno*, sendo, de certa forma, uma alavanca de toda a obra romanesca e, nesse sentido, material de investigação futura.

Sobre a escrita, António Lobo Antunes não fala às filhas: "Só sabemos, desde crianças, que não podemos mexer no papel e nas canetas, conhecemos-lhe as manias, sabemos que fica insuportável entre livros. Disso dialogava com a nossa mãe, com quem havia, nesse domínio, um grande entendimento, ou mais tarde com o escritor José Cardoso Pires."

Esse bicho solitário, quase não partilhado, a literatura, sobrevoa a correspondência na erosão de uma subjectividade, de forma exaltante ou pouco confiante ("Eu não valho nada"). Tanto se fala das "excelentes linhas" ou mesmo "geniais", como da "geleia idiota": "O que eu daria para escrever coisas que me agradassem." (27.7.71 e 28.7.71).

Será possível distinguir entre o pai e o escritor? Conta Joana: "Um destes dias, o pai deu-me a ler parte do próximo romance, de que tanto gostei, porque era como se eu estivesse a ouvir uma cabeça por dentro." Mas, como filha, angustia-se que ele tenha conseguido conceber todas aquelas imagens, porque o sentiu "rodeado de muita dor".

Na leitura dos romances de António Lobo Antunes, em que o real se torna narrativa fragmentária por dentro, interior, "é impossível sermos só leitoras, somos sempre filhas. Ele será sempre o nosso pai", conclui Maria José.

Os "fantásticos rapazes" de António Lobo Antunes

Falam da Guerra Colonial com angústia, ocultando no olhar a morte fendendo os ares, encarniçada em silêncio. Como animais desamparados no covil. Falam da guerra com orgulho, não porque tenham partido do cais de Lisboa como "heróis gloriosos" em defesa da pátria, mas porque acham que por lá fizeram "alguma coisa de útil". Seguiram forçados para Angola, em Janeiro de 1971, deixando para trás a possibilidade de uma vida na Alemanha, decidindo, uma semana antes, embarcar. Desertar seria enfrentar "outro desconhecido", "nunca mais cá pôr os pés", ninguém contava com a Revolução. Escolheram entre dois perigos, num difícil cálculo de probabilidades, como assaltantes involuntários de um deserto em chamas.

Boaventura Martins, 24 anos, furriel miliciano enfermeiro, CART 3313, hoje empresário. Estava a concluir o 7.º ano quando foi recrutado e depois mobilizado para Angola. Frequentou o curso de enfermagem no Hospital Militar; integrou um batalhão em Santa Margarida; José Luís Henriques, alferes miliciano, CART 3313, agora director financeiro adjunto. Empregado de escritório, 7.º ano; incorporado, em Janeiro de 1970, no curso de oficiais milicianos. Fez a recruta em Mafra, na companhia de Lobo Antunes, especialidade em Lamego (Operações

"UMA APRENDIZAGEM DO INFERNO EM MAIS DE 300 CARTAS DE AMOR" | 337

Especiais *Rangers*). Colocado em Torres Novas, Arma de Artilharia, embrião da companhia CART 3313.

São eles, ao lado de Joaquim Mestre (professor de Educação Física) e José Jorge (tenente-coronel), ao tempo alferes milicianos, companheiros de armas e amigos de António Lobo Antunes (ALA), que hoje apresentam as cartas d[a] guerra. Em Angola, o convívio foi diário, no sobressalto e no riso, no medo e na solidariedade. O batalhão, com quatro companhias, dispunha apenas de três médicos. ALA era um deles e serviu em Gago Coutinho (sede), Ninda (a sul) e Chiúme (ainda mais a sul). No segundo ano de comissão estiveram em Marimba, tempo em que se lhes juntou a então mulher do escritor, Maria José, e a filha, Zezinha.

As cartas consideram-nas documentais: "Trinta e tal anos depois, provocaram em nós um reavivar do sofrimento, mas não em vão. Nelas se vê como interrompemos vidas e sonhos, mas nenhum de nós está arrependido." Comentam, por outro lado: "Quando embarcámos, já tinham acontecido o Maio de 68, as eleições de 69, a crise estudantil. Não concordávamos com a guerra, mas achávamos que podíamos fazer alguma coisa por quem precisava."

Do terror das minas, da petrificação e da mudez, dos ataques nocturnos aos quartéis, dos corpos agachados nas trincheiras, das rajadas chicoteando o solo de areia, dos morteiros, do fogo rolante do sangue, chumbo jorrando na boca das armas, da morte, não falam desde que deixaram Angola. Lembram a amizade entre soldados, sargentos e oficiais que atravessa as páginas das cartas, ou recordam o tempo em que sopravam barquinhos de papel pela corrente da valeta para a Zezinha se distrair: "Nunca vi um rosto pela frente, a cara do inimigo" sublinha Boaventura Martins. "Nas colunas de reabastecimento, éramos alvos em movimento, espécie de bonecos de feira nas tendas de tiro", remata José Luís Henriques. Mas isso querem esquecer.

A correspondência que agora veio a lume traduz, segundo este último, o "reconhecimento *a posteriori* da sensibilidade que o António teve ao olhar à sua volta, fosse para civis, militares, negros ou brancos". Com a publicação das cartas, soltaram-se, para os "rapazes fantásticos" de Lobo Antunes – pois era o mais velho –, recordações penosas que tinham sublimado. Mas o aspecto mais significativo passa pela "lembrança de um espírito de irmandade que perdura". Vêm, por isso, à memória os tempos em que o sangue era dado braço a braço a quem necessitava; se confiava a um militar amigo ou companheiro de camarata o testamento antes de partir para uma operação; se dava assistência médica a toda a população e instrução da 1.ª à 4.ª classes e 1.º e 2.º ano[s] do liceu a quem se inscrevia, negro ou branco; se assistia, correndo riscos e sem imposição, a leprosos.

Lobo Antunes, sempre de caderno na mão, refugiava-se no quarto, relatam. "E nós dizíamos que o mandrião lá ia fazer a sesta. Ele ria-se com o seu humor de pessoa tímida", humor enganador. Nunca perceberam que escrevia, nem esta correspondência nem os livros, mas viram-no a aprender a língua dos doentes, que lhe faziam batuques e festas, a tratar dos feridos, em condições humanas, pela noite fora, a combater a cólera. "Às vezes tínhamos de os transportar para outros hospitais. O António era tão maçarico como nós e lá aprendemos a ser homens."

Nas cartas descodificam o que o leitor comum não capta, lembram o convívio com a Maria José (e a menina) em Marimba, eles, isolados que estavam, jovens na força da idade, com o risco de a verem "transformada em imagem de calendário". Mas não, conta José Luís Henriques, "merecia o respeito de todos", era "divertida, sem reservas. Trouxe humanidade ao ambiente pesado do quartel, atenuou a saudade da família, era mãe, irmã, amiga. Com um nível cultural elevado, o casal punha a rapaziada a dialogar, a rir".

"Tudo se dá, tudo se cria em África", sublinha Boaventura Martins. E lembra a terra de largos horizontes, o pôr do Sol vermelho-negro, as marés de luz e os perfumes cortantes como lâminas de sabre. Lá, os portugueses poderiam ter criado, diz, outros Brasis. "Seria possível – se não fosse já tarde", escreve ALA: "Muito pouco se fez por esta abandonada e pobre gente, e em parte sem culpa – por falta de meios (...) O exército tem feito uma obra social muito mais importante do que as autoridades civis, e isso deve-se quase sempre à acção pessoal dos soldados anónimos e dos médicos."

António Lobo Antunes esteve em Angola, lamentando, na sua correspondência – apesar do que, segundo os companheiros de armas, fez pela população civil –, não ser "um homem de acção", mas "um solitário que remói as suas angústias diante de uma folha de papel". Para ele, não obstante as privações e os medos, valeu a pena ter lá estado pela "dedicação, coragem e espírito de sacrifício" dos seus "formidáveis rapazes".

MÁRIO SANTOS

"As 'Cartas d[a] guerra' de António Lobo Antunes: '... para que tudo valesse a pena'"
[*D'Este Viver Aqui Neste Papel Descripto*]

Público/Livros, 10 de Dezembro, 2005, p. 10.

> Comecei a ler este livro com alguma circunspecção e muito antes de ter chegado ao fim estava já em condições de afirmar o que afirmo agora: não sei se o autor "merecia" ou não que tivessem tornado públicas estas cartas, mas sei que haverá leitores que saberão merecer a leitura delas.

A culpa deve ser minha, mas o facto é este: não tenho sorte nenhuma com a televisão. A última vez que olhei para ela vi, numa nesga de um programa que pretende satirizar os costumes da praça – dizem-me –, um dos comentaristas de serviço pegar no livro "D'Este Viver Aqui Neste Papel Descripto. Cartas da Guerra", de António Lobo Antunes, e citar esta passagem: "Meu lindo amor querido eu gosto tudo de ti sempre. Lembra-te do teu homem distante e guarda para mim a forquilha das tuas pernas" (p.14). Seguiu-se o "comentário": que sim, pois, claro que já Fernando Pessoa escrevera que todas as cartas de amor são ridículas etc. & tal, mas, francamente, "forquilha das tuas pernas"?, Lobo Antunes "não merecia isto". Entenda-se: não "merecia" que estas suas cartas tivessem sido publicadas. Por causa do "ridículo", supõe-se. António Lobo Antunes cumpriu em Angola dois anos (de Janeiro de 1971 a Janeiro de 1973[134]) de serviço militar

---

[134] A última carta é datada de 30 de Janeiro de 1973. Em *Conversas com António Lobo Antunes*, de María Luisa Blanco (Trad. de Carlos Aboim de Brito. Lisboa: Dom Quixote, 2002), sabemos, pelo autor, que foi para África em Janeiro de 1971, tendo regressado em Abril de 1973 (p. 154).

durante a guerra colonial. "D'Este Viver Aqui Neste Papel Descripto" reúne as cartas que escreveu durante esse período à mulher com quem casara pouco antes de partir de Lisboa. A destinatária dessas cartas – explicam no "prefácio" as organizadoras do volume, filhas dos interlocutores nesta correspondência – "disse que as poderíamos ler e publicar depois da sua morte, e esse momento chegou agora".

Eu confesso que comecei a ler o volume editado pela Dom Quixote sob o efeito daquela mistura de reserva e fascínio com que sempre leio a correspondência alheia (quando ela, sendo publicada, deixa de ser "alheia", obviamente) e, em geral, todos os escritos "íntimos" e "privados" (se tais coisas existirem). Tais reservas e fascínio procedendo, em primeiro lugar, do estatuto ambíguo que acompanha esses discursos na transição da circunstância concreta, fechada e "privada" em que foram produzidos para o contexto aberto e "abstracto" da sua difusão pública e, depois, do seu "conteúdo" tantas vezes derisório, "quotidiano" e cansativo.

No caso destas cartas, o facto de o seu remetente estar vivo (e muitíssimo se recomendar, de resto, enquanto escritor, e sendo óbvio que as mesmas não foram publicadas à revelia da sua vontade), pode favorecer o preconceito que gostamos de exibir "contra" o narcisismo e a "exposição" pública. O que me parece interessante e evidente é que esses terríveis "defeitos" não se devem à publicação, agora, destas cartas, mas são, por assim dizer, constitutivos e contemporâneos da escrita delas. Ou seja: revelando o seu autor uma tão obsessiva (auto)consciência literária (e testemunhar isso é, de resto, o interesse maior desta correspondência), como podemos pensar que a eventual publicação futura de tais cartas não estava no horizonte do seu autor no exacto momento em que as escrevia e remetia? Veja-se na carta de 26/07/72: "E eu aqui, à espera de uma palavra tua para correr (metaforicamente falando) ao meu (sic) encontro... Enriquecendo o volume precioso e futuro da minha 'Correspondência Completa', prefácio e notas de." (p. 416). Tenha-se também presente que o quotidiano de Lobo Antunes à data da escrita destas cartas é, a vários títulos, excepcional. Apesar da "monotonia" da guerra, de que ele tantas vezes se queixa: "Isto é a completa monotonia dentro do desespero" (p. 251).

Dei por mim a ler esta correspondência com compulsão idêntica à de quem lê um romance. Ou melhor, e convém muito dizê-lo: um bom romance (o que não é propriamente vulgar). Linear (o que não impede a existência de "episódios" autónomos e divagações), com as suas fórmulas rituais e repetitivas, mas um bom e bem ritmado "romance". E digamos até que a ausência, nesta edição, das respostas que estas cartas solicitaram, por vezes de maneira tão "dramática" e "lírica" (e que, sem dúvida, obtiveram), contribui para a metamorfose: é como se a mulher a que elas se destinaram surgisse agora como simples "pretexto" para a sua escrita, transformando-nos nós, hoje, seus leitores também, em seus únicos e verdadeiros destinatários.

Reduzir estes documentos a "meras" cartas de amor mais ou menos "ridículas" (como se isso não bastasse, isso de serem também "cartas de amor") seria estultícia a mais. Seguindo um padrão (comportando quase todos os exemplares espaço para a comunicação amorosa e descrições do quotidiano na frente da guerra colonial), os biógrafos de Lobo Antunes e os estudiosos da sua obra muito poderão colher nesta correspondência, que reserva a sua maior e melhor parte para a narração das lutas, glórias e desaires literários do autor, que estava à data, e estaria ainda uns bons anos, inédito. Nesta medida, pode funcionar como uma espécie de diário de uma avassaladora vocação de escritor "em formação", alguém que já então dizia dedicar mais de 10 horas diárias à escrita, à qual parecia disposto a tudo sacrificar. Em formação?: "a quantidade de virtudes necessárias para se ser um bom escritor é enorme. Não basta ter-se nascido, é preciso fazer-se. (...) Eu penso que esta história (a que tentava escrever na altura, tinha o autor então 29 anos) está decente, e que estou a escrever bem, isto é, que descobri, depois de quase 16 anos (faço no Natal) de contacto praticamente diário com as palavras, a maneira de as usar razoavelmente" (p. 319); "Eu, se os tivesse escrito, não tinha a lata de publicar quase nenhum dos livros que já li. O Cortázar incluído. Apesar de tudo, e sem grande imodéstia, sou melhor que esses gajos todos" (p. 272); "A história lá vai crescendo. Os versos são para depois de eu morto, só. (...) De resto, o que fundamentalmente me interessa são os romances. Esse e os próximos. Sonhei até que tínhamos o Nobel em 1979!!!..." (p. 380); "Espero que estes cadernos mostrem que sou um escritor, o que bastaria para que tudo valesse a pena" (p. 324).

Comecei a ler este livro com alguma circunspecção e muito antes de ter chegado ao fim estava já em condições de afirmar o que afirmo agora: não sei se o autor "merecia" ou não que tivessem tornado públicas estas cartas, mas sei que haverá leitores que saberão merecer a leitura delas. Quanto ao "comentarista" que citámos no início, talvez pudéssemos sugerir-lhe, se valesse a pena, que lesse, por exemplo, as cartas de Joyce (que é, com Faulkner e Céline, um dos "heróis" literários deste epistolário) para sua mulher, Nora. E terminar (devolvendo àquele meu interlocutor involuntário o lugar-comum "poético") dizendo aos leitores que, consoante o amor que tiverem ou tiveram, terão o entendimento destas cartas.

ISABEL LUCAS

"Cabeças que não dormem"
[*Ontem Não Te Vi Em Babilónia*]

Diário de Notícias/6.ª, 20 de Outubro, 2006, p. 29.

> O novo livro de Lobo Antunes passa-se numa noite de insónia. Uma torrente de memórias não filtradas de gente ao adormecer[.]

"Chamo-me António Lobo Antunes, nasci em São Sebastião da Pedreira e ando a escrever um livro". É um dos momentos em que a realidade irrompe pela ficção e acentua a ideia de delírio. É António Lobo Antunes o autor, narrador e personagem no seu último romance *Ontem não te vi em Babilónia*, o 18.º desde a sua estreia em 1979 com *Memória de Elefante*. Um Lobo Antunes triplo que dura o tempo desta frase, ainda que o autor se vá sugerindo noutras ao longo das 479 páginas desta ficção que dura uma noite.

É uma frase entre parêntesis que aparece no texto ao fim da noite. Ou seja, um aparte próximo do fim do livro. É o fim de uma noite de insónia que vai longa e começou com quatro personagens a tentar adormecer à mesma hora em lugares diferentes. Lisboa, Évora, Estremoz, Portalegre... Estão sozinhas com as suas memórias e inquietações numa vigília que se vai tornando mais delirante, por vezes quase demencial, à medida que a madrugada avança.

Da meia-noite às cinco da manhã uma mulher que perdeu uma filha, outra mulher que nunca teve filhos, um ex-polícia do antigamente e um ainda mais antigo proprietário rural vão desfiando as suas vidas numa catadupa de lembranças que não passam por qualquer filtro. E o único fio condutor dessa narrativa – que são, afinal, várias, fragmentadas –, é feito das imagens e das vozes (a dos que já morreram e a dos vivos) que surgem como *flashes* na desordem da insónia. A memória na sua cadência onde todos os tempos se misturam para

344 | ISABEL LUCAS

contar o tempo de um país. "(o que é a memória santo Deus, zonas até então ocultas à mostra com que intenção, que motivo...)", interroga-se alguém, e outra vez os parêntesis, numa interrogação que não espera resposta porque esta história, estas vidas também se contam com silêncios e[,] no desfiar do dito e do não dito[,] se apreendem as relações entre os vários insones.

O livro está dividido em horas que, por sua vez[,] se dividem por personagens, em subcapítulos. Além dos dois homens e das duas mulheres, surgem pontualmente outras personagens[. N]a sua falta de sono, todas se contam na primeira pessoa. Por exemplo, Ana Emília, a que perdeu a filha, e que à uma da manhã se pergunta "serei a única pessoa com nome neste livro?", sem saber de Alice, a quem o sono também não chega numa cama longe dali. E é a mesma Ana Emília quem fala dessa fronteira sono/vigília, um tempo que transforma as coisas: "quando estou muitas horas acordada a minha cara principia a tornar-se da mesma matéria que as coisas do escuro e deixa de ser cara, os braços deixam de ser braços consoante os móveis deixaram de ser móveis e perderam o nome". Ela que depois dirá: "é possível que por estar acordada há muitas horas suponha coisas que não há..." É neste tempo entre o sono e o sonho que decorre o livro.

António Lobo Antunes terminara o romance quando se deslocou a Jerusalém para receber um dos mais prestigiados prémios literários a que foi dado o nome dessa cidade. Foi em Fevereiro de 2005. Ainda não havia título para o livro, o mesmo livro que o António Lobo Antunes[,] nascido em São Sebastião da Pedreira[,] escreveu andar "a escrever", incluindo-se a si nessa escrita. O título ocorreu-lhe justamente em Jerusalém, ao ler uma frase em escrita cuneiforme gravada numa placa de argila com a data de 3000 a.C. A frase era "Ontem não te vi em Babilónia"[135].

Esse é o romance. Será apresentado por José Eduardo Agualusa e Ricardo Araújo Pereira, dia 26, às 18.30, no Teatro Maria Matos, em Lisboa. O autor quis estar acompanhado por dois nomes que considera serem dois grandes talentos das novas gerações. Numa noite em que a música ficará a cargo de um DJ.

---

[135] Uma explicação diferente é apresentada na entrevista de Alexandre Lucas Coelho, "'Tenho a sensação de que ando a negociar com a morte'" [2006], in Ana Paula Arnaut (ed.), *Entrevistas com António Lobo Antunes. 1979-2007. Confissões do Trapeiro.* Ed. cit., pp. 536-537. Ver *infra,* nota 136, p. 347.

EUNICE CABRAL

"Terrenos baldios"
[*Ontem Não Te Vi Em Babilónia*]

Jornal de Letras, Artes e Ideias, 25 de Outubro, 2006, p. 22.

Os leitores de António Lobo Antunes já perceberam que, sobretudo desde *Boa Tarde Às Coisas Aqui Em Baixo* (2003), o universo ficcional do autor se tornou denso, apesar da aparente simplicidade no registo da linguagem oral, e impenetrável a uma só leitura. Nessa medida, o último romance publicado do autor, *Ontem Não Te Vi Em Babilónia*, confirma esta última tendência da sua ficção. Um dos trabalhos da interpretação deste romance consiste em perceber o mundo que o romance[,] como texto literário[,] projecta para fora de si mesmo pelo movimento de autonomia típica da arte. Esta declaração acaba por se juntar àquela noção, bem característica do percurso da literatura do século XX (período no qual ainda nos situamos), que afirma que a obra de arte, de facto, pertence a uma entidade suprapessoal (à própria obra do autor entendida como um macrotexto dotado de autonomia, à crítica, à teoria) e não apenas a uma assinatura, a um nome claramente identificado como sendo o do seu autor. Em suma, não há autor, mas textos, assim como não há só texto mas interpretação como parte integrante do mesmo. Apesar de esta ser uma afirmação característica daquele pensamento estético que, aos olhos de muitos dos leitores desta obra, pode parecer «linguagem especializada» de estudioso da literatura ou de crítico, é de notar que o próprio Lobo Antunes a verbalizou recentemente, de forma semelhante, no tom de desprendimento usado frequentemente por todo o criador de arte: não é verdade que este escritor, numa entrevista dada em Abril de 2006 a Ana Sousa Dias para a RTP 2, disse que sentia que os seus livros eram cada vez menos dele, autor, e que eram escritos por uma mão – a sua, visivelmente – que ia escrevendo um texto que poderia ser considerado de outros? Esta espécie de impessoalidade é uma das realizações efectivas de *Ontem Não Te Vi Em Babilónia*, revelando-se na atenção ao silêncio, às perturbações da linguagem, à intransmissibilidade da experiência humana.

As falas, neste romance, resistem a um discurso comum e maioritário; dizem, insistentemente, a diferença, sem que esta chegue a ser ou a construir uma ou várias identidades reconhecíveis como tais. Trata-se de uma impessoalidade que vem muito depois de um período (o início da carreira literária deste autor) em que os romances eram fortemente autobiográficos, tingidos por uma «exibição» muito bem conseguida (porque articulada de modo original) de referências constantes à cultura, não apenas portuguesa mas ocidental (escritores, obras literárias, pintores, filmes, actores, figuras icónicas, etc.) e, ainda, de dados de uma contextualização s[ó]cio-histórica perturbante e, por essa razão, vulneravelmente formulados, trazidos para a literatura portuguesa em primeira mão, actualizando-a, nesse sentido, de forma feliz. A figura central do narrador-protagonista era a de alguém que se encontrava no lado errado da realidade portuguesa, depois da avalanche dos vários desastres que assolaram a masculinidade portuguesa: o retorno da guerra colonial (entretanto, descrita em toda a sua crueza), o divórcio, a estranheza da terra de origem, a deriva por bares e por espaços tornados irreconhecíveis, a noite inabitável, o dia cinzento repartido entre o emprego e áreas em reconstrução difícil de vida, ainda informes, a desolação da pertença a uma geração perdida, o amor transformado em indiferença e em impossibilidade, a ausência de referências e de pontos de apoio num tempo de marcos desgastados.

De facto, uma das razões da notoriedade desta ficção é a capacidade de inovação na verbalização frontal de um mal[-]estar, muito português, ao qual os romances antunianos têm vindo, ao longo de quase três décadas, a dar corpo e fala. Também já conhecíamos a veia burlesca e satírica, medonhamente lúcida dos primeiros romances do autor, que se expande em realizações memoráveis nas obras da década de 90 de Novecentos, em que uma parte da sua pessoa real se joga ficcionalmente, com muito arrojo, reescrevendo, de modo oblíquo, algumas facetas autobiográficas anteriores. Outros são romances que regressam ao passado português, partindo de um ponto de vista

"TERRENOS BALDIOS" [*ONTEM NÃO TE VI EM BABILÓNIA*] | 347

profundamente desencantado mas simultaneamente irónico e paródico. Entretanto, para além da capacidade de inovação constante, não há nenhuma outra semelhança entre o último romance de António Lobo Antunes e, por exemplo, o primeiro, *Memória de Elefante* (1979). Neste sentido, este último romance situa-se nos antípodas dos três primeiros publicados nos quais o protagonista, médico perdido no labirinto da vida moderna, dada com justeza como demasiado complexa, desabafa, formulando a angústia portuguesa desses anos nos termos da constatação espantada e inconformada: «Se calhar é isto a vida.» A deriva individualizada do único narrador revela-se um trajecto que ambiciona mais do que aquele tempo presente pôde dar e é dito num registo de solidão e de desgraça que se expandem nas citações urbanas, modernas e culturalizadas de todo o romance: o amigo é Max Brod, o narrador é Franz Kafka, uma doente mental é Charlotte Brönte. Nenhum dos tópicos, nenhuma das imagens, apresentados neste último romance, tem sequer uma remota parecença com o que costumamos chamar «cultura». O que é narrado – não por um único narrador, mas vários, sem hierarquia entre si – decorre das vísceras das personagens, numa noite assombrada pelas «verdades» nunca confessadas no que têm de mais cru e vil. As vozes deste último romance respondem que já estamos «perdidos» desde sempre e que é isto mesmo a vida. A única esperança vem do título, que é uma frase enigmática[136], aliás, sem a mínima relação com o texto do romance: quem diz «ontem não te vi» é alguém que esperava ter visto outra pessoa; teve a expectativa de avistar outra, num determinado lugar. E, ainda por cima, confessa confiantemente essa expectativa, que se malogrou, à outra («ontem não te vi em Babilónia»). Ora, todo o discurso do romance nega qualquer saída positiva, ao inscrever uma incomunicabilidade irremediável: encontramo-nos miseravelmente sós, às voltas com partes de descrições da realidade e de nós mesmos, sem ninguém à nossa espera. Neste último romance, o discurso é o do inferno português, a vida interna, sombria e anónima, os seus crimes afectivos, desamorosos, as suas ausências em relação aos outros e a si mesmo. Para contar este inferno, o romance não usa nenhuma referência culturalizada que pudesse servir de caução a tanto sofrimento; apenas

---

[136] Sobre o título, ver *supra*, Isabel Lucas, "Cabeças que não dormem", p. 344 (ver também nota 135 na mesma página).

surgem, aqui ou ali, referências de passagem ao contexto político passado, cheio de fealdade e de horror (a prisão de opositores ao regime salazarista, o forte de Peniche, o comunismo percebido como um «crime» por um dos protagonistas). A realidade narrada é feita numa tonalidade viscosa, apresentada em frases e palavras ditas sem premeditação ou consciência da sua significação ou mesmo do seu alvo, pairando num registo fantasmagórico à procura, por vezes, de ecos de uma unidade perdida. A desagregação é uma característica constante no «dizer» de todos os narradores que «entram em cena», fazendo «jorrar» discursivamente as suas vidas, ao sabor de uma noite de insónia e de torpor, entre o estado semi-acordado e o adormecimento, sem que o alívio do sono alguma vez chegue.

Se o leitor desejar tréguas ou uma nesga de esperança, terá que imaginar outras paisagens a partir do título, passando por todos esses terrenos baldios e aceitando, desde já, que esta falta de vínculo entre o romance propriamente dito e o seu «nome» é significativo. De facto, uma das razões de ser da arte é a resistência à comunicação, à mediação que submerge todos os fenómenos na homologação e no nivelamento, é a afirmação intransigente da autonomia da proposta artística. Neste caso, os romances de António Lobo Antunes resistem[,] de um modo ostensivo[,] à tendência dos circuitos da comunicação, a da dissolução dos conteúdos, pela afirmação de um outro tipo de discurso fundado na palavra que institui um mundo do «desinteresse interessado», o estético. A última proposta literária do autor, *Ontem Não Te Vi Em Babilónia*, resiste a um mundo completamente integrado e homogéneo em que os conteúdos se apresentam como uma mera execução de um programa pré-estabelecido pela representação da identidade e não da diferença. A diferença – encontrada no trabalho de escuta de que é feito, também, o texto literário – faz-se pela discordância, pelo conflito e pela aspiração ao que é árduo e difícil. Face e contra a arte como mercadoria (variável segundo os circuitos pelos quais vai existindo), este romance estabelece uma determinada relação com a sua leitura, a que se dispõe a admitir os vazios de significação, o inexprimível. Simples sinal de distinção provocado pela dificuldade real da leitura? Não parece ser assim. O que define uma relação diz respeito ao que não é da ordem da necessidade, ao que não se encontra determinado de fora. Desfazer, deslocar o sentido parecem ser propósitos mais eficazes da obra artística, e que produzem

"TERRENOS BALDIOS" [*ONTEM NÃO TE VI EM BABILÓNIA*] | 349

uma experiência que tem efeito no leitor: obra literária e vida são começo, devir, caminho ainda não trilhado no desconhecido. Desta dificuldade e deste tempo preenchido pela leitura (necessariamente longo), decorrerá, por isso mesmo, um melhor conhecimento do que no humano existe de maninho, de baldio, de selvagem. E a esperança, que este romance cria no leitor que se dispõe a escutar este texto – talvez acabando por se situar na improbabilidade definida pela última frase do romance: «porque aquilo que escrevo pode ler-se no escuro» –, só virá depois do reconhecimento da estranheza do inferno de uma noite habitada por várias vozes narrativas. Qualquer esperança só se vislumbra, sempre, depois do inferno.

A estrutura externa do romance é constituída por seis partes correspondentes à duração de uma noite, desde a meia-noite às cinco horas da manhã, o tempo presente aglutinador de falas de personagens que vão dizendo o seu mundo entre consciência e inconsciência. Nem esta noite se fez para dormir, nem para amar; fez-se para exprimir o ódio, o ressentimento, a desistência, a dor que entorpece qualquer vislumbre de sentimento positivo, numa espécie de duplicação deslocada e extemporânea da existência intra-uterina, pertencente ao domínio da mucosidade, da prematuração de que a vida humana é também feita pelo inacabamento de que dá provas constantes. As vozes narrativas procuram, parecendo já desesperar, um sentido de vida que escapa logo que se põe em marcha; daí a necessidade da recorrência, da repetição dos nomes próprios, das designações de parentesco (pai, mãe, filha, avó), de palavras e de frases como gritos de um socorro que nunca virá. As personagens estão ligadas entre si quer por laços familiares, quer por proximidades criadas pela actividade profissional[,] mas nada as vincula umas às outras excepto um isolamento a que nada nem ninguém consegue pôr cobro. Uma doméstica de nome Ana Emília, um ex-polícia da Pide, a sua mulher, enfermeira num hospital de província chamada Alice, a irmã daquele são os narradores principais de existências que germinam na maior das sombras, a ausência de esperança. As personagens femininas são as que se aventuram mais ousadamente no domínio do que se convencionou chamar "amor": no presente nocturno, este é recordado através de cenas obsidiantes e recorrentes, sempre portadoras da inércia e da rasura de humanidade. Da falta de «amor» resta, por exemplo, uma mulher baixa, gorda, grisalha, que dá de comer a galinhas, batendo numa lata, a chamá-las, ou então, surge uma das personagens masculinas para quem o «amor» é um rosto desconhecido, projectado no estore, o único ser por quem é capaz de soluçar de amor.

O suicídio de uma rapariga de quinze anos que diz que vai ao quintal enquanto espera que a chamem para o jantar, que lança um fio de estendal de roupa numa macieira, que sobe a um escadote que derruba em seguida enforcando-se e que deixa como mensagem final uma boneca sentada na relva é o acontecimento central do romance. Apesar de quase todos os narradores (excepto dois) recordarem pormenores desta cena (são ao todo oito os narradores, relacionando-se entre si), é uma ocorrência inexplicável, que aparece e desaparece nos discursos que a vão rememorando distorcidamente como um conjunto de gestos cristalizados, intensos nas suas trevas enigmáticas, no seu poder negativamente simbólico: é a boneca que gira em vez da rapariga, é a mãe da rapariga que a imagina, ainda viva, a regressar do quintal, sentar-se à mesa e jantar; é o pai (cuja paternidade é apenas hipotética) que se lembra do desconforto sentido ao comprar aquela boneca e de a ter oferecido sem convicção. O quintal torna-se, entretanto, o lugar da casa do qual alguns saem, à socapa, sem serem vistos, assumindo-se, não como visitas, mas como gatunos de intimidades. O suicídio é o episódio basilar desta comunidade de participantes involuntários de um serviço fúnebre no qual nenhum conhece o seu lugar ou a extensão da sua contribuição. Este acontecimento traumático cria correspondências nas configurações das várias consciências das personagens do romance, sendo que cada uma delas apresenta dados divergentes do que aconteceu. É, por esta razão, uma ocorrência que desarticula, que amontoa, que desarruma factos, que dá a ver a insensatez do que se empreende na vida, que desune e que «mata» silenciosamente quem a pensa e quem a recorda. Um suicídio é uma transgressão em relação ao mundo humano; é um acto que representa a quebra de um compromisso que a vida estabelece com cada pessoa: continuar a viver, aconteça o que acontecer. O suicida, considerando que «não foi tido nem achado» na celebração desse contrato, rompe com o pacto fundador, ao perpetuar-se na memória dos que lhe eram próximos, confere à vida, depois do seu desaparecimento da face da terra, um halo sobrenatural e fantasmagórico que o existir efectivamente tem mas do qual nos esquecemos, um e outro dia. A intensidade emocional que o suicídio lança à sua volta, desagregando a comunidade familiar, fá-la viver uma «travessia do deserto», que é, neste romance, esta noite em que cada personagem se diz, se explica através de um registo de violência. De facto, o que é narrado é da ordem da ferida por sarar, dos acontecimentos percebidos como corpos estranhos, sem que haja a possibilidade de os integrar, elaborando-os. A impossibilidade, referida no início, expõe o desespero, não oferendo soluções de superação: resta a luz indecisa, contudo persistente, do título do romance.

ADELINO GOMES

"Lobo Antunes diz que em Portugal 'não há trabalho de edição de livros'"
[*Ontem Não Te Vi Em Babilónia*]

Público/Cultura, 27 de Outubro, 2006, p. 30.

> Os dois convidados encheram-lhe o livro de elogios. António Lobo Antunes acha-o também "muito bom", mas dedicou a maior parte do tempo a pedir que leiam Agualusa e Ricardo Araújo Pereira. Depois de dizer que, com Tereza Coelho, há, finalmente, uma editora de livros em Portugal.

A plateia do teatro Maria Matos, em Lisboa, encheu-se, ontem à tarde, de um público maioritariamente jovem (e maioritariamente feminino) para assistir ao lançamento do romance *Ontem não te Vi em Babilónia*, o décimo oitavo na carreira de António Lobo Antunes (n. 1942).

O escritor, que no final não se submeteu à tradicional sessão de autógrafos, por "sobreposição de agendas" (Judite de Sousa esperava-o nos estúdios da RTP, para uma entrevista a seguir ao Telejornal), dedicou quatro quintos da sua intervenção a elogiar os dois convidados a quem pedira que apresentassem o livro – o escritor angolano José Eduardo Agualusa (de quem disse ser "bonito" e ter "uma voz que lhe pertence, o que só se consegue com muito trabalho") e o cómico Ricardo Araújo Pereira, do Gato Fedorento (que "foi capaz de pôr o país a rir-se de si próprio"). Ambos, resumiu, "têm feito um retrato implacável, mas ao mesmo tempo terno e divertido sobre a nossa condição".

Sobre o livro que esperava, no *foyer*, a assistência, António Lobo Antunes disse que não ia "obviamente, dizer nada". Porque um livro "tem que se defender sozinho. Não vou ser caixeiro-viajante do livro. Há pessoas que chegam a assinar autógrafos em três cidades diferentes" (em aparte, por entre risos da assistência: "Não estou a pensar em ninguém em especial"). E prosseguiu, insistindo na tese que tem vindo a defender, de que não é ele, mas outra pessoa nele quem cada vez mais escreve os seus livros: "Tenho relutância em pôr um autógrafo num livro que foi escrito por outra pessoa e que tem o meu nome."

Diz, a propósito do livro que agora chega aos escaparates (acabou--o em Fevereiro de 2005, já escreveu um outro e começou, entretanto, a escrita de um terceiro): "Já está longe de mim." Conta que, por isso, pôde surpreender-se ao ouvir agora, na TSF, Carlos Vaz Marques ler "pedaços" dele. "Achei-o muito bom." E perante os risos da assistência: "Foi escrito por outra pessoa."

Antes de partirem para a sessão, os fãs do escritor já sabiam tudo ou quase tudo sobre o livro. Da boca do próprio Lobo Antunes, cuja editora, como vem sendo habitual, concentrou em volta do acontecimento uma multidão de entrevistas. Que o livro se passa entre a meia-noite e as cinco da manhã. Que o título se inspirou numa frase em escrita cuneiforme, com que se deparou ao ler um poeta cubano num quarto em Jerusalém[137]. Que o autor irrompe, a certa altura, pela obra e se apresenta, qual cantor pop em programa de rádio: "Chamo-me António Lobo Antunes, nasci em S. Sebastião da Pedreira e ando a escrever um livro." Sabiam, inclusivamente já, por uma breve do *Diário de Notícias*, aquilo que Tereza Coelho começara por dizer: que a sessão seria curta e não haveria autógrafos.

Mas sabiam também, como o próprio António Lobo Antunes ainda ontem dizia, em entrevista na Antena 2, que se fosse possível resumir um livro, não valia a pena estar a lê-lo. E talvez tenham sentido a curiosidade acrescida de ver que mais-valia poderia juntar às palavras do escritor sobre a sua obra a presença de um autor cómico em vertiginosa ascensão mediática.

As expectativas não saíram defraudadas. Ricardo disse-se nervoso e que se encontrava ali com a mesma inconsciência infantil com que teria aceitado um convite de Eusébio para jogar futebol, apesar de não saber "dar um pontapé na bola", mas arrancou uma inteligente análise, também literária, de um livro "que não é bem um livro, é a

---

[137] Sobre o título, ver *supra*, Isabel Lucas, "Cabeças que não dormem", p. 344 (ver também notas 135 e 136, pp. 344 e 347).

vida (...) uma espécie de mapa da Babilónia, onde há lugar também para a esperança".

Sentado numa das extremidades da mesa (Agualusa e Ricardo ao meio, entre ele e Tereza Coelho), António Lobo Antunes fez o rasgado elogio da nova editora da Dom Quixote ("Encontrá-la foi muito importante para mim. Quem faz um livro está demasiado impregnado para ser capaz de olhar de fora")[,] de Agualusa e de Ricardo.

Ditas, por fim, três ou quatro frases sobre o livro e a sua forma de estar na literatura ("Sou em escritor quando escrevo. Fora disso sou um parvo: não sei usar multibanco, não sei escrever num computador, não sei pôr um DVD"), despede-se com magistral *chicuelina*: "Obrigado. Espero que leiam o José Eduardo Agualusa, que leiam o Ricardo. É muito importante o estímulo. Nós, que temos este trabalho, precisamos tanto de amor"...

"Sobre este livro obviamente não vou dizer nada. Tem que se defender sozinho. Nem sei se lhe desejo sorte. (...) Mas ouvi agora na rádio (...) ler uns pedaços e surpreendeu-me: achei-o muito bom."

"Duchamps dizia que um quadro está acabado quando está definitivamente inacabado. Um livro está acabado quando está definitivamente fora de nós. Como o amor que acaba. Quando ele me rejeita e eu fico com a dor de corno de quem foi mandado embora."

"Um dos males dos escritores (vou-lhes chamar escritores) portugueses é que estão completamente sozinhos. Quando fazemos um livro ele está demasiado impregnado de nós para sermos capazes de olhar de fora. Há sempre um 'que', um 'se', um adjectivo, todas essas palavras que foram inventadas para estarem a mais. A Tereza Coelho sabe ler, qualidade muito rara. Quando ela sair, eu saio."

António Lobo Antunes

"Há os que escrevem para se salvar; os que escrevem (ou julgam eles) para salvar o mundo; e há os livros (como este) que nos levam através da vida."

José Eduardo Agualusa

"Há neste livro várias vozes, só que saem todas da mesma garganta, que é a garganta do autor. (...) (O livro) Tem alegria e tem riso, mesmo quando é amargo. Há nele perda, alegria, desencanto e há também esperança."

Ricardo Araújo Pereira

ANTÓNIO GUERREIRO

"Como um organismo vivo"
[*Ontem Não Te Vi Em Babilónia*]

Expresso/Actual, 28 de Outubro, 2006, pp. 70-71.

> O último romance de António Lobo Antunes prossegue
> uma via que é a do excesso que se torna vazio[.]

Tendo adquirido o estatuto de «grande escritor», tal como foi
definido por Musil, António Lobo Antunes deixou de ver, em Portugal,
os seus romances sujeitos a uma recepção crítica. O «grande escritor»
é pré-publicado, divulgado, profusamente entrevistado, mas não lido
(pelo menos, nos termos que um espaço público literário pressupõe).
O «grande escritor» nem sequer é responsável por esta ordem das
coisas, a qual lhe retira, aliás, um direito fundamental. «Grandes
escritores», em Portugal, há dois – Lobo Antunes e Saramago – e não
representam o papel que lhes coube em sorte da mesma maneira.

Esta questão não interessa apenas para efeitos de estudo de uma
«etologia» literária – se tal ciência existisse. Para entrar naquilo que
aqui importa, veja-se o que se passa com a obra (cada um dos seus
romances, em edição *ne varietur*, é editado como tomo de uma
determinada «Obra Completa») de Lobo Antunes: desde **Não Entres
Tão Depressa Nessa Noite Escura** (2000) ela entrou numa nova fase
que já nada tem a ver com uma escrita de experiência pessoal, tal
como foi plasmada nos seus primeiros romances, nem com as
modalidades ficcionais da fase intermédia, onde se dá uma deslocação
para o plano da história e da realidade nacionais.

Com esse livro publicado há seis anos, as exigências subiram de
tom, os desafios colocados ao leitor são muito maiores, todos os
processos de encadeamento que asseguram a continuidade da narração

358 | ANTÓNIO GUERREIRO

(e, por conseguinte, a continuidade do interesse narrativo proporcionado por uma intriga) desapareceram. Os últimos romances de Lobo Antunes são dificílimos de ler e já não correspondem à vulgata associada à obra do autor.

«Difícil de ler» – esclareça-se – não é uma categoria crítica nem implica um valor. Posso dizer que **Ontem Não Te Vi Em Babilónia** é um romance difícil de ler porque subverte os códigos do género mais facilmente reconhecíveis, porque a ordem narrativa não se baseia num agenciamento causal e cronológico de factos (dito de outro modo: não há uma história fabricada como um contínuo), porque recorre aos processos do monólogo interior, o que significa que o modo da narração é caracterizado pela focalização interna. Em vez de um narrador que procede a uma organização lógica, temos as vozes das personagens, em longos monólogos que se desenvolvem ao sabor de associações, de evocações, de memórias. Em suma: segundo regras de descontinuidade que são o contrário da linearidade narrativa.

Mas também posso dizer (e digo-o com convicção) que este romance de Lobo Antunes é difícil de ler porque cria imensos ruídos, muita confusão, ao modo como se elabora a sua matéria narrativa e, principalmente, os processos da polifonia. Aquilo que poderia ser apenas complexo torna-se inutilmente complicado, até ao ponto em que é impossível discernir quem conta o quê e reconstituir os fios de uma intriga, da qual o romance no entanto não prescinde. A regra da profusão (nos seus monólogos, as personagens entregam-se a um discurso que está próximo da associação livre) resulta em algo que funciona no vazio e que se torna exasperante. Cito o início do romance: «Chegava sempre antes da sineta quando ia buscar a minha filha e tirando a madrinha da aluna cega a cochichar cumprimentos em tom de desculpa sem que eu a entendesse

(de tão exagerada na infelicidade dava vontade de gritar

– Afaste-se de mim não me aborreça)

não havia ninguém ao portão de modo que o recreio vazio excepto uma árvore de que nunca soube o nome com as folhas demasiado pequenas para o tronco e se calhar compostas de várias árvores diferentes

(as mãos do meu pai minúsculas no fim de braços enormes, se calhar composto de vários homens diferentes)

"COMO UM ORGANISMO VIVO" [*ONTEM NÃO TE VI EM BABILÓNIA*] | 359

o escorrega a que faltavam tábuas com o letreiro Não Usar e a porta e as janelas trancadas, derivado à impressão que ninguém lá dentro compreendia a madrinha da aluna cega, disse-lhe sem palavras – Não é exagerado perdão».

Convém perceber que esta litania só é interrompida no final de cada capítulo, para recomeçar imediatamente no capítulo seguinte. Ao longo de quase quinhentas páginas.

Este romance é difícil de ler porque leva às últimas consequências aquela concepção que o seu autor, em várias entrevistas, expôs desta maneira: o romance como um «organismo vivo»[138], engendrando-se a si mesmo, à medida de uma vontade interna a que o autor obedece. A fórmula é sedutora e está muito próxima, como é fácil perceber, da antiga «mania» dos gregos. Mas em rigor o organismo não se autonomizou: cresceu e tornou-se sem finalidade, tão alimentado que foi pela autocomplacência.

O excesso e o estado de exasperação desta escrita não têm nada de produtivo: são uma máquina de esvaziamento e de redução à frivolidade formal de um estilo e à virtuosidade gratuita da imaginação. Reduzem--se a uma «estética» que não sabe o que é a moral da forma.

---

[138] Ver Ana Paula Arnaut (ed.), *Entrevistas com António Lobo Antunes. 1979-2007. Confissões do Trapeiro.* Ed. cit.: "«Nunca li um livro meu»" [1997], entrevista de Francisco José Viegas, p. 303; "'O romance é diferente depois de mim'" [2003], "'Tenho a sensação de que ando a negociar com a morte'" [2006], entrevistas de Alexandra Lucas Coelho, pp. 400, 405 e 539, respectivamente; "«Quem lê é a classe média»" [2003], entrevista de Maria Augusta Silva, p. 417; "«Isto parece um namoro, é impublicável»" [2006], entrevista de Anabela Mota Ribeiro, p. 551.

MARIA ALZIRA SEIXO

"O nada branco de Deus"[139]
[Ontem Não Te Vi Em Babilónia]
Visão, 2 de Novembro, 2006, p. 166.

O novo livro de António Lobo Antunes (ALA), *Ontem não te vi em Babilónia*, seu 18.º romance em 27 anos de vida literária, é dos mais perfeitos que escreveu, com *Boa Tarde às Coisas Aqui em Baixo* e *[O] Manual dos Inquisidores*. O anterior, *Eu Hei-de Amar uma Pedra*, mantinha os seus conhecidos dotes de originalidade, retomando ideias de *Memória de Elefante* fecundas em toda a obra posterior. Uma frase deste primeiro livro, «chiça para mim e para o romantismo meloso que me corre nas veias, minha eterna dificuldade em proferir palavras secas e exactas como pedras»[140], projecta a anulação de tibiezas nestes escritos, salvo por ironia, e faz da pedra símbolo expressivo, neste romance agora sensível no comportamento humano, exemplo: «cada pedra a doer como um martelo na nuca», em polissemia de inércia, parcimónia, violência e aridez.

Ontem não te vi em Babilónia é a história de uma adolescente que se suicida, e as repercussões desse acto nos seus próximos ou (ALA cultiva as disjuntivas enquanto lados diferentes da incerta realidade) como consequência do agir destes, colhidos na gente comum: uma empregada, uma enfermeira, um polícia torcionário, mais uma série de personagens laterais que nunca são restos mas filamentos do tecido do mundo. Com extremo rigor de escrita, nele assomam vectores do seu pensamento da ficção, exemplo: o lirismo contido na tão sóbria

---

[139] Texto incluído em *As Flores do inferno e jardins suspensos*. Ed. cit., pp. 351-352.
[140] P. 105, edição *ne varietur*.

e dúctil frase; a interferência entre pessoas e coisas representadas, que dá um universo de objectos com alma ou, ao invés, uma humanidade estática e exaurida; a narrativa subjectivada, testemunhal ou interiorista que na sua obra corresponde a depoimentos de inquéritos policiais e relatórios, onde com a secura administrativa vibra o sentir das personagens, invadidas pela memória afectiva.

A lembrança preenche o vazio da vida, a insatisfação, sonhos frustrados, e funciona como prolongamento do ser que mitifica a infância, alheio ao cometimento no mundo actual, onde as figuras agem como títeres, maquinalmente, em eco, falando ao passado como quem age no presente. Daí a atmosfera onírica, circular, insistente, de gestos em esboço e pensar inconcluso, onde o *pathos* é sentimento e patologia de quem existe apenas na recordação.

A noite, a morte, Deus e o vazio, só preenchível pelo Livro, concentram a intensidade efabulativa deste romance, construído, como outros do autor, sobre uma unidade de tempo que aqui é o período de dormir (o mais inerte), da meia-noite às cinco da manhã, correspondendo cada capítulo a uma das horas. Livro de horas, pois, onde a congeminação inso[]ne, espécie de *nessum dorma*, tem laivos evangélicos («o mundo começou com o escuro e depois veio a luz»), oscila entre a reza e a raiva que se perde em dolorido desconhecimento, «a espécie de chuva em que o passado termina dado que a seguir ao tempo o nada branco de Deus». E o sofrimento de todos, desprotegidos ante a manhã sem alcance de redenção, abriga-se no escuro, onde, diz o final, «este livro pode ler-se».

Esse nada, côncavo da escrita em escassez e em excessos, reafirma o narrador na relação vertical-horizontal («asas, ondas») que pelo desejo e evasão figuram a ascensão gratulatória, tanto como a perda no vazio do gesto humano raso, o da escrita também, que dá porém o desvanecimento das coisas e do ser que é afinal hipótese da plenitude, se bem que exausta, da criação.

ALEXANDRA LUCAS COELHO

"Lobo Antunes contra Lobo Antunes"
[*Ontem Não Te Vi Em Babilónia*]

Público/Livros, 3 de Novembro, 2006, pp. 8-9.

> *Ontem não te vi em Babilónia* é um livro redundante. Ou irrelevante, como um intervalo, na obra ímpar de António Lobo Antunes.
> É verdade que ninguém escreve como ele. O problema é que isto significa também que ninguém o imita como ele.

1. António Lobo Antunes é o pior inimigo de si próprio.

Não tanto porque insiste em posar como o melhor escritor do mundo conhecido (o que podia ter graça se fosse só uma provocação). Mas sobretudo porque se arrisca a ser o melhor epígono da sua própria obra.

Há anos que escreve contra esse risco, e menos não é suficiente. Diz que escreve cada livro para corrigir o anterior, para ir mais longe, e isso tem sido verdade (faltou-me ler "Eu hei-de amar uma pedra").

Mas não é o que acontece em "Ontem não te vi em Babilónia". Livro de um labor imenso – como, de forma radical, são os seus últimos –, resulta atolado numa autocontemplação que já não é irónica nem comovente.

Lobo Antunes escreve com a convicção de que ninguém escreve como ele, e isto não é desmedido, é lúcido. Mas significa também que ninguém o poderá igualar tão bem como ele próprio. É por isso que o conselho aos seus epígonos ("têm de escrever contra mim", entrevista na Pública, 29/10/06[141]) devia ser uma faca apontada em primeiro lugar à sua própria mão.

---

[141] Ver "'Tenho a sensação de que ando a negociar com a morte'" [2006], entrevista de Alexandra Lucas Coelho, in Ana Paula Arnaut (ed.), *Entrevistas com António Lobo Antunes. 1979-2007. Confissões do Trapeiro*. Ed. cit., p. 548.

Ao contrário, "Ontem não te vi em Babilónia" é um livro que se escreve (com o que já fora alcançado noutros livros) para escrever: vejam o que eu alcanço.

Os ingleses têm aquela palavra, mesmerize. Algo entre o deslumbre e o hipnotismo. É assim que Lobo Antunes parece estar consigo próprio em "Ontem não te vi em Babilónia". Não é a pose, não são as entrevistas, não é a caricatura para ver os outros de boca aberta. É o próprio livro que se deslumbra consigo próprio a ser escrito. Como um narciso a ver-se enquanto nasce. Ou aquela palavra mais desagradável, quiromaníaco.

2. O livro divide-se em seis partes, da meia-noite às cinco da manhã. Cada parte corresponde a uma hora e tem quatro capítulos. Cada capítulo corresponde a uma voz. Tudo isto é muito claro.

As vozes principais estão em todas as partes, ou seja, à meia-noite, depois à uma, depois às duas, etc. Essas vozes principais são um homem que deu cabo de inimigos do Estado e da Igreja, a mulher dele que ficou para sempre com um berço vazio e a amante cuja filha se enforcou numa macieira. Há outras vozes, a irmã do homem, o pai da mulher, etc.

Em última análise, e como se clarifica à medida que o livro avança, há apenas uma voz, que é a do autor António Lobo Antunes, a incorporar várias vidas. Como um ventríloquo.

Não há uma história linear, o que evidentemente não é novo (na literatura do último século, pelo menos). Há a vida a bater, um buraco negro – uma noite, até à aurora – em que passado, presente e futuro coincidem (fantasmas, detalhes, obsessões, imagens, cenas, sensações, cheiros). Ou, como escreve tão justamente, o passado é movediço.

Mas há um cenário, um contexto para essa vida, o Portugal funcionário que serviu o Estado Novo e agora envelhece numa vivenda do Pragal, ou num Alentejo tristonho, de província. Medíocre, mal-formado, mal-amado. Esse pedaço de nós.

Esta é uma das razões porque "Ontem não te vi em Babilónia" surge como um livro redundante. Lobo Antunes já sugou esse pedaço até ao tutano.

Ele explica que o desafio neste livro era a escrita acompanhar o caminho de entrada no sono, como se as vozes estivessem num sobe e desce, a cabecear, e os nexos alternassem, do subterrâneo à superfície.

"LOBO ANTUNES CONTRA LOBO ANTUNES" [*ONTEM NÃO TE VI EM BABILÓNIA*] | 365

Outra forma de descrever isto é falar em foco, aplicar a noção de foco à voz, digamos. Há um momento em que a voz se embacia, perde nitidez, resvala, como uma linha que estamos a escrever num caderno, ao tombarmos de sono. E depois endireita-se, volta a si, focada.

É um processo fascinante, como de resto é sempre a escrita de Lobo Antunes, quando mergulhamos nela. Mas não é nada que ele já não tenha feito.

Ao longo de todo o livro, cada vez mais, as personagens falam com o autor, falam de estarem a ser escritas e de estarem a escrever o livro. O autor também fala delas, de estar a escrever e das palavras (o que é um recurso pontual da literatura, pelo menos desde Cervantes, que Lobo Antunes tornou orgânico).

Seguindo a progressão desta mais que autoreferencialidade, que escancara o relógio à medida que o constrói, quem se levanta é o autor.

A maior parte das vezes, faz a voz da personagem corresponder ao capítulo: "não sei falar como os outros falam no livro" (p. 115).

De vez em quando faz a sua própria voz: "entrega-se outra vez a narração à Ana Emília, já está" (p. 180).

Varia. Mas há sempre um intra-diálogo com o texto a ser escrito.

"chegou a altura de escrever a hora e não escrevo, escrevo que mirava a minha filha a odiar-me" (p. 186). Ou: "mexe a caneta que alguém mais tarde há-de emendar por ti" (p. 308).

Esse texto – cada livro o confirma, e este livro não menos –, o texto de António Lobo Antunes, tem um poderoso dom poético, preciso.

Pára uma palavra. Envolve-se com ela.

"sob as tílias a enlanguescer

(enlanguescer?)

a enlanguescer ao crepúsculo na grande paz de setembro, mês entre todos amado no seu vagar de bocejo

(enlanguescer?)" (p. 289)[.]

Ou: "não me designem

(ora aqui está um verbo como deve ser)" (p. 345)[.]

Mas na versão final sobeja comprazimento:

"(estou a gostar de escrever isto, continuarei a gostar ao rever o capítulo?)" (p. 363).

Pelos vistos, sim.

Depois há o momento em que se começa a declarar que aquilo, no seu foca-desfoca, não é um romance.

"(isto é a vida, não um romance, se fosse um romance tudo perfeito, certo)" (p. 364).

E caso ainda tivéssemos dúvidas: "(isto não é um livro meu Deus, acreditem que não é um livro, sou eu)" (p. 433).

Por esta altura já uma das personagens o tratou por António, numa das mais extraordinárias passagens do livro (que, naturalmente, em 479 páginas, as tem, e muitas). Vale a pena não a cortar:

"o seu livro quase no fim visto que dia, guarde os papéis, a caneta e levante as sobrancelhas da mesa onde desenha as letras torcido na cadeira, quatro da manhã graças a Deus, quase cinco, acabou-se, na janela diante da sua uma senhora numa cadeira de baloiço que há-de cobri-lo com o xaile, você não imaginando que a morte uma pessoa real, sem mistério a defender-se do frio, o seu nome

– António

ao mesmo tempo que um barulhinho no vestíbulo, cochichos que o procuram na casa, espreitam o corredor, não o acham, os homens de casaco e gravata junto a si e um martelo, uma pistola, uma lâmina

(quatro horas da manhã graças a Deus quase cinco)

e não tem importância visto que o seu livro no fim, tantos meses para chegar e duvidando se chegaria de maneira que alegre-se, olhe a janela onde a senhora da cadeira de baloiço

– António

a cobri-lo com o xaile, não consegue ouvir as ondas nem os albatrozes de Peniche

(que ondas, que albatrozes?)

não consegue ouvir a minha filha

– Não se vai embora você?

Não se consegue ouvir nada a não ser o seu nome

– António

e as páginas do livro que vão caindo no chão." (p. 395).

O livro acaba, lamenta uma personagem: "E agora, pergunto, o que será de mim quando acabado este capítulo deixarem para sempre de me ouvir, quem se lembrará do que fui?" (p. 241).

E o autor: "[(]páginas escritas a custo, emendadas, riscadas e emendadas de novo, passadas a limpo e ao lê-las

– Não é assim

e continuar a escrever)" (p. 435).

E a personagem: "Escrevo o fim deste livro em nome da minha filha que não pode escrever" (p. 459).

E o autor: "(chamo-me António Lobo Antunes, nasci em São Sebastião da Pedreira e ando a escrever um livro)" (p. 465).

E a personagem, por fim: "não se preocupem com o livro (não estou a girar sozinha é com a minha mãe que eu giro) porque aquilo que escrevo pode ler-se no escuro." (p. 479)[.] Porque é a vida.

Mas não precisávamos que o autor estivesse o tempo todo aos pulos dentro do texto a avisar-nos disso.

3. Dizer-se que os últimos romances de Lobo Antunes são difíceis tornou-se um álibi e uma medalha que só favorece a indulgência do autor. Exigem concentração, mas o leitor é sempre amparado. Cada personagem tem objectos, expressões, refrões que a identificam. Há um fio contínuo, uma lada[i]nha que vai ondulando, como um corpo na água, ou a cabeça no sono. O que se sabe à partida é o que se sabe à chegada. Pode ser extenuante (se o prazer da linguagem que nos devolve a vida não compensar). Mas nunca é ininteligível, nem sequer obscuro.

Quando Lobo Antunes diz que escreve cada livro para corrigir o outro, é como se absorvesse o que está para trás. Cada obra integra a outra, e avança. É nesse sentido que "Ontem não te vi em Babilónia" é irrelevante como um intervalo.

Não deixa de ser hipnotizante, porque é de um talento monstruoso, de um ouvido sem paralelo, de uma memória abissal. Mas isso é o que já sabíamos que é. Como se relêssemos e não como se lêssemos.

Entre copiar outros e copiarmo-nos, esbracejemos no nosso charco. Mas não será essa a ambição de Lobo Antunes.

A este livro falta o desafio de uma vida de novo virada para nós, que nos enleie e faça ver o que somos, além daquele Portugal do Pragal, da Pide, da Província. Tornar sonâmbula a escrita é um braço--de-ferro de escritor, nem por isso muito distinto do que já acontecia noutros livros. Há algo em "Ontem não te vi em Babilónia" de desinspirado. Talvez para manter a mão. Esperar o que aí viesse.

Claro que ele sabe sempre mais do que nós, porque entretanto já escreveu mais um livro e começou outro. O que está pronto ("O meu nome é Legião") toma as vozes de um bando de miúdos delinquentes, o que é prometedor. O que está a ser escrito quer captar a voz de um autista. Mais que prometedor. Seguramente perigoso, sobretudo quando a referência aqui é sempre Faulkner (em "O Som e a Fúria"). Mas será mais interessante cair no desconhecido do que ficar a dar voltas no mesmo sítio.

Com este, com todos os livros que Lobo Antunes já escreveu, os exegetas têm trabalho com fartura. É uma obra ímpar. Mas Lobo Antunes quererá mais que os exegetas. Quererá ser lido.

Este não tira vontade de ler o próximo. Só ele saberá o que será o próximo. É lúcido o bastante para saber que está no gume. A auto-contemplação transforma-se rapidamente em autocomplacência.

JORGE MARMELO

"Lobo Antunes, autor 'lúcido e crítico', vence Prémio Camões"

Público, 15 de Março, 2007, p. 2.

Escritor foi o escolhido pelo júri do mais importante galardão literário da língua portuguesa. Vai receber cem mil euros[.]

"É um prazer lembrarem-se do meu nome." Foi com esta lacónica declaração, transmitida pelo gabinete de imprensa das Publicações D[om] Quixote, que o escritor português António Lobo Antunes reagiu ontem à notícia de que é o mais recente vencedor do Prémio Camões. A lembrança transforma-o no décimo nono vencedor do Prémio Camões, sucedendo ao angolano Luandino Vieira na lista do mais importante galardão literário da língua portuguesa, no valor de cem mil euros.

A decisão foi anunciada ao início da noite de ontem, no Rio de Janeiro, no Brasil, no imponente edifício da Biblioteca Nacional, onde, curiosamente, está guardado um exemplar da primeira edição de *Os Lusíadas*, de 1572. Segundo ficou inscrito na acta do júri, presidido pelo escritor angolano João Melo, o prémio distingue este ano a "mestria em lidar com a língua portuguesa, aliada à mestria em descortinar os recessos mais inconfessáveis do ser humano, transformando-o num exemplo de autor lúcido e crítico da actualidade literária".

Mais um prémio

A decisão foi formalmente comunicada pelo secretário-geral do Ministério da Cultura do Brasil, Juca Ferreira, e pelo presidente da

Biblioteca Nacional, Muniz Sodré. Do júri do prémio faziam ainda parte Francisco Noa (Moçambique), Fernando Martinho e Maria de Fátima Marinho (Portugal), Letícia Malard e Domício Proença Filho (Brasil). Instituído em 1988, pelos governos de Portugal e do Brasil, o Prémio Camões visa "consagrar anualmente um autor de língua portuguesa que, pelo valor intrínseco da sua obra, tenha contribuído para o enriquecimento do património literário e cultural da língua comum".

Nascido em Lisboa, em 1942, no seio de uma família burguesa, António Lobo Antunes é psiquiatra e estreou-se na literatura em 1979, com o romance *Memória de Elefante*, ao qual se seguiram *Os Cus de Judas* e *Conhecimento do Inferno*, todos fortemente marcados pela experiência da guerra colonial. A sua obra, composta por 26 títulos (entre romances, crónicas e os já famosos aerogramas da guerra colonial reunidos pelas suas filhas em *D['E]ste Viver Aqui Neste Papel Descripto*) está integralmente publicado pela D[om] Quixote, tendo ainda sido traduzida para inúmeros países. *Ontem Não te Vi em Babilónia* é o seu último romance, publicado no ano passado.

A obra de António Lobo Antunes já anteriormente tinha sido distinguida por prémios nacionais e internacionais, entre os quais se destacam o Prémio União Latina (2003), O Prémio Jerusalém (2004) e o Prémio Ibero-Americano das Letras José Donoso (2006). Venceu ainda, entre outros, os prémios do Romance e Novela da Associação Portuguesa de Escritores, France Culture (por duas vezes) e Fernando Namora.

Lógica da rotatividade

Antes de Lobo Antunes (que, curiosamente, surge também como personagem do romance *Doutor Pasavento*, do espanhol Enrique Vila--Matas), o Prémio Camões havia já sido atribuído a outros oito autores portugueses ([...]): Vergílio Ferreira, Miguel Torga, José Saramago, Maria Velho da Costa, Agustina Bessa-Luís, Sophia de Mello Breyner Andresen, Eduardo Lourenço e Eugénio de Andrade.

A decisão do júri parece, por outro lado, ter obedecido a uma lógica de rotatividade. Depois da brasileira Lygia Fagundes Telles e do angolano Luandino Vieira, o prémio de cem mil euros é agora destinado a um autor português. Diga-se que sem qualquer surpresa, uma vez que o nome de António Lobo Antunes está na calha há vários anos para esta distinção.

Para o escritor angolano José Eduardo Agualusa, que já integrou o júri do Prémio Camões em anteriores edições, a escolha de 2007 limitou-se a cumprir aquela que era a sua aposta principal: "Oba! Estou muito feliz, é uma grande notícia." "É um daqueles casos que não surpreende ninguém e teria sido natural se António Lobo Antunes já tivesse ganho há mais tempo", observa o escritor angolano. É uma escolha que só engrandece o prémio e fico muito contente que ele ganhe o Camões antes de ganhar o Nobel", acrescentou ontem ao PÚBLICO.

Reacções

"Faço votos para que possa continuar um trabalho que tanto tem contribuído, ao longo das últimas décadas, para o prestígio da literatura e da língua portuguesa"

Cavaco Silva, Presidente da República

"É uma das personalidades literárias portuguesas de maior prestígio mundial"

Francisco Seixas da Costa, [E]mbaixador de Portugal no Brasil

"É um dos escritores mais importantes da actualidade"

Lídia Jorge, escritora

"É o maior escritor vivo por causa da inventividade da sua linguagem"

Guiomar de Grammont, escritora brasileira
e coordenadora do Fórum das Letras de Ouro Preto

"É um grande escritor, autor de uma literatura da maior importância, completamente original"

Lygia Fagundes Telles, escritora brasileira,
vencedora d[a] edição de 2005 do Prémio Camões

"Um autor reconhecido pelos seus leitores"

José Manuel Mendes,
presidente da Associação Portuguesa de Escritores (APE)

"Esta distinção é justíssima e já tardava". "Grande inovação, uma pujança metafórica sempre em crescendo, e sem medo de experimentar no domínio da narrativa"

Isabel Pires de Lima, Ministra da Cultura

Três livros, três escolhas

Paula Morão, professora catedrática na Faculdade de Letras de Lisboa e ensaísta literária, adverte que uma selecção de obras de António Lobo Antunes só pode ser "dilacerada" porque todos os seus livros "são muito bons". Ela escolhe três, mas no fundo são cinco: as crónicas de Lobo Antunes já vão no terceiro volume. São "livros do meio", como diz, isto é, não são dos primeiros nem dos mais recentes na bibliografia antuniana, apesar de considerar que o autor "está cada vez melhor e cada vez mais requintado" na sua técnica de escrita.

Livro de Crónicas, 1995
Segundo Livro de Crónicas, 2002
Terceiro Livro de Crónicas, 2006[142]

Na concisão das crónicas há uma concentração de elementos narrativos e uma definição de personagens que acho inexcedível. As crónicas são experiências de processos narrativos e de personagens que depois vamos encontrar com outro tratamento nos livros. São uma espécie de laboratório. A crónica não é, de todo, um género menor. É um género muito difícil para quem o pratica. O texto curto é tão difícil quanto o romance de 400 páginas. São técnicas complementares, não se excluem de maneira nenhuma. A crónica é outra coisa, mas menor nunca.

[O] Manual dos Inquisidores, 1996

É um livro de uma beleza extraordinária. É um retrato dilacerado da ligação entre o Portugal salazarista e a incapacidade de adaptação das personagens protagonistas ao pós-25 de Abril. E isso é dado com grande intensidade. Lobo Antunes trata muito bem a questão do

---

[142] Data apontada na ficha técnica do livro (Janeiro 2006). A data do *copyright*, também indicada na lista de obras do autor, é, no entanto, 2005.

falhanço, a impossibilidade de admitir que há um outro mundo para além daquele que as personagens tinham imaginado como seu.

O Esplendor de Portugal, 1997

Lobo Antunes repega em coisas que já tinha feito em livros anteriores relativamente ao passado colonial português. É um mosaico de vozes que uma vez mais trabalham sobre o falhanço, o malogro, a solidão. Cada uma das personagens vive isolada como se houvesse uma espécie de muro invisível que faz com que falem para si mesmas. Não há inter-relações, não há diálogos.

ALEXANDRA LUCAS COELHO

"Um escritor para três gerações de leitores. 'Um imenso poeta no domínio da prosa'"

Público, 15 de Março, 2007, p. 3.

Foi uma "grande, grande alegria" para Eduardo Lourenço saber que o nome de António Lobo Antunes "está coberto pelo nome de Camões", e de Vence, onde vive, o ensaísta fazia questão, ontem, de lhe enviar "um grande, grande abraço".

Com um olhar do exterior, mas em constante contacto com Portugal, e a amplitude de uma obra de reflexão única, Lourenço, Prémio Camões em 1996, poderá como poucos avaliar a importância de António Lobo Antunes na literatura portuguesa e contemporânea.

"É o escritor português mais conhecido, a par do nosso Nobel (José Saramago), mas não creio que tenham os mesmos leitores. Lobo Antunes representa um desafio de leitura mais forte do que qualquer outro português, tirando Maria Velho da Costa ou Maria Gabriela Llansol, que não têm tantos leitores, enquanto ele é imensamente lido no estrangeiro."

Obra "cuja inscrição ideológica é difícil de situar", ao contrário de Saramago, distingue Lourenço, possui "uma força enorme, torrencial, sobretudo nos últimos dez anos". Desde a guerra de África às grandes sagas, os seus romances são "uma descida ao universo familiar e nosso, como uma massa oceânica em movimento, que é a realidade portuguesa mais visceral". Nos seus livros, julga o ensaísta, acontece "uma psicanálise bruta da vida mais profunda de um país".

E como escrita, dificilmente se cinge à prosa. "Lobo Antunes é um imenso poeta no universo da prosa, que posso comparar à força de um Herberto Helder, mas em vez de ser o universo da liberdade total é o universo do mais insuportável, com um lirismo que só encontro em Céline e Henry Miller, mas que é dele e nosso."

Neste corpo, as crónicas "são extraordinárias" e "têm uma leitura mais fácil" do que os romances. "Ele faz de qualquer *fait-divers*, da realidade mais banal uma epopeia. Tudo lhe serve, qualquer coisa."

Evocando os renovadores da prosa, "como Agustina Bessa-Luís nos anos 50, Herberto nos *Passos em Volta*, Velho da Costa e Llansol", Lourenço crê, no entanto, que "não há precedentes para esta força, de um caudal de emoção, violência, sarcasmo, ironia e lirismo na literatura portuguesa, e haverá em poucas".

Na Universidade de Utrecht, o director do departamento de português, Paulo Medeiros, não tem dúvidas em ver Lobo Antunes como "um dos escritores mais importantes" da Europa. "Mantém um rigor muito difícil de encontrar, uma beleza poética assustadora, uma relação intertextual com outros autores e uma análise crítica da sociedade portuguesa." Que nem por isso o torna críptico para um leitor estrangeiro, crê. "A escrita causa uma enorme dificuldade aos tradutores, muito mais do que em outros autores. Mas a maneira como disseca relações humanas torna-o muito interessante fora de Portugal."

Este catedrático tem notado que enquanto a recepção positiva a Saramago na Holanda "se apagou depois do Nobel", a de Lobo Antunes progride. "E pelo que leio, na Alemanha é o mesmo." Um dos efeitos inevitáveis é ser "muito contagiante", na expressão de Gonçalo M. Tavares, um dos autores que têm inovado a prosa portuguesa na geração que cresceu com a prosa de Lobo Antunes. "Em termos da frase isolada, como um átomo, estou mais perto da Agustina, mas o Lobo Antunes é claramente o mais contagiante. É muito difícil lê-lo e não escrever da mesma maneira. Há nele um ritmo, uma música que quem escreve tem tendência a continuar como uma canção."

Gonçalo é "um grande adepto" das crónicas. "Acho que são das coisas que vão ficar com mais força. Ele consegue concentrar nelas uma intensidade literária e emocional que é muito rara. Consegue violentar o leitor, no sentido de o sacudir. É muito difícil emocionar na literatura e ele nas crónicas consegue emocionar mais. Podem não ser tão trabalhadas como o romance, mas o leitor leva um safanão muito grande. No romance há mais uma distância de contemplação. Nas crónicas uma pessoa sente-se puxado para um ringue."

MARIA ALZIRA SEIXO

"O esplendor da obra"[143]

Jornal de Letras, Artes e Ideias, 28 de Março, 2007, p. 6.

António Lobo Antunes (ALA) tem o Prémio Camões. Só agora, dir-se-á. Mas a contingência de juízos, conformes a modo de ver, cabe à história das instituições e não à estética: Sully Prudhomme, o primeiro Nobel, já não é lido (não sendo um mau escritor) e Borges, sem Nobel nenhum, teve a projecção de melhor escritor do mundo, o que nunca se pode afirmar com rigor. Prémios não são forçosamente instituições, a não ser com júri vitalício; e quem pertence a júris sabe da contingência de resultados e do jogo de forças que faz por vezes distinguir escritores que à partida ninguém tencionava laurear. Ao invés, há prémios decididos em escassos minutos, nem sempre pelas melhores razões. Se um dia se escrever a história dos bastidores dos prémios, dando conta de certas reuniões de júri, surgirão dados interessantes sobre o comportamento humano e relativizar-se-á este modo de acção cultural. Posso contar episódios, como o do escritor que nenhum jurado considerava digno de ganhar e obteve o galardão, ou (e odeio dizê-lo) o de colegas que vi votarem em escritores que não haviam lido.

Por vezes nem se sabe quem premeia quem: se o galardão distingue o premiado, ou se é o júri que acaba por se distinguir (ou enodoar) com a atribuição. O Prémio Camões atribuído ao autor de *O Esplendor de Portugal* não oferece dúvidas, e, se já tardava, culpa não a tem este júri, a quem coube afinal o mérito de o escolher.

---

[143] Texto incluído em *As Flores do inferno e jardins suspensos*. Ed. cit., pp. 353-356.

Poética do desprendimento

É certo que a ambiguidade parece percorrer, desde o início, as páginas da obra do escritor, que desconcertará o leitor menos atento. De *Memória de Elefante* a *As Naus*, a guerra de África, por exemplo, ou a família, ou a mulher, são temas de uma negatividade quase absoluta – mas encontram ilhas de aceitação e ternura, quase de raivoso apego ou mesmo inabalável dependência, que torna indecidível a sua inscrição definida como um bem ou um mal. De *Tratado das Paixões da Alma* a *Exortação aos Crocodilos*, as vozes múltiplas do passado, que se mesclam na consciência narrativa, revelam-se obsidiantes e pungentes, como o roer do remorso ou a acutilância da dor – mas nenhum cutelo fere na obra ostensivamente (a não ser, frequente, o que decepa membros de cavalos e cães, e corta o pescoço aos frangos e perus, com sangue sempre a jorros), nenhum arrependimento aniquila, antes se torna manso ecoar na distância do entrecruzar constante dos tempos, obsessivo e magoado, quiçá mantido em memória preciosa (as jóias: sempre um anel na figura feminina, um medalhão ou um colar de turmalinas, o brinco que se perde, uma pérola falsa...) em que o presente e a vida que a ele se prende completamente se esvai.

De *Não Entres Tão Depressa Nessa Noite Escura*, o mais bravio e fecundo dos seus livros, a *O Meu Nome É Legião*, a recente aventura de escrita sobre os bandos de assaltantes mestiços dos bairros de lata, a maneira de usar as palavras impressiona, por vezes desnorteia, pois formam frases em mobilidade, a deslocarem-se permanentemente na aparente fixidez da sua repetição constante, porque o dizer é uma forma de sugerir outra coisa, o que não está no texto, e ler é adivinhar, ou pressentir, para que o sentido do escrito flutue, imponderável, como o roçar do vento em folha ou trepadeira, murmurar de flor, ascensão embevecida de pássaro ou o içar do baloiço no arrepio do corpo que precede a morte. Como acontece em *A Morte de Carlos Gardel*, e acontece em *Ontem Não Te Vi em Babilónia*. A ambiguidade não é fácil de receber em literatura, se se pretende uma compreensão do texto com tranquilidade e interpretação unívoca. Os romances de ALA são dos mais ricos na comunicação dos ambientes salazaristas e da revolução de Abril; todavia, o modo poliédrico como essas realidades surgem, com a indignação e a repulsa a par da compreensão da fragilidade humana e de desmandos vários, impede às vezes a sua correcta leitura. De sublinhar é, sobretudo, o apuro verbal, porque ele dá o significado dos textos e respectivo alcance ideológico. Apuro que procura despojar a palavra escrita da sua qualidade de inscrição, abalando-lhe o registo indelével para tentar a impossível, aérea, mercuriana imponderabilidade de um dizer que (se) liberte.

Chamei a isto, em 2002, uma poética do desprendimento, por dar conta de uma articulação tensa entre o forte movimento de preensão que a obra revela (desejo de atingir o amor, a paz, a perfeição, a vida, em histórias de aquisição e tangibilidade, fundadas no gesto de escrita manuscrita ambidestra, a cores, em composição de textos com tinta e papel que já hoje é história) e a consciência da vulnerabilidade de todo o escrito e sentido, em abandono ou indiferença, que implica o intento da sua rasura ou volatilização (emendas, interditos, suspensões da frase, palavras inacabadas, espaços em branco com significado intenso), como o anjo de que fala em certas crónicas, que lhe dá o texto arrancando-o ao corpo e à terra, na imaterialidade de uma escrita suspensa.

De catorze a vinte e dois

Quando, há cerca de cinco anos, iniciei o trabalho filológico de fixação do texto dos seus livros para a edição «ne varietur», ALA tinha publicado 14 volumes. Completei até agora, eu e a equipa de colegas que me ajudam, justamente 14 livros, 13 dos quais já publicados, e estão em fase de provas mais cinco, faltando-nos, para conclusão do empreendimento, apenas três... que aliás já vão adiantados. Movimento uniformemente acelerado, pensará de bom humor o leitor perito em física e filologia – e suspeito!, atalhará o mais matemático: porque estas contas parece que não batem certo, mas esclareço que tal se deve, não a lapso meu, e antes, uma vez mais, ao esplendor da obra, que nestes cinco anos foi aumentada, de 14, para um total de 22 livros, e incluo o novo romance *O Meu Nome É Legião*.

Tal como este título bíblico, em que o pulular demoníaco é a outra face, com aspectos malditos, do ímpeto criativo da natureza divina, a obra de ALA não apresenta apenas uma espantosa qualidade literária, mas o laborioso culto da arte de escrever; e quem trabalha esta obra, em leitura regular e aprofundada, como que por emulação acompanha (durante um tempo apenas, não nos iludamos, que aqui o artista é só um!) o ritmo extraordinário da composição que, a partir da frase e da capacidade de projectar a arquitectura do texto, define o itinerário profissional do escritor.

Não se mede a qualidade pela quantidade; mas lá que a qualidade, quando se vê multiplicada, assombra – é mais certo. É o caso desta obra, em relação à qual é frequente referir-se a impossibilidade de seleccionar os melhores textos, por todos constituírem excelência. Obra imensa e incessante, mantendo-se na primeira linha da criação literária, impõe-se, contra a usura do tempo e da fortuna, pelo valor e ausência de vazios ou quebras de criatividade, numa esplendorosa manifestação da arte de escrever em língua portuguesa.

AGRIPINA CARRIÇO VIEIRA

"Uma voz que diz... o mal"
[*O Meu Nome É Legião*]

Jornal de Letras, Artes e Ideias, 26 de Setembro, 2007, pp. 18-19.

> *O Meu Nome É Legião*, o 19.ffl romance de António Lobo
> Antunes, ed. Dom Quixote, é posto à venda no próximo dia
> 1, estando o lançamento, com apresentação de Eduardo
> Lourenço, previsto para o fim de Outubro, na Cova da
> Moura, «bairro problemático» da per[if]eria de Lisboa, local
> de acção do livro. O JL pré-publica, em primeira mão, um
> excerto do início do romance, sobre o qual Maria Alzira
> Seixo e Agripina Carriço Vieira (ambas da equipa
> responsável pela edição *ne varietur* das obras do escritor,
> que MAS dirige) se pronunciam, através, respectivamente,
> de uma entrevista e de um artigo. A fechar, a crónica de um
> encontro informal do JL com António Lobo Antunes[144], que,
> há pouco, foi *estrela* do Festival de Literatura de Berlim e
> acaba de receber mais um prémio, o de Pablo Neruda.

Numa já longa e espantosa carreira literária, que tem o seu início, como todos sabemos, em 1979 com a publicação de *Memória de Elefante*, António Lobo Antunes tem vindo a convidar os seus leitores a entrar em mundos ficcionais cada vez mais densos e complexos. Se[,] por um lado, cada novo romance seu se inscreve indubitavelmente num contínuo narrativo, por outro lado[,] constitui-se igualmente como

---

[144] "O eremita no seu eremitério" [2007], texto da autoria de Rodrigues da Silva, incluído em Ana Paula Arnaut (ed.), *Entrevistas com António Lobo Antunes. 1979-2007. Confissões do Trapeiro*. Ed. cit., pp. 561-563.

uma novidade em relação a tudo o que já tínhamos dele lido. Quero com isto dizer que estamos perante uma obra de tal forma rica e complexa, que se torna difícil definir ou periodizar. Em vez de balizas temporais, ocorre-me, para a caracterizar, uma metáfora musical, muito ao jeito, aliás, do universo romanesco antuniano (para além de inúmeras letras de cantigas pontuarem os textos, dos títulos com conotações musicais, o autor em várias entrevistas tem-se referido à estrutura sinfónica dos seus romances[145]): diria que a obra de António Lobo Antunes é uma longa composição onde o tema, ou seja, a ideia melódica, se matiza de variações, o que me leva a concluir que estamos perante uma obra que se inscreve simultaneamente sob o signo da continuidade e da inovação.

Com efeito, as balizas periodológicas, dentro das quais os críticos ou estudiosos intentam «arrumar» os romances de Lobo Antunes, vão mudando consoante os parâmetros de análise que elegermos. Senão vejamos: parece consensual que os três primeiros romances formam um todo coeso de pendor mais autobiográfico; no entanto, do ponto de vista temático, *Os Cus de Judas* e [] *Conhecimento do Inferno* encontram prolongamento discursivo em *As Naus*, *Fado Alexandrino* e, obviamente, *Boa Tarde Às Coisas Aqui Em Baixo*, livros onde se problematiza os horrores da guerra. Mas, de um outro ponto de vista, podemos afirmar que *O Meu Nome É Legião*, o seu novo romance, retoma e desenvolve aspectos já enunciados em [] *Conhecimento do Inferno*, de 1980. Não será por acaso que, nesta brevíssima apresentação, um título regressa incessantemente: [] *Conhecimento do Inferno*. Ao invés, a reiteração resulta antes da importância fulcral que este romance ocupa na produção romanesca de Lobo Antunes, importância para a qual o autor já tinha chamado a atenção, quando disse, numa entrevista ao *Público*, em 2003: «[m]uitas das coisas que faço agora estão em botão no *Conhecimento do Inferno*»[146]. E, de facto,

---

[145] Ver, por exemplo, "Mais perto de Deus" [1999]; "António Lobo Antunes, depois da publicação de 'exortação aos crocodilos' – 'agora só aprendo comigo'" [2000]; "Que diz Lobo Antunes quando tudo arde?" [2001], entrevistas de Rodrigues da Silva, Alexandra Lucas Coelho e Sara Belo Luís, in *idem*, pp. 306, 328, 372, respectivamente.

[146] "'O romance é diferente depois de mim'" [2003], entrevista de Alexandra Lucas Coelho, in *idem*, p. 405. Em 1999, em entrevista de Rodrigues da Silva ("Mais perto de Deus"), o autor afirma que "o que tenho escrito, livro a livro, é uma *ME* sucessivamente corrigida", in *idem*, p. 306.

"UMA VOZ QUE DIZ... O MAL" [*O MEU NOME É LEGIÃO*] | 383

assim é: *O Meu Nome É Legião* regressa à questão fulcral da representação da violência, à volta da qual o entrecho do terceiro livro de Lobo Antunes se constrói, apresentando-se ambos como uma reflexão sobre o mal.

Se em 1980 o autor problematizou a infinita dor dos homens que viveram a violência absurda da guerra e a violência desumana do internamento no hospital psiquiátrico, neste romance o leitor é confrontado com um outro tipo de realidade, marcada pela violência urbana vivida nas sociedades contemporâneas e apreendida no seu estado mais absoluto de crueldade. A variação reside, pois, no modo particular e inovador de dar conta das falas das personagens. Ao longo das perto de quatro centenas de páginas, distribuídas por 19 capítulos, que compõem o romance, assistimos a um jogo peculiar de intensificação e diluição das vozes narrativas, por meio da utilização ou da ausência de travessões a antecederem as falas, alteração que se produz em cada três capítulos, à excepção dos últimos seis, onde se respeita o uso normativo do travessão. Esta técnica discursiva cria um curioso efeito de diluição e, por vezes, de indefinição, no magma textual, das várias vozes narrativas, que surgem como se fossem conduzidas por uma voz interior, que reafirma ocasionalmente a sua presença, como na seguinte expressão: «Já garanti ser uma voz que dita umas ocasiões tão depressa que não a acompanho e outras silêncio horas a fio e eu de bico no papel».

A questão da voz é particularmente importante neste romance: múltiplas vozes povoam o silêncio da comunicação, outras há, como anteriormente referi, que conduzem a narrativa. Mas uma fundamental abre a narrativa e dá título ao romance: é a voz do mal corporizado no homem interpelado por Jesus, que orgulhosamente afirma «o meu nome é Legião», referindo-se às inúmeras formas e designações que o mal toma.

O Meu Nome É Legião conta a história de um grupo de oito jovens: «Um branco, um preto e seis mestiços (...)/ de idades compreendidas entre os 12 (doze) e 19 (dezanove) anos», organizados em bando que se dedica a actividades criminosas, sobretudo roubos. O Ruço, o Gordo, o Capitão, o Miúdo, o Galã, o Cão, o Hiena e o Guerrilheiro moram no Bairro 1.º de Maio (nome fictício, sob o qual podemos adivinhar e reconhecer outros, esses bem reais, que são assunto de notícia na nossa comunicação social), nos subúrbios de Lisboa, amplamente descrito, uma vez que se constitui como ponto de ancoragem dos jovens delinquentes, que aí regressam após realizarem os inúmeros e violentos assaltos.

As suas viagens permitem-nos construir uma cartografia da grande área metropolitana de Lisboa: do bairro 1.º de Maio a Sintra, de Sintra a Lisboa, do Bairro a Lisboa, do Bairro à primeira área de serviço na auto-estrada do Norte, regressando até Santarém, passando depois perto de Alenquer, de Benfica até Amadora e Brandoa. As deambulações dos jovens por esses espaços, que vão sendo descritos pelos vários narradores que alternadamente tomam a palavra, num exercício de verbalização sempre difícil e doloroso, permitem pôr a nu os contrastes, a heterogeneidade e até o antagonismo de espaços que, do ponto de vista físico, se tocam mas que um fosso social separa.

Este romance constrói-se, mais uma vez, sobre a figura do inquérito, neste caso pelo viés de relatórios policiais e transcrições de depoimentos de testemunhas, sempre entrecortados e preenchidos pelos pensamentos das personagens. A narrativa inicia-se com o texto do polícia a quem foi atribuída a tarefa de acompanhar a investigação, Gusmão, um polícia já em fim de carreira, que ninguém respeita no serviço, cuja existência era caracterizada por um enorme sentimento de solidão e abandono, até ao momento em que, a mando do seu chefe, vai viver para o Bairro sob disfarce, de modo a obter informações mais precisas das actividades quotidianas e criminosas dos jovens. O relatório circunstanciado das ocorrências presenciadas é, por isso, incessantemente interrompido para dar lugar à expressão dos seus sentimentos mais íntimos ou recriminatórios das práticas da instituição a que pertence.

O texto, que lentamente se constrói, em simultâneo com a nossa leitura, dá conta, de uma forma fragmentada e penosa, das actividades do bando, mas também da sua solidão, da indiferença da filha, do carinho e companheirismo do padrasto em contraste com a impaciência da mãe. A missão, que agora lhe confiam, leva-o a alterar as suas práticas costumeiras, uma vez que vai viver para o Bairro, para casa de uma mestiça. Embora tenha relutância em reconhecê-lo, devido a convicções racistas muit[o] arreigadas, paulatinamente vai olhando para a mulher com quem vive de modo diferente, transformando-se a repulsa inicial em carinho e desejo de protecção. Nunca o confessando, nem mesmo em pensamento, sente afeição pela mulher de quem

"UMA VOZ QUE DIZ... O MAL" [*O MEU NOME É LEGIÃO*] | 385

recusa pronunciar o nome, insiste em chamar-lhe preta, por isso é ele que vai abrir a porta aos colegas aquando da investida policial contra [o] bairro, permitindo-lhe, deste modo, a fuga.

Ao relatório seguem-se os depoimentos das várias testemunhas, ou seja, das personagens que com eles conviveram: a prostituta branca, amante do gordo; o padrasto; a mãe e o avó [a avô] do Miúdo; a irmã do Hiena; o branco companheiro da irmã do Hiena; a mestiça que vive com o polícia; o denunciante, dono de um armazém onde guardava e comerciava as mercadorias roubadas; um dos polícias que participou no assalto ao Bairro. Só no final do romance, nos capítulos 15 e 19, a narrativa é entregue pela primeira vez aos jovens, que em discurso directo apresentam uma outra versão dos acontecimentos, dando conta de outras dores, as que foram por eles sofridas: sabemos dos maus-tratos familiares, da ausência da mãe, da falta de afectos, dos actos violentos praticados a mando dos familiares, dos abusos sexuais ocorridos na instituição a que foram confiados pelas pessoas que deveriam protegê-los (um médico com a conivência e apoio de um vigilante).

O sofrimento do abuso sexual narrado nos dois capítulos referidos traz-nos à memória histórias actuais bem reais: reconhecemos as práticas de pedofilia praticadas por pessoas influentes em instituições para jovens, as viagens até uma casa em Évora, a tentativa de protecção inglória do mestre da carpintaria... Estes jovens, apesar da violência condenável dos actos praticados, carregam histórias irremediavelmente marcadas pelas mesmas misérias, dores e ausências, e que por esse motivo se confundem numa amálgama de sentimentos de dores indizíveis, circunstância que[,] do ponto de vista textual[,] se consubstancia numa indefinição das vozes narrativas, apenas rotuladas no relatório do polícia.

Num capítulo de uma grande beleza de escrita, Hiena (cuja morte foi anteriormente narrada pela irmã), o mais jovem do bando, toma a palavra, pelo recurso da analepse, e mostra-nos que não há verdades absolutas, que o bem e o mal, o medo e a valentia, coexistem em cada homem. *O Meu Nome É Legião* narra-nos um universo povoado de seres dilacerados e estilhaçados, que vivem um conflito interior travado entre as várias facetas das suas personalidades, em luta contra os fantasmas e as obsessões que teimam em surgir e põem a nu fragilidades inconfessáveis e sofrimentos inomináveis.

"Maria Alzira Seixo: o romance e a obra"
[*Entrevista sobre O Meu Nome É Legião*]

Jornal de Letras, Artes e Ideias, 26 de Setembro, 2007, p. 19[147].

«O interesse da obra reside na relação entre infância e violência, com extremos de crueldade no crime que só encontramos antes n[*O*] *Esplendor de Portugal*, comunicados em técnica de subtil distanciamento descritivo», diz ao **JL** Maria Alzira Seixo, sobre o novo romance de António Lobo Antunes (ALA), que será posto à [v]enda na próxima semana. Renomada especialista de literatura portuguesa (e francesa), designadamente da obra do autor de *Conhecimento do Inferno*, dirigindo a equipa responsável pela sua edição ne varietur[148], prof.ª catedrática da Faculdade de Letras de Lisboa e colunista do nosso jornal, Maria Alzira Seixo tem ensinado também em várias universidades estrangeiras e foi presidente da Associação Internacional de Literatura Comparada. Fizemos-lhe algumas perguntas sobre *O Meu Nome É Legião* e sobre o seu trabalho, e da equipa que dirige, na obra de ALA.

JL: Qual o 'lugar' deste novo romance na obra de Lobo Antunes?

Maria Alzira Seixo: *O Meu Nome É Legião* é um livro muito particular. Incide sobre matérias frequentes na obra do autor (infância, desamor, identidade, exclusão), com modos narrativos que também lhe são próprios (o policial, o polifónico, o descontínuo, o elegíaco) mas tenta um fôlego mais curto na expressão da densidade ficcional que lhe caracteriza a obra, apurando processos e tornando talvez a leitura mais complexa. Essa complexidade é compensada pela intriga aliciante,

---

[147] Na p. 21 encontra-se a entrevista de Rodrigues da Silva "O eremita no seu eremitério" (também publicada em Ana Paula Arnaut (ed.), *Entrevistas com António Lobo Antunes. 1979-2007. Confissões do Trapeiro*. Ed. cit., pp. 561-563.
[148] Sobre a edição *ne varietur*, ver ANEXOS, entrevista dada por Maria Alzira Seixo ao *Jornal de Letras, Artes e Ideias*, 15 de Outubro, 2003, pp. 19-20.

388 | "MARIA ALZIRA SEIXO: O ROMANCE E A OBRA"

de forte alcance social e de premente contemporaneidade: a criminalidade juvenil em descendentes de africanos radicados em bairros da periferia lisboeta[] (com a habitual rejeição do sentimentalismo)[,] insinuando cenas lúdicas e visões fílmicas de câmara lenta; e reside ainda na comunicação de identidades pessoais e comunitárias fragilizadas que, neste aspecto, irmanam as personagens oriundas de Angola às portuguesas, até porque no bando de assaltantes há um Ruço, já de 19 anos, que esboça ao de leve a figuração do autor (processo também frequente na sua obra) e portanto implica a actuação autóctone na violência exercida. E a relação entre os miúdos criminosos e os polícias que os perseguem, se mostra de início métodos e linguagem diferentes, vai progressivamente agrupando-os numa perturbação comum, de ordem afectiva, social e comportamental.

O livro equaciona o problema do mal, como o título indica, manifestando nessa meninice irresponsável a indecidível culpa ou inocência, imputável ao vazio cultural e ao viver carenciado, que mescla consequências demoníacas numa aura de edénica ambiguidade. E com a qualidade de escrita ímpar a que Lobo Antunes nos habituou.

Considera que este livro se insere numa trilogia, modo que parece ritmar a composição dos romances do autor?

Perspectivar a obra completa em grupos de romances, sem desvirtuar a singularidade de cada um, pode ser útil para a percepção da continuidade evolutiva e das suas rupturas, na leitura de fruição consciente como no estudo crítico. Há a trilogia inicial, com cariz de predomínio autobiográfico, interrompida por *Explicação dos Pássaros*, que inicia um ciclo de construção mais ficcional. Após *As Naus*, esse modo retoma-se nos romances designados por trilogia de Benfica, e mais três romances se seguem a partir de [O] *Manual dos Inquisidores* antes daquele que a meu ver inicia a última fase da obra, *Não Entres Tão Depressa Nessa Noite Escura*[149], com uma coesão particular na

---

[149] Sobre a questão dos ciclos de produção literária, ver Maria Alzira Seixo, *Os romances de António Lobo Antunes*. Ed. cit., pp. 195-196; Ana Paula Arnaut, "*O Arquipélago da Insónia*: litanias do silêncio", in *PluralPluriel*, Revue des cultures de langue portugaise, n.º 2 automne-hiver, 2008, in http://www.pluralpluriel.org; *António Lobo Antunes*. Lisboa: Ed. 70, 2009; "A escrita insatisfeita e inquieta(nte) de António Lobo Antunes", in Felipe Cammaert (org.), *António Lobo Antunes: a arte do romance*. Lisboa: Texto, no prelo.

determinação poética e na construção indagativa dos modos do romance. Também aqui entendo que *Boa Tarde Às Coisas Aqui em Baixo* atinge um apuro e perfeição dificilmente ultrapassáveis, que torna os seus livros posteriores dignos sucedâneos na consolidação de processos e do grau de elaboração, com mutações e inovações de pormenor. Mas encarar os livros de ALA apenas segundo o ritmo triádico pode camuflar o facto de que os seus primeiros romances são tão importantes como os últimos, e que, mais que uma evolução a três tempos, há um movimento em espiral que os engloba todos, e faz, por exemplo, com que *Conhecimento do Inferno* seja o livro-súmula que contém, em embrião ou já especificados, temas, modos, processos e obsessões que surgem em toda a obra. É o caso da implicação de si próprio no modo identitário do outro, componente básica das formulações de alteridade existentes nesse livro, que se reformula nesta forma de ficção inclusiva (que trabalha ainda a noção autobiográfica, já muito refinada) que atrás assinalei em *O Meu Nome É Legião*.

Este novo livro é ainda da sua responsabilidade na edição «ne varietur»...

Sim, sendo neste minha parceira na fixação do texto Agripina Carriço Vieira, e devo ao trabalho para a edição «ne varietur» a sorte de já ter lido *Legião* quatro vezes, e ter podido assim apreciar bem a sua extraordinária qualidade de escrita. Mas é o último! Com efeito, quando assinámos contrato para fazer a fixação dos textos necessários a esta edição, esse contrato abrangia apenas os 14 livros então publicados, mas a pedido do escritor fomos estabelecendo também o texto de livros novos que ele ia entretanto terminando. Uma vez que concluímos a última fixação de texto em 29 de Junho passado e nos restam só cinco jogos de provas tipográficas, que estariam já revistas se a editora achasse conveniente, o trabalho está terminado, por não haver mais nenhum livro de permeio. Resta-me agora redigir a *Memória Descritiva*[150] da edição, um opúculo em que explicarei ao público o que nela foi feito.

---

[150] Maria Alzira Seixo *et alii*, *Memória Descritiva*. Lisboa: Dom Quixote, 2010.

Além disso, estão a preparar o *Dicionário da Obra de António Lobo Antunes*, não é?

Sim, de momento, a equipa da edição «ne varietur» está entusiasmada a terminar esse dicionário, que inclui livros, personagens, lugares, temas, tendências estéticas, modos de estilo, etc., que deve ser publicado no próximo ano[151] – e no qual haverá novidades interessantes, como a descrição e estudo dos seus escritos de tipo ensaístico, alguns feitos em colaboração (por exe[]mplo, com Daniel Sampaio), e de que aqui destaco os dedicados a *Alice no País das Maravilhas* e ao *Leal Conselheiro*. Depois... tenho ainda em mãos o 2.º volume do meu livro *Os Romances de António Lobo Antunes*[152], assim como o volume da colecção *O Essencial* para a IN/CM. São esses os meus trabalhos em curso na parte respeitante a este escritor.

Está a trabalhar (quase) em exclusividade em ALA?

Não. Tenho em curso outros trabalhos sobre literatura portuguesa (e sempre Camilo!) e os estudos comparatistas, em que aprofundo actualmente matérias sobre literaturas do Pacífico.

---

[151] Maria Alzira Seixo (dir.), *Dicionário da obra de António Lobo Antunes*. Lisboa: IN-CM, 2008 (2 volumes). Para Cristina Robalo Cordeiro, o *Dicionário* "representa um monumento à glória do Texto" e um "Notável instrumento destinado a ajudar os leitores de António Lobo Antunes" – ver Cristina Robalo Cordeiro, "(Re)descobrir a Literatura", in *Jornal de Letras, Artes e Ideias*, 27 de Janeiro, 2009, pp. 24-25.

[152] Maria Alzira Seixo, *As Flores do inferno e jardins suspensos*. Ed. cit.

ANA CRISTINA LEONARDO

"O maestro sacode a batuta"
[*O Meu Nome É Legião*]

Expresso/Actual, 5 de Outubro, 2007, pp. 50-51.

Nas livrarias, «O Meu Nome É Legião», designação bíblica para o Mal, 19.º romance de António Lobo Antunes.

António Lobo Antunes não será um incondicional de Pessoa. Foi, porém, ao autor de **Chuva Oblíqua** que roubei o título, «O maestro sacode a batuta,/ E lânguida e triste a música rompe...//», início de um poema longo que termina assim: «E a música cessa como um muro que desaba,/ A bola rola pelo despenhadeiro dos meus sonhos interrompidos,/ E do alto dum cavalo azul, o maestro, jockey amarelo tornando-se preto,/ Agradece, pousando a batuta em cima da fuga dum muro,/ E curva-se, sorrindo, com uma bola branca em cima da cabeça,/ Bola branca que lhe desaparece pelas costas abaixo...».

Em tempos, o escritor disse numa entrevista: «No fundo, o que eu gostava era de escrever poesia se tivesse talento para isso»[153]. Atente-se, agora, nesta passagem do seu último romance: «(não sou a minha filha nem nunca tive bonecos, a emoção da morte enganou-me, tive uma ambulância sem rodas com a qual brincava de barriga no chão conforme eu de barriga no chão à mercê dos tais bichos da lua, ginetos mochos ratos toupeiras a aguardar que a mulher do penúltimo quarto do lado nascente ou o suspeito atravessem o apeadeiro e marchem ao meu encontro desprevenidos de mim, escutando as

---

[153] Ver "António Lobo Antunes, de paixão à prova", entrevista a José Jorge Letria [1990], in Ana Paula Arnaut (ed.), *Entrevistas com António Lobo Antunes. 1979-2007. Confissões do Trapeiro*. Ed. cit., p. 136.

borbulhas de aquário quando o copo se enche ou os prédios de Ermesinde a ruírem no silêncio e tão fácil matá-los apesar da minha falta de pontaria e dos dedos que vacilam, vejo-me grego para segurar numa chávena sem entornar o líquido, tenho de levá-la à boca com o pires por baixo e mesmo assim)», pág. 47.

Para tornar mais fácil acharem-se as analogias entre os versos de Pessoa e o excerto de **O Meu Nome É Legião**, recorro a J.-M. G. Le Clézio: «Les mots ne veulent pas dire les sentiments, les passions, ou les obsessions. Cela ne les interesse pas. Ils vibrent et tremblent comme des oiseaux avant de crier». As palavras, portanto, matéria-prima da ficção, trabalhadas em primeiro lugar não como veículo de sentido mas como signos encantatórios pelos quais o escritor, maestro de batuta em riste, se deixa levar para nos convocar depois. Cavalgando-as: «Faço tudo como quem desejasse cantar,/ colocado nas palavras./ Respirando o casco das palavras./ Sua esteira embatente./ Com a cara para o ar nas gotas, nas estrelas./ Colocado no ranger doloroso dos remos,/ Dos lemes das palavras.», Herberto Helder, **Poemacto**.

Nesta ânsia de fazer corpo com as palavras, A.L.A. tem vindo a complexizar-se e a ganhar fama de ser difícil de ler. É difícil de ler. A dificuldade, porém, nomeadamente em **O Meu Nome É Legião**, reside tão-só na exigência de atenção que a sua escrita reclama. Com uma estrutura narrativa na qual a necessidade (a ordem que possibilita a leitura) rodopia de mãos dadas com o caos, a seu propósito vem sempre à baila o «fluxo de consciência», essa técnica que pela intercepção de espaços e tempos distintos fez a glória de Joyce e continuou a ser glosada por autores tão emblemáticos como Faulkner, Salinger ou Updike. Lobo Antunes tenta ir mais longe, criando uma simultaneidade de registos e de planos que o empurra em vertigem para o barroco, no sentido em que Borges o definiu: um «estilo que deliberadamente esgota (ou quer esgotar) as suas possibilidades».

Já não se trata de mera alternância de vozes (aliás, todas as vozes aqui tendem à mesma «música triste»), torrentes confessionais ou jogos de espelhos e perspectiva. É como se o texto, enxuto das limitações bidimensionais pela não linearidade do tempo narrativo, buscasse mais, desesperado por se estilhaçar em pedaços, *My Favourite Things* subvertido pelo génio de John Coltrane.

E é, então, ainda seguindo Borges, que descobrimos um elemento de paródia, muitas vezes não notado: «não assinalou as matrículas, pinheiros bravos, carvalhos (não sou forte em botânica e estava aqui a pensar se arrisco castanheiros ou não, não arrisco, como descrever um castanheiro em condições?), pág. 18; «o cuidado com que o meu pai lidava com a roupa era dos poucos aspectos, bela frase, que a minha mãe apreciava nele mas deixemos se não se importam a minha família de lado)», pág. 34; «lembro-me que há meses, em janeiro ou fevereiro (para quê essa conversa, sabes perfeitamente que janeiro, o mês do teu aniversário e aquele em que a tua mãe, não te disperses, larga a tua mãe, continua)», pág. 40.

Na ânsia de chegar ao osso, acrescenta-se em vez de se subtrair («entre a dor e o nada, prefiro a dor», escrevia Faulkner). Recorrendo às técnicas habituais – o policial, o polifónico, o descontínuo, o elegíaco (nas palavras de Maria Alzira Seixo, uma das responsáveis pela edição *ne varietur* das obras de António Lobo Antunes) – **O Meu Nome É Legião** arrasta consigo uma história, no caso uma história onde a delinquência juvenil aliada à miséria mais profunda dos bairros degradados compõe um retrato que, sendo do Portugal de agora, é menos um libelo social do que um mergulho nos temas que são queridos desde sempre a Lobo Antunes: a infância (e eis de novo o poema de Pessoa), o desamor, desenraizamento, solidão extrema.

Nessa obsessão compulsiva, próxima do delírio, o estilista transfigura-se em maestro e cria frases sublimes: «se ao trancar uma cancela trancássemos a vida inteira mais o vestido da comunhão e os castigos do Altíssimo e nos tornássemos por exemplo uma folha a diminuir na água até nem as nervuras sobrarem», pág. 95, ou «Quando eu era pequeno uma velha do Bairro pegava-me às vezes ao colo. Menino dizia ela. Menino. Depois faleceu e é bem feita. Por acaso conheço o lugar onde a sepultaram na colina. Cavei às escondidas e encontrei um sapato e uns ossos. Como não ouvi menino nenhum pus lá aquilo outra vez. Experimentei dizer menino aos sapatos e aos ossos e não serviu de nada. Se me entregassem uma escavadora acabava com a colina. Se calhar quase tantos ossos como mãos e desses tantos ossos quais seriam os dela. (...)», pág. 358.

Não será, porém, a beleza, antes a «palavra justa» que o move. Nessa busca vem Lobo Antunes construindo uma obra na qual, apesar da crueza das temáticas e da claustrofobia instalada, a compaixão pelas personagens se imprime na sua capacidade para as compreender a todas no desespero comum aos deserdados, que somos todos – aqui: polícias, filhos, putas ou criminosos –, «possessos de vários demónios» que cabe ao escritor dar a ver mas não julgar. À maneira de Tolstoi, porventura, o maior de sempre.

PEDRO MEXIA

As vozes. O Meu Nome É Legião"

Público/Ípsilon, 19 de Outubro, 2007, p. 38.

> O texto antuniano é hoje uma melopeia cheia de
> repetições, parêntesis, devaneios, saltos temporais,
> períodos que não acabam ou que elidem os verbos.

Quem é legião? O demónio ou os demónios, no texto evangélico que António Lobo Antunes escolheu como epígrafe. E "O Meu Nome é Legião" convoca todos os demónios, da miséria à criminalidade, passando pelo envelhecimento e o racismo. É um romance incrivelmente negro, com todos os caminhos fechados.

O texto está escrito naquele registo polifónico a que Lobo Antunes nos habituou. O enredo consiste essencialmente numa operação policial, como se resume na página 320, aliás imitando um relatório de um agente: "(...) num bairro de construções clandestinas na periferia de Lisboa, mais concretamente a noroeste da cidade, habitada por mestiços e negros oriundos das chamadas ex-colónias, designação questionável, um grupo ou bando de adolescentes de idade[s] compreendidas entre os treze e os dezanove anos alguns já referenciados como problemáticos e com estadias mais ou menos longas em instituições adequadas se dedicava a actos anti-sociais de carácter violento, munidos de uma quantidade indeterminada de armas brancas e de fogo, nos centros urbanos e rodovias que os unem, sendo que tais actos, como se torna fácil entender, principiavam a alarmar as autoridades legalmente constituídas e a população em geral (...)". Mas a acção não é o mais importante neste romance. "O Meu Nome é Legião" avança e recua numa sucessão de digressões e monólogos de várias personagens: um polícia a pouco tempo da reforma, um dos miúdos do bando, uma mestiça que serve involuntariamente de guia. A progressão é caótica, um emaranhado de cenas e bocados de cenas. Imagens e temas são conhecidos de outros romances; famílias que trocam crueldades, sexo desolado, velhos entrevados e amargurados, homens que penteiam a melena com o dedo mindinho, a infância nas brumas da memória: "Todos os recreios se assemelham, um ou dois bancos sem pintura, as plantas desfeitas e a arrecadação onde um javali empalhado que cheirava a bafio". É, aliás, em tais cenas que encontramos os momentos mais fortes. Dois são tristíssimos: um casamento sem convicção no Registo Civil e o reencontro de um homem com uma prima a quem agora quase dá esmola. A miséria material e moral é simultânea e consiste quase sempre numa experiência da solidão.

O conjunto incansavelmente glauco impressiona porque os pormenores são acentuados. Todas as micronarrativas acontecem entre móveis puídos e cafeteiras sem tampa. As pessoas têm nódoas de xarope no pijama e escondem dinheiro nas pantufas. Há "recuerdos" rachados e muita bugiganga. Mas desta vez o romancista não se ficou pela pequena burguesia ou pelos subúrbios. Avançou pelo território das barracas. Quintas e palacetes abandonados, entre baldios e árvores ressequidas, agora invadidos por hortas e galinhas e construções improvisadas: "(...) no Bairro 1.º de Maio situado na região noroeste da capital e conhecido pela sua degradação física e inerentes problemas raciais isto é um pudim de edifícios de matérias não nobres, fragmentos de andaime, restos de alumínio, canas e habitado por gente de Angola, criaturas mestiças ou negras e portanto propensas à crueldade e à violência (...)" (pág. 30). São os próprios moradores do 1.º de Maio que interrogam a sua identidade, a sua condição de mestiços ou negros. Suportam constantes discriminações e insultos constantes. África é uma coisa distante e vaga: "África que não significava peva, o que é África". Para os polícias e os outros honestos cidadãos, eles são gente animalesca. Tratam-nos com[] desprezo, como no tempo das colónias: "(...) o que conduz o signatário a tomar a liberdade de questionar-se preocupado à margem do presente relatório sobre a justeza da política de imigração nacional" (p. 14). Um crescendo de hostilidade que acaba num raide policial indiscriminado e apocalíptico.

O texto antuniano é hoje uma melopeia cheia de repetições, parêntesis, devaneios, saltos temporais, períodos que não acabam ou que elidem os verbos: "As flores quietas elas que à mínima presença

"AS VOZES. *O MEU NOME É LEGIÃO*" | 397

um frenesim de caules". E os famosos estribilhos, frases que pontuam o texto, uma e outra vez, geralmente simples ditos banais ou castiços que se tornam nostálgicos ou tétricos com a repetição. Muitos são perguntas: "Já funciona esta bodega?", "para aqui estamos não é?", "a felicidade é só isto?". O que faz sentido neste romance, cujos capítulos acumulam emendas e lacunas e confusões, à medida que o relatório se torna simplesmente relato e que os interrogatórios são interrogações. Lobo Antunes comenta o seu próprio texto (por interpostas personagens) usando estratagemas como ditados e entradas de dicionário, remates poéticos ou jogo textuais: "Vide páginas atrás marcando esta com o dedo e retomar o texto a seguir". As próprias personagens existem além do texto: "E neste ponto despeço-me, talvez volte noutro livro não sei".

É um estilo que se tornou maneirista. Que se tornou sentimental. Que exige uma leitura quase ofegante. O texto com muitas vozes parece tributário de uma noção da escrita como escuta de uma ou várias vozes. Ideia que o romancista tem repetido em entrevistas[154] e que uma personagem explica assim: "Se me fosse consentido não escrever o presente texto mas uma voz". Essa concepção da escrita talvez explique o desgaste narrativo. António Lobo Antunes, sempre admirável nas duas páginas de uma crónica, tem escrito romances desnecessariamente prolixos e repetitivos. É fácil ficarmos deslumbrados com este tipo de escrita quando o descobrimos. Mas ao fim de uma década e de um punhado de romances só os incondicionais não acusam algum cansaço.

---

[154] Ver, por exemplo, "«Não sou eu que escrevo os livros. É a minha mão, autónoma»" [2004] e "Caçador de infâncias" [2006], entrevistas de Adelino Gomes e de Ana Marques Gastão, in Ana Paula Arnaut (ed.), *Entrevistas com António Lobo Antunes. 1979-2007. Confissões do Trapeiro*. Ed. cit., pp. 463-471 e 485-495, respectivamente.

RUI CARDOSO MARTINS

"Que farás, América, quando arder tudo?"

Público/P2, 29 de Setembro, 2008, pp. 4-7.

> António Lobo Antunes fez uma digressão de oito dias pelos EUA. Lançou um livro, deu conferências, viu velhos e novos amigos. Editores, escritores, agentes, um êxito. Da NYPL à *New York Review of Books*. O escritor Rui Cardoso Martins conta como foi[155].

Washington D. C. Sétimo dia

Há momentos em que acho que sim, posso pensar o que quiser e o que penso é verdade, por exemplo que tudo continua na mesma, não aconteceu nada, estamos bem

O americano médio. Estou a tentar pensar como o americano médio. O americano médio.

– Prefiro o pai simpático que sabe agir com dureza ao filho espertalhão, diz António Lobo Antunes. O McCain é o pai, o Obama o filho espertalhão.

Na residência do embaixador português João de Vallera pode-se fumar, é território livre na cortina de anti-fumo que se esbateu sobre os EUA. O escritor faz as duas coisas ao mesmo tempo, não o deixaram até agora, sete dias depois. Fuma e pensa, em Washington, num sofá. A digressão literária calhou na semana do precipício da economia de Wall Street e termina na desilusão política de um debate-seca na TV. Pelo meio, correu muito bem. Mas está preocupado e triste. Não é o americano médio, só tenta pensar como ele:

---

[155] Rui Cardoso Martins fez a viagem com a sua mulher e editora, Tereza Coelho (1959-2009).

– O Obama... pensei que fosse melhor. O Truman Capote já disse tudo há muito tempo; não interessa nada o que se diz, só interessa o como se diz. O filho espertalhão.

Habituamo-nos: é a sua capacidade de lembrar milhares de palavras extraordinárias, de pessoas que ficaram na história, e misturá-las com as de Lobo Antunes, que outros vão lembrar no futuro. Palavras dele que possam ser nossas, na sua única voz múltipla, como as vozes dos seus romances. Se tivermos a chave da coisa. Se calhar é como defende, "o nome do leitor é que devia vir na capa", e fomos nós que acabámos de dizer as palavras mais simples e leves, as mais pesadas, e também as que se anulam a si próprias. Num dia, ouço-o explicar em público que escrever é muito difícil e exige três coisas: paciência, orgulho e solidão. No outro dia, afinal, escrever não é nada difícil: é impossível. Nos seus livros – depois dos seus livros –, espalhados pelo mundo em vinte línguas, como uma doença portuguesa, custa muito procurarmos uma mentira e encontrarmos a verdade.

Eu, que o acompanho por Nova Iorque, Boston, Washington e Nova Iorque outra vez, arrastando várias malas de livros de chumbo (de outros, para ler em casa), e duas ou três mudas de roupa, por avião, táxi, limusina, comboio (faz redacções no comboio, a letra "fica toda torta"), pés e sapatos, assisti várias vezes ao fenómeno. O editor de Lobo Antunes, o imparável Bob Weil, da Norton, talvez a mais prestigiada editora independente americana, gritava na sala cheia da New York Public Library (NYPL) que, no dia em que leu a segunda cópia da tradução, ele que já leu e publicou dos melhores,

– Fiquei literalmente, mas literalmente, *blown away* (siderado, estraçalhado...), como não aconteceu com nenhuma outra obra de ficção com a qual tivesse trabalhado antes, senhoras e senhores!

Se falarmos com Bob Weil vemos logo que ele não tem exactamente uma vida sua por detrás dos óculos, dos passinhos rápidos, da saqueta de livros a tiracolo para distribuir como um ardina.

– Bob, sabe de alguma coisa interessante a acontecer, um espectáculo em Nova Iorque...?

– Eu só faço livros.

Para o ano publicará mais um livro de crónicas de Lobo Antunes, é o que ele faz. Na New York Public Library, ouvi Bob entusiasmar--se e apontar para *What Can I do When Everything's on Fire?*, a tradução de *Que Farei Quando Tudo Arde?* (ed. Dom Quixote, Portugal). Quatro ou cinco anos nas mãos de Gregory Rabassa, que universalizou em inglês García Márquez, Cortázar, Vargas Llosa, Lezama Lima, etc. O velho professor tem 86 anos e um laço de seda ao pescoço, adora Nova Iorque mas ainda vai a todo o lado, e suspira

– Mestre António...

quando se abraçam. Traduziu *Fado Alexandrino* e *As Naus*, antes deste.

Na contracapa do livro, George Steiner, um dos célebres lúcidos do mundo, chama génio ao português. E Harold Bloom, o mais famoso crítico literário: "Este é um extraordinário romance de um dos escritores vivos que mais importância terão no futuro. Lobo Antunes escolhe manifestar a sua dívida a Freud, Joyce, e Faulkner, à superfície, mas nas profundezas é um grande original." E acrescenta que o livro é uma visão negra da realidade, e cruel, que vai deixar a sua marca nos leitores por todo o lado... palavras para quê?

Vi Paul Holdengraber, director de programas da Biblioteca Pública de Nova Iorque (NYPL), numa semana em que outros convidados de honra seriam Paul Auster e Spike Lee, tentar tirar de Lobo Antunes mais coisas do que ele queria dar nessa noite, mas cada vez mais divertido com os exemplos e paradoxos que ouvia do escritor:

– Descobri o que é a democracia com La Fontaine. Um cão pode olhar um bispo. Eu nasci num país em que só o bispo podia olhar o cão.

ou

– A polícia política era tão estúpida que apreendia as obras de Lenine e de Estaline e guardava-as no meio de Racine.

ou

– Portugal não é Europa, é um lugar estranho. Gosto das mulheres portuguesas, pequeninas, de bigode.

e

– Não sou um homem modesto, mas sou humilde. Sou uma galinha que guarda os seus ovos.

e

– O que é a história num bom livro? *Anna Karenina*: uma mulher tem um marido aborrecido, começa a dormir com outros homens e... olhe!

– Nunca tinha ouvido o resumo de *Anna Karenina* de forma tão concisa, vou recomendá-lo aos estudantes de liceu, concordou Paul Holdengraber.

– Então e a história de Ulisses, da *Odisseia*? "Chego tarde a casa".
E todos riam, porque além disso
– Comecei a escrever por causa do Mickey Mouse, do Flash Gordon,
do Sandokan, aos cinco.

Até que, por falar em cinco anos, e quase de repente, contou do
hospital de crianças cancerosas onde trabalhou depois de voltar de
Angola e de como nesse hospital se zangou com Deus, apesar de não
ser um homem religioso. Estava lá um miúdo de cinco anos com
leucemia, muito bonito, de olhos grandes e, na sua opinião, Deus
não tem o direito de pôr uma criança a gritar por morfina. O rapaz
morreu e vieram dois homens com uma maca, mas como o morto era
muito pequeno, bastou um homem enrolá-lo num lençol e levá-lo ao
colo pelo corredor, mas um pé da criança saiu do lençol e ele viu o pé
afastar-se, balançando no ar.

– Nesse dia decidi: vou escrever para aquele pé.

Talvez já tenham visto uma plateia de nova-iorquinos, professores,
académicos, leitores, intelectuais, as pessoas mais cosmopolitas do
mundo, a engasgarem-se nas próprias salivas silenciosas. E Paul
Holdengraber é um orador nato, um conversador de resposta pronta.
Uma hora antes tínhamos visitado a sala de leitura. Por baixo de nós,
sete andares subterrâneos com 52 milhões de livros.

Quarenta funcionários invisíveis nas caves, a carregar vagõezinhos
como no tempo do carvão. Mas há um sistema hidráulico e de
ar comprimido para os livros chegarem à superfície rapidamente.
E computadores pessoais abertos em cima das mesas não fazem mal
aos livros.

António lia uma inscrição dourada por cima da porta, na madeira,
onde se dizia que um bom livro é o precioso sangue da vida do
espírito, que nos poderá levar para uma vida para além da vida.
Nunca ali tinha estado e disse ao director:

– Para mim isto é o paraíso.

– Sim.

E discutiram Borges.

Eu disse ao director que também nunca tinha ali estado, na sala de
O Dia Depois de Amanhã, quando uma onda gigante e o zero absoluto
atacam Nova Iorque, com uma súbita e catastrófica alteração climática
(George W. Bush no pano de fundo) e os sobreviventes, para não
morrerem congelados, começam a queimar os livros da NYPL, a

chatice é escolher, literatura ou ciência, até que alguém se lembra de queimar os livros de direito e finanças, que pouco serviram o mundo e alimentaram ganâncias e injustiças.

– Conheço esta sala pelo filme...

– Ainda estamos de pé, riu-se ele, o que era verdade.

E uma hora depois era Paul Holdengraber quem se engasgava, em silêncio comovido, ele e mais duzentas pessoas que lêem romances, gostam disso e fazem-no muito, porque António Lobo Antunes disse que a vida é uma honra, um privilégio, e que tinha decidido escrever para o pé do menino morto que balançava no corredor, zangado com Deus.

Alguém explica, em *Que Farei Quando Tudo Arde?*:

pedi ao sujeito da pensão que me levasse ao sótão onde morava Deus

Nova Iorque, vários dias

Já fui bonita um dia sabia?

– Credo

repara como este pulso treme, o que sucedeu ao meu pulso, a gente põe o indicador e percebe o coração a falhar

Armei as coisas com um esqueleto de palavras de *Que Farei Quando Tudo Arde?* Ver a grande América[,] nestes dias, é observar um corpo estendido na maca (mais uma vez, um sítio de doença). Uma mulher bela de ossos partidos, muito, muito assustada, o vestido de luxo rasgado, o salto direito quebrado, onde é que gastei o meu dinheiro todo, onde é que eu caí, quem me ajuda a sair daqui, ainda tenho casa para morar? Não sabe, nem os médicos, se vai levantar-se nas muletas e coxear para fora do sítio escuro, ou, pelo contrário, fechar os olhos para sempre e entregar-se às bactérias que comem carne, arder nos crematórios de Wall Street, Setembro de 2008. Um pequeno mas firme esqueleto de palavras, porque ninguém sabe para onde caminha o mundo, estes dias.

Na primeira noite em Nova Iorque, António Lobo Antunes conheceu o editor, Robert (Bob) Weil. Julgava-o, pela voz do telefone que cruzara o Atlântico, um homem alto, loiro, elegante, o que não é verdade, agora que ele é culto e "esperto que nem um alho" conclui-se num minuto.

Fomos jantar ao restaurante mais perto, o Rossini's, esquina da Park Avenue com a Rua 36. Na parede da entrada, fotografias de actores da série *Os Sopranos*, que vão lá comer *gnochi e risotti* de espargos com frequência (um deles, tio ficcional de Tony Soprano, tem fatos diferentes nas fotos). Também a imagem de Rudolph Giuliani, o *mayor* republicano da cidade no dia 11 de Setembro de 2001, num fundo de veludo carmim. Os homens, a começar pelos empregados, estão bem penteados para trás, há fatos de seda, camisas salmão e relógios.

– Que engraçado. Parece um filme do Scorsese.

– Sim.

– Os italo-americanos são muito diferentes dos italianos de Itália. Ah sim?

Sem querer, Lobo Antunes derruba um cálice de tinto e a toalha branca fica como se imagina, mas o chefe de mesa, delicado, irrebatível, muda todos de mesa e emplastra a toalha vermelha, sanguinolenta, um sudário que é levado para a copa por dois homens rápidos. Se as autoridades entrarem de repente já não encontram vestígios do crime do escritor, dois minutos depois. O local está limpo, *boss*.

Ouvimos Bob Weil falar da família judia, da saída da Europa, do avô que em São Paulo escolhia uma galinha para o jantar, no meio da rua, e o vendedor ambulante torcia o pescoço da galinha e entregava--lha, era como se ia às compras frescas no Brasil de há cem anos, agora está tudo muito mudado. Dois dias mais tarde, noutro jantar, Bob admitirá que poderia escrever melhor do que muitos dos seus autores, se o quisesse,

– Não é o seu caso, António, nem pensar!

mas do que ele gosta é de editar a sério: de ler, cortar, sugerir, escolher, socializar, isto é, de trabalhar 100 horas por semana.

Na primeira noite, temos que sair antes da sobremesa. É impossível falar de política, e de ilustrações de capa, e das maneiras de cortar o papel e imprimir livros, e que escritores novos e velhos vale a pena ler hoje em dia, e agora a crise económica, isto nunca esteve tão mal desde a Grande Depressão dos anos 30, e da terrível guerra cultural entre os que votam no Obama e os de McCain, quando uma cantora lírica, oxigenada, do cimo da escada interior do Rossini's, com a ajuda do pianista, atira para cima da nossa mesa *Star Spangled Banner* e, como se não bastasse *La Traviata*. Canta em guincheto com um tenor italiano, um fantasma pálido, de *flûte* de espumante nos dedos.

A mulher soprano está tão grávida que assusta. Nas notas mais agudas, é possível que o bebé saia para fora dela a cantar ópera.

No *lobby*, Bob diz claramente, sem querer ofender ninguém, o que é pouco provável, dado que é o dono do restaurante quem nos abre a porta da rua, e estava nas fotos, que odeia Rudolph Giuliani, *I hate him!*, repete Bob, ele é um fascista, um homem horrível. Ainda há poucas semanas gritava por mais petróleo na convenção republicana, apoiando aquela mãe hoquista do Alasca que quer ser vice, Sarah Palin. *Drill, baby, drill.*

lágrimas nem pensar que razão para lágrimas
pode ser que uma lágrima redonda que não vai cair, que não cai, a
engordar o mundo

Continuam a escavar, no Ground Zero de Manhattan. Confirmou--se esta semana que os operários descobriram um vestígio glaciar importante, de há 18 mil anos, colinas coloridas que se comprimiram ou afastaram com o gelo. Um glaciar num buraco dos arranha-céus de Manhattan. A certa altura, o tempo acelerou, no século XX, começou a andar cada vez mais depressa, e tudo culminou em duas horas fulgurantes e infernais, no início do século XXI. Com o atentado dos aviões e a queda das torres do World Trade Center, o coração da Baixa de Manhattan voltou ao seu início de pedra.

Lembro-me da coisa mais estúpida que alguma vez ouvi sobre esta cidade. Foi num programa de TV sobre a "realeza" portuguesa, parece que isso ainda existe. Alguém, num solar do Norte de Portugal, mostrava-nos um papel de parede, ou melhor, uma seda pintada que um antepassado recebera de um aristocrata francês (ou o francês era mesmo da família). A ilha de Manhattan no século XVII ou XVIII. Viam-se árvores, prados, o pitoresco Hudson, uma caleche com cavalos e casais elegantes a passear.

– Sabe o que é isto?, disse a senhora do solar, isto é Manhattan antes dos arranha-céus.

– Ah, belos tempos, belos tempos!, suspirou o entrevistador.

Belos tempos, Manhattan sem arranha-céus! Foi preciso esperar séculos até voltarmos a ver um exemplo desses belos tempos, seu grande idiota, na cratera onde morreram quase três mil pessoas, na manhã de 11 de Setembro de 2001, estava o Presidente George W. Bush a ler uma história de carneirinhos às crianças da escola.

O memorial, mesmo ao lado das obras, num edifício que se aguentou de pé, projecta um filme em que dois saltimbancos, vestidos como Torres Gémeas do World Trade Center, dançavam sapateado para as crianças, na rua.

Quanto ao atentado terrorista, é só lembrarem o que viram na televisão mil vezes seguidas.

Nesse dia, na rua lá em baixo, quando as pessoas começaram a saltar no vazio, e a bater no passeio, os bombeiros e os polícias gritaram a uma senhora: fuja para salvar a vida!, coisa que eles já não puderam fazer, lembra ela numa gravação do museu.

Um empresário deixou uma mensagem a dizer que morreram 600 dos seus 900 empregados, eram todos muito chegados porque a política comercial revolucionária da firma era o "nepotismo benéfico", ele só empregava familiares, amigos, e familiares desses amigos. Outro escreve que, nessa manhã, por azar, tinha levado para o escritório o computador portátil, com as informações e registos duplicados do computador central, ia viajar para a Europa e assim perdeu as duas bases de dados, isto é, ficou viúvo mas ardeu a obra da sua vida, nem um número de telefone sobrou.

Há o painel com todos os mortos do ataque: fotografados em casa, a fazer adeus a nós, a andar de moto, a beijar o bebé careca, a beber uma coca-cola. Vejo num canto, duas irmãs gordas chorarem com as fotografias, não sei se conheciam alguém daquele altar, mas se isto já faz impressão a mim, imagino o coração destas raparigas. O irmão levanta-se e vai abraçá-las, talvez seja agora o chefe de família, e teve que crescer mais depressa, são consequências laterais do Terror, mas não tenho a certeza, não falei com eles.

Em dois aquários de vidro estão objectos torcidos pelo lume. Uma janela do primeiro avião que atacou as torres está quase inteira nos seus rebites e parafusos carcomidos. Foi queimada pelo maçarico louco de Alá, dos comandos da Al-Qaeda, das 70 virgens do paraíso de Bin Laden, nesta mesma janela alguém viajava de manhã cedo, mas queria ir para outro lado.

Há um bloco de rocha cinzenta como granito, com pontinhos brilhantes de mica. O calor não a estragou. Foi esta rocha antiga e dura que permitiu, que permite, a Manhattan espetar-se tão fundo no solo e erguer-se no esplendor do ar.

Upper East Side

espreitar o interior de uma bota porque às vezes há coisas

António Lobo Antunes vai entrar no apartamento do seu editor, num *cocktail* privado com as melhores publicações literárias e jornais norte-americanos. O embaixador português virá de Washington (também ao encontro do Presidente Cavaco Silva, que fala na assembleia da ONU, assim como o Presidente do Irão, que veio confirmar que o Império Americano morreu, mais uma graça de Alá, o Benevolente).

Com o interesse habitual dos espanhóis pelos melhores escritores ibéricos, isto é, portugueses, a direcção do Instituto Cervantes também não falta. (Lobo Antunes terá, nos dias seguintes, uma entrevista--conversa com os espanhóis, no edifício Cervantes, onde dirá que em Espanha se sente em casa. Mas não aparece no jantar e espectáculo com o primeiro-ministro Zapatero, no Waldorf Astoria.)

O apartamento de Bob Weil fica diante de um jardim e do rio, no melhor Upper East Side. Tem um porteiro de calças azuis, caixa de correio de cobre e latão. Lobo Antunes fuma à porta, antes de subir, porque só na rua é que o deixam. Diz que já tem saudades de Lisboa. E do Cacém. Mas gosta de Nova Iorque, da altura dos edifícios, da luz, da simpatia das pessoas na rua.

– É uma cidade espantosa.

– Os arranha-céus daqui, digo eu, podem ser tão altos porque estão espetados num granito de 450 milhões de anos, descobri hoje no Ground Zero.

– Os prédios são muito bonitos. Parecem embrulhados em celofane.

Embrulho de celofane a tapar a catástrofe iminente? A crise económica a despistar-se, os pacotes multibilionários do Governo para evitar mais falências dos bancos, a cascata de fusões, as poupanças de uma vida evaporadas numa tarde, a corrupção dos executivos, do crédito de alto risco, da desregulação total, dos *lobbies* de Washington, da ganância de Wall Street. Se desembrulharem o celofane todo, se calhar não sobra nada da mais forte economia do mundo.

A casa de Bob Weil é pequena, mas com uma vista excelente. Tem tapetes persas com mais de 100 anos no chão e nas paredes. Está cheia de pessoas, que se cruzam e falam. Não será mentira dizer que não há ali um ser vivo que vote nos republicanos, nas eleições de

2008. Aposto que nem os ácaros dos tapetes, se os houver, suportam John McCain e Sarah Palin.

Lista rápida de presenças, muito cortada: Fran Lebowitz, escritor; Ruth Franklin, crítica de *The New Republic*; Edith Grossman e Gregory Rabassa (os mais conceituados tradutores de espanhol e português); Nathaniel Rich, editor da *Paris Review*, e filho de Frank Rich, o colunista- -estrela de política de *The New York Times* (que não pôde vir, muito trabalho nesta altura de eleições); Ann Goldstein, da *New Yorker*; o director da Random House; o da Knopf; Bret Stevens, do *Wall Street Journal*; um crítico do *Los Angeles Times* e o director da editora Norton. António Lobo Antunes agradece a todos, eles é que lhe agradecem a honra, com palmas. No fim, chega, quase a correr, o director da *The New York Review of Books*, Robert Silvers, um senhor alto, de cabelo grisalho. Traz na mão dois exemplares acabados de imprimir, a cores, da revista. Dizem-na a melhor do mundo, eu não conheço melhor, confesso, e também nunca a tinha visto tão fresca, ou voltarei a ver, imagino. Deram-me um dos exemplares, a cheirar a tinta. Tem a caricatura de Sarah Palin com um *stick* de hóquei. No próximo número, diz-se, deverá publicar duas das crónicas e uma crítica sobre o escritor português António Lobo Antunes, candidato ao prémio Nobel depois de ter já ganho tudo o que havia para ganhar, dessa conversa ninguém vai escapar mais uma vez.

a minha mãe a sacudir uma chávena com uma mosca dentro e a mosca enorme
no tapete anunciando
– Sou uma mosca

Lobo Antunes desconfia dos prémios literários porque um escritor deve andar à frente do seu tempo e, se há muita unanimidade, alguma coisa fez de errado. O cheque, no entanto, é bem-vindo. Lobo Antunes não gosta dos substantivos abstractos. Foi em nome de Pátria, Glória, etc., que o regime mandou a sua geração para África – "numa guerra nunca há vencedores", "na guerra não se fala de guerra" – para morrer e matar. Havia um sistema de pontos pela morte de civis, quanto mais pontos (mulheres e crianças = pontos) mais hipóteses de te mudares para um sítio melhor. Contou-o na Universidade de Nova Iorque, para os estudantes de língua portuguesa. Perguntaram- -lhe se houve algum acontecimento que o inspirasse para *Que Fazer*

"QUE FARÁS, AMÉRICA, QUANDO ARDER TUDO?" | 409

Quando Tudo Arde?, um longo poema de vozes, em que, por exemplo, um rapaz lembra a sua pobre e humilhante vida, filho de um travesti. Lobo Antunes disse que começou com a reportagem de Tereza Coelho sobre o enterro simultâneo de Ruth Bryden, travesti e artista de Lisboa, por doença, e do seu namorado suicida. Disse também que Tereza Coelho, sua editora na Dom Quixote, ali sentada na plateia, foi também "uma excelente jornalista".

(declaração de interesses: sou casado com a Tereza, temos dois filhos)

– Li essa reportagem da Tereza, depois esqueci.

Mais tarde, no hospital psiquiátrico, soube de um rapaz internado que não dizia palavra. Era o filho do travesti. Foi ter com ele, o rapaz disse:

– O meu pai era um palhaço.

O escritor falou com travestis na rua, perto da sua casa, em Lisboa, viu que vidas miseráveis levavam, mas teve "uma grande desilusão".

– Não falavam de si, só queriam contar-me que tinham dormido com este e com aquele político muito importante.

Portanto, foi assim que começou o romance. Só faltava fazer tudo.

– Hei-de visitá-lo um dia destes prometo
porque Lisboa não é tão grande que não o encontre não acha

cada qual com a sua cara agora

Fotografo o reencontro de Lobo Antunes com Tom Colchie, o agente literário que há cerca de trinta anos lhe escreveu de Brooklyn para Lisboa, oferecendo-se para o representar. Tinham saído em português os romances *Memória de Elefante* e *Os Cus de Judas*, mas pensou que era brincadeira. Tom Colchie voltou a escrever e António Lobo Antunes avisou o agente de que ia só gastar dinheiro com ele. Colchie respondeu "vamos conquistar o mundo". Às vezes perguntava se António estava a escrever.

– Sim, mas está uma merda.

– Óptimo, é bom sinal.

Os dois amigos jantaram, irão um dia reencontrar-se na Europa. Lobo Antunes elogiou o amigo na NYPL, à frente de todos.

– O Tom, além do mais, é das pessoas com mais faro que conheço.

Wall Street, Boston, Washington D.C.

– O seu tio manda dizer que não se atreva a procurá-lo menino

– Para Wall Street, digo ao taxista paquistanês.
– Desculpe, posso saber o que vai lá fazer?
– Salvar os meus depósitos.
– Oh, os seus 700 mil milhões de dólares!
Vamos depressa! Vrum!
Wall Street. Isto é que vai para aqui um sarilho. Mas os turistas só querem tirar uma foto a pegar nos cornos do touro gigante de bronze. Lá em cima, nos escritórios, os executivos mais corruptos, incompetentes e bem pagos do planeta sabem que o touro está à solta. Olho para o alto, ninguém salta? Se saltarem avisem, que eu estou cá em baixo.
Bear Stearns, Washington Mutual Inc., P.P. Morgan Chase & Company, Fannie Mae, Freddie Mac, Insurer American International Group Inc., Lehman Brothers Holdings Inc. Merril Lynch & Co., Goldman Sachs.
Guardem estes nomes nos vossos corações capitalistas. As placas de cobres são muito bonitas mas começaram a saltar das paredes.

as palavras não lhe saíam da boca mas à roda da boca, lesmas que se me pegavam à pele e eu sacudia com força

António Lobo Antunes admira a cultura e a "capacidade de raciocínio" dos motoristas norte-americanos. É ele quem se encarrega, para meu alívio, da clássica rábula jornalística "A Opinião do Taxista". A primeira pergunta que faz, sempre que entra num carro, vindo do aeroporto, a caminho da estação de comboios, para o Ateneu Literário de Boston, para aqui e para ali, é:
– Quem é que acha que vai ganhar? O Obama ou o McCain?
– *Well...*
– Na Europa somos quase todos a favor do Obama.
– *Oh, I know that.*
Apanhamos mais gente do Obama, mas a coisa não é simples. Antony, que nasceu na Polónia, vota McCain pela sua experiência e porque Obama é um socialista. Outro vota Obama porque é preciso mudar tudo de alto a baixo, mas não está convencido da vitória, nem

pouco mais ou menos. Uma senhora diz que emigra imediatamente se ganhar o McCain. O caso mais bicudo acontece em Boston, simpática cidade universitária onde António Lobo Antunes foi de comboio, a convite do Departamento de Estudos Literários e Culturais Portugueses.

– É uma cidade muito verde. Parece a Bobadela, concluiu o escritor.

O motorista de Boston disse-nos que estava com medo, mas com medo a sério. Muitas pessoas vão perder os seus empregos. Tem mulher e três filhos. Os filhos serão claros e ruivos como ele. Toda a vida votou no Partido Democrata, gostava do Bill Clinton, que pôs a economia na ordem, toda a vida votou democrata e é por isso que agora vai votar McCain.

– Um democrata a votar no McCain em vez do Obama?, diz António, de boca aberta.

– Sim. Pela sua experiência.

o outro não tem experiência. Não é racismo.

alguma coisa há-de acontecer até amanhã de manhã

Digo a Lobo Antunes que Paul Newman morreu enquanto nós dormíamos. Sim, foi depois de vermos o Obama e o McCain na televisão do embaixador, em Washington. De madrugada, nem veio nos jornais americanos. Na verdade, soube a notícia porque me telefonaram do PÚBLICO a adiar as páginas. Silêncio.

– Não imagina o desgosto que me dá, Rui. Era um homem admirável e uma óptima pessoa. O Elia Kazan dizia que as pessoas nunca perceberam como era bom actor, por ser tão bonito. O Paul Newman morreu...

O jardim de Cristal. A Cor do Dinheiro.

Diz-se entretanto por aqui que faliu mais um banco.

MARIA ALZIRA SEIXO

"António Lobo Antunes:
'Isto não é um livro, é um sonho'"
[*O Arquipélago da Insónia*]

Jornal de Letras, Artes e Ideias, 8 de Outubro, 2008, pp. 18-19.

O novo romance de António Lobo Antunes (ALA), o 20.º da sua bibliografia, *O Arquipélago da Insónia*, será posto à venda dentro de dias. O JL antecipa a sua 'leitura' e análise por quem, por diversas razões, está em melhor posição para o fazer: a nossa colunista, ensaísta, prof.ª catedrática da Faculdade de Letras de Lisboa e especialista da obra do escritor, Maria Alzira Seixo, que dirigiu a equipa responsável pela edição *ne varietur* dos seus livros e dirige o *Dicionário da obra de ALA*, que chegará às livrarias ainda em 2008[156]. Este texto, aliás, que será incluído, com maior desenvolvimento, nesse *Dicionário*, tem uma estrutura comum aos demais que o integram, sendo as frases em itálico citações do próprio romance estudado.

O Arquipélago da Insónia (AI) é constituído por 15 capítulos agrupados em três partes, cada uma contendo cinco. Partes e capítulos apresentam-se com numeração árabe e sem designação. Foca uma família rural cujas personagens principais são quatro homens: um autista, narrador central da maior parte dos capítulos; seu irmão, que ele encara com alguma rivalidade, e a certa altura é dado como segundo narrador; o pai deles, carácter fraco e sem dons de chefia, que não goza da

---

[156] Ver *supra*, nota 151, p. 390.

414 | MARIA ALZIRA SEIXO

simpatia do progenitor; e o avô, dominador e déspota, que polariza a atenção dos restantes, sobretudo os netos, estes de idade incerta, conforme a época em que se situa a narração, mas que no início da narrativa têm já uma certa idade.

Uma avidez de canário

É uma história de desagregação familiar, vista pela óptica doentia do narrador (a dado passo internado num hospital, onde a família o visita) e caracterizada por costumes desbragados dos terratenentes (envolvidos em assassínios e que abusam da criadagem), e o domínio de que são proprietários, e onde vivem, vai-se arruinando, remetendo para a problemática anterior de obras como *Auto dos Danados (AD)* e *[O] Manual dos Inquisidores (MI)*. O latifundiário actua à semelhança da personagem principal deste último: *uma empregada a quem o meu avô, sem se ralar connosco, filava o pulso/ – Chega cá/ trancava-se com ela na despensa numa avidez de canário e saía a compor o botão de cobre sem lhe saber o nome ou se importar com a chávena da minha avó contra o pires.* A desagregação liga-se em parte ao autoritarismo do velho, que não reconhece no filho (designa-o por *o idiota*) capacidade para lhe suceder no governo das terras, projectando deixá-las ao neto saudável: *o meu avô a segurar o pescoço do meu irmão/ ... em precauções comovidas/ – Há-de tomar conta disto tudo.* E do narrador autista diz que *esse infeliz sai ao pai.*

Texto de índole nocturna, em que *a noite mais longa da alma* assinalada em *Memória de Elefante (ME)* se torna, no ambiente de luz meridional em que decorre a acção, em vaga de fundo ensombrada vinda dos longes da memória (um motivo literário como o *poço*, de presença incisiva noutros romances, ex. *Tratado das Paixões da Alma (TPA)*, surge aqui como obsessão abissal), nele as águas do mar conotam o fluxo de uma consciência incerta no tempo, remoendo o quotidiano decepcionante numa irrealidade compensatória fantasiada, e convergem na compulsividade da escrita que fixa a percepção: *à noite dá ideia que uma única onda vinda do fim do mundo que não acaba nunca, tentamos vê-la e não vemos, sem espuma, sem reflexos, humilde.* A frustração de não entender o mundo transmite-se no dizer as coisas desdizendo-as também, confundindo episódios e sobrepondo personagens, e aliando planos de tempos diferentes numa mesma recordação, que cria efeitos de indecidibilidade sobre quem é quem e sobre o que se passa ou não

"ANTÓNIO LOBO ANTUNES: 'ISTO NÃO É UM LIVRO, É UM SONHO'" | 415

se passa, fundindo sonhos e deformações (como na figura mítica de Maria Adelaide) e compensando a insatisfação de viver na imersão individual em pesadelos de rejeição e crime, por vezes imaginários: o pai que não é pai dele, e acaba por matar o avô, ele próprio imaginando-se a afogar o irmão no poço, num ciclo de destruição que atinge a noção de família e, sobretudo, o estatuto do pai. O título indicia ainda a solidão das personagens, vistas como *arquipélago* de ilhas desligadas cuja hipótese de elos vagos se perde nessa rememoração repetitiva e desgastante que lhes dá a sensação do tempo imutável, sem renovação: *este silêncio que estagnou, horas que se repetem sem avançarem nunca*. O não avançar nunca (do tempo), o não acabar nunca (da onda), levam a hora vivida a reiterar-se, lugar íntimo no qual essa *onda vinda do fim do mundo* (eco da citação de Neruda em *ME*[,] na qual o narrador se compara à vaga, em tropismo amoroso: *como uma onda para a praia na tua direcção vai o meu corpo*) se atinge pela pulsão de morte e se transpõe em vaga de escrita que dá a noite sem redenção: *e não será manhã nunca*.

Tempo e noite são categorias subjectivamente vivenciadas. A noite, de predomínio simbólico, obscuridade da mente e da memória, é corrente na obra de ALA, em livros como [*Os*] *Cus de Judas* (*CJ*), e alia-se à ideia do tempo coalhado, que sugere a imobilização do devir de tal modo sensível que se corporiza (*o relógio caminhando parado dado que o tempo coalhou*, ao invés da imutabilidade que às vezes é sinal de paz e tranquilidade), porque as pessoas nesta casa são obstáculos, um estorvo para os outros. Nela existem ainda três figuras femininas: a mãe do narrador, que parece ser Filomena, uma criada, que o filho do patrão velho usa sexualmente e a quem ordena um dia que leve para o quarto dele os pertences que tem, e Maria Adelaide, a mulher idealizada pelo doente, que, segundo nos diz, morreu em criança, deixando apenas de si a presença das tranças que lhe cortaram, mas que afinal se verifica ser a mulher do irmão, que está viva e se queixa ao marido de que o cunhado a segue sem cessar. Há ainda Eulália, que pode ser a avó do narrador (às vezes a esfolar um coelho, quadro de morte animal recorrente no romance, a refigurar outras mortes acontecidas ou imaginadas), que *apesar de velha... exigia que a penteassem todos os dias e a perfumassem com um frasco munido de uma espécie de pêra*, e é dada em atitudes de cólera passiva (ela e a nora vão esventrando coelhos), memorizando-a o neto sempre

416 | MARIA ALZIRA SEIXO

sentada (*não falava nunca, mantinha-se na cadeira a descontar dias à vida*), vendo-a metonimicamente como *uma chávena a tremelicar no pires*, sempre que o avô era desabrido ou ofensivo, assim como o filho deste: *o meu pai morava com uma chávena a estremecer num pires*. Surgem também o feitor, que o avô encarrega de matar o padre da região, o que ele faz após pedir a bênção ao eclesiástico, o ajudante do feitor, namorado de Filomena (que parece ser o verdadeiro pai do autista) e ainda Jaime, um antigo namorado da avó, de quem o avô se enci[ú]ma. Destaca-se, com aparição frequente, a prima Hortelinda, que distribui goivos por todos, e personifica a morte: *chegava na Páscoa com o chapelinho de véu e sorria com um feixe de goivos*, pelo que se temia a sua aproximação: *tombando pétalas de goivo sobre nós a desculpar--se/ – Tem de ser perdoem*, é uma Parca sorridente e simpática: *a prima Hortelinda a erguer-se dos goivos abrindo e fechando a tesoura como se lhe apetecesse cortar-me*.

O resto de ser no rasto da escrita

A morte não é aqui só o fim da vida ou resultado de actuações de crime e punição, é um motivo existencial e poético da anulação e obscurecimento do humano: vidas corroídas pelo infortúnio, dificuldade em entender o mundo pela mente perturbada (diz o narrador: *Não estarei sempre defunto?*). Assim se liga à noite, ao silêncio e à insónia, e esta surge, na linha de *Ontem não te vi em Babilónia*, como uma condição, a de viver uma vida convertida em trevas, atingido o cintilar do dia pela ensombração do pensamento. O narrador fala de *uma alegria com a tristeza mal dissolvida no fundo*, e refugia-se em congeminações mórbidas que o ajudam a evitar o horror mas são por ele provocadas. Nessa ordem de ideias, o autista regista o silêncio, que *quase não tinha sons lá dentro, só a ferrugem do mundo cumprindo os seus giros – enquanto na herdade o... avô a esmagar a insónia com as botas para cá e para lá não mencionando o relógio que à noite ocupa a casa inteira*, e sente-se *avançar para a morte dado que para nenhum outro sítio nos transportam as horas*, já que, ao escrever, ele próprio se sente um resto familiar (quase só um rasto de escrita) que nem se valoriza pela herança (é o irmão que o avô quer para herdeiro), recordando-nos o filho do travesti em *Que farei quando tudo arde?*, Paulo, quando diz: *eu um detrito*. A desagregação da casa alia-se pois à segregação afectiva: a casa onde escreve agora e evoca o passado, e onde, *apesar de igual, quase tudo lhe falta*,

"ANTÓNIO LOBO ANTUNES: 'ISTO NÃO É UM LIVRO, É UM SONHO'" | 417

desaparecidos todos e restando os dois irmãos (admitindo que o afogamento do outro no poço é imaginado), repudiados todos por se sentir ele repudiado, mas invocando a relação fraterna de modo ambivalente, até na escrita (há outro narrador: *o meu irmão a escrever*, um deles talvez desdobramento do outro), e só na escrita buscando a razão que falta: *o que aconteceu ao meu pai e como e quando, terá sido a minha mãe ou o ajudante do feitor, o que lhe dói por dentro, porquê tanta desolação nesta casa onde as pessoas não se olham, não se juntam, não falam, imensos coelhos nus e imensos alguidares de pêlos, baús de que o perfume se evaporou, só a bomba da água a acordar-me e o meu irmão no poço a perguntar ao lodo quem era*. A desolação é também dada pelos lugares, de penúria ou isolamento, em número reduzido, o que contribui para o estatismo da acção. Quase tudo se passa em região não identificada mas cuja configuração indicia o Alentejo, com episódios na Trafaria e em Lisboa que, mais que lugar, é imagem de acesso imaginário: *o meu avô na Trafaria a designar-me a ilha, o pontão, o que chamava Lisboa tremendo ao contrário na outra extremidade da água de forma que casas/ e o meu avô/ – não é tão grande o mundo?* Alude-se também à época, com a revolução de Abril: *nos meses da revolução a tropa e os camponeses tentaram furtar-nos a casa/ (a chávena da minha avó a tremelicar no pires, não a minha avó, a chávena, a minha avó impassível na cadeira)/ queimando o celeiro.*

É, pois, um romance em que confluem veios de significação próprios do modo ficcional de ALA, na sua soturnidade da visão das coisas e obsessão rememorativa, e habituais alterações da ordem temporal (de reminiscências faulknerianas, os traços do discurso do autista recordando Benjy, em *O Som e a Fúria*), numa narrativa que desta vez se organiza em troços mais aglomerados. Dos seus processos habituais [O] *Arquipélago da Insónia* mantém a indeterminação na identificação das personagens (*só tu tens nome aqui Maria Adelaide e tranças*) – ligada à reflexão sobre os nomes (*de que servem os nomes e o que se faz com eles*) –, assim como a sua caracterização metonímica (o avô, *um botão de cobre a fechar-lhe o pescoço*) e frequentes elipses narrativas. Quanto à matéria ficcional, destaca-se ainda a forma subtil de comunicar enredos enovelados (pouco evidentes na leitura devido à imprecisão e inacabado das referências, assim como ao labor da frase que alastra e distingue sobre o evento ao ponto de quase o desvanecer[)]. E há a presença de situações recorrentes típicas (agressões violentas, abate impiedoso de animais, com a implicação do próprio narrador que nelas se imagina intrometido, ex. *a minha avó de alguidar aos pés e repare que a gente tão magros avó... e é claro que definhei com o que a minha mãe me tira, não é que não me dêem de comer, dão-me de comer, é o que a minha avó me tira, o fígado mole, o estômago perdido, não diga à minha mãe a pendurar-me o corpo sem músculos nem sangue.* Os motivos literários continuam próprios da tessitura destes romances, como as árvores ou o mar, os pássaros (destaquem-se as cegonhas, que desde *TPA* representam a coesão familiar, e *que não voltaram mais*) e, na Trafaria, uma gaivota que de novo lembra *ME: não sou uma gaivota na vazante do Tejo.*

Entre esses motivos não surge, nesta história do interior alentejano, a imagem do barco que, em quase toda a obra de ALA, se vê passar ao longe numa nesga de rio; mas, harmonizando-se com a poética do autor, o autista refere *o quadro do naufrágio que representava um navio à vela a desfazer-se nas rochas*, em projecção de si próprio. Tudo se destrói ou se nega, só a escrita é vital – mas ainda essa vitalidade se atenua, na denegação do livro escrito, segundo uma estética de negatividade e onirismo que vem sendo comunicada a partir de *Não entres tão depressa nessa noite escura: isto não é um livro, é um sonho.*

JOÃO CÉU E SILVA

"A insónia criativa de Lobo Antunes em livro novo"
[*O Arquipélago da Insónia*]
Diário de Notícias, 9 de Outubro, 2008, p. 49[157].

> O próximo livro já vai a meio, mas hoje o autor regressa às livrarias com novo 'romance'[.]

Em muitas madrugadas recentes, António Lobo Antunes toma um comprimido para dormir ou senão passaria essa parte do tempo, em que deveria estar a dormir, a "corrigir o livro que está a escrever". Já não se trata do volume *O Arquipélago da Insónia*, que está à venda a partir de hoje, mas do próximo livro cuja primeira versão quer ver concluída ainda este ano.

Mas se as suas noites não são de insónia, tal não quer dizer que viva fora do seu arquipélago porque, mais do que nunca, o escritor está a viver para os livros... Livros? É que, apesar de serem catalogados como romances, Lobo Antunes afirma que não tem a certeza de estar a escrever este género literário! Será mais uma outra coisa, que possui essa característica, mas por se exigir a si próprio cumprir-se como escritor que faz algo para além do seu tempo e que, como confessa, não o torne uma unanimidade antes de um futuro, momento em que a revolução que pretende inscrever nas suas obras só então possa ser realmente compreendida. Talvez, por isso, quando recebe mais um dos muitos e importantes prémios literários – como tem acontecido –[,]

---

[157] Nesta mesma página pode ler-se um brevíssimo texto sobre as várias etapas de "O processo de criação".

receia que essa unanimidade seja mau prenúncio para o que pretende pôr na estante da literatura.

O mais recente livro é o 20.º título que publica[,] se excluirmos os três volumes de *Crónicas* e as *Cartas da Guerra* que as suas filhas recolheram e editaram. Desde *Memória de Elefante* que António Lobo Antunes percorre uma vida literária que no próximo Verão irá celebrar trinta anos. Pelo meio ficou um ciclo inicial de três obras que expurgam as suas feridas da Guerra no Ultramar; um volume – *Fado Alexandrino* – que o seu pai considerou definitivamente um romance; uma primeira trilogia de romances psicanalíticos – desde o *Tratado* até *Carlos Gardel* – sobre a vida e pessoas triviais; uma segunda série de romances de grande fôlego como *O Manual dos Inquisidores* e *O Esplendor de Portugal* até que o autor entrou numa retratação mais intimista da sociedade portuguesa (aquela que vigora nas cidades), fixando algum do cosmopolitismo nacionalista e português como cenário para o florescimento das personagens bastantes vezes desprovidas de nome e de caracterização. Pelo meio, ficaram as colectâneas de crónicas que tanto seduzem os (proto)leitores de Lobo Antunes e, a ultimar a sua mais recente fase, livros de uma maior e inesperada cumplicidade com o tempo em que vive, como é o caso de *O Meu Nome É Legião*, onde pontuaram jovens delinquentes de que a primeira notícia da sua existência poderia ter estado nas páginas de crimes dos jornais.

Em *O Arquipélago da Insónia (ler texto em baixo)*, o autor regressa geograficamente a dois panoramas naturais que lhe dão prazer: o bucólico interior de um *Ribatejo* cujo rio que o atravessa desagua na *Trafaria*. É aqui, nestas duas localizações, que prende as personagens ao correr de uma divisão em três partes e fá-lo em apenas metade do espaço que habitualmente dedica à sua narrativa: 263 concisas páginas.

Para o leitor habitual de Lobo Antunes, esta diminuição gráfica do que fica registado entre as duas capas poderá ser uma surpresa mas, como diz o escritor – que tem o desejo de colocar nesta medida a "vida toda" –, quer chegar à última palavra ("nunca") sem jamais se sentir fora daquilo que é o resultado da experimentação literária por que tem lutado.

Em *O Arquipélago da Insónia*[,] o autor faz um quase *travelling* cinematográfico que se cola/sobrepõe a um exercício de estilo literário ainda mais inovador do que tem entregue aos leitores na última fornada de títulos, com uma ou outra excepção, que terá origem no

"A INSÓNIA CRIATIVA DE LOBO ANTUNES EM NOVO LIVRO" | 421

mundo particular de um autista, não se desobrigando o autor a utilizar todas as ferramentas necessárias à análise histórica e social que fizeram o século XX.

Onde está o romance

Em *O Arquipélago da Insónia*[,] António Lobo Antunes encosta-se a uma pedra alta e solta no meio de um campo para dialogar longamente com o leitor[,] enquanto monologa esporadicamente consigo[,] de forma a que aquele que o lê possa ouvir as vozes de uma imensa conversa que anda pela boca e cabeça das pessoas, à solta nas páginas, que às vezes têm nomes mas que noutras perderam a identidade[,] mesmo estando numa planície reconhecível[,] onde só poucas colinas – porque o que fica à beira do Tejo é demasiado plano – embaraçam o olhar sobre um extenso texto que até poderia ser poema de 263 páginas, ou sobre uma crónica alargada a pegar pontas soltas[,] ou ainda mesmo um romance sobre o qual se podia perguntar (como gosta de citar o próprio autor) onde está o romance? como fez Théophile Gautier ao ver o quadro *As Meninas*, de Velásquez, sobre um livro que deve ser lido em três momentos ininterruptos[,] como é sugerido pela própria divisão das partes e perante as quais o leitor não deve fazer buscas autobiográficas do seu autor – se descobriu um cancro a meio da sua escrita, se achou que ia morrer ou se teve dificuldade em retomar a prosa –[,] porque o autor fugiu como pôde a todas essas fronteiras da terra para se introduzir na memória de um outro que tenta compreender o mundo e relatar essa busca sem adjectivações e devaneios próprios de quem preenche páginas sem espremer a realidade, talvez porque ao fim de duas dezenas de livros não queira mesmo escrever mais do mesmo que por aí se faz e de que foge com toda a crença que tem nos fundamentos da escrita que é seu dever suceder a um Fernão Lopes ou a um Sá de Miranda, por exemplo, e evitar que, como dizia um seu outro antecessor, Francisco Manuel de Melo, que a "literatura seja uma estrebaria de porta aberta" []onde qualquer arrivista possa ir buscar um título em vez de o procurar não se sabe onde, se dentro de si próprio ou por aí, e do que mais existir para dar à luz uma pilha de páginas a que se possa chamar livro sem o merecer[,] porque o que António Lobo Antunes faz neste *O Arquipélago da Insónia* é mesmo estar acordado para falar da verdade e fazer da compreensão do mundo do homem um dos objectivos da literatura.

MÁRIO SANTOS

"Uma espécie de música"
[*O Arquipélago da Insónia*]

Público /Ípsilon, 10 de Outubro, 2008, p. 42.

> Magnífico e, ainda por cima, comovente. Eis o novo romance de António Lobo Antunes.

Uma desolação sem fim. Uma desolação sem fim num livro magnífico e, ainda por cima, comovente. Assim mesmo: comovente. Isso que o próprio texto, por interposta personagem central, a certa altura nos solicita sem vergonha: "gostava que se comovessem ao ler isto e me observassem com dó". Patético, talvez? Patéticos somos nós todos ou ainda menos que isso. Eis o novo romance de António Lobo Antunes.

Se dissemos romance foi apenas por ser cómoda tal convenção. Não lhe faríamos menor justiça se designássemos "O Arquipélago da Insónia" como poema narrativo em prosa. Um "poema" em três cantos (ou andamentos, que a escrita de Lobo Antunes, essa outra espécie de música, dá-se bem com imagens musicais) de idêntica extensão, cada um deles subdividido em cinco segmentos. No primeiro andamento (narrado na primeira pessoa, como os restantes), ouvimos (mais do que lemos) a voz do protagonista, alguém que vai "vasculhando lembranças com uma lanterna apagada" (a imagem aparece muito adiante no livro[,] mas é exacta). Há, nessa voz que apesar do "arame na garganta" a "dificultar as palavras" rememora sem parar (para se defender?, para ser?), uma radical orfandade, um desamparo, uma tão grande solidão, a marca de uma extrema violência que são consubstanciais à paisagem (uma "herdade" perto de uma vila "de defuntos" e de uma "fronteira" que ninguém sabe se existe, um "deserto parado" onde "tudo receava tudo") e a todos aqueles que a habitam ou habitaram, sejam os "parentes dos retratos", sejam os camponeses.

É a voz de um "autista", percebemo-lo na segunda parte do livro, que dobra e desdobra a primeira. A mesma voz mistura agora memórias da estadia do protagonista num hospital (psiquiátrico?) para onde foi exilado e outras, de Lisboa, para onde veio resgatado depois pelo irmão (e a mulher deste lê esse gesto desta maneira: "tens medo de ao perderes o teu irmão te perderes como perdeste os teus avós, os teus pais e a tua infância com eles, (...) tens medo de ficar sozinho numa casa que cessou de existir se é que alguma vez existiu"). Quase como num cânone (musical), o terceiro andamento do livro põe cinco novas vozes narrativas em perseguição da primeira. Falam aqui a cunhada do protagonista ("há alturas em que me acho tão só que tudo grita o meu nome"); o "ajudante do feitor" da herdade e que seria [a]final o pai biológico do "autista"; a "prima Hortelinda" ou a morte personificada numa "senhora de chapelinho de véu (...) fazendo os seus naperons devagar"; o pai "oficial" do protagonista, figura trágica[,] por sua vez desprezada pelo próprio pai, o fundador da herdade, e ignorada pelos "filhos" e por toda a gente; e, finalmente, o não menos trágico irmão do protagonista, tentado pelo suicídio, enquanto um Deus "amolecido" e velho "esfrega as mãos nos joelhos a admirar-se do que fez – Que estranha coisa é a vida".

Portanto, e se pudéssemos "resumir", diríamos talvez que esta é a história de pelo menos três gerações de uma família entre dois nadas: aquele de onde veio e aquele para onde vai ("daqui a cinquenta anos ninguém se lembra de nós"). Um arquipélago de destroços, "remorsos e fantasmas". Um arquipélago de vozes rodeadas de silêncio e esquecimento por todos os lados. É um romance sobre a "quantidade de defuntos que são necessários para compor uma vida", sobre "como a existência se torna sem gosto ao deixarmos de ter medo do escuro", sobre "insignificâncias cuja tenacidade apavora". Por exemplo, um "gato no peitoril numa crueldade amarela" ou aqueles "grandes cães silenciosos que nos perseguem nos sonhos".

E dito isto, teremos dito apenas o "exterior" do romance. Pois o que nele é verdadeiramente emocionante é o virtuosismo de uma escrita eficazmente inclinada para o fôlego e o rigor rítmicos da grande poesia: felicíssima na sua cadência, não majestosa ("não me venham com infinitas extensões geladas onde a alma se perde" – a Trafaria é um lugar tão bom como outro qualquer para se perder a alma) mas larga, de salmo encantatório que vicia.

ANA CRISTINA LEONARDO

"Cercados pelo vento"
[*O Arquipélago da Insónia*]

Expresso/Actual, 11 de Outubro, 2008, pp. 38-39.

> O vigésimo livro de António Lobo Antunes tem como pano
> de fundo o Portugal rural[.]

De acordo com a famosa frase do ensaísta inglês Walter Pater, «toda a arte aspira continuamente à condição de música». Esta concepção da música como a «grande arte» parece ajustar-se cada vez mais à escrita de António Lobo Antunes. O seu último título **O Arquipélago da Insónia**, indiferente ao pretexto ficcional – ascensão e queda de uma família latifundiária alentejana (?) –, surge habitado por uma polifonia de espectros, soando como uma melodia riscada por frases e sons sincopados e crispados, agentes devoradores da própria partitura do texto que, ainda assim, sobrevive.

No princípio, há uma casa: «De onde me virá a impressão que, na casa, apesar de igual, quase tudo lhe falta?» Depois vão saindo dela, em lenta procissão, as personagens (mortas ou vivas?, acabará por perguntar o leitor, que não pode evitar **Pedro Páramo**, de Juan Rulfo): um avô («comandando o mundo»), criadas submissas («– Chega cá»), dois irmãos, um deles autista («repara no meu irmão que não responde a nada interessado na música»), uma avó («a chávena na mão da minha avó a tremelicar no pires»), um feitor («sob as nogueiras a lutar com os sapatos sem dar com as árvores sequer conforme lhe sucedeu pisar o padre que se sumia na terra»), um ajudante de feitor («Para alguma coisa há-de servir esse idiota»), um pai («e ninguém ao seu lado, você sozinho pai e todavia à procura, as mãos a segurarem o que julgava as mãos da minha mãe»), uma mãe («alguma vez a vi sem ser de costas para mim?»)... somando-se a estas outras tantas, fios frágeis de um emaranhado narrativo que, à maneira de um sonho, tanto escapa à temporalidade sequencial como às leis de causa e efeito. E, também por isto, trata-se de um livro do qual se gosta mais à segunda leitura.

Chegados aqui, teria de nos vir à cabeça **O Som e a Fúria**, de William Faulkner, escritor que António Lobo Antunes diz ler cada vez menos mas de cuja família literária não poderá fugir. E, precisamente sobre a tragédia da família Compsons, escreveu ele: «(...) possui a qualidade de ser um romance que, tal como a grande poesia, se relê no maravilhamento da descoberta: a todo o passo damos com pormenores que nos haviam passado despercebidos, em cada página nos emocionamos.» Mas se, como n'**O Som e a Fúria**, também n'**O Arquipélago da Insónia** há uma família decadente e um «Idiota» a que se deseja dar voz, torna-se arriscado ir mais longe nas comparações. Neste, as vozes misturam-se (uma só, afinal?), o ritmo delirante é omnipresente, a alucinação é indistinta do real, e vivos e mortos trocam de papéis, esfumando-se, uns e outros, em fotografias antigas sem futuro. As palavras, naturalmente, atropelam-se, interrompem--se, rodopiando indiferentes à regras da identidade, da linearidade, indiferentes também à perseguição do leitor, esse leitor que já Machado de Assis interpelava ironicamente em **Memórias Póstumas de Brás Cubas**: «(...) tu amas a narrativa direita e nutrida, o estilo regular e fluente, e este livro e o meu estilo são como os ébrios, guinam à direita e à esquerda, andam e param, resmungam, urram, gargalham, ameaçam o céu, escorregam e caem.» Neste caso, claro, o estilo chega expurgado de realismo, mero pretexto imagético para um exercício radical de linguagem: onírica, exacta, cruel (a morte, o sexo e o crime mancham **O Arquipélago da Insónia**), nunca descarnada, à imagem da música, a mais racional e sensual das artes.

E por mais este livro, mesmo se distinto da condição mágica de «Iniji», se poderá dizer da busca literária de António Lobo Antunes o mesmo que Le Clézio disse dessa espécie de poema assinado por Henri Michaux (publicado n'**As Magias**, de Herberto Helder): «As linguagens pesadas tropeçam nas suas consoantes, nas sílabas, como um cego tropeça nos móveis de um quarto desconhecido. Já não pretendemos falar todas as línguas. As palavras encontram-se além, sempre além, e é preciso apanhá-las depressa. As vogais que soam, ressoam. Talvez seja preciso abandonar tudo.»

MARIA ALZIRA SEIXO

"António Lobo Antunes.
As flores do inferno"[158]

Jornal de Letras, Artes e Ideias, 28 de Janeiro, 2009, pp. 32-33.

Pode observar-se, na escrita de António Lobo Antunes, a presença subtil mas recorrente de dois eixos de significação constantes, que em meu entender determinam grande parte do sentido fundamental da sua obra literária: uma atmosfera radicada na paisagem, urbana e natural, na qual se destacam seres inanimados, animais domésticos e, sobretudo, a vegetação, desta emergindo árvores e plantas. Mais rara, mas emergindo em momentos particularmente expressivos, é a presença das flores, que nos impressiona por vários tipos de tratamento textual: a sua ligação ao enredo ou a sentimentos manifestados na respectiva enunciação, uma antropomorfização frequente, a referência ocasional em metáforas e comparações atinentes à narrativa, a variedade de modos da sua epifania: em botão, desabrochada, rútila, de corola a cerrar-se ao tombar do sol, fanada ou moribunda; ou a sua comunicação «kitsch», em representações de plástico ou de pano, relacionadas com cenários de falsidade ou de sensibilidade postiça, ou iletrada e de gosto duvidoso.

A referência à flor conota em geral uma situação ou momento de alacridade, de í[n]dole luminosa, moralmente positiva, que insinua a cor num universo em geral sombrio, mesmo nocturno, obsessivamente torturado, e visitado por fantasmas que se desdobram em visões do mais intenso negrume, em que o colorido floral não é perceptível. De algum modo, a flor insinua uma hipótese de ruptura ou de

---

[158] "À memória de Tereza Coelho". Este texto faz parte da Introdução a *As Flores do inferno e jardins suspensos*. Ed. cit.

428 | MARIA ALZIRA SEIXO

possibilidade soteriológica em relação a esse universo de aflição, rasgando-o, negando-o, abrindo-o à vida e a expressões, mesmo que ténues, de alegria.

Mas esse universo de sombras na noite (e a noite ocupa, como se sabe, a configuração diegética de muitos dos seus romances – *Os Cus de Judas*, *Conhecimento do Inferno*, *Ontem Não te Vi em Babilónia*; e parte significativa de outros – *Memória de Elefante*, *Fado Alexandrino*, *[O] Esplendor de Portugal*, *Não Entres Tão Depressa Nessa Noite Escura*; e ainda certas determinações simbólicas em motivos literários: o «túnel», o «poço», o «medo do escuro»; ou processos de escrita como a negatividade) apresenta-se povoado de fantasmas, revertidos no geral a três ou quatro zonas de pertença; os participantes na guerra colonial, os vultos familiares, os vultos familiares desaparecidos, figurações do núcleo relacional próximo do narrador ou das personagens (sobretudo quando sofrem separações, afastamento ou clausura), entidades dispersas que encetam relações de surpresa ou fantasmagoria com a situação narrativa, muitas vezes crianças: um bebé que não nasceu (a filha que Rui S. pensava ter de Marília, em *Explicação dos Pássaros*), um bebé que nasceu e é sufocado pela mãe (conforme Judite confessa em *Que Farei Quando Tudo Arde?*) ou dela vai viver afastado (pressentindo-se um ao outro e não chegando a conhecer-se, a não ser em breve raspão, em *A Ordem Natural das Coisas*), o bebé da mongolóide de quem é logo separado e faz a doente guinchar de dor lancinante, em pânico de instinto magoado (*Auto dos Danados*), isto é, criaturas de sofrimento, e que inspiram sofrimento à sua volta. Como espectro fundamental, em vários romances e muitas crónicas, está o soldado de Mangando, que se suicida com um tiro de revólver ao deitar, dando as boas-noites aos companheiros.

Há pois um ambiente de nocturnidade martirizada que domina os romances, desde a «noite mais escura da alma» de *Memória de Elefante*, passando pela «dolorosa aprendizagem da agonia» de *Os Cus de Judas*, e culminando na longa travessia do inferno» do seu terceiro romance, todos centrados no horror da guerra, que vai sendo progressivamente correlacionado com a tortura hospitalar dos tratamentos psiquiátricos das doenças mentais. Porque o inferno é a guerra. Mas o inferno é também, e talvez sobretudo, a inquietação dolorosa vivida pelo ex-combatente no regresso, traumatizado, e que, ao exercer a medicina psiquiátrica hospitalar, sensível às condições degradantes que a sujeitam, homologa as duas formas de suplício, correlacionando aspectos da violenta experiência africana com as manifestações em torno da loucura (nos médicos e nos doentes que trata, ou mal trata), que é também, como observa, a dos supostos saudáveis, com os seus pendores patológicos. Este inferno é ainda o da sua própria alienação, humano insofrido pelo choque pessoal e o contacto com o suplício dos outros. Ligado no início da obra à sensibilidade existencialista, pela evidência do mundo como absurdo e o sentimento da falta de sentido da vida, Lobo Antunes afasta-se da problemática existencial quando insinua que o inferno provavelmente não são os outros (estes são, por vezes, agentes perversos ou inscientes do mal, inofensivas criaturas infelizes tornadas maléficas), o inferno está em nós. A guerra e o hospital de loucos são sítios de eclosão dessa germinação infernal.

O horror que se viveu duas vezes

O inferno é, pois, um lugar específico, o Hospital Miguel Bombarda que a ela se assimila, redobrando o seu horror, que assim se vive duas vezes e vai multiplicar-se na memória da escrita. Analogicamente, alarga-se a outros lugares, ex. a casa do alferes na noite de orgia (*Fado Alexandrino*), a casa do latifundiário em Monsaraz (*Auto dos Danados*), a casa de Alcântara onde Carlos espera em vão os irmãos na noite de Natal ([*O*] *Esplendor de Portugal*), o Bico da Areia com os cavalos e os ciganos obsidiantes, ou a casa do príncipe Real onde Paulo vive com o pai travesti (*Que Farei Quando tudo Arde?*), o espaço que cerca a casa colonial que polariza a perseguição homicida e amorosa de Seabra a Marina (*Boa Tarde às Coisas Aqui em Baixo*), o Bairro e a periferia , nos ataques dos j[o]vens demónios delinquentes (*O Meu Nome É Legião*), a herdade alentejana do autista (*O Arquipélago da Insónia*). Mas é, sobretudo, um estado de espírito, desorientação psicológica, perturbação mental, com delírios, imaginações, fantasmagorias, tormentos sofridos e infligidos, na evocação ou na fúria desejante. Para personagens e narrador. Que são presas da memória, que anula o presente para lhe incutir, por metonímia, as sensações lacerantes do passado.

Por isso, quase sempre a organização diegética dos romances de Lobo Antunes se altera, a partir dos dados iniciais, para deslizes constantes de histórias paralelas, que se embrecham umas nas outras em planos distorcidos ou segmentos descontínuos, ou na orgânica de um «puzzle» onde há peças [que] faltam e outras que se multiplicam, mantendo-se um conteúdo manifesto que é o da continuidade verbal, bergsoniana: a frase ininterrupta mas por vezes esburacada, em «legato» musical que tem por fundo um «baixo contínuo» latente e obsessivo, ora cadencialmente rítmico ora disruptivamente martelado (abrindo os tais buracos – ou interditos!), que dão a narrativa antuniana.

Motivação obsessiva e disrupções na temporalidade, existencial e narrativa, levam a várias consequências literárias, de entre as quais se destaca a emergência súbita do humor, que procede a transmutação de eventos trágicos em registos sardónicos de ironia ou de grotesco miserável, fugindo ao patético directo e comunicando por vezes o sofrimento numa objectualidade extraceptiva: o suicídio de Rui S., o homicídio dado como uma rodagem cinematográfica[] (*Tratado das Paixões da Alma*), o assalto e morticínio na vivenda de Sintra[] (*O Meu Nome É Legião*). Na base está o sofrimento em vida, ligado à perspectiva da morte, seja a morte iminente na guerra, seja a sedação embrutecedora que aniquila, com os excessos hospitalares, os doentes mentais. Quando o colega psiquiatra coloca uma flor de plástico na secretária («– Não há como uma flor para levantar o moral»)[,] o narrador pensa: «este tipo é a Rainha Santa da era atómica, de regaço de terilene cheio de pétalas fingidas. Vão sair-lhe folhas da breguilha, das lapelas, do cinto, dos intervalos da camisa, vai tornar-se ele próprio numa flor enorme, monstruosa, instalada no vaso da cadeira giratória (...) Quero ser dentista antes que isso aconteça..., antes que as rosas de plástico bebam como ralos todo o oxigénio do ar... Alguém começou a gritar na enfermaria: era um gemido rouco, persistente (...) Escutava esse som nocturno na manhã do hospital, carregado das misteriosas ressonâncias e dos impalpáveis ecos das trevas,... com a mesma expectativa dolorosa, o mesmo indizível pavor com que sentia aproximarem-se as trovoadas de África, pesadas de uma angústia insuportável».

A flor lenitivo, a flor carnívora

Este universo de antinomias, em que a flor natural é lenitivo possível em lugar de sombras e tormentos (uma visão floral recorrente: a mancha dourada dos girassóis na Baixa do Cassanje, dada como fixação deslumbrada do olhar, na treva sanguinolenta da guerra),

"AS FLORES DO INFERNO" | 431

ultrapassa, porém, o dualismo para deixar instalar-se a tensão interior da manifestação dupla e concomitante, que é uma das forma[s] de tratar, na obra, outra questão central: a da relação entre identidade e alteridade. Vimos como a situação infernal pode ser lugar de riso, com delírios ambíguos de pavor e irrisão. Ora a flor, quando se liga ao falso, é estiolante e irrisória; mas surge também ligada à mulher e ao amor, sexualmente, ou, na imagem do seu emurchecer, acompanha com frequência a dor, ao passo que, vívida e proliferante, é motivo de contraste na notação da morte, nas frequentes descrições de enterros. Em *Conhecimento do Inferno*, o esmorecimento dos militares nus na inspecção, antecedendo o embarque para Angola, com os seus pénis murchos que são sinédoque do corpo em desânimo, encontra um correlato nas flores do canteiro que o comandante teimosamente rega no quartel, sob o sol abrasador do Alentejo, e cujos caules vergados agonizam. Em *Não Entres Tão Depressa Nessa Noite Escura*, a morte do pai de Maria Clara é sublinhada pelas flores do funeral, abundantes e viçosas, cujos nomes diversos são repetidos à saciedade nas linhas do texto (presenças abundantes, supletivas da premente ausência sentida), e coexistem com a vitalidade anímica dos goivos no jardim da casa familiar, que falam com a menina, como pessoas.

Mas a flor pode ser esteticamente desfigurada, como vimos já, ameaça erótica ou antropofágica. Vistas por vezes como hipótese de ataque sexual destruidor (ex. a divertida sequência da flor na secretária do tio Ilídio, que pontua 300 pp do romance e passa de simples «flor num copo de água» a imagem da «vulva», a flor que rebentaria os caixilhos e nos devoraria, descomunal, escarlate, tentacular, carnívora», em *Fado Alexandrino*), tem um lugar importante em *As Naus*. Camões, retornado de África, com o caixão do pai a que não consegue destino, coloca as cinzas em liquefa[c]ção numa garrafa e, em casa de Garcia da Orta, que é empregado de mesa no bar de Santa Apolónia (onde o Poeta inicia «Os Lusíadas», inspirado no comboio dos emigrantes que chega de Paris) e o acolhe no Bairro Alto, rega com o conteúdo as plantas medicinais que se cultivam em vasos no apartamento. E elas crescem desmesuradamente, invadem a casa, as begónias engolem o avô paralítico, *os filhos iam desaparecendo um a um comungados por acónitos e nardos*, e o Poeta e o Botânico fogem pela baixa fora, numa cena de «ficção burlesca», expressão que o autor já em *Conhecimento do Inferno* usara a designar este tipo de passos.

Flores e inferno ligam-se explicitamente no limiar deste romance, quando o narrador «olhava o rectângulo do espelho que bebia as flores como as margens do inferno o perfil aflito dos defuntos», e prosseguem, durante toda a obra de Lobo Antunes, com maior ou menor insistência, até ao último, *O Arquipélago da Insónia*, em que a prima Hortelinda, tal a Parca, entrega sempre, sorridente, um ramo de goivos a quem assim ela anuncia que vai em breve morrer.

ISABEL COUTINHO

"Histórias de família dos Lobos e dos Antunes"

Público/P2, 6 de Julho, 2009, pp. 4-5.

> António Lobo Antunes foi aplaudido de pé, emocionou e divertiu a multidão[,] sábado à noite[,] na Festa Literária Internacional de Paraty. "Deus vos pague!", disse o escritor no fim, para a plateia, emocionado[.]

"A amizade é como o amor. A gente encontra um homem e fica amigo de infância. Descobre um passado comum e há um princípio de vasos comunicantes que começa ali". Foi assim que António Lobo Antunes iniciou a sua conversa com o jornalista e escritor brasileiro Humberto Werneck, no sábado à noite, na 7.ª Festa Literária Internacional de Paraty (FLIP). Primeiro ouviu sem dizer palavra a apresentação do jornalista – ignorando algumas perguntas que este lhe ia fazendo –[,] mas quando resolveu começar a falar nunca mais parou. De tal maneira que, no final, nem houve espaço para perguntas do público.

"Nós almoçámos juntos ontem e foi um encontro maravilhoso", disse o ecsritor português acerca do autor do livro *O Santo Sujo – A vida de Jayme Ovalle* que ali estava com a função de o apresentar e de lhe fazer perguntas. Talvez por isso[,] foi um António Lobo Antunes em estado de graça – divertido, bem-disposto, a fazer piadas, a contar histórias de infância, a aconselhar livros – aquele que em Paraty conquistou a multidão que o aplaudiu de pé no final da palestra que decorreu na Tenda dos Autores e tinha como título *Escrever é preciso*. Lá fora, na Tenda do Telão, os bilhetes para a sessão também estavam esgotados. E, tal como aconteceu já em outras conferências, havia gente de pé que não conseguiu bilhete. A meio da conferência, o escritor disse para a plateia: "Se vocês continuarem aplaudindo, não vamos sair daqui nunca".

O escritor português tinha começado a ler o livro sobre Jayme Ovalle escrito pelo seu companheiro de palestra no dia anterior e isso fez com que voltasse atrás no tempo. A leitura das primeiras páginas desse livro lembraram-lhe a descrição da Belém do Pará do século XIX que o seu avô fazia. E serviu de mote para início de conversa.

"Para mim, o Brasil não é um país. São os cheiros, os sabores, os doces da minha avó e das minhas tias, a comida, uma maneira de viver e de falar e é sobretudo o meu avô, que está aqui presente em toda a parte. É a terra dele, é a terra da minha família. É a terra de onde vêm os meus nomes Lobo e Antunes", e por isso para o escritor é "muito comovente" estar de novo no Brasil, onde – apesar de ainda aqui ter família – já não vinha desde 1983.

"Os meus bisavós (que viviam em Belém do Pará) mandavam engomar a roupa à Europa e iam todos os anos a águas a Vichy. Viviam como nababos. E uma vez passaram em Lisboa e deixaram o meu avô no Colégio Militar". Era o seu avô António Lobo Antunes, que era oficial de cavalaria e depois entrou na revolução monárquica em 1918. Foi preso, desterrado para África e acabou depois por ficar em Portugal. Este avô de Lobo Antunes falava com sotaque de Belém do Pará.

Os livros que havia em casa deste avô de António eram só livros brasileiros, Machado de Assis, José de Alencar, Azevedo, Monteiro Lobato, toda essa geração. Embora o avô de Lobo Antunes l[esse] pouco. "Um dia, quando eu tinha doze anos, o meu avô mandou-me chamar ao escritório. Estava com um ar muito severo, muito zangado. Mandou-me sentar em frente dele e disse-me: 'Ouvi dizer que você escreve versos'. Fez-se um silêncio. 'Você é veado?'", conta Lobo Antunes enquanto a plateia se ri às gargalhadas. "Para o meu avô, oficial de cavalaria, quem escrevia versos tinha que ser veado (homossexual). Eu não sabia o que era ser veado mas disse logo que não. 'Não, não, não'. Então fui tirar informação. E aquilo que me disseram ainda me tornou mais confuso".

Sonetos a Cristo

António Lobo Antunes começou a escrever versos "por necessidade material". O seu outro avô tinha morrido e a sua avó era uma mulher "muito piedosa, tinha um oratório em casa, estava sempre rezando". Então, António Lobo Antunes fazia "sonetos a Cristo" que depois vendia à sua avó. "Isso foi muito bom porque me salvou de andar a pedir esmolas nas esquinas. Entregava-lhe um soneto, fazia um ar triste, ela tinha um oratório muito grande – a minha avó portuguesa – e, à frente do oratório, não sei porquê, é uma relação curiosa, tinha o cofre do dinheiro, mesmo em frente dos santos. Santos, santos, santos, e por baixo, o dinheiro. Eu entregava-lhe o soneto a Cristo, que ela punha no oratório, ficava a olhar para ela com olhos de cão batido, até que ela dizia: 'Quanto queres, filho?'". Risos por toda a plateia.

O Prémio Camões 2007 tem [cinco] irmãos, todos homens, e entre ele e o quarto irmão existem cinco anos de diferença. A avó do autor de *Os Cus de Judas*, a determinada altura, tinha uma cozinheira "muito bonita". Os rapazes iam à missa com a avó ao domingo. A seguir corriam para casa antes que a avó chegasse para andarem à volta da cozinheira. E, contou António Lobo Antunes, a senhora resolveu "o problema" de uma maneira muito diplomática. "Disse-nos: 'A partir de agora, vocês têm a conta aberta na pastelaria, podem comer todos os bolos que quiserem[']. E, como os bolos da pastelaria eram melhores que o 'bumbum' da criada, nós, em vez de irmos para casa, passámos a ir comer bolos para a pastelaria".

Como eram muitos irmãos com a mesma idade, quando adoecia um, adoeciam todos. "O meu pai, que era médico, era muito severo. O meu pai não queria ter filhos, queria ter campeões de karaté. Tínhamos que ser bons em tudo". Mas foi graças ao pai que aprendeu a gostar de ler poesia, era o pai que lhes lia poesia (Manuel Bandeira, por exemplo, que está a ser homenageado nesta FLIP) quando estava doente. Ao longo de toda a conversa, António Lobo Antunes teve alguns problemas com o microfone e chegaram mesmo a enviar um bilhete aos oradores a pedir que ele aproximasse o micro da boca. Isso serviu para o escritor, durante a conferência, ir fazendo piadas sobre a sua "má relação com aqueles objectos". E dizer: "Se o meu avô estivesse aqui, perguntaria...", a propósito da conotação fálica do microfone. Por vezes, apesar do aparelho que tinha no ouvido, pedia a Humberto que repetisse a pergunta. Aconteceu quando o entrevistador lhe perguntou se era verdade que ele "era bom de briga"[]. António contou que, quando chegava a casa e estava a explicar ao pai que quem lhe tinha batido era maior do que ele, este aconselhava: "Mordias-lhes os ovos!".

Humberto Werneck, na sua apresentação, lembrou que alguns críticos consideram que a Academia sueca "cometeu um erro grave de português", numa referência à atribuição do Prémio Nobel a José Saramago. A meio, disse que "o outro" vinha ao Brasil mais vezes. Lobo Antunes nunca se desmanchou, ficou impávido e sereno.

Por fim, Humberto lembrou que, numa entrevista que os pais de Lobo Antunes deram à jornalista espanhola María Luisa Blanco, o pai do escritor disse que não lia os seus livros e a mãe disse que lia mas que ficava um pouco contrariada.

"Eu também pensava que ele não tinha lido. Mas depois da morte dele encontrei os meus livros todos anotados e uma carta que ele me deixou de 600[?] páginas. Deve ter levado uns dois anos a escrever aquela carta", revelou o escritor, emocionando a plateia, de onde se ouviu uma exclamação de surpresa. "A minha família era engraçada. Eu acho que nós nascemos todos por causa da Alemanha, o meu pai, para se especializar na sua área da Medicina, teve que ir para a Alemanha, onde havia a escola de Anatomia Patológica e então vinha uma vez por ano a Lisboa e ficava uma semana. Cada vez que ele vinha, e, depois, quando se ia embora, a barriga da minha mãe começava a crescer. E quando ele deixou de ir para a Alemanha a barriga da minha mãe deixou de crescer. Ainda hoje não sei o que há na Alemanha que faz crescer a barriga. Pelo menos a da minha mãe".

Regresso à escrita?

Lobo Antunes, que escreveu 21 romances em 30 anos, contou como os seus primeiros livros foram recusados por várias editoras e o que passou para chegar ao reconhecimento internacional que tem agora. O seu trabalho foi elogiado pelos académicos e críticos George Steiner e Harold Bloom. "Tive a infinita sorte de ter os elogios dos dois", disse.

Lembrou a sua amizade por Jorge Amado e por João Ubaldo Ribeiro, de quem se tornou amigo quando o escritor brasileiro viveu em Lisboa. E quem chateava por não escrever, por considerar que era preguiçoso. "Íamos a casa de João às duas da manhã e lá estava ele fazendo feijoada de chinelo e calção. Ele vivia o inverno de Lisboa, que é frio, como se estivesse no Verão da Baía. E às quatro da manhã se comia a feijoada. Depois, não escrevia. Então deu uma entrevista a um jornal, em que lhe perguntavam: 'João Ubaldo Ribeiro, você já não escreve?' E ele respondeu: 'Escrevo. Meu pseudónimo é António Lobo Antunes'".

E vendo toda a paixão de Lobo Antunes a falar sobre como escreve os seus romances, Humberto disse-lhe que não percebia como é que, com toda essa paixão de artista que transparecia na sua conversa, ele estava a anunciar que ia deixar de escrever.[159] António Lobo Antunes respondeu: "É que, às vezes, eu tenho caprichos de *cocotte*. Você lembra daquela bailarina brasileira cheia de plumas no 'bumbum', Zizi Jeanmarie?! Às vezes gosto de dar uma de Zizi a abanar as plumas do 'bumbum'. Há alturas em que se fica desesperado e se pensa que não se vai ser mais capaz. E se pensa: 'Para quê escrever? Vou deixar de escrever'. É a nossa alegria e o nosso tormento".

No entanto, na Pousada da Marquesa onde está hospedado em Paraty, António Lobo Antunes tem escrito todos os dias.

---

[159] Ver, por exemplo, "«Mais dois, três livros e pararei»" [2006], entrevista de Rodrigues da Silva, in Ana Paula Arnaut (ed.), *Entrevistas com António Lobo Antunes. 1979-2007. Confissões do Trapeiro*. Ed. cit., pp. 509-525. Ver, ainda, "«Daqui a dois anos acaba tudo e não publico mais»", entrevista de João Céu e Silva, in *Diário de Notícias*, 16 de Fevereiro, 2009, pp. 27-29 e "Lobo Antunes espanta com 'adeus aos livros'", in *Diário de Notícias*/Artes, 17 de Fevereiro, 2009, p. 42.

"Que Cavalos São Aqueles Que Fazem Sombra No Mar? Novo romance de Lobo Antunes"

Jornal de Letras, Artes e Ideias, 23 de Setembro, 2009, p. 2[160].

Que Cavalos São Aqueles Que Fazem Sombra No Mar?, o novo romance de António Lobo Antunes, chega às livrarias no próximo dia 1 de Outubro, com a habitual chancela da Dom Quixote. Dividido em sete partes, o livro conta a história de uma família que se reúne numa quinta do Ribatejo, onde se criam toiros. De resto, será o universo tauromáquico a marcar o ritmo desta narrativa, começando «antes da corrida» e avança[n]do aos poucos – «tércio de capote», «tércio de varas», «tércio de bandarilhas», «a faena» e «a sorte suprema» – até aos desenvolvimentos «depois da corrida». Contudo, não se trata propriamente da descrição de uma tarde de touros. A analogia faz-se pela intensidade de sentimentos que são descritos. A matriarca da família está a morrer e os seus filhos encontram-se à vez, vão contando a sua história, que se confunde com a dos outros, como informa a apresentação da editora. São eles: «Francisco, que odeia os irmãos e espera apropriar-se de tudo quando a mãe morrer[;] João, o preferido da mãe, pedófilo, que engata rapazinhos no Parque Eduardo VII; Beatriz, que engravidou e teve de casar cedo; Ana, a mais inteligente, drogada e frequentadora dos mais sinistros lugares onde se trafica droga». O título é retirado de uma música de Natal, que António Lobo Antunes ouviu um dia, ao almoço, quando encontrou Vitorino e Janita Salomé no restaurante em que costuma almoçar. Isso mesmo

---

[160] No final do texto dá-se ainda conta da publicação de *Uma longa viagem com António Lobo Antunes*, da autoria de João Céu e Silva (Lisboa: Dom Quixote, 2009).

440 | NOVO ROMANCE DE LOBO ANTUNES"

explicou numa crónica que publicou na revista *Visão*[161]: «A voz do Janita borda por cima da voz do irmão e nós a escutarmos, encantados. Estes dois versos não me largam: que cavalos são aqueles que fazem sombra no mar?». E continua: «Gostava de usá-los como título de um livro: tocaram não sei onde, no mais fundo de mim, e eu comovido como tudo, com lágrimas dentro. Porquê? Vou repeti-los mais uma vez dado que não cessam de perseguir-me: que cavalos são aqueles que fazem sombra no mar? É quase Natal, uma época em que me lembro ainda mais do meu avô». Tal como o escritor, também as personagens do seu romance revivem memórias, fragmentos de um passado que, naquelas circunstâncias, regressam à tona de água. Com revisão filológica de António Bettencourt, *Que Cavalos São Aqueles Que Fazem Sombra No Mar?*, escrito entre 2008 e 2009, é o 24.º volume (e 21.º romance) da edição *ne varietur* das obras completas do escritor.

---

[161] 24 de Janeiro, 2008, p. 18 (*Quarto Livro de Crónicas*. Ed. *ne varietur*. Lisboa: Dom Quixote, 2011, pp. 13-15). Transcrevemos o cantar dos Reis: "São chegados os três reis / à porta do lavrador / Se tem a mulher bonita / a filha é uma flor // Que cavalos são aqueles / que fazem sombra no Mar / São os três do Oriente / que a Jesus vão adorar // O menino chora, chora / porque anda descalcinho / Haja quem lhe dê as meias / que eu lhe dou os sapatinhos // Nossa Senhora lavava / e São José estendia / E o menino chorava / com o frio que fazia // Calai-vos meu menino / calai-vos meu amor / Isto são navalhinhas / que cortam sem dor // Saíram as três Marias / de noite pelo luar / Em busca do deus menino / sem n'o poderem achar // Foram-No achar em Roma / vestidinho no altar / Com *kalyx* d'oiro na mão / missa nova quer cantar / / E dai la... e dai la esmola bem dada / Para quem, para quem vier pedir / Que ela lhe, que ela lhe sirva de escada / Para quando, para quando ao Céu subir" (http:// cantaraosol.blogspot.com/2007/01/reis-redondo.html – consultado em 1 de Junho de 2011).

JOÃO CÉU E SILVA

"Que livro é este que faz sombra ao autor?"
[*Que Cavalos São Aqueles*
Que Fazem Sombra No Mar?]

Diário de Notícias, 7 de Outubro, 2009, pp. 46-47.

> António Lobo Antunes. A escrita de um romance ainda é
> um martírio para um autor que era desconhecido quando[,]
> em 1979[,] foi de férias e que[,] ao regressar[,] era a grande
> promessa.

As primeiras quatro folhas em que António Lobo Antunes esboçou
o seu novo romance demoraram-lhe quase tanto tempo como a certos
autores leva a escrita de um livro completo. Depois, ao iniciar a
escrita dos capítulos em que se divide este *Que Cavalos São Aqueles
Que Fazem Sombra No Mar?*, a narrativa cresceu então com relativa
rapidez, muitas vezes redigidos em tempos diferentes e só posteriormente postos na verdadeira ordem, encaixando-se perfeitamente
para surpresa do autor quando fez a versão definitiva do seu livro.

Lobo Antunes nega que haja nele(s) uma história[] ou que o
romance[] parta[] de uma ideia e a razão é simples, é que o livro não
lhe obedece[,] nem o próprio sabe de onde vem a inspiração –
conceito de que recusa a existência – para a mão que escreve quando
tem vontade e que pode passar uma manhã inteira a fazer cópias ou
traduções enquanto não encontra o caminho certo. Uma mão que,
confessa, só se tornou afortunada quando deixou de escrever com a
esquerda, por ser canhoto, e iniciou este percurso de 21 livros com a
mão direita. Uma mão que só se torna "eficiente" após a mente do
escritor ter ficado limpa de tudo e de, por exemplo, ser capaz de
extrair da superfície espelhada da água aquilo que está escondido

442 | JOÃO CÉU E SILVA

por baixo[162]. Este aquecimento pode demorar ao escritor horas num dia de trabalho – que se estende desde as primeiras do dia até às últimas – e que só se torna num ofício produtivo após separar o fundamental do acessório e de sentir o fluxo de palavras suficiente para preencher as páginas sempre manuscritas.

Por norma, o próximo livro vai surgindo enquanto finaliza o anterior, quando lá para o fim há palavras e sensações que vão indiciando uma proposta futura. Mas, habitualmente, o novo livro só tem realmente início quando o título é encontrado e as primeiras frases adormecem consigo nos meses que medeiam o fim de uns e o reinício de outros. No caso deste *Cavalos*, o título instalou-se em primeiro lugar e veio de uma moda alentejana que ouviu os seus amigos Vitorino e Janita Salomé cantar[163]. Também andava no ar uma frase que está logo na oitava linha da primeira página deste romance: "Como esta casa deve ser triste às três horas da tarde."[164] Houve ainda outra influência inicial, do filme de Luchino Visconti intitulado *Vaghe Stelle dell'Orsa*, retirado de um verso de Giacomo Leopardi, que quase fez o romance ir por um caminho diferente – o retrato de três gerações de uma grande família de financeiros. Mas esta premissa rapidamente foi abandonada a troco de uma verdadeira polifonia em torno de uma tragédia familiar, que encerra o dramatismo próprio de um autor que busca nas relações entre as pessoas, e nas memórias delas com as suas, a expressão da sua literatura actual.

Se este romance era para ser outro, o caminho que tomou acabou por se encaixar nos desígnios de António Lobo Antunes, que viu nele a possibilidade de utilizar uma estrutura que há muito perseguia. Era seu desejo fazer um romance com o ritmo de uma tourada que termina, metaforicamente, como uma estocada final no touro[,] no exacto momento em que morre a mãe que protagoniza este seu novo livro.

---

[162] Ver, a propósito, "'Não sou eu que escrevo os meus livros. É a minha mão, autónoma'" e "'Ainda não é isto que eu quero'". Entrevistas de Adelino Gomes [2004] e de João Paulo Cotrim [2004], in Ana Paula Arnaut, (ed.), *Entrevistas com António Lobo Antunes (1979-2007). Confissões do Trapeiro*. Ed. cit., pp. 463, 467 e 474, respectivamente.

[163] Ver *supra*, nota 161, p. 440.

[164] Ver *Memória de Elefante*. 22.ª ed./1.ª *ne varietur*. Lisboa: Dom Quixote, 2004 [1979], p. 124.

"QUE LIVRO É ESTE QUE FAZ SOMBRA AO AUTOR?" | 443

Pode afirmar-se que este *Que Cavalos São Aqueles Que Fazem Sombra No Mar?* é um romance que interrompe o último ciclo do escritor e que gera uma pergunta interessante, se usarmos o próprio título deste livro: que livro é este que faz sombra ao autor? É que em *Cavalos* há um António Lobo Antunes que andava fugido da sua marca narrativa fixada no primeiro ciclo que vai de *Memória de Elefante* até ao *Conhecimento do Inferno*, em que realiza um exorcismo da guerra colonial; de um segundo em que se destacam *Fado Alexandrino*, *Tratado das Paixões da Alma*, *O Manual dos Inquisidores* e a *Exortação aos Crocodilos* e de um terceiro ciclo, mais introspectivo, com início em *Não Entres Tão Depressa Nessa Noite Escura*, que deu azo a um período menos épico e sedutor com novos leitores, valorizando um produto que o escritor considera menor: as crónicas[165].

Por isso, a publicação deste novo romance irá realinhar a interpretação da escrita de António Lobo Antunes por um novo paradigma literário, a continuar neste novo ciclo, que *O Arquipélago da Insónia* já induzia [a]os seus leitores mais fiéis – que apesar de fazer parte de um alegado tríptico Norte, Centro e Sul de Portugal são obras totalmente diferentes – e que, de acordo com os inícios do próximo romance[,] resultará na continuação desta fase e numa fusão entre a jactância literariamente revolucionária dos primeiros tempos com a maturidade literária dos últimos tempos.

Não há dúvida de que este *Cavalos* vai fazer sombra ao passado do autor, mas como todos os outros livros também são dele[,] não há que recear conflitos de personalidade. De António Lobo Antunes há que esperar que a mão que escreve esta última narrativa (nas livrarias desde quinta-feira, dia 1) volte a surpreender como fez agora com um romance de ruptura.

---

[165] Para outras propostas de divisão da ficção antuniana ver, do próprio autor, "A confissão exuberante", entrevista a Rodrigues da Silva [1994] e "'Nunca li um livro meu'", entrevista a Francisco José Viegas [1997] (para a referência a um quarto ciclo), in Ana Paula Arnaut (ed.), *Entrevistas com António Lobo Antunes (1979-2007). Confissões do Trapeiro*. Ed. cit., pp. 214-215 e 281, respectivamente). Ver *supra*, nota 149, p. 388.

"Um romance a contar para o Nobel"
[*Que Cavalos São Aqueles*
Que Fazem Sombra No Mar?]

Diário de Notícias, 7 de Outubro, 2009, p. 47[166].

> O novo livro de Lobo Antunes diverge do que já fez e reabre
> o caminho a uma madura inocência.

Os seguidores da obra de António Lobo Antunes vão ficar satisfeitos com o que encontram neste seu novo romance. Não há dúvida e pode apostar-se o que se quiser nesta reacção porque *Que Cavalos São Aqueles Que Fazem Sombra No Mar?* é um regresso ruidoso à sua primeira narrativa, só que coberta por camadas de uma experiência que resulta dos 20 volumes anteriores que lhe têm vindo a conceder lugar próprio na literatura de língua portuguesa.

Desta vez o autor deixou correr os seus cavalos literários pelo Portugal do interior, e de alguma Lisboa também, remoendo todas as memórias que permaneceram ao longo de seis décadas de vida. Há neste livro esse olhar carregado de referências, mas existe também uma inovação que estava arredada, ao aceitar-se que[,] ao chegar à página 375[,] houve algo mais que as polifonias e vozes que o tornaram marcante e exportável. *Cavalos* converge numa estrutura planeada, em que as personagens voltam a ter nome e reside uma história – por muito que o autor a negue – com princípio, meio e fim. A exemplo do que se leu em *As Naus* ou o *Que Farei Quando tudo Arde?*, este novo

---

[166] Na mesma página pode ler-se um breve texto sobre "Os passos da escrita do novo Lobo Antunes". A propósito de *Que Cavalos São Aqueles Que Fazem Sombra No Mar?* apontam-se e descrevem-se, sucintamente, as diversas fases do processo criativo. São ainda reproduzidas várias fotografias dos planos de escrita do romance.

romance afasta-se do seu tradicional modo de escrever e aproxima-se de uma inovação que o tempo irá provar se foi casual[167].

Decerto que estamos perante um capítulo da sua obra que justificará a inclusão nas *short-lists* dos prémios que ainda lhe falta receber e que[,] se um dia o Nobel se debruçar sobre a literatura deste país, *Cavalos* será determinante na sua atribuição. Um aviso: há muito de autobiográfico e também de teoria da literatura para satisfazer os que pretendem cavalgar este novo livro de Lobo Antunes.

---

[167] Ver *supra*, notas 149 e 165, pp. 388 e 443.

ANA CRISTINA LEONARDO

"O que faz o livro"
[*Que Cavalos São Aqueles Que Fazem Sombra No Mar?*]

Expresso/Actual, 9 de Outubro, 2009, p. 28.

> Novo romance de António Lobo Antunes, desta vez com o Ribatejo ao fundo.

Disse o próprio escritor, em entrevista ao "Diário de Notícias" (1[6]/02/2009[168]), que este livro iria "dar um trabalhão à crítica". E depois precisou que "queria fazer um romance à maneira clássica, que destruísse todos os romances feitos desse modo". Se era esse o objectivo de "Que Cavalos São Aqueles Que Fazem Sombra No Mar?", o escritor falhou o alvo. Embora também possamos tomar as declarações acima por conta de uma *boutade*. Sem mais. Eu, pelo menos, prefiro entendê-las assim. E guardar apenas a parte do "romance à maneira clássica": porque esta é a narrativa mais formalmente conservadora das últimas que Lobo Antunes vem produzindo.

"Que Cavalos São Aqueles Que Fazem Sombra No Mar?" – título que retoma um verso de uma cantiga popular de Natal[169], conforme

---

[168] "«Daqui a dois anos acaba tudo e não publico mais»", entrevista a João Céu e Silva. Outras entrevistas sobre *Que Cavalos São Aqueles que Fazem Sombra No Mar?*: "António Lobo Antunes: A vida toda"; "«Os meus livros não vão morrer»" e "Uma volta pela cabeça de António Lobo Antunes", entrevistas, respectivamente, de Luís Ricardo Duarte (*Jornal de Letras, Artes e Ideias*, 7 de Outubro, 2009, pp. 7-9); Sara Belo Luís (*Visão*, 8 de Outubro, 2009, pp. 104-110) e Alexandra Lucas Coelho (*Público/Ípsilon*, 23 de Outubro, 2009, pp. 6-11).

[169] Ver *supra*, nota 161, p. 440.

crónica publicada na "Visão" de 2[4]/01/2008 – narra a história de uma família ribatejana em processo de decadência acelerado: a mãe "vai morrer às seis horas". O pai, viciado no jogo, já faleceu. Há uma criada velha, Mercília, misto de Cassandra e Gata Borralheira[,] carcomida pelo reumático e pela vida madrasta, e há os filhos – Beatriz, abandonada pelos homens e amada pelo pai; Rita, levada prematuramente por um cancro; Ana, consumida pelo pó que injecta nas veias; João, que gosta de rapazes e é o preferido da mãe; Francisco, possuído pelo ódio e aguardando a vingança inscrita nos livros das contas; e o bastardo, aquele cujo nome nunca se pronuncia e que não se mostra às visitas.

Cada uma destas personagens (incluindo os mortos e os quase mortos...) fala em momentos distintos e sequenciais, cosidos entre si de acordo com a estrutura de uma corrida de touros: "Antes da corrida", "Tércio de capote", "Tércio de Varas", "Tércio de Bandarilhas", "A Faena", "A Sorte Suprema", "Depois da Corrida". Por vezes atropelam-se, e o autor atropela-os a todos.

A morte, e o prenúncio da morte, atravessa o romance do princípio ao fim, mas é sobretudo a memória que importa. Uma memória quase sempre terrível, que funda a identidade de cada uma das vozes, todas, afinal, apenas uma, unidas pela impossibilidade de regressar à "paz da infância" (se paz houve).

Este romance chega, porém, como qualquer texto que se preze de possuir aquele *je ne sais quoi* que o eleva ao literário, em camadas. Podemos lê-lo, por exemplo, como um retrato realista de um Portugal marialva e decadente. Nesse sentido, é bem o espelho de um Ribatejo amoral, prenhe de matriarcas dominadoras, homens ausentes, pobres hereditários e 'corridas' anacrónicas, que se acrescenta à visão do Alentejo ensaiada em "O Arquipélago da Insónia". Podemos também, pondo de lado a geografia (quanto mais particular, mais universal), lê-lo como uma viagem por paisagens interiores, espelho de infâncias de abandono, vidas falhadas e crueldades em cadeia. Finalmente (entendendo-se o advérbio de modo retórico), como um 'exercício limite' onde, apesar da estrutura 'clássica', o autor se exibe, omnipresente, borrando assumidamente a pintura de um romance à superfície polifónico e perspectivista (forma que Durrell levou ao paroxismo em "O Quarteto de Alexandria"), mas no qual, de facto, se visa mais a 'unidade essencial do mundo' do que a sua 'pluralidade' (e arrisco que António Lobo Antunes está mais perto desta segunda hipótese).

E é aqui, no território desta terceira hipótese de leitura, que me parece que o escritor do extraordinário "O Meu Nome É Legião" mais surge enfraquecido, acontecendo-lhe precisamente aquilo que critica a Nabokov: estamos sempre a vê-lo a ele atrás do livro, e não havia necessidade.

HELENA VASCONCELOS

"Estocada final"
[*Que Cavalos São Aqueles Que Fazem Sombra No Mar?*]

Público/Ípsilon, 23 de Outubro, 2009, p. 36[170].

> Seria irónica (in)justiça poética que o ruído criado em torno da personalidade do autor distra[ísse] o leitor do ritmo ardente das palavras e da tragédia que estas convocam.

Uma terra quente de toiros e mantilhas, pó e moscas, perdizes e abelhas, com cavalos entre roseiras e azinheiras, um espaço aberto e solar, propício a desmandos e paixões, mas no qual se encravam casas sombrias de longos corredores, portas fechadas e salas a abarrotar de móveis e objectos que se impõem na escuridão, lugares onde se encerram pessoas, as quais, por sua vez, vivem enclausuradas em si próprias, vítimas voluntárias ou involuntárias da velhice, das febres, da demência, da doença, da mentira, de vícios, de traições e de segredos. Nesta cosmogonia caótica, as mulheres, os filhos(as), a criadagem, os animais, todos os mundos – o animal, o vegetal e o mineral – pertencem ao pai e senhor, um facto perfeitamente entendido pelos empregados que "não se enganavam nos garraios, recitavam de cor as famílias, as descendências, os laços... (cap. 16). Aqui, neste "Que Cavalos são Aqueles que Fazem Sombra no Mar?", como no resto da

---

[170] Ver pp. 6 a 11 para a entrevista de Alexandra Lucas Coelho, "Uma volta pela cabeça de António Lobo Antunes", e p. 11 para o artigo "Descoberto", de Hélder Beja, sobre livros "que revelam o homem, o escritor, a obra".

obra de Lobo Antunes, cada um ocupa o seu lugar e tem direito a um quinhão do território geográfico, moral e afectivo onde se desenrolam as comédias e os dramas que o autor redesenha indefinidamente numa espiral vertiginosa cada vez mais intricada. Mas desengane-se o leitor que procura apenas "mais um Lobo Antunes", uma vez que este romance, passado entre Lisboa e o Ribatejo, embora retome as histórias familiares e os lugares habituais do escritor, tem, contudo, a particularidade de se centrar num único tema, que é a Morte, criteriosa, insistente e cruel que se atarda na sua aproximação, nos seus sinais, na sua chegada e nas suas devastadoras consequências, e domina imperiosamente as personagens que se debatem em vão contra as longas doenças, a penosa velhice, a catastrófica perda de faculdades e o esvair das forças. Não é por acaso que a narrativa é marcada por capítulos que remetem para os momentos da tourada – "antes da corrida", "os tércios de capote, de varas e de bandarilhas", "a faena", "a sorte suprema" e "depois da corrida" – com a sua estocada final, violenta e misericordiosa. O terror do toiro antes da lide, esse medo animal e antiquíssimo, surge como leitmotiv. Tal como os estados crepusculares que antecedem o fim – da vida, do dia, do amor –, enfatizados por imagens recorrentes como "a tristeza da casa às três da tarde"[171], "a sombra que os cavalos fazem no mar", a escuridão dos arbustos no Parque Eduardo VII, o porco p[r]estes a ser rasgado de cima abaixo, o cão a ser atropelado e um rol de cenas em que a violência, a humilhação e o exercício do poder sobre os mais fracos (dos homens sobre as mulheres, das mulheres sobre as mulheres, dos homens sobre os homens, das mães e pais sobre os filhos, dos filhos sobre os pais e irmãos, dos seres humanos sobre os animais) completam ciclos de força, fecundidade e morte, simbolizados pelo sentido ritual da tourada.

É este o universo de uma família, feita de pedaços desconexos, que se entrega ao amor e ao ódio em igual proporção: o pai, um marialva amante de mulheres, jogo e corridas[,] que "desarruma o passado"; a mãe, terrível Héstia, fria, sem amor, sem medo e sem remorso; os filhos, Beatriz, abandonada por dois maridos, que toma conta da mãe, Francisco, o mal amado e desprezado, de índole gananciosa e

---

[171] Ver *supra*, nota 164, p. 442.

violenta que se sente imbuído de um espírito justiceiro em relação aos irmãos, os quais, segundo ele, delapidaram os bens paternos, Ana, que gasta o dinheiro em drogas e João que prefere despendê-lo em rapazinhos. E há Mercília, a figura da eterna criada, sem irmãos nem (aparentemente) família[,] que priva estreitamente com todos e é dona de todos os segredos, como uma pitonisa tão cruel quanto piedosa, tão humilde quanto altiva, tão serva quanto senhora. Aqui, como na vida, o mundo é feito de desordem e de abalos, e todas estas vozes, que falam incessantemente com uma intensidade maníaca, parecem acossadas por uma tal urgência de contar que é difícil não as "colar" ao próprio autor. Tal como no conto tradicional[,] em que uma menina calça os proibidos sapatos vermelhos e é impelida a dançar até à morte, também Lobo Antunes parece sofrer dessa compulsão, desse desejo extenuante – no seu caso, o objecto mágico é a caneta – que o obriga a escrever palavras atrás de palavras, qual oráculo em tempo de catástrofe.

Funcionando como um todo auto-significante, este romance pode ser abordado da mesma forma como se "lê" um tríptico de Bosh ou uma cena de Brueghel, uma vez que Lobo Antunes constrói uma teia intrincada e cerrada feita de pensamentos, palavras e olhares (perspectivas) de um grupo de pessoas situadas num espaço que se alarga e contrai, num movimento entre o passado e o presente, entre o imaginado e o real. A construção da narrativa deve muito a Virgínia Woolf em "As Ondas", com as diversas vozes solitárias e desesperadas a funcionarem em polifonia, à medida que revelam factos e exploram os conceitos da individualidade, do "eu" e da comunidade, formando, no entanto, a "gestalt" de uma consciência colectiva escondida e silenciosa.

É ainda em Woolf, e em especial no conto "Uma Casa Assombrada", que é possível detectar os antepassados destas personagens fantasmagóricas, que passam de quarto em quarto empurradas pelo vento, as mãos vazias, perante espelhos que não lhes devolvem qualquer imagem. Lobo Antunes vai ainda buscar a Tchekov a obsessão pelos detalhes e pela descrição de objectos – os lustres, os boiões de compota, os números da roleta, o verniz das unhas, etc., etc., – bem como a tendência para alternar acontecimentos triviais com grandes temas – em mudanças bruscas de ritmo e de humor – no intuito de criar a sua própria e muito particular "comédia humana".

A convivência de Lobo Antunes com a morte confere-lhe uma autoridade hierática que ele exerce construindo um "panteão" feito de palavras impregnadas por um sopro divino e com um tom profético a que não deve ser alheia uma leitura atenta dos livros do Antigo Testamento, em especial o Eclesiastes.

O facto d[e a] edição ser ne varietur, por ordem expressa do escritor, confere-lhe esse carácter de "texto sagrado", não passível de ser tocado ou alterado.

Seria uma irónica (in)justiça poética que o ruído criado em torno da personalidade de Lobo Antunes – para o qual o autor contribui com bastante afã – abaf[asse] o verdadeiro sentido deste livro e distra[ísse] o leitor do magnífico ritmo ardente das palavras e da tragédia que estas convocam. É verdade que Lobo Antunes parece estar preso no seu labirinto sem ver a utilidade do fio de Ariane, embrenhando-se cada vez mais numa busca que desdenha a hipótese de uma saída. Aqui, o desabafo final "Finis Laus Deo" parece querer traduzir um grande alívio, o descarregar de um pesado fardo. Resta saber para onde se dirigirá Lobo Antunes "quando tudo arde" depois de destruir todas as pontes atrás de si.

FILIPA MELO

"Arena de fantasmas" [*Que Cavalos São Aqueles Que Fazem Sombra No Mar?*]

Ler. Revista do Círculo de Leitores, Outubro de 2009, pp.66-67[172].

> «Este livro é o teu testamento António Lobo Antunes».
> escreve na sua nova obra o romancista que se estreou há
> 30 anos com *Memória de Elefante*. «Não embelezes, não
> inventes , o teu último livro, o que amarelece por aí quando
> não existires.»

Que Cavalos São Aqueles Que Fazem Sombra no Mar?, vigésimo primeiro título de ficção para 30 anos de produção literária publicada de António Lobo Antunes. Prepare-se: são 375 páginas, sete partes e 22 capítulos para uma lide de morte entre o escritor e um curro de nove personagens, uma longa polifonia de monólogos. A estrutura perfeita para uma corrida que inclui tércio de capote, de varas e bandarilhas, faena e sorte suprema (títulos do que chamamos partes). No final, encerrada a corrida, as vísceras do touro (afinal, o autor ou as personagens?) no centro da arena, o seu fim anunciado. E uma pergunta: como envelhece um escritor que deu a hipótese da vida à escrita como quem vende a alma ao Diabo? Um autor que não aceita calar as vozes que o acompanham desde sempre, vozes, afinal, só (d)ele. Insiste em que as continuemos a escutar, nós, os leitores fiéis (os outros muito dificilmente resistirão ao atrito do caminho), extenuados por suspensões, elipses e ataxias sintáticas, monólogos

---

[172] Na p. 67 encontra-se um breve texto de Paulo Ferreira: "Dez pontos sobre uma viagem com António Lobo Antunes", "A partir do livro *Uma Longa viagem com António Lobo Antunes*, de João Céu e Silva" (Porto: Porto Editora, 2009).

entrecortados e discordantes, inserções parentéticas e descontinuidades tipográficas, nós, os leitores fiéis, como um cônjuge num matrimónio assimétrico e desgastado por reminiscências e redundâncias, a desesperar pela surpresa da pontuação numa narrativa linear, de algo que ainda justifique o esforço e a atenção desmedidas. Uma personagem diz: «se me calar acabo». E outra, nas últimas linhas do romance: «e mal as vozes se calarem levanto-me e regresso a casa. Quer dizer não sei se tenho casa mas é a casa que regresso.» O dia do romance é um chuvoso domingo de Páscoa, final do jejum, e não haverá outro, como na Ressurreição.

Situe-se: Há uma quinta no Ribatejo, com gado, azinheiras e cavalos e um empregado que é filho bastardo do patrão e de quem ninguém na Família pode dizer o nome («Nasci assim sou sozinho»; podia dizer como o escritor um dia, «sinto uma enorme orfandade porque a minha origem não me interessa e as pessoas de que gosto pertencem a outra classe que me olha com desconfiança»). Há a casa de Lisboa e, nela, prevê-se que às seis da tarde, morrerá a Senhora Maria José Marques (tem 66 anos, quase 67, como o autor[,] enquanto termina o livro), aos cuidados da criada velha, Mercília («um passo de lagosta e avental e bengalas», «o nariz dos Marques», a pobre esperança de ternura para todos). Enquanto se aguarda a morte da Mãe, falam todas as personagens do livro, incluindo as já encerradas nos álbuns de retratos (o Pai, jogou a fortuna na roleta do Casino; a filha Rita, «sorria para a lua», morreu de cancro), mas sobretudo os filhos vivos: Beatriz (a única colocada pelo pai na garupa do cavalo, envergonhou a família, «num estacionamento frente ao mar contando as ondas e as luzes dos barcos»), Francisco (nasceu «para ser cruel», «roeu os ossos da família», quer a carne que resta), Ana («tão feia», «a filha que se droga», «o que sobra de nós quando não existimos») e João («queria ser menina é verdade», resta-lhe «o parque à noite e os rapazes à espera», «escolhendo o mais novo, o mais pequeno, o mais parecido comigo», e «a doença a doença a doença» – a Sida, não o cancro, que corrói tantos no livro).

Desta vez, Portugal é uma referência breve: «isto é um país de cachorros, tudo ladra senhores». O tempo é o das memórias de cada personagem (afinal, o do autor?), tempo perdido, o da infância, da «gaveta dos mortos», do relógio (o escritor a revelar, numa crónica de 2003: «Na mesa de escrever o relógio do meu bisavô [doente de cancro, suicidou-se com um tiro na cabeça]. É uma ferradura vertical [...] No topo da ferradura uma cabeça de cavalo»). O tema mais explícito serve de epicentro da obra desde o primeiro romance (Memória de Elefante, 1979): a relação entre os pais e os filhos (já se verá, será também a relação entre o autor e as suas personagens, como a entre Deus, o Filho e os homens?). O livro, esclareceu o escritor em crónica de 2008, nasceu do título, «que cavalos são aqueles que fazem sombra no mar», verso de uma modinha de Natal do século XIX, de camponeses analfabetos que nunca viram o mar. Procure-se nele a explicação dos pássaros para o voo ambiciosíssimo deste romance.

A surpresa vem da presença manifesta do autor no texto, referido e interpelado pelas personagens como «António Lobo Antunes» ou «o que escreve». A criação, «o livro» como faena de confissões e memórias, é obra a que o autor força as personagens («se tento parar numa esperança de resposta o que faz o livro esporeia») até à revolta final (continuam a falar as personagens: «sou uma pessoa, não uma invenção nem uma marioneta, vocês que lerem isto respeitem-me», «chegando ao final deste capítulo evaporo-me», «que maçada de relato me impingiram»). E uma delas diz: «Continua vivo que teima». Confunde-se a voz autoral com a de cada personagem («este é um romance de espectros, quem o escreve por mim», «as vozes do meu medo»). E há momentos de *striptease* do processo de escrita: «como me aborrece o que escrevo», «como me perturba o que escrevo», «se o António Lobo Antunes batesse isto no computador carregava em teclas ao acaso, não importa quais, até ao fim da página (...) com vontade de encostar por seu turno a cara a mim [Mercília], tapar os ouvidos, não continuar o livro», «não me apetece escrever o que falta», «(lá estou com conversas a passear na página)», «se reescrevesse o episódio [...] mudava a prosa toda», «(comprovem se já mencionei a quinta, mal acabo uma página roubam-na)».

Expliquem-se os cavalos, as sombras e o mar, simbólicos. Os cavalos conotados com Eros, o desejo e a pulsão erótica, reprimida, castrada na existência de todas as personagens. Cavalos a correr com o freio nos dentes e sobre o mar, o símbolo da consciência profunda de si mesmo, a infância de tudo, exposta, escancarada por todos no «livro». E «que livro é este senhores onde perguntas sem fim»? O filho e irmão bastardo, enquanto todos aguardam uma morte, entra por fim na casa paterna. O romance é, como todos os outros do autor, alimentado pela sua memória do eu, um longo monólogo interior transferido para as personagens que ele não cala nunca, maior o medo de um dia não as manipular. Ao contrário de Pessoa, que projecta outros para fora de si, com biografia e existência próprias às quais se submete, os outros de Lobo Antunes são todos introspectivos, introversos, são reflexos-sombras que morrem sem ele. Não é o país que se autopsia na página; é ele, autocomplacente, mas suicida, o escritor-médico que envelhece escrevendo, autopsiando-se em vida, ne varietur, com revisão filológica.

A última linha de *O Esplendor de Portugal* (1997) repete-se, reafirma-se em *Que Cavalos São Aqueles Que Fazem Sombra no Mar?*: «Finis Laus Deo» (chegamos ao fim, um louvor a Deus). E podia ser, finis coronat opus (o fim coroa a obra), se como o poeta, Lobo Antunes deixasse todos no seu «regresso a mim» (Pessoa). Mas este homem, o escritor, escreve contra as sombras (o silêncio), contra a morte. Assim: «podia terminar neste parágrafo e não termino, prossigo, mesmo que tentem impedir-me prossigo, não morro, quanto mais me desejarem a morte eu mais vivo onde não sabem quem sou nem se importam comigo, um senhor na mercearia em que mal se repara e se perde em seguida sem fazer sombra em parte alguma / — Que senhor é aquele que não faz sombra em parte alguma?»

CRISTINA ROBALO CORDEIRO

"António Lobo Antunes. Os paradoxos da criação"
[*Que Cavalos São Aqueles Que Fazem Sombra No Mar?*]

Jornal de Letras, Artes e Ideias, 1 de Dezembro, 2009, pp. 22-23.

Quando António Lobo Antunes (ALA) publicou o seu primeiro romance, soubemos logo estar perante uma obra que iria marcar fortemente o panorama literário português contemporâneo. Em *Memória de Elefante* encontramos, em esboço, tudo o que virá a ser o génio de uma escrita, e assistimos, de facto, ao aparecimento de um escritor. Desde 1979 que, ano após ano, de título em título, acolhemos sempre os romances do autor com enorme curiosidade, esperando do seu mundo romanesco que nos surpreenda e nos abale e, ao mesmo tempo, nos traga um imaginário que nos é já familiar. E o sucesso de uma obra tão pouco convencional não pode explicar-se senão por um paradoxo de enunciação relativamente simples: os romances de ALA fascinam apesar de incomodarem e, em larga medida, fascinam porque nos incomodam.

Hoje, é de *Que cavalos são aqueles que fazem sombra no mar?* que nos ocuparemos. E por mais imprevistos e imprevisíveis que sejam, veremos que estes cavalos saem da mesma matriz que alimentou os livros precedentes. Mais uma vez, e contrariando a doxa, o modo de escrever paradoxístico acolhe no universo do romance um jogo de tensões, que investem texto e mundo em oposições dinâmicas e fecundas. Em modo sempre obsessivo, são três as grandes oposições que marcam o texto, como motivos estruturantes e configuradores.

A primeira incide no próprio tecido textual, que, embora desenhado pelas forças da polifonia e do caos, da dissecação de figuras disfóricas e da obstinação de memórias labirínticas, tão nossas conhecidas, controla o fluxo verbal em rigorosa ordenação compositiva. A segunda (des)orienta a leitura e instaura, por assim dizer, uma "estética do desprazer", provocando no leitor uma oscilação entre o desconforto e a fruição. A terceira oposição, a mais surpreendente, inscreve-se de imediato no título: porquê anunciar com uma frase tão lírica um universo sórdido, a triste realidade humana em que a narrativa nos fará entrar?

A primeira oposição restitui o romance como lugar, simultaneamente, de uma escrita delirante, torrencial, que brota, invade e arrebata, e de uma rigorosa composição. "Escrever é sempre estruturar um delírio", dizia já Lobo Antunes, em entrevista ao jornal francês *Le Monde*, em Novembro de 1998. Do delírio retemos o "concerto" ou desconcerto das vozes, numa escrita "cruzada de falas distintas" que se entrelaçam num xadrez de alusões, de variações e repetições, como se tudo e todos quisessem falar ao mesmo tempo. Aqui reencontramos um Lobo Antunes habitado por vozes, sempre as mesmas, desassossegadas, vindas da consciência ou gritadas do inconsciente, alimentadas de memória e persistentes para lá da morte.

No centro da polifonia, a estrutura familiar instalada em conflito de vivências e de interesses, centrada na figura de uma mãe presente pela sua morte anunciada, de um pai já ausente (ou talvez sempre ausente, silhueta que atravessa a casa de todos e apenas roça a vida de cada um), de 6 filhos que nada de substantivo parece reunir, a não ser esse fio de sangue que não escolheram e que os condiciona irremediavelmente, e de uma empregada encurralada numa teia de ambíguos afectos (tia afinal, que uma recusa – que a psicanálise designaria talvez por *recusa da realidade* – rejeita à categoria de intrusa e mal-amada), porque a palavra é feita aqui para dizer não o laço mas a distância e a angústia, não a alegria mas a fraqueza e a raiva, não a ternura mas a violência e o grito.

Avançando por entre certezas e suposições, o leitor agarra-se aos contornos de uma estória que vai construindo ao juntar as peças soltas de um *puzzle* que ganha forma à medida que o texto progride – peças poucas que se resumem a olhares furtivos e palavras caladas, a um parque interdito e a uma seringa atirada ao chão, a uma nódoa

"ANTÓNIO LOBO ANTUNES. OS PARADOXOS DA CRIAÇÃO" | 461

num vestido ou a um cabelo em desalinho, a uns brincos roubados ou oferecidos, ao barulho de umas muletas no silêncio de um corredor, a um quarto de hospital sem esperança, a uma contabilidade de lucros, vendas e letras vencidas, a uma jovem mãe a quem a maternidade é recusada ou a um velho pai que recusa a paternidade, e sobretudo à tristeza das 3 horas numa casa triste. E em cada canto deste *puzzle* acinzentado, no seu centro e em toda a margem, a imagem dos cavalos que fazem ainda – ou já não – sombra no mar guiam a sua leitura[,] acrescentando-lhe uma ambiguidade poética que chega para galvanizar a emoção estética que o texto transpira.

A composição, enquanto disposição das partes em estruturação lógica dotada de sentido, e construção de um todo rigoroso, necessário e suficiente, contém a efervescência da escrita e satisfaz o desejo de ordenação formal e a curiosidade intelectual do leitor.

Compõe-se de 7 partes o romance – uma introdução e uma conclusão, assumidas pela voz da filha Beatriz, e 5 capítulos, todos protagonizados por 4 vozes, sendo constantes as três primeiras (os filhos Francisco, Ana e João) e diversa a quarta – respectivamente, o Pai, desaparecido já, Mercília, a criada ("a que dorme, e come e não presta para nada"), Rita, a filha que a doença matou, a que "não tem ganas de falar pois mal existe no livro", a Mãe Maria José, e o filho bastardo que a família rejeita e a quem Ana pergunta "És meu irmão tu?", decorrendo a sua acção no espaço de uma dia, um domingo de Páscoa da morte anunciada da mãe.

E nesta ordenação perfeita, veste o romance a estrutura de uma corrida de touros com os seus passos concretos e simbólicos, como se apenas a estas figuras inventadas coubesse o privilégio de lidar o touro a cavalo. Nesta arte de tourear em tércios – de capote, de varas e de bandarilhas –, a lide vai consistindo em comandar o touro – o texto? –, dominando-o por completo até ao momento mais desejado e mais dramático da corrida: a morte do touro, como a morte da mãe, vem repor um equilíbrio que as vozes dispersas pareciam negar em definitivo: Beatriz, que iniciara já as cortesias, encerra a corrida, cabendo-lhe despir, em cada um, o *traje de luces* bordado a ouro e prata, para assumir o cabelo em desalinho e traçar de vez o retrato real da família. Retomando o perfeito equilíbrio dos sete momentos da *faena* (que são também simbolicamente os setes tempos da criação, como no *Génesis*), o romance assume o simbolismo de um espectáculo oferecido a um público ávido não apenas de "passos de magia" mas também de emoções fortes, colocando no centro da arena não já aquele que acabará por ser encurralado, humilhado e levado à morte em crescente prazer colectivo, mas o próprio drama do nascimento do texto, da sublimação das paixões pela obra de arte.

A segunda oposição instaura a lógica de um prazer não abolido, mas contrariado, ou, por outras palavras, a do des-prazer, se conferirmos ao prefixo *des* menos o sentido de uma negação do que de uma divisão interna ou, mais precisamente, de uma clivagem. Assim, quando falo de des-prazer, não me refiro à frieza com que são aqui desmontadas as personagens e a desordem emocional das suas vidas, individualizadas na diferença de quotidianos (passados ou presentes), nem à lucidez que preside à desconstrução das relações, de indiferença ou de hostilidade, que entre elas se instauram, nem à estranha similitude de tantos percursos com o sempre idêntico lugar que nelas ocupa o trabalho da memória e a insistente evocação da infância, a forma como dão vida a imagens, desejos e angústias, como interrogam o mundo e se olham a si próprias, como obsessivamente evocam e convocam a morte, dos mais diversos modos e nas mais diversas circunstâncias.

Refiro-me, sim, a uma atitude de "pânico feliz", expressão de Celina, em *Exortação aos Crocodilos*. O desprazer está então no confronto com a própria ambivalência da vida, de uma vida devorada pelos objectos, desfigurada pelos outros, que tornam relativo o valor absoluto dos termos que a compõem (do amor, da liberdade, da verdade, da morte), no desassossego de uma escrita que privilegia a ambiguidade no próprio gesto de fazer ficção e concilia a desmesura e o segredo, o excesso do dizer e o não-dito. E o "pânico feliz" é esse nosso instante de hesitação perante um mundo que parece caótico, mas não o é, resguardado por uma construção que parece contê-lo mas não o contém, de um mundo que se agita, sob o modo dual da dissonância e da consonância discursiva, da transparência e da opacidade psicológica, do contínuo e do descontínuo temporal, em cenários atravessados por formas várias de desamor, e de onde irrompe, sob a meticulosa e cerebral ordenação de um complicado xadrez, a força pulsional da vida e dos afectos na desordem delirante das palavras.

Tudo se joga então nesse nosso combate entre consentimento e recusa, nessa incómoda suspeita de que é também de nós que se está aqui a falar, sem que possamos distinguir sujeitos e objectos, complementos e atributos, no desconforto de quem é atirado para dentro da vida dos outros e nela encontra, sem artifícios, a sua própria vida.

A terceira oposição, a da matéria (humana) e a da luz, conduz-me a retomar a questão, geral e constante, do título. É verdade que cada novo título de António Lobo Antunes a coloca: por que razão atribuir a narrativas que relevam, apesar de tudo, do "realismo" (na medida em que retomam sem comprazimento este mundo, esta sociedade, esta história que são as nossas), títulos tão inesperados, digamos, tão belos? Dir-se-ia que, no processo de criação, o escritor precisa, antes de se lançar e para se lançar na escrita, de ter encontrado o motivo, musical talvez, que o guiará e o iluminará através de um sombrio labirinto. Não falarei nem de Orfeu nem dos Infernos: esta velha mitologia não serviria senão para nos dispensar do esforço de compreender. Não falarei também de Pégaso, o cavalo alado que figurava para os Clássicos o mistério da inspiração. E no entanto, "aqueles cavalos", que escapam das estrofes de uma canção conhecida (pelo menos de alguns), mereceriam responder a esse nome que, por mais desusado e ridículo que seja, evoca a energia – *energeia* – que se apropria do poeta e o arranca à terra. Li algures que António Lobo Antunes não acredita na inspiração... Acontece também que alguns místicos não acreditem em Deus. Depois de mais de um século e meio de reflexão sobre a linguagem, os escritores têm de facto o direito de já não acreditarem no Pai Natal. Teremos então que inventar um outro conceito para designar essa força psíquica que quebra as cadeias da poupança, da prudência, do cálculo, de todas essas "virtudes burguesas" contra as quais se levantaram sucessivamente as grandes revoltas artísticas desde o Romantismo. Que um poeta não queira hoje ouvir falar do Parnaso ou de Apolo, é uma coisa. Mas que não peça «des mots au silence et des idées à la nuit» (Balzac) é outra coisa. Se um impiedoso destruidor de ilusões como António Lobo Antunes não trabalhou intensamente durante a sua vida de escritor para levar a pensar que é sob a voz da Musa ou de qualquer outra autoridade sobrenatural que escreve, não é menos certo que lhe não é possível não admitir que precisa de um élan – de um fôlego – para saltar o obstáculo do medo ou da inércia. E que melhor imagem para designar esse dinamismo do espírito ou da linguagem senão a do galope de cavalos, e de um voo de cavalos alados?

De resto, não é aqui que reside o essencial: este título sublime que melhor parece convir a uma colectânea de poesia épica do que a um "estudo de costumes" contemporâneos faz-nos sinal numa outra direcção. Uma nova interrogação se apresenta agora, não já do lado do autor mas do lado do leitor: como é então possível não sairmos nunca deprimidos da leitura dos livros de Lobo Antunes mas, ao invés, reconciliados com a Vida? Não há, entre as suas personagens, figura alguma de santo ou de herói, nunca (se a minha memória me não trai) alma generosa ou pura mas fracas criaturas de uma humanidade decaída. Os homens e as mulheres deste romance não constituem excepção: o pecado, na variedade monótona das suas espécies – vício, avareza, volúpia, inveja, adultério –, é o seu elemento natural e, para utilizar uma velha palavra da teologia moral, a Graça é-lhes tão absolutamente desconhecida que não parecem sequer sentir a necessidade da salvação. São, como nós, os danados da terra e a sociedade que formam é um inferno, a tal ponto que falar do pessimismo do Autor é um eufemismo! Ora, por um estranho prodígio, prodígio da imaginação e prodígio do ritmo, o leitor é puxado para fora deste inferno onde estão encurraladas essas criaturas malditas. Contento-me em referir esse efeito de "psiquismo ascensional" (expressão de Gaston Bachelard) para assinalar o fenómeno de elevação ou de propulsão em virtude do qual o leitor pode viver a sua leitura como uma experiência de redenção. Um estudo do ritmo – do género dos que H. Meschonnic realizou – ajudar-me-ia a precisar a natureza desta conversão em termos mais linguísticos do que anímicos. Mas é bem de uma conversão que se trata, pois que toda a negatividade se transforma aqui em energia positiva. Morre em nós o homem velho para alguma outra coisa emergir da miséria terrestre. "Que cavalos são aqueles que fazem sombra no mar?" E esta misteriosa pergunta, ao longo de toda a leitura, nunca nos deixou, como uma luz irradiando, como uma voz celeste no meio das trevas.

Os romances de Lobo Antunes nunca nos desiludem! Neles reconhecemos, na diferença de novos cenários, uma mesma virtude criadora, uma mesma carga emocional, uma constante tensão, nunca resolvida.

A nossa inevitável implicação neste universo que ajudámos a construir não pode deixar de ser também da ordem do contraditório e faz-nos experimentar uma inquietação sem nome. E o que é a literatura senão essa inquietação sem nome, esse desassossego que nos balança entre a repulsa e a excitação que causa em nós a penetração de um olhar que se detém no pormenor e capta das coisas o instante que as imortaliza, a força visionária que desmonta e recompõe, tornando visível o infinitamente insignificante? O que é a literatura senão o sabor que as palavras têm e o gosto, amargo e doce, que deixam na boca de quem, como nós, nelas morde?

MARIA ALZIRA SEIXO

"Os rios de Lobo Antunes"
[*Sôbolos Rios Que Vão*]

Jornal de Letras, Artes e Ideias, 6 de Outubro, 2010, pp. 24-25[173].

> No próximo dia 18 chegará às livrarias o novo romance de António Lobo Antunes, *Sôbolos Rios Que Vão* (D. Quixote), de que publicamos esta 'leitura' por Maria Alzira Seixo, como se sabe grande especialista da sua obra, que dirigiu o *Dicionário* da mesma, bem como a equipa responsável (até ao romance anterior) pela sua edição *ne varietur*. (...).

Sôbolos Rios Que Vão, título que retoma o magnífico primeiro verso das mais célebres redondilhas de Camões, também conhecidas por «Babel e Sião», que ganharemos todos em reler.

---

[173] Texto oferecido pela ensaísta ao *site* sobre António Lobo Antunes e inicialmente publicado em 17.09.2010 (http://www.ala.nletras.com/livros/sobolos_rios_que_vao.htm). No primeiro parágrafo lê-se o seguinte: "Apeteceu-me escrever directamente para os leitores de Lobo Antunes. Faço-o na net (o que raro me acontece)[,] pois tinha decidido deixar de escrever sobre a obra de ALA com a frequência com que o fiz ultimamente, devido a projectos concretos que agora já estão realizados. E isso porque considero que não é benéfico para a obra de um escritor que o mesmo crítico ou estudioso escreva sempre sobre essa obra, tornando-se numa espécie de «dono» ou «mentor», que acaba por «cristalizar» uma forma de o ler. Não é benéfico para a obra, que deve ser objecto de leituras plurais, nem é benéfico para o crítico, que por vezes se torna leitor de um escritor só, solipsisticamente. Mas não tem sido o meu caso. Porque quem estuda e avalia tem de ter uma visão alargada das Letras. Só lerá bem Lobo Antunes (ou qualquer outro escritor), e com o prazer que a obra dele proporciona, quem conheça também outros escritores, e possa assim perceber a originalidade de cada um, procedendo, em conhecimento fundado, à escolha que o seu gosto pessoal ditar. / E escrevo sobre os **Rios** porque, afinal, o gosto que me deu o livro venceu as minhas determinações pessoais. E queria aqui dizer aos leitores de ALA que este romance é um dos mais maravilhosos que o autor escreveu até hoje!".

É um dos casos em que a reflexão sobre a vida pessoal (enfim, a autobiografia!) consegue aliar-se, em ambos os escritores, à expressão literária de um modo artístico insuperável. E eu não sou nada tendente a aceitar biografismos: a vida de uma pessoa é uma coisa, a obra que cria é outra coisa, mesmo que nela se baseie. Porque um texto criativo, artístico, ultrapassa sempre um dado factual, e o «facto» recua a segundo plano ante a felicidade da expressão literária com que o autor a comunica.

Que rios são estes? São, literalmente, os que constituem o Mondego, desde o ponto mínimo quase indestrinçável da sua nascente, passando pelos débeis veios de água que o vão encorpando, e outros que a ele se juntam (contando também com os que dele divergem) até constituírem a corrente que segue para a foz. E são-no porque o narrador (que, neste caso, surge como personagem que protagoniza a história na terceira pessoa, um ele não identificado que rapidamente percebemos ter a ver com o autor) conta como o Pai o levou, em menino, a ver a nascente do Mondego, na Serra da Estrela, e como isso o impressionou. Este passo é recorrente no texto, e em várias crónicas (veja-se «Descrição da infância», em *Livro de Crónicas*), e adquire aqui a força de um simbolismo vital, porque a personagem está imobilizada numa cama hospitalar, padecente de cancro, sujeita a cirurgias e a tratamentos. E a recordação da nascente do Mondego, que se torna em devaneio frequente no espírito do narrador, vem sempre afirmar a Vida ante a iminência da Morte que espreita e atemoriza.

O curso do rio é ainda uma forma de comunicar um percurso ficcional de vida, sujeito ao tempo e à sua (des)organização pela memória. Nele sobressaem a tutela do Pai, junto à origem, e a visão protectora da Mãe, nas incidências do seu deslizar (tanto como andamento quanto como… escorregadela, falha, derivação imprópria, fuga medrosa e outras formas de escape ou de falta cometida), essa Mãe que está junto dele, no final do romance, para caucionar o renascimento que a cura da doença constitui, tal como estava, no início da carreira do escritor, em *Memória de Elefante*, parindo-o com risco da própria vida.

Outros rios se juntam, porém, e são sobretudo os afluentes, o que me faz recordar o título de um livro de poesia de um velho amigo de ALA, que particularmente aqui se adequaria: *Os Afluentes do Silêncio* (vejam, em *Segundo Livro de Crónicas*, o texto «No Porto, com Egito

"OS RIOS DE LOBO ANTUNES" [SÔBOLOS RIOS QUE VÃO] | 469

Gonçalves»). E afluentes são as personagens comparsas, que interferem com a existência da personagem central, assim como as histórias adventícias que vêm interromper ou reforçar o seu sofrimento da doença, em encontros e em conjugações, em discrepâncias ou fortaleci-mentos. Todas convergem, porém, para a importância central da Mãe e do Pai, a capacidade de observação e a experiência deste, que discerne e ensina a origem e o curso acidentado do rio, por um lado, e, por outro lado, a carga matricial da figura da progenitora, fonte de vida, Senhora dos Aflitos, e não «mater dolorosa», como em geral o é na Literatura. A sua presença no final da narrativa, que lhe confere um peso significativo assinalável, como que sublinha toda a actuação protectora no interior hospitalar (médicos, enfermeiros, aparelhos, a vista do céu que tem pela janela para a qual frequentemente olha), nela desembocando a eliminação dos obstáculos, que é como quem diz, a saída do hospital (curado), a saída da doença, a solução positiva, o milagre de continuar existindo.

Não há saídas (na acepção de «soluções», de «escapes» para uma situação difícil), em geral, na obra de António Lobo Antunes, escrevi eu um dia a propósito de *Memória de Elefante*; e o trabalho posterior tem-me confirmado essa verificação. Mas há saída, sim, neste livro (que se constitui aliás em permanência das águas, em retenção do fluir, mesmo que em veios débeis; ou na sua reconstituição pela memória – que não em caminhada para a foz do rio!), um livro em que no final se anota, em citação latina, que «todos saem» – tópico de conclusão de uma cena, no teatro, e também no teatro que um texto pode ser – querendo com isso dizer que «saem de cena», sim, mas que, «saindo, continuam a existir», isto é, o livro acaba mas a vida (que a narrativa pôs em questão, ameaçada) afinal prossegue, **sai**-se do hospital e **fica**-se vivo, e **não há morte**, há continuidade (pressuposta) e duração.

Sôbolos Rios Que Vão é, deste modo, um livro libertador (como que o Senhor Caminhando Sobre as Águas, na figuração bíblica) e que liberta também o leitor! Há nele uma dimensão *soteriológica*, e utilizo este «palavrão» para que entendam melhor, pois é assim que na Bíblia se caracteriza a salvação exercida por Jesus sobre os homens, e portanto não é um acto de salvação qualquer, é uma redenção – o que, por analogia, se poderia ampliar à salvação exercida pela Palavra Poética, pela Criação Literária, sobre os cancros de toda a ordem que corroem a humanidade.

E liberta também o leitor por características práticas: é um livro pequeno (também como *Memória de Elefante*), e quem é que se lembra de ter podido ler um livro de ALA, nos últimos tempos, que não fosse enorme?!; é um livro acessível (não nos embaraçamos tanto na confusão de personagens e de histórias mescladas como antes); é um livro que, tendo um tema sinistro (a ameaça da morte por cancro), se escreve de modo excepcionalmente claro, quase **luminoso**, e é, enfim, um livro maravilhosamente bem escrito, e eu, que abomino a linguagem crítica «impressionista», diria mesmo, neste caso, que parece escrito como a água que corre.

Quase que me apetece dizer ao leitor, como nas propagandas tipo «banha da cobra», que, se considerar que eu estou a enganá-lo na «mercadoria», fico pronta a reembolsá-lo do tempo de leitura que utilizou…!

Sim. Porque estes rios, camonianos, antunianos, são no fundo o grande rio que não pára, não se extingue, o rio do pensamento e da arte, da matéria das Humanidades que permite a pulsação desalienada no quotidiano, e por isso o título contém esses «rios que vão», cuja água corre sempre, como a escrita de grandes autores.

RUI CATALÃO

"Fantasia de morte"
[*Sôbolos Rios Que Vão*]

Público/Ípsilon, 15 de Outubro, 2010, p. 36.

Ou de como um romance de ossos partidos pode ser
composto da melhor poesia

As peças acumulam-se e é uma tentação encaixar a nova peça do
puzzle nas já existentes (este é o 22.º romance de António Lobo Antunes).
Outras tentações interpretativas provocadas pelo novo livro do escritor
(Lisboa, 1942): o título camoniano, que cita o primeiro verso de
"Babel e Sião" (esse mesmo em que tudo é "bem comparado, Babilónia
ao mal presente, Sião ao tempo passado"); e a autoreferencialidade
(a personagem principal é um "Sr. Antunes", que em criança tratavam
por "Antoninho" e que no ano de 2007 foi operado a um cancro no
intestino).

Deixemos de lado a literatura comparada e as ligações autobiográficas
e concentremo-nos nas menos de 200 páginas de "Sôbolos Rios que
Vão". No que ao título diz respeito, há alusões suficientes no interior
do texto. Como esta: "Dei por mim sobre os rios do Mondego que
sem cessar se dividiam e tornavam a unir, dei por mim que faleci há
tantos anos ou não eu, tudo aquilo que era e não existe mais, a
flutuar sobre a água para longe de vocês". Ou esta: "O cabelo da
Maria Lucinda a confundir-se com o seu e ele deslizando sobre os
rios a fazer parte das ondas." Ou ainda esta: "Três quilos e duzentas
que embrulhavam em linho e ele a ir sobre os rios no sentido da foz".

Neste livro, que arranca no primeiro dia de Primavera, metáfora e
enredo são um só: o fio de vida que vai da nascente à foz. É a fantasia
de morte de alguém que perde a identidade antes de ter chegado a
perceber que identidade era essa; é a visão em arco de um velho com

cancro no intestino a estudar as linhas da vida "nos ecrãs" e a fazer "zapping" com a memória. "Sôbolos Rios que Vão" salta do passado para o presente e depois outra vez para o passado, em círculos fechados, com as suas repetições, recapitulações e rememorações (o pai que pergunta "Sabes?", mas que não toca no filho; o ouriço que se desprende de um castanheiro para se instalar nas tripas em forma de cancro; o tio que não se julga homem que chegue para viver nem tem coragem para se matar; a criança que pede "pão, pão" à janela de crianças ricas que sonham com a fome dela; "o pingo no sapato" que vem a revelar-se um médico; o rabo do gato escutado pela avó na escuridão; etc). Dor e memória, doença e recordações negam a possibilidade de inexistência que uma voz no romance parece sugerir. O problema é quando a dor se escapa, e o paciente a busca para se reconhecer, ou é perseguido por ela, para ser identificado: "Dado que nenhuma intimidade entre eles, avaliavam-se, rondavam-se, não se cumprimentavam." Tudo existe, até o que é inútil, como o nome de alguém esquecido: "A tralha que arrastamos Santo Cristo, o que faço com o Amadeu das Neves Pacheco, expulso-o ou permito que se mantenha submerso juntamente com outros nomes e outros sucessos antigos."

Com a sua já familiar técnica de falsas concordâncias, duas orações que aludem a tempos e temas diferentes a criarem uma terceira unidade de sentido, o sr. Antunes maneja a todo o gás a máquina de emaranhar paisagens da sua escrita (cenários principais: uma cama de hospital, no presente; e as imediações do Mondego e das minas de volfrâmio, durante e depois da Segunda Guerra Mundial). Primeiro exemplo: "Uma maca a deslizar perto dele e mais ninguém senão o afinador [de harpas] emendando uma última cavilha no seu peito"; segundo exemplo: "Eu no centro da cama onde os enfermeiros me puseram à espera que me toques e tu na pontinha do colchão esperando que eu não te toque e não toquei a fim de não ser expulso por um cotovelo maçado"; terceiro exemplo: "a minha avó nas bancadas dos ourives e eu satisfeito por o passado continuar a existir salvando-me da ravina à beira do colchão".

O Sr. Antunes prodigaliza neste livro uma arte que domina com maestria: escrever nas entrelinhas. Desporto favorito de muitos leitores que fizeram a transição da ditadura para a democracia, é um jogo que teve cultores por altura das canções de protesto e que ainda

"FANTASIA DE MORTE" [*SÔBOLOS RIOS QUE VÃO*] | 473

sobrevive nas canções brejeiras. Reparem como o Sr. Antunes disfarça uma cena de sexo oral (entre a viúva de um major e o pai de Antoninho) através do acto de comer um salmonete fresco: "Mais perfeita que a avó a dividir o salmonete ao meio e a juntar a pele e a cabeça que o impressionavam num prato mais pequeno – Podes comer agora enquanto o avô perseguia as espinhas com a língua, todo ele à procura entre a gengiva e a bochecha, encontrava a aresta, perdia-a, voltava a encontrá-la, empurrava-a com precaução ao longo de um funil de lábios, apanhava-a com dois dedos, esfregava-os um no outro para se libertar dela, secava-os no guardanapo e recomeçava a pesquisa".

"Sôbolos Rios que Vão" é escrito num português que pesca à linha um vocabulário delicioso (em locuções populares como "mete-se-lhes uma cisma no raciocínio e não a largam mais atazanando os vivos"), assim como frases que fizeram uma época ("bochecha de menino me deu vida", diz o balão que ao encher revela a frase "Armazéns Victória Tudo Para A Mulher Moderna"). Mas a narrativa, a caracterização de personagens, a própria ideia de personagem, e já agora a ideia de narrativa, fazem fraca figura no livro do Sr. Antunes. Dele podemos dizer o que Nabokov dizia de Flaubert, que escreve um romance como devia escrever-se poesia, com a diferença de que o seu "Sôbolos Rios" é um romance de ossos partidos.

A maior fragilidade do Sr. Antunes reside em sacrificar a construção das cenas, ou dos episódios, à montagem de frases dispersas e imagens fragmentadas. O livro está repassado de grandes momentos de literatura e os seus efeitos dramáticos chegam a ser comoventes. Mas esses efeitos, que resultam de uma técnica de escrita que articula processos mentais de associação, dinamitam qualquer chance de o livro erguer outra coisa que não seja a catástrofe do cenário, da acção e das personagens.

Este não é bem um livro "sobre" a velhice nem sobre os prenúncios ou sintomas de morte; encarna antes a velhice e a morte numa sucessão de desmoronamentos, com a memória no papel do paramédico munido de um desfibrilador. As amigas senis da mãe do Sr. Antunes, Júlia, Alda e Clotilde (três nomes lindos, mas que já não se usam) dizem frase como "Vejo um niquinho", ou "Estive casada com quem?", e perdem-se na "angústia de buscar soleiras no cérebro sem as achar". Quanto a Maria Otília (outro nome fora de moda), que "perseguia cabelos brancos no espelho afastando madeixas" enquanto prometia a si mesma "Nunca serei velha", essa paixão do Sr. Antunes que ameaçava deixá-lo sozinho na cama se ele não parasse de tocar-lhe, impedindo-a de dormir, faz agora um tratamento com "as ampolas de beber da úlcera" e "o que cura a úlcera não é engolir aquilo, é cortar as duas pontas no lugar marcado a azul com uma serrinha que se descobre entre os vincos das instruções ou escondida na embalagem, eis a pequena recompensa da idade, abrir ampolas e assistir a uma mancha amarela num dedo de água mexido não com a colher, com o cabo da faca".

Se temos de aceitar que nas imagens está o olhar do autor, também não é menos verdade que na estrutura do texto nos deparamos com a sua visão do mundo. Para além do espaço-tempo polarizado pela infância a brotar de sensações confusas e da velhice repleta de memórias dispersas, pode dizer-se que o Sr. Antunes entrega qualquer outra possibilidade de ordem aos caprichos da visão poética. Quando esta se desorienta, só restam confusão ou afectações de estilo de um escritor mimalho. Felizmente, o Sr. Antunes ainda se lembra dos mimos mais antigos: "Ele ao colo da mãe de bochecha entre as rendas, ora à superfície ora protegido por um casulo no qual se lhe fosse consentido moraria eternamente". O Sr. Antunes oferece-nos neste livro muito belo e muito desequilibrado uma experiência do êxtase em que pavor e descoberta se confundem. Morte e vida e velhice e sofrimento podem ser muitas coisas, não são é desoladas, nem tão-pouco vazias.

JOSÉ MÁRIO SILVA

"O novo romance é "uma celebração da vida"
[*Sôbolos Rios Que Vão*]

Expresso/Única, 16 de Outubro, 2010, p. 50[174].

Não é a primeira vez que António Lobo Antunes recorre a versos alheios para dar título às suas obras. Aconteceu com "Não Entres Tão Depressa Nessa Noite Escura" (2000), tradução livre de um verso de Dylan Thomas. Aconteceu com o romance "Que Farei Quando Tudo Arde?" (2001), em que recupera um verso final de um soneto de Sá de Miranda. E acontece de novo na obra mais recente, "Sôbolos Rios Que Vão", uma narrativa de 199 páginas (editada pela Dom Quixote), com chegada às livrarias na próxima segunda-feira) que evoca as mais famosas redondilhas de Camões[175]. "Na editora criticaram-me imenso por causa do título", explica Lobo Antunes. "Aquele 'sôbolos' é muito arcaico, acharam-no pouco comercial. Mas o poema de Camões é espantoso." Lendo o romance, todo ele atravessado pela imagem do Mondego – quase invisível na nascente mas que vai engrossando o caudal (à semelhança da vida do protagonista, ela própria um rio em que as histórias dos familiares e conhecidos funcionam como afluentes) –, poderia pensar-se que Lobo Antunes partiu dos versos de Camões, que falam de Babilónia, Sião e da "mágoa" de quem recorda, em tempos de desgraça, o "bem passado". Mas não foi assim. "O livro já estava escrito, só não tinha título. Os rios que há lá dentro é que me fizeram depois pensar no Camões.

---

[174] Nas páginas 42-50 encontra-se a entrevista de José Mário Silva e Ana Soromenho: "'Se eu tirasse as máscaras, começavam a aparecer estas histórias'".

[175] Sobre as semelhanças entre os versos de Camões e o romance do autor, ver Ana Paula Arnaut, "*Sôbolos Rios Que Vão*: quando as semelhanças não podem ser coincidências", in http://www.ala.nletras.com/livros/25SR_arnaut.pdf

476 | JOSÉ MÁRIO SILVA

À partida, não tinha nada que ver com o poema." Então como se explica que algumas das redondilhas pareçam autênticas sinopses do romance? "Pois é, isso acontece mesmo. Não sei. Foi um milagre do caraças." Embora o autor negue que o livro seja autobiográfico, salta à vista que "Sôbolos Rios Que Vão" é talvez dos romances que mais se aproximam da sua própria experiência, pelo menos desde a trilogia inicial ("Memória de Elefante", "Os Cus de Judas", "Conhecimento do Inferno"). Só que, em vez da guerra em Angola, ou do trabalho como psiquiatra, o que nesta obra se retrata é a luta contra uma doença mortal, um cancro que devora o protagonista por dentro, levantando-lhe do corpo o "Pássaro do seu medo" – situação similar à que o autor viveu em 2007. Aliás, as datas que balizam o romance, que evolui, dia a dia, de 21 de março a 4 de abril, coincidem com as datas em que António Lobo Antunes esteve internado para remover cirurgicamente um cancro do intestino. Embora se chame António e o seu apelido seja Antunes, o protagonista, que delira o tempo todo, deitado numa cama de hospital, cruzando vozes e memórias de infância, não é o autor do romance. Mas duvidamos que o autor do romance conseguisse escrever assim, com esta tremenda exactidão, se não tivesse estado naquele limbo perto da morte. Um limbo concreto, de onde voltou para nos oferecer, nas suas palavras, "uma celebração da vida".

JOSÉ MÁRIO SILVA

"Deste sonho imaginado"
[*Sôbolos Rios Que Vão*]

Expresso/Atual, 23 de Outubro, 2010, pp. 34-35.

> António Lobo Antunes encena uma aproximação à morte
> enquanto apoteose dos caudais da memória

Para título do seu 22º romance, António Lobo Antunes (ALA) escolheu o primeiro verso das 'Redondilhas de Babel e Sião', de Luís Vaz de Camões, poema extraordinário que fala dos "enganos" que o tempo faz às "esperanças" e do triste fim que aguarda quem "se fia da ventura". Além de anunciar desde logo a principal metáfora do livro "Sôbolos Rios que Vão" revela-se um título particularmente feliz porque a proximidade temática entre a prosa de ALA e as 37 estrofes camonianas permite que algumas funcionem como sinopses perfeitas do romance. É o caso, por exemplo, da segunda redondilha: "Ali, lembranças contentes/ n'alma se representaram,/ e minhas cousas ausentes/ se fizeram tão presentes/ como se nunca passaram./ Ali, depois de acordado,/ co rosto banhado em água,/ deste sonho imaginado,/ vi que todo o bem passado/ não é gosto, mas é mágoa".

Fechado num quarto de hospital, o protagonista tem "a morte a cercá-lo sob um céu de catástrofe". O cancro nos intestinos assume para ele a forma de um "ouriço de castanheiro" a dilatar-se dentro das tripas e não há galho onde o "pássaro do seu medo" consiga pousar. Durante duas semanas, ele atravessará cirurgias, recobros e monitorizações clínicas como se já não estivesse no "abismo da enfermaria" mas num outro espaço, uma espécie de limbo no "centro do que não sabemos", talvez o "sonho imaginado" de que fala Camões, povoado de memórias e das tais "cousas ausentes" que se tornam presentes "como se nunca passaram".

Quando olha pela janela, este homem, a quem por vezes chamam sr. Antunes e outras Antoninho (alimentando a tensão autobiográfica do livro, escrito por alguém que esteve internado nas mesmas datas, 21 de março a 4 de abril de 2007, pelas mesmas razões), este corpo em suspenso só consegue ver o seu passado: a infância na vila perdida por entre as serras, com os comboios a passar, a casa da família, o poço dos suicidas, o pilar de granito em volta do qual fazia oitos com a bicicleta, o hotel dos ingleses do volfrâmio, e uma série de defuntos que talvez prossigam "numa existência paralela a esta", como o avô eternamente a ler o seu jornal, a dona Irene que tocava harpa, o pai que lhe mostrou a nascente do Mondego, etc.

Tudo isto lhe chega em "revoadas de imagens", com histórias atropelando-se umas às outras, vindas de épocas muito afastadas para o turbilhão de um "tempo contínuo" em que se fundem "o passado remoto, o presente alheio, o futuro inexistente". Unindo esta amálgama por vezes confusa, uma metáfora: a do rio Mondego, "fiozito entre penedos" quando nasce[,] mas que depois engrossa e se alimenta de outros rios a caminho do amor, tal como o protagonista acaba sendo o leito onde confluem as desordenadas águas das vidas alheias, dando sentido à sua.

Tecnicamente, a escrita de Lobo Antunes é irreprensível. A cada dia corresponde um capítulo. A cada capítulo, uma única frase. E ninguém domina como Lobo Antunes o ritmo, a fluidez e a respiração da frase, ninguém faz dela uma unidade narrativa tão bem articulada e tão eficaz. O problema é que o trabalho com a linguagem deixa por vezes contaminar-se pela natureza do que descreve. E quando o protagonista se afunda no seu delírio, entre "formas que iam, vinham e tornavam a ir, se sobrepunham e afastavam, rodavam lentamente ou elevavam-se e caíam depressa, pareciam definir-se e em lugar de se definirem dissolviam-se", é a própria escrita que se dissolve e deixa o leitor às escuras, avançando às apalpadelas, tão maravilhado quanto perdido.

À semelhança do que acontece ao corpo preso às máquinas, "Sôbolos Rios que Vão" desmorona-se enquanto o lemos. É uma experiência dura, difícil, mas magnífica. E estranhamente recompensadora, talvez porque entre as ruínas desta aproximação à morte, contra todas as expectativas, pulsa a vida.

ISABEL COUTINHO

"António Lobo Antunes apresentou ontem o seu novo romance enquanto negoceia já o próximo 'com a morte'" [*Sôbolos Rios Que Vão*]

Público, 29 de Outubro, 2010, p. 18.

António Lobo Antunes está a "negociar os livros com a morte". Há meses a escrever um livro com uma rapariga de cinco anos ao centro, sente-se cansado. "Este livro está a dar cabo de mim", confessou ontem durante a apresentação do seu último romance *Sôbolos Rios Que Vão*, que acaba de chegar às livrarias numa edição da Dom Quixote.

Às voltas com umas linhas, não teve energia para autógrafos. Pediu desculpa aos leitores – na sala do Museu da Água, em Lisboa, estavam Eduardo Lourenço, Ramalho Eanes e sua mulher, Daniel Serrão, Gonçalo M. Tavares, Vitorino, Rui Cardoso Martins, Frei Bento Domingues – e fez saber que estaria nos próximos dias a autografar em livrarias.

Foi o filósofo José Gil que apresentou a obra, "uma honra e um real prazer" falar "de um grande livro com muitos aspectos insólitos e inéditos na escrita do autor". José Gil lembrou como todos conhecemos a "máquina literária de Lobo Antunes", mas também como estamos longe de a ter esgotado.

Neste novo romance, em que desde o início o leitor perde as referências espácio-temporais da estrutura narrativa, "quase parece, às vezes, que se urde uma trama mas, na verdade, é um efeito de uma espera subtil que se espalha por toda a escrita: espera e não espera da morte", disse José Gil.

Neste romance metafísico, que pode ser visto como uma meditação sobre a morte ou como uma paródia disso mesmo, "a doença paira sobre tudo o que se diz, se pensa, se nomeia, sobre tudo o que existe".

Enquanto ouvia José Gil falar, António Lobo Antunes lembrou-se da sua infância e adolescência e das personagens que por lá andavam. Por exemplo, da relação de uma senhora da sua família com o merceeiro, que duplicava as contas por ser "para vossa excelência". Foi assim que o escritor se sentiu na apresentação do seu romance: em vez de dois, "por ser para vossa excelência, vão quatro". Aos oito anos, Lobo Antunes pensava qual o sentido da vida e já escrevia. Mas não sabia ainda que a distância entre a emoção e o que ficava no papel podia ser diminuída através do trabalho. "A gente não escreve porque tem coisas para dizer, a gente escreve porque quer dizer. E comecei a perceber que o que eu queria dizer era aquilo que se perdeu".

Lobo Antunes quer que os seus livros sejam um "diálogo permanente entre o texto e o público". E lembra-se de Paul Cedan, que dizia: "Sou mais eu, quando sou tu". Os livros conversam com Lobo Antunes e o escritor conversa com eles. Mas será que lhe darão tempo para escrever o que queria?, pergunta. Este romance já lhe está distante, o que está a escrever agora tem-lhe dado grandes problemas todos os dias. Porque Lobo Antunes sabe, como sabia Flaubert, no fim da vida, que "a puta da Bovary vai viver e eu vou morrer".

ANDRÉ RITO

"Quem tem medo de Lobo Antunes"
[*Sôbolos Rios Que Vão*]

I, 5 de Novembro, 2010, pp. 34-35.

> O escritor que tem fama de intratável visto por quem já
> entrou em sua casa ou faz parte do seu dia-a-dia: dos
> jornalistas ao dono do restaurante perto de sua casa.

Amado por uns, odiado por outros, reconhecido por todos. Lobo
Antunes é dos escritores portugueses mais respeitados dentro e fora
de portas. Já António, o homem, poucos o conhecerão. Reservado,
profundo, visceral, não lhe faltam histórias polémicas[176], que acabam
invariavelmente nos jornais. Talvez ele nem as leia: não lida bem
com a crítica e não gosta de dar entrevistas porque as considera
irrelevantes. Mas, mais do que tudo, porque uma história de jornal
nunca passa disso, de uma história, com toda a ficção e a realidade
que pode conter: "Sou arrogante, mal-educado, rebelde, geralmente
sou sempre o António Lobo Antunes somado a qualquer coisa
desagradável. Não corresponde a nada do que sou, a nada", disse em
entrevista ao "Expresso"[177] o autor de "Sôbolos Rios que Vão", o seu
novo livro que acaba de ser editado.

---

[176] A última das polémicas surgiu a propósito do que alguns militares consideraram
ser um "'chorrilho de infames mentiras' que o escritor usa sobre a guerra colonial"
("Grupo de militares ameaça 'ir ao focinho' de Lobo Antunes", in *Expresso*/Primeiro
caderno, 21 de Agosto, 2010, p. 38). Ver, também, "Lobo Antunes assegura que
nunca faltaria a encontro por 'medo do confronto físico", in *Público*, 23 de Agosto,
2010, p. 6; "Combatentes instam Lobo Antunes a explicar-se sobre a Guerra Colonial",
in *Diário de Notícias*, 24 de Agosto, 2010, p. 9; "Militares enterram machado desta
guerra", in *Expresso*, 28 de Agosto, 2010, p. 15.
[177] *Diário de Notícias*/Dna. Comentário feito no decurso da entrevista a Luís Osório,
"A mão do escritor. A mão de António Lobo Antunes" [2001], in Ana Paula Arnaut (ed.),
Entrevistas com António Lobo Antunes. 1979-2007. Confissões do Trapeiro. Ed. cit., p. 385.

482 | ANDRÉ RITO

Quando o jornalista do "Diário de Notícias" (DN) João Céu e Silva contactou pela primeira vez António Lobo Antunes, o escritor acedeu sem grande reserva ao pedido de entrevista. Dois dias antes do encontro mudou de ideias e recusou. "Disse-lhe que íamos publicar quatro páginas em branco apenas com a justificação dele. Ele acabou por ceder", recorda ao *i* o jornalista e autor de uma compilação de entrevistas ao escritor. No dia marcado para a conversa, à porta de sua casa, nova investida do autor. "Foi mal-educado, disse-me que não sabia quem eu era, como se quisesse dizer que eu não era ninguém. Não me deixei ficar e tive uma reacção muito violenta. Acho que foi isso que me fez conquistar algum respeito. Em vez de uma entrevista tradicional de 40 minutos, falámos mais de duas horas."

Foi dessa longa conversa que nasceu a ideia do livro, editado em 2009, pela Porto Editora. "Uma Longa Viagem com Lobo Antunes" é o resultado de dois anos de conversas entre o jornalista e o escritor. "Todas as sextas-feiras falávamos cerca de duas horas", recorda Céu e Silva. E embora o escritor seja um homem cheio de reservas nas conversas com jornalistas, não foi o que aconteceu com o repórter do DN. "Ele acha que as entrevistas não acrescentam nada, não justificam a perda de tempo", explica. Talvez tenha sido isso que o levou a desejar – e a verbalizar – o fim de uma entrevista feita por Anabela Mota Ribeiro[178]. Na conversa, o autor de "Memória de Elefante" diz à jornalista que "desde que começámos que desejo que isto acabe". E acabou na pergunta seguinte.

É possível que a frontalidade suscite os adjectivos que o autor não gosta que lhe colem – "sou arrogante, mal-educado, rebelde". Ou talvez explique as suas raras aparições públicas. Mas revela acima de tudo o homem reservado que se esconde por trás das páginas dos livros. "Não se desvenda facilmente. Mas quem lê os seus livros consegue apanhar-lhe as manias, os mitos, no fundo, muito dele", explica Céu e Silva. Seja como for, Lobo Antunes é um homem de poucas palavras – faladas – fora do seu círculo de pessoas próximas. Na rua onde vive, na tabacaria onde compra cigarros ou no café onde toma a bica, ninguém conhece mais do que a sua silhueta. "Falar? Sim, fala bastante.

---

[178] "«Isto parece um namoro, é impublicável»" [2006], in Ana Paula Arnaut (ed.), *Entrevistas com António Lobo Antunes. 1979-2007. Confissões do Trapeiro.* Ed. cit., p. 560 ("Desde que começámos, estou ansioso que isto acabe").

Nunca vem sozinho", brinca um funcionário de um dos restaurantes que o escritor frequenta, na Rua Gomes Freire.

Paradoxalmente, o homem solitário que não lida bem com a exposição pública – "como cidadão praticamente não existo. Não frequento eventos, não participo em nada. Tenho uma vida muito solitária, muito fechada. Não faço vida social" – raramente deixa de dizer o que pensa, sem usar paninhos quentes. Sobretudo no que diz respeito à literatura. Quando José Rodrigues dos Santos lançou "A Vida num Sopro", o vencedor do Prémio Camões classificou o livro de "uma grande merda", confessando ficar "assombrado com pessoas que escrevem livros de dois em dois meses", num país "onde todos são escritores".

Lobo Antunes é um autor disciplinado, que vive para a escrita e dificilmente consegue pensar noutra coisa quando tem um livro em mãos. "Uma vez perguntou-me o que é que eu achava que os portugueses gostavam de ler. Irrita-se e interroga-se com o facto de as pessoas não conseguirem entender os seus livros. E porque vende menos do que alguns escritores sem o seu génio. Nos momentos em que não consegue escrever, e tudo isso lhe vem à cabeça", acredita João Céu e Silva.

É provável que um sentimento semelhante lhe provoque alguma crispação, sempre que lê uma crítica. Não que Lobo Antunes não saiba viver com ela – "nunca disse nada [a um crítico], posso não gostar mas nunca digo nada" – mas a verdade é que já deixou escapar várias vezes o seu desagrado. Em 2007, depois de um texto de Pedro Mexia sobre o seu livro "O Meu Nome é Legião", Lobo Antunes reagiu mal: disse não o conhecer e que "o homem não percebeu nada daquilo". A resposta não tardou: numa réplica publicada no seu blogue, Lei Seca, Mexia recorda o seu encontro com o autor, na Feira do Livro, quando este o elogiava e assinava um livro seu – "Para Pedro Mexia, porque gostei do seu livro".

A rivalidade com Saramago Uma das maiores polémicas alimentada nos jornais foi a suposta rivalidade entre José Saramago e António Lobo Antunes. Numa reportagem feita para o jornal "Tal&Qual", Frederico Duarte Carvalho vestiu-se de Pai Natal e decidiu oferecer prendas a famosos. Um dos escolhidos foi José Saramago, que recebeu das mãos do repórter o "Livro de Crónicas" de Lobo Antunes. Na altura, especulou-se que o Nobel da literatura teria atirado o livro para o chão. Mas as palavras foram: "Tome, não aceito e considero isto uma provocação."

Também o humorista Jel quis alimentar a polémica, quando Lobo Antunes se encontrava a promover um livro nos EUA. "Fiz-lhe uma entrevista na biblioteca pública de Nova Iorque, fazendo-me passar por um brasileiro que pensava que ele era o prémio Nobel português, Levou tudo na desportiva."

Polémicas à parte, a verdade é que Lobo Antunes esteve cotado na lista dos eleitos da uma das principais casas de apostas para o prémio Nobel da Literatura deste ano. E serão poucos os escritores vivos com o seu génio. Em tempos, terá vivido o desgosto do Nobel de forma intensa. Há quem diga mesmo que "morreu durante alguns anos" por não ter ganho o prémio. Mas, se dermos como certa a praga de Saramago – que acreditava que nenhum autor português ganharia o galardão enquanto ele estivesse vivo – talvez se renove a esperança de ver novamente um português em Estocolmo. Se assim for, Lobo Antunes é o grande candidato.

ANEXOS

ELISABETE FRANÇA – ENTREVISTA

"Portugal nunca tratou bem escritores e personalidades"

Diário de Notícias/Caderno-2, 1 de Maio, 1988, pp.6-7[179].

> Mais um livro de António Lobo Antunes: *As Naus*. A propósito, mais uma porção de entrevistas. É um discurso que se mantém idêntico a si mesmo, até à exaustão – um autor fiel à sua imagem de marca (de *marketing*?). Todavia, na conversa que mantivemos, face à obra posta em causa, frontal, mas serenamente, aquele discurso assumiria, aqui e além, tons menos arrogantes e espectaculares do que é costume.

«Gostei muito de conversar consigo, mesmo se você pensa muito mal de mim», rematava Lobo Antunes à saída do modesto e exíguo compartimento das instalações da editora (entre quarto de arrecadação e sala de espera), onde o encontro teve lugar. Coubera à editora marcar, de acordo com o escritor, local e data para a entrevista solicitada. À jornalista fora facultado acesso prévio ao romance, para que a conversa pudesse incidir sobre ele, já que a apresentação de *As Naus*, a jornalistas de Lisboa, só seria feita horas depois, numa dessas comezainas mundanas que estão a caracterizar o *marketing* literário neste burgo. Daí por dois dias, seguir-se-iam operações de lançamento no Porto. Tudo planificado e a bater certo... excepto o quartinho de

---

[179] O breve texto "Portugueses são o povo que mais quer voltar", publicado na página 1, salienta alguns dos pontos focados na entrevista.

arrecadação, nada conforme com o novo-riquismo emergente do furor tecnocrático com que algumas editoras apostam na aplicação, à mercadoria, livro, de técnicos de vendas que passam pela «criação de factos sociais».

Bem integrado no esquema parecia estar Lobo Antunes, «vestido para jantar» e de boa disposição – apesar de se reconhecer narcisista aspirante ao amor universal e saber-me avessa à sua obra. A querer--se cativante? Com desportivismo e o tipo de humor que lhe é próprio, acabaria por prometer-me «um livro asséptico, daqueles que você gosta, em vez destes *fellinis*». A tentar adivinhar-me gostos literários, como se entretivera, em momentos diversos, quer a compor-me um retrato psicológico quer a comentar-me jocosamente os sapatos.

Um homem muito vulnerável, sob a película sarcástica da superfície; procurando chamar as atenções e sedento de adulação, como é próprio das pessoas muito frágeis. A exprimir-se numa fala geralmente longa e espraiada («bocas» à parte), até perder o fio do próprio discurso, às vezes. Outras vezes, porém, a repetir o já dito e redito, como se recorresse a um qualquer «receituário para entrevistas». Foi uma conversa viva, ainda assim: além de responder, Lobo Antunes também indaga opiniões e faz perguntas. O extenso diálogo, adiante reproduzido, inclui, por isso, confrontos de opiniões sobre a sua obra e estilo, em função de gostos e sensibilidades divergentes. Mas tudo em clima civilizado.

O regresso das naus

Na nossa frente, um exemplar de *As Naus*. A conversa começou por aí, comentando o autor, a abrir:

«Olhe para isto, que coisa tão pequena! Gosto de livros grandes... Como leitor, gosto de ler livros grandes, você não? Ao fim de 300 ou 400 páginas, já conheço as personagens, começo a gostar delas, como em *A Montanha Mágica* ou em *Guerra e Paz*; nos romances pequenos, quando se começa a gostar das personagens, elas morrem, porque o livro chegou ao fim.»

As Naus trata, em cerca de 250 páginas, de dramas do retorno de África, na ressaca da descolonização, no reverso da epopeia. As personagens são, pois, anti-heróis metidos na pele de heróis de então, devolvidos séculos depois ao ponto de partida, «Lixboa, capital do reyno». A gesta ao contrário, a fechar-se na obsessão de um salvador mítico, desejado Sebastião impossível, esse, sim, embarcado sem regresso. Personagem entre outras, «um homem de nome Luís», poeta, irmanado com os mais deserdados até ao último capítulo. Um romance pequeno, se tomarmos por referência *Fado Alexandrino* (1983), ou *Auto dos Danados* (1985).

«DIÁRIO DE NOTÍCIAS» – Como escritor, dizia nos últimos anos que só lhe andava a apetecer escrever calhamaços. Deixou de apetecer--lhe?

LOBO ANTUNES – Pareceu-me que este livro não podia ser de outro tamanho. É um bocado a vocação animal, o sentir que tem de ser assim e não pode ser de outra maneira. A desilusão, para mim, foi anos a trabalhar tantas horas por dia e parir uma coisinha deste tamanho. Mas cortei muito. Pela primeira vez, vi provas e também cortei nas provas.

DN – À partida, como é que surgiu este livro?

LA – Inicialmente, a minha ideia era a divisão nas quatro partes de *Os Lusíadas*: Proposição, Invocação, Dedicatória e Narração. Passei um Verão enorme a escrever a quarta parte, que foi toda para o lixo. Nos primeiros três ou quatro capítulos da primeira versão, as personagens nem sequer tinham nomes, era a história do regresso de África. Mas sentia que era muito limitativo reduzir o romance a isso e voltava ao princípio. E comecei a perceber que estava enganado, que estava a escrever uma história que não era a que eu queria.

DN – E então embarcou os retornados nas naus das descobertas, incarnando heróis, aventureiros, escritores, poetas, tágides, reis e outros nobres, em viagem do passado ao presente. Porquê?

LA – Tanto em África como nos países de imigração, os portugueses como que têm um país mítico dentro de si. É curioso que sejamos o povo que mais quer voltar, os emigrantes querem voltar.

Com as castanhas ao lume

DN – Mas as personagens do seu romance não estavam desejosas de voltar, pelo contrário. Você é que, segundo escreveu na *Memória de Elefante*, acordava todas as manhãs, em África, a dizer: «isto não é o meu país, isto não é o meu país, isto não é o meu país...»

LA – Pois, diziam-nos que era o mesmo país, mas nós sentíamos bem que não era, quando lá estávamos. Agora as minhas personagens não têm que ter a mesma opinião que eu.

DN – Neste romance há mesmo uma que detesta os crepúsculos europeus, tão diferentes da abrupta queda das noites africanas, e compara-os a calda de marmelo. Não me recordo se é o «homem de nome Luís», ou outro. Porquê então isso?

LA – Isso tem a ver com uma amargura, resultante da forma como, neste país, se tratam os grandes homens. Pessoas como o O'Neill viveram praticamente nas franjas da miséria; pessoas a quem devemos muito, como o Camões e o Gomes Leal. Nunca tratámos bem escritores e grandes personalidades. O Cesariny, o que é que a gente faz por ele? E o Luís Pacheco?

DN – Espera-se que morram, para elogiá-los na necr[]ologia. Mais do que tratar mal, não será antes um estado de indiferença?

LA – Sim, parece-me que é mais indiferença. Aparece neste livro como nossa desde sempre. É possível que não seja só nossa, mas, a mim, o que me interessa é o meu país. E vejo que, na Alemanha, na Inglaterra ou nos Estados Unidos, por exemplo, até convidam os escritores estrangeiros contemporâneos, dão facilidades...

DN – Vamos voltar aqui e às *Naus*. Não disse porque é que lá meteu o Camões e os outros.

LA – A certa altura, a história não estava certa. Isso era alguma coisa que fazia parte da história, e, por qualquer motivo, eu fazia um bloqueio, não chegava lá.

DN – E porque é que fez alternar sucessivamente a narração na terceira pessoa com a narração da primeira, das personagens convertidas em narradores, mantendo o ponto de vista e o estilo? Essa alternância dá-se, com muita frequência, no interior de um mesmo parágrafo. O que é que pretendia com isso? A interpenetração de tempos, entre o tempo de um narrador contemporâneo e o dos que vêm do passado, encontrados num mesmo espaço?

LA – Não sei, pode ser. Houve uma altura em que eu tinha opiniões muito definitivas sobre muitas coisas, mas cada vez tenho menos. Eu escrevo na cama, as coisas aparecem-me, não são filtradas de forma consciente. Às vezes adormeço com uma ideia que me parece óptima e, à medida que vou depois acordando, aquilo vai desaparecendo, já não é nada. Acho que, se eu concebesse o livro mais acordado, seria de uma forma diferente, mais geométrico. Tenho tendência para a geometria, a ordenação, mas gosto de sentir o ondular, provavelmente por me fazer lembrar o mar... Perdi-me. Isto vinha a propósito de quê?

DN – Da interpenetração de tempos, que não sabe se terá pretendido...

LA – Pois. Aquela gente vive agora e pô-los neste tempo era também uma forma de ultrapassar o asséptico, esse modo de tirar as castanhas do lume que é colocar noutros séculos as situações, em vez de falar das coisas que estão passando por nós, que estão passando por aqui. Mas afinal você gostou disto ou não? (aponta para [*As*] *Naus*).

Coincidências

DN – Francamente, não sou apreciadora dos seus livros. Acho que sabe escrever sem maltratar a língua – é um elogio porque isso não se passa com toda a gente que publica livros – e acho [] a escrita deste livro cuidada, desbastada em relação a trabalhos anteriores, embora continue a não gostar do estilo. Também acho interessante a ideia de situar aqui e agora aqueles fantasmas, mas não é original, depois de o Mário de Carvalho, à hora de ponta da manhã em *A Inaudita Guerra*...[180]

LA – Não sei, não li. Até sou amigo do Mário, mas não li. Isto há tantas coincidências...

DN – Pois há, não é só esta. Neste caso, no entanto, a ideia foi alargada e depois trabalhada em estilo diferente. No conto, imperam a ironia e o *nonsen*[*s*]*e*, é mesmo só para rir.

LA – E não se riu a ler isto? (aponta outra vez para *As Naus*), julgava que as pessoas iam achar muita piada. Não achou?

DN – Só pontualmente; é mais um livro amargo, mais triste do que divertido, embora as questões sejam tratadas com ligeireza. E, enfim, não aprecio em geral. Tinha desistido de o ler, aí a meio do *Conhecimento do Inferno*; agora é que li o resto, por necessidades de trabalho: saiu-me na rifa...

LA – Leu aquilo tudo desde... *Os Pássaros*? Mas que grande chatice! Então isto deve ser uma chatice muito grande para si, não é?

DN – A entrevista não: esta profissão faz-se muito de curiosidade e quis ver no que isto ia dar. O resto são ossos do ofício, era preciso

---

[180] Referência ao livro *A Inaudita Guerra da Avenida Gago Coutinho (e outras histórias)* (1.ª e 2.ª edições publicadas em 1983 e 1984, pela Rolim; as edições posteriores têm a chancela da editorial Caminho).

preparar o traba[l]ho, mesmo rejeitando todo aquele universo ficcional, todo um imaginário que me faz lembrar muito o do Fellini.

LA – Ah, gosto muito do Fellini.

DN – Pois, já calculava. Num caso e noutro há um grotesco, um sarcasmo, um traço grosso e uma misoginia que me repugnam. Por exemplo, as mulheres têm patas, em vez de mãos ou pés, nos seus livros: a madrinha de Pedro Álvares Cabral lavava a roupa com as patas, a Ana do *Auto dos Danados*, a certa altura, apoiava-se nas patas... costumam ser figuras grotescas, trata-as muito mal, como é que havia de gostar?

LA – Se calhar, são as mulheres e os homens...

Tripas de fora

DN – Pensando bem, sim. É uma visão do mundo que não partilho: para um raro sopro lírico, há toda uma retórica de figuras de mau gosto – para meu gosto, claro. Veja-se esta, por exemplo, muito característica: «Cozinheiras (...) no tacho de cujos corações borbulha ainda a canja viva do sangue.» (*As Naus*, p. 200[181]).

LA – Repare: você não gosta disso, os outros não gostam de outras coisas... às vezes, os amigos diziam-me: «Se eu fosse a ti, tirava isto, ou tirava aquilo» e, se eu fosse a olhar a isso, acabava por tirar tudo, às tantas os livros não existiam.

DN – Os livros são seus, põe lá o que entender. Só tenho estado a fundamentar afirmações, ainda bem que há sensibilidades e gostos diversos, não? E, até com o Fellini, sou capaz de render-me à mestria de uma obra-prima como *O Navio*, embora rejeite aquele universo, aquele olhar, aquela linguagem. Nos seus livros, no entanto, há uma evolução, na qual, embora a escrita possa ter ganho agilidade, se perdeu uma certa «verdade», muito tangível nos primeiros. E fica uma inconsistência, a habilidade. Afinal, porquê os retornados! Ou porquê os latifundiários do *Auto dos Danados*?

LA – Olhe que aquela família existiu mesmo.

DN – Não interessa, refiro-me à sua «verdade».

LA – Pareceu-me que não podia manter-me agarrado ao umbigo duma personagem, mas que poderia satisfazer-me mais, por um lado,

---

[181] P. 157, edição *ne varietur*.

e, por outro lado, satisfazer mais o leitor – e, no fundo, o que se quer é tocar as pessoas –, escrevendo outras coisas. Desde que me lembro de mim mesmo, sempre foi fulcral na minha vida escrever histórias e aquilo que sempre escrevi foi, no fundo, a terra em que vivo. A partir de [a] *Explicação dos Pássaros*, talvez haja ainda um certo contínuo, mesmo que eu pretendesse uma transição brusca. Comecei então a querer contar um bocado a história da tribo, que é o que se está passando com os nossos escritores. E fazendo, no fundo, com que haja uma proximidade afectiva entre os escritores e os leitores. Mas a autenticidade é a mesma, bolas! A gente põe as tripas cá para fora, senão, de outra maneira, não cola. A gente está sempre a abrir as tripas. Se não se sente isso, falhei um livro, o que é uma coisa apavorante, porque uma pessoa investe tanto numa história...

Despentear a prosa [/] pentear a imagem

DN – A propósito de abrir as tripas: em 1983, numa entrevista ao *JL* sobre o *Fado Alexandrino*, dizia da escrita que «dá um trabalho do caraças! Despentear a prosa, de maneira que aquilo seja feito como uma diarreia (...)»[182]. A verborreia da sua escrita, em parágrafos que chegam às três e quatro páginas[] (com os próprios cheiros que, às vezes, evoca), sugeria-me precisamente diarreia verbal. Ainda bem que se chega aí com palavras suas.

LA – Eu queria dizer com aquela frase que um livro onde o leitor sente o trabalho, é um livro mal feito. Demorei muito até encontrar uma maneira pessoal de dizer as coisas, o primeiro livro apareceu quando eu tinha 33 ou 34 anos. Andei para aí um ano à procura da maneira de escrever aquilo e, de repente, dei por mim a escrever de uma maneira diferente. Nunca tinha havido em mim a urgência, ou a necessidade de publicar, havia era uma sensação de que... sei lá... Se eu não escrevesse, o que é que havia de fazer? Na escrita, o estilo corresponde a uma respiração. Depois, se a gente não fizer concessões ao leitor... São as pessoas que têm de se habituar a mim e não eu que tenho de me habituar a elas. Acho que, com a idade, me tenho tornado muito conciliador, mas nisso não se pode conciliar.

---

[182] "Lobo Antunes: «Fui bem comportado durante tempo de mais!»" [1983], entrevista conduzida por Clara Ferreira Alves, in Ana Paula Arnaut (ed.), *Entrevistas com António Lobo Antunes. 1979-2007. Confissões do Trapeiro.* Ed. cit., p. 61.

DN – As pessoas devem estar habituadíssimas: as tiragens «dizem» que você é muito lido...

LA – E tem estado a inflectir um pouco a tendência para a aceitação do público cá e da crítica lá fora, as coisas estão [a] equilibrar-se, felizmente. A gente está sempre a escamotear as coisas, mas escreve--se para ser lido, senão não se escrevia. Todos os escritores se preocupam, mais ou menos secretamente, com as vendas: gosta-se de ser conhecido, reconhecido. A gente esconde muita coisa para pentear a imagem, mas o público não é parvo, sabe perfeitamente que os escritores são todos narcisistas: o grande sonho de todos, eu incluído – e não só dos escritores mas de toda a gente –, era sermos amados por toda a gente. Houve uma altura, em Portugal, em que ser-se bom era sinónimo de não se ser lido... penso que, de um modo geral, o público é mais inteligente do que a crítica.

DN – Não tem que se preocupar: vende bem, dentro e fora. Em quantos países é que já está traduzido?

LA – Em países de língua espanhola, francesa, inglesa, alemã, e em italiano, romeno, sueco, norueguês, finlandês, dinamarquês, sei lá...

«Este é o meu caminho»

DN – Direitos de autor até lhes perder a conta?

LA – Dá para viver com dignidade, mas não dá para ser rico, porque também há os impostos a pagar nos diversos países; há ainda as percentagens por *royalties*, que, até há pouco, valiam pouco, mas agora, já começam a valer alguma coisa, porque tem havido sucesso de crítica em diversos países. Isto tem-me permitido lutar pelos quatro ou cinco escritores que aprecio (o Zé*, a Fátima*, a Lídia*, o João de Melo, e penso que também não teremos muitos mais), no sentido de que sejam editados noutros países. É porreiro, não é? Há uma ajuda muito grande, uma solidariedade porreira, a gente gosta muito do trabalho uns dos outros.

(*José Cardoso Pires, Maria Velho da Costa, Lídia Jorge)

DN – Por sua vez, tem um agente. Quais são exactamente as funções de um agente?

LA – Colocar os autores nos diversos países. Tratar da tradução e da edição estrangeira, escolher tradutores e editoras. O agente recebe 15 por cento do lucro, os impostos correm por conta dos escritores.

A função é, no fundo, deixar ao escritor o espaço só para escrever, sem ter de se preocupar com a parte material.

DN – Um agente, ainda por cima americano, não o faz sentir-se vedeta de espectáculo?

LA – No estrangeiro, muitos escritores têm agentes. Um dia recebi uma carta dos Estados Unidos, de um senhor que dizia ser agente do Jorge Amado, dos direitos do Lorca, etc.[,] a propor-se-me como agente, e até julgava que era brincadeira. Em Portugal ainda não há, mas há editoras que se encarregam um pouco dessas, como a Dom Quixote ou a Caminho.

DN – E você passou a fazer dedicatórias aos agentes: dedicou o *Auto* ao agente americano, dedica *As Naus* a um editor associado na Dom Quixote. Porquê essas *dedicatórias*?

LA – Só sei trabalhar com pessoas de quem gosto; com pessoas de quem não gosto não sou capaz de trabalhar. Eles são pessoas que admiro e respeito, pessoas a quem devo muito em estímulo.

DN – Credo! Mas precisa desses estímulos? É muito sujeito a desânimos?

LA – (rindo) Nem precisava de responder. E as dúvidas, então!... Estou a fazer uma coisa: Está bem? Está mal? Olhe, bem ou mal, este é o meu caminho.

DN – Pois. E tem medo de quê? De não vender? É por isso que anuncia, periodicamente, que vai deixar de vez a psiquiatria e, depois, nunca mais deixa?

LA – Deixei a clínica privada e deixar o hospital é uma coisa que vou fazer. Mas tenho medo de, alguma vez, não conseguir escrever.

"A edição *Ne Varietur*"
– Entrevista a Maria Alzira Seixo[183]

Jornal de Letras, Artes e Ideias, 15 de Outubro, 2003, pp. 19-20.

[«]Estou a preparar uma *Memória Descritiva* referente a este trabalho, onde os critérios de fixação serão apresentados, e que será oportunamente publicada em volume», revela ao **JL** Maria Alzira Seixo (MAS), que dirige a equipa que trabalha na edição *Ne Varietur* da obra de António Lobo Antunes, cujo primeiro volume é o do seu novo romance, a sair em breve *Boa Tarde às Coisas Aqui em Baixo*. Prestigiosa ensaísta, a prof.ª catedrática da Faculdade de Letras de Lisboa, que já presidiu à mais importante associação mundial de Literatura Comparada e é colunista do **JL**, MAS é também especialista da obra do escritor, autora do mais recente e denso estudo sobre ela – e considera este seu próximo livro «um texto belíssimo, um romance extraordinário, que marca indubitavelmente um dos pontos cimeiros da carreira do autor». A proferir conferências fora do país, MAS respondeu por escrito às nossas perguntas.

Jornal de Letras – O que é exactamente uma Edição *Ne Varietur*?

Maria Alzira Seixo – Uma edição *Ne Varietur* é uma disposição meramente jurídica (art.º 58 do Código do Direito de Autor), sujeita à vontade de qualquer escritor, que pode, quando assim o desejar, fazer com que um texto seu só possa ser de futuro editado (ou citado, ou traduzido, etc.) sob a forma com que o publica com essa designação. Acontece normalmente quando um autor considera que fez uma revisão completa do seu texto, e não deseja alterá-lo de futuro.

---

[183] Ver, ainda, "E a 'ne varietur' de António Lobo Antunes?", entrevista a Maria Alzira Seixo conduzida por Tereza Coelho, in *Os meus livros*, n.º 15, Outubro, 2003, pp. 50-51.

498 | A EDIÇÃO *NE VARIETUR"* – ENTREVISTA A MARIA ALZIRA SEIXO

É uma disposição muito importante, pois preserva as obras literárias das contingências do tempo, e é uma herança valiosa que qualquer escritor pode legar aos seus herdeiros, que assim estarão protegidos[,] por lei em relação a qualquer adulteração dos textos que venha a verificar-se. Faz-se usualmente para as obras de autores prestigiados por vezes já desaparecidos, que deixam várias edições não concordantes entre si, determinando os herdeiros que um filólogo habilitado proceda à fixação do texto, cujos critérios são explicados ao público em aparato crítico, adquirindo assim esta edição efeitos *Ne Varietur.*

Imagine-se a vantagem que seria dispormos de qualquer coisa de semelhante para a obra de Camilo, ou de Eça, ou de Pessoa – já que o máximo de que poderemos dispor, para estes, é de edições cujo critério é avalizado por especialistas, que aceitamos ou não, em função dos critérios que explicitam ou do prestígio que possuem, mas que nunca poderão ser considerados com o mesmo efeito de validação única e definitiva.

JL – Cremos, de qualquer forma, que edições *ne varietur* de autores vivos, em plena actividade e até a editar novos livros com grande regularidade, como acontece com António Lobo Antunes, são bastante raras. Porquê esta Edição?

MAS – No caso da sua obra, acontece que a maioria dos seus livros tem um abundante número de grálhas e de incorrecções de vária ordem. Até hoje, só um dos seus romances apresenta um grau de defeito ortográfico que pode considerar-se ligeiro e aceitável. Impunha--se, pois, uma vez que se trata de um autor tão vendido e tão estudado, e tão traduzido, organizar uma edição limpa, que represente dignamente a língua portuguesa na qual o autor escreve e que tão bem maneja. Pois não é inacreditável que livros que se reeditam há mais de 20 anos, e que, em certos casos, já ultrapassaram as 20 edições, não tenham tido a correcção dos erros ortográficos e das falhas sintácticas que ostentam, numa obra que se apresenta como exemplo da grande literatura portuguesa? É que, se uma situação destas não é inconstitucional, bem que deveria ser! Tal como muitas outras no mercado, esta edição está a lesar os valores do nosso património.

A equipa que eu coordeno tem em curso o trabalho de fixação de texto de todos os seus livros, e, uma vez que o autor assim o deseja,

A EDIÇÃO *NE VARIETUR"* – ENTREVISTA A MARIA ALZIRA SEIXO | 499

os textos editados desta forma constituirão uma *Edição Ne Varietur*. Porque, se assim não fosse, ficando a haver duas edições (a primeira e a corrigida), de futuro qualquer uma delas poderia ser utilizada, indiscriminadamente, ao passo que, deste modo, a primeira tornar--se-á apenas fonte bibliográfica e instrumento útil para o cotejo dos textos, mas não poderá ser reeditada, nem utilizada para fins que não sejam os do estudo e da investigação.

Os livros serão preparados e publicados à medida que as edições actualmente existentes esgotem, e posso adiantar que já entregámos ao editor três romances com o texto preparado, e que mais dois estão em vias de conclusão. Aproveito para esclarecer duas coisas. Primeiro: não corrigimos apenas gralhas tipográficas (isso seria fácil, e não seria trabalho para nós...), mas, sobretudo, erros de dactilografia dos manuscritos, hipercorrecções da revisão de provas, e, até, lapsos do próprio escritor, que chegam a acontecer, naturalmente. Segundo: os nossos critérios de fixação do texto não vão poder ser publicitados para já, uma vez que a Edição *Ne Varietur* é uma edição comercial, e ficaria indesejavelmente sobrecarregada se incorporasse esses critérios. Estou, pois, a preparar uma *Memória Descritiva* referente a este trabalho, onde os critérios de fixação serão apresentados, e que será oportunamente publicada em volume[184].

JL – E porque começar esta edição com um novo romance, a sair muito em breve, *Boa Tarde às Coisas Aqui em Baixo*? Neste caso não há *fixação do texto*...

MAS – Não há, obviamente, *fixação do texto*, uma vez que não existia ainda texto a fixar. O que há é o *estabelecimento do texto*, inspirado exactamente nos mesmos critérios – e, dizer «os mesmos», não significa que os critérios são «os mesmos» para todos os livros, uma vez que há uma evolução estilística na obra do escritor e que, por conseguinte, do ponto de vista filológico, isso tem de ser levado em conta. Para explicar melhor o nosso trabalho, posso dizer que tiv[e]mos em conta três tipos de documentos: o manuscrito do romance, o original dactilografado com as emendas do escritor, e as provas tipográficas com as propostas de emenda do revisor profissional. Foi sobre estas

---

[184] Ver *supra*, nota 150, p. 389.

500 | A EDIÇÃO *NE VARIETUR"* – ENTREVISTA A MARIA ALZIRA SEIXO

três lições textuais que praticámos o estabelecimento do texto, que tem como resultado a primeira edição que agora aparece, com efeitos *ne varietur*. Pode dizer-se que não é um trabalho fácil, nem rápido; mas aprendi-o com dois grandes mestres, David Mourão-Ferreira e Roland Barthes (este último tinha uma formação de base em Lexicografia), e ambos insistiam em que a fruição do texto e o seu trabalho analítico, se não partir de uma edição de confiança, pode não ter consistência. Daí o empenho e o gosto que coloco nesta tarefa.

E penso que iniciar-se a colecção com *Boa Tarde às Coisas Aqui em Baixo* é a melhor forma de começar! Porque tem um valor simbólico, tratando-se de uma primeira edição, mas também porque é um texto belíssimo, um romance extraordinário, que marca indubitavelmente um dos pontos cimeiros da carreira do autor.

"As palavras do escritor"

Jornal de Letras, Artes e Ideias, 27 de Outubro, 2004, p. 10.

«Era o meu avô preferido porque era a melhor pessoa do mundo. De uma bondade, de uma tolerância... Uma pessoa excepcional. Monárquico, fascista, e todos nós o[] adorávamos. Este anel era do avô dele, do visconde. Usava-o na mão esquerda, com a aliança. Eu não tenho mãos para usar anéis, ele tinha... usava outro na mão direita. Ele e os três irmãos foram educados nos sítios mais caros que havia... Os outros morreram solteiros. Quem inaugurou os Lobo Antunes foram eles. Lobo do pai e Antunes da mãe. (...) Fiquei em casa do meu avô, quando tive a tuberculose. E lembro-me eu, depois disso, sempre que eu dormia lá ia dar-me as boas-noites à cama, entalava-me os cobertores, punha um copo de água à cabeceira, bolachas... coisas que eu nunca tive em casa.

(O meu pai) Nunca me contrariou em nada. Nem fazia perguntas – o que é que eu fazia, onde é que eu ia. Mas a violência física era brutal. Com todos os filhos, mas sobretudo comigo.

Espírito naturalmente religioso. Sim, acho que tenho. E surpreendia-me, quando era miúdo, o[s] grandes físicos serem todos homens profundamente religiosos. Não sei falar sobre isso. Deus é uma relação íntima. Mas sou um homem religioso.

Para que é que ia manipular as pessoas? É tão fácil as pessoas gostarem de nós.

Eu conheço mal os meus irmãos, nunca tive uma conversa pessoal com nenhum deles, excepto talvez com o Pedro.

Os meus poemas são uma boa merda. Aos doze anos passei para o papel almaço e fui mostrar umas versalhas à minha mãe, que me deu o maior apoio, porque me disse: «Isso é tudo uma grande porcaria, nunca hás-de ser nenhum António Nobre[»], que para ela é o melhor poeta, e eu também acho.

502 | "AS PALAVRAS DO ESCRITOR"

Andei numa escola pobre, na Avenida Gomes Pereira, o meu pai não tinha dinheiro. Depois fui para o Camões. Eram lá professores o Mário Dionísio, o Vergílio Ferreira... Mas o liceu chique era o Pedro Nunes. Camões era o[] de Benfica. Foi um bom frete, andar sete anos ali. Depois fiz dezassete anos, fui logo para a faculdade. No primeiro ano estava a fazer um poema, com cantos e tudo... Chumbei. Também tinha pensado em ir para a marinha, havia meninos fardados de cadetes, nas festas.

Houve vários livros destruídos antes de eu ter começado a publicar, depois ainda houve um que foi para o lixo antes da *Explicação dos Pássaros*. A primeira versão de *Fado Alexandrino* também foi toda para o lixo, aquilo que foi publicado é um terço, ou um quarto do que foi escrito. E todos os meus livros passam pela iminência de acabarem no lixo. Os meus ataques de desânimo são enormes. Mas não sou influenciável. Se eu fosse influenciável não tinha escrito, comecei a levar pancada no primeiro livro.

Estávamos na fronteira, a 180 metros de altitude, um clima horrível. O MPLA cercava o planalto de Uíge. Apanhávamos com o MPLA que entrava por ali. A seguir, pensei que ficava em Malanje e fui parar para uma zona horrível. Marimba. Havia uma epidemia de cólera e uma vacina que era só eficaz em 50 por cento... Uma das medalhas (recebidas por António Lobo Antunes) foi por causa das vacinas. Metia-me num jipe com o furriel enfermeiro e quatro gajos de escolta e andava por aí a vacinar pessoas. Fazia partos, fazia amputações... hoje era incapaz de fazer isso.

Disse ao meu pai que queria ir para letras, ele explicou-me que eu ia ser professor de liceu, que tirasse outro curso, depois se quisesse podia escrever. A medicina não me interessava nada, nunca me interessou nada daquilo. (...) Em psiquiatria havia 23 vagas quando concorri, o que era muito. As minhas classificações estavam longe de ser brilhantes, passei a faculdade a ler, a escrever, a jogar xadrez, mas entrei facilmente, porque havia umas vagas para veteranos da guerra e como eu tinha recebido louvores...

O que eu vivi com o Ernesto (Melo Antunes, comandante da companhia de Artilharia a que António Lobo Antunes pertenceu como alferes miliciano médico) e com aquelas pessoas não vivi com mais ninguém. Era patético. Miserável. A partilha da morte, matar tudo o que mexia, estar na mata e ter de passar o morto para as costas do outro, sofrimento, o medo. As pessoas davam a vida umas pelas outras. Eu tive medo. Depois percebi que a coragem é não ter medo de ter medo. Quando estava com o Ernesto[,] éramos bombardeados sempre às 11 da noite. Ficávamos a beber chá e a jogar xadrez numa tensão enorme, à espera, depois começava e era um alívio. (...) O Ernesto não era um homem violento, era muito rigoroso. Ainda, bem, por isso a companhia era a que tinha menos baixas.

Começo a sentir-me velho. Agora a maior parte das vezes a crítica é... aquilo a que se chama a «crítica extasiada».

Um escritor tem de fazer tudo sozinho e começar do princípio. O único livro com que eu chorei foi lido em África, e foi o *Love Story*, tenho uma alma de costureira. E também chorei com a Virgínia de Castro e Almeida.»

ÍNDICE DE OBRAS

Memória de Elefante
xxiv, xxvi, 1-9, 12, 16, 23, 40, 42, 75, 81, 103-106, 108, 130, 136, 159, 165, 170, 176, 177, 189, 193, 194, 205, 231, 232, 254, 258, 272, 277, 279, 282, 295-296, 298, 301, 302, 311, 324, 324, 328, 334, 335, 343, 347, 361, 370, 378, 381, 409, 414, 420, 428, 442, 443, 455, 457, 459, 468, 469, 470, 476, 482, 489

Os Cus de Judas
xxiv, xxv, xxvi, xxviii, 5-9, 12, 27-34, 42, 61-74, 81, 127, 130, 159, 165, 170, 176, 177, 193, 194, 232, 254, 272, 282, 301, 311, 320, 324, 325, 335, 370, 382, 409, 415, 428, 435, 479

Conhecimento do Inferno
11-13, 16, 81, 130, 165, 177, 253, 254, 255, 297, 301, 311, 324, 325, 333, 335, 370, 382, 387, 389, 428, 431, 443, 476, 491

Explicação dos Pássaros
xxvi, 15-18, 23, 76, 81, 127, 130, 176, 254, 255, 301, 311, 324, 388, 428, 457, 493, 502

Fado Alexandrino
xxvi, 19-21, 23-26, 35-37, 78, 81, 121, 127, 130, 145, 159, 199, 229, 254, 302, 312, 315, 317, 324, 382, 401, 420, 428, 429, 431, 443, 489, 493, 502

Auto dos Danados
xxv, xxxii, 39-44, 45-55, 57-59, 81, 176, 232, 254, 255, 302, 315, 317, 414, 428, 429, 489, 492

As Naus
xxxii, xxxiii, 75-79, 81-82, 83-86, 87-89, 91-94, 95-98, 99-102, 129, 136, 159, 176, 219, 258, 312, 315, 317, 318, 378, 382, 388, 401, 431, 445, 487, 488, 489, 490, 491, 492, 495

Tratado das Paixões da Alma
xxvi, xxvii, xxxiii, 107-109, 111-113, 115-116, 117-120, 121-123, 129, 254, 272, 282, 378, 414, 430, 443

A Ordem Natural das Coisas
xxiv, xvii, xviii, 129-130, 131-133, 137, 145, 166, 176, 254, 272, 428

A Morte de Carlos Gardel
141-144, 181, 219, 232, 254, 255, 378

O Manual dos Inquisidores
xxvi, xviii, xxix, 147-148, 151-155, 157-158, 159-163, 165, 166, 169-173, 176, 178, 181, 184, 187, 196, 199, 219, 232, 239, 248, 255, 324, 361, 372, 388, 414, 420, 443

O Esplendor de Portugal
xxvi, xxviii, xxix, 183-188, 189-192, 193-197, 199, 205, 219, 239, 282, 284, 312, 324, 373, 377, 387, 420, 4428, 429, 458

Exortação aos Crocodilos
xxvi, xxviii, 136, 213-216, 217, 219-223, 225, 226, 227, 237, 232-233, 235-237, 239, 272, 302, 324, 378, 382, 443, 462

506 | ÍNDICE DE OBRAS

*Não Entres Tão Depressa Nessa Noite
Escura*
227, 232, 239-245, 254, 255, 282,
289, 298, 357, 378, 388, 418, 428,
431, 443, 475

Que Farei Quando Tudo Arde?
247-249, 255, 265, 269-270, 275, 278,
282, 302, 400, 403, 416, 428, 429,
445, 475

Boa Tarde Às Coisas Aqui Em Baixo
xxxiv, 271-276, 281-288, 289, 291-
293, 296, 302, 324, 325, 345, 361,
382, 389, 429, 497, 499, 500

Eu Hei-de Amar Uma Pedra
301-309, 361, 363

Ontem Não Te Vi Em Babilónia
xxix, xxx, 343-344, 345-351, 353-355,
357-359, 361-362, 363-369, 370, 378,
416, 428

O Meu Nome É Legião
xxv, xxxii, 378, 379, 381-385, 387-
390, 391-394, 395-397, 420, 429, 430,
449, 483

O Arquipélago da Insónia
xxvi, xxx, 289, 388, 413-418, 419-
421, 423-424, 425-426, 429, 432, 443,
448

*Que Cavalos São Aqueles Que Fazem
Sombra No Mar?*
xxvi, 439-440, 441-443, 445-446, 447-
449, 451-454, 455-458, 459-465

Sôbolos Rios Que Vão
467-470, 471-474, 475-476, 477-479,
481-484

Livro de Crónicas
145-146, 203-207, 209-212, 232, 233,
264, 267, 307, 372, 468, 483

Segundo Livro de Crónicas
263-267, 307, 372, 468

Terceiro Livro de Crónicas
273, 298, 372, 383

D'Este Viver Aqui Neste Papel Descripto
xxxiii, 319-321, 323-326, 327-331,
333-338, 339-342